Ursula Pixa-Kettner (Hg.)
Tabu oder Normalität?

Ursula Pixa-Kettner (Hg.)

Tabu oder Normalität?

Eltern mit geistiger Behinderung
und ihre Kinder

Mit Beiträgen von

S. Bargfrede
U. Onken
U. Pixa-Kettner
M. Prangenberg
K. Rohmann
D. Sanders
B. Sauer
P. Schneider
M. Staudenmaier
A. Vlasak

3., unveränderte Auflage

»Edition S«

Bibliografische Information Der Deutschen Nationalbibliothek
Die Deutsche Nationalbibliothek verzeichnet diese Publikation in der Deutschen
Nationalbibliografie; detaillierte bibliografische Daten sind im Internet über
http://dnb.ddb.de abrufbar.

ISBN 978-3-8253-8328-2

Dieses Werk einschließlich aller seiner Teile ist urheberrechtlich geschützt.
Jede Verwertung außerhalb der engen Grenzen des Urheberrechtsgesetzes
ist ohne Zustimmung des Verlages unzulässig und strafbar. Das gilt
insbesondere für Vervielfältigungen, Übersetzungen, Mikroverfilmungen
und die Einspeicherung und Verarbeitung in elektronischen Systemen.
© 2015. Universitätsverlag Winter GmbH, Heidelberg – »Edition S«
Imprimé en Allemagne · Printed in Germany
Umschlagdesign: Drißner-Design und DTP, Meßstetten
Druck: Memminger MedienCentrum AG, 87700 Memmingen

Gedruckt auf umweltfreundlichem, chlorfrei gebleichtem und
alterungsbeständigem Papier.

Den Verlag erreichen Sie im Internet unter:
www.winter-verlag.de

Inhalt

URSULA PIXA-KETTNER: Vorbemerkung 7

URSULA PIXA-KETTNER: Einleitung 9

Fallbeispiel I: Frau Bergmann 19

MAGNUS PRANGENBERG: Zur Geschichte der internationalen
    Fachdiskussion über Elternschaft von Menschen mit einer
    geistigen Behinderung 25

Fallbeispiel II: Nadine Adam 47

URSULA ONKEN: Sterilisation von Menschen mit geistiger
    Behinderung – Die Situation vor und nach Einführung des
    Betreuungsrechtes 1992 51

URSULA PIXA-KETTNER und STEFANIE BARGFREDE: Kinder
    wunsch von Menschen mit geistiger Behinderung 73

Fallbeispiel III: Frau Altmann und Herr Altmann 87

ANNETTE VLASAK: Rechtliche Fragen im Zusammenhang der
    Elternschaft von Menschen mit geistiger Behinderung 91

Fallbeispiel IV: Frau Klein und Herr Schäfer 127

KADIDJA ROHMANN: Die Problematik der Fremdunterbringung
    von Kindern geistig behinderter Eltern – Ergebnisse einer
    schriftlichen Befragung 133

Fallbeispiel V: Frau Nülsch 155

DIETKE SANDERS: Risiko- und Schutzfaktoren im Leben der
Kinder von Eltern mit geistiger Behinderung............................ 161

Fallbeispiel VI: Frau Meilgen... 193

MAGNUS PRANGENBERG: Erwachsene Kinder von Menschen
mit einer geistigen Behinderung.. 197

Fallbeispiel VII: Frau Daublebsky.. 215

URSULA PIXA-KETTNER und BERNHARD SAUER: Elterliche
Kompetenzen und die Feststellung von Unterstützungsbedürfnissen in Familien mit geistig behinderten Eltern.......... 219

Fallbeispiel VIII: Frau Reinke.. 249

PETRA SCHNEIDER: *„Bin ich auch froh, wenn ich so Hilfe
habe."* – Unterstützungsnetzwerke von Eltern mit Lernschwierigkeiten unter Einbezug der Sicht einer betroffenen
Mutter... 253

Fallbeispiel IX: Frau Rohloff... 275

STEFANIE BARGFREDE: Unterstützungsmöglichkeiten für Eltern
mit geistiger Behinderung in Deutschland................................ 283

Fallbeispiel X: Frau Dietrich und Herr Dietrich............................ 301

MIRIAM STAUDENMAIER: *„Wir hinken immer einen Schritt
hintennach..."* – Elternschaft von Menschen mit geistiger
Behinderung in der deutschsprachigen Schweiz und in
Deutschland im Vergleich.. 305

Literaturverzeichnis... 319

Adressen, Materialien und Medien.. 337

AutorInnenverzeichnis... 343

Vorbemerkungen

Das vorliegende Buch ist das Ergebnis einer mehr als zweijährigen Zusammenarbeit der beteiligten Autorinnen und Autoren, die sich dem Thema der *Elternschaft von Menschen mit geistiger Behinderung* aus unterschiedlichen Perspektiven und Anlässen genähert haben. Einige waren bereits an den Anfangsdiskussionen zu Beginn der 1990er Jahre sowie der ersten, 1993/94 durchgeführten bundesweiten wissenschaftlichen Studie beteiligt, andere sind durch Konfrontation mit Eltern und Kindern in der Praxis von dem Thema berührt worden, haben sich im Rahmen akademischer Qualifikationsarbeiten damit auseinander gesetzt oder haben beides miteinander verbunden. Der vorliegende Band spiegelt diese unterschiedlichen Zugangsweisen wider.

Um den Leserinnen und Lesern – neben der Darstellung des wissenschaftlichen und fachlichen Diskussionsstandes – auch einen Einblick in die ganz konkreten Lebenssituationen der betroffenen Eltern und ihrer Kinder zu geben und die oft schwierige Situation der weiteren Familienmitglieder und der Fachkräfte zu veranschaulichen, haben wir uns entschlossen, zehn sehr unterschiedliche Fallbeispiele zwischen den einzelnen Beiträgen einzufügen. Sie zeigen ein breites Spektrum von hilfreicher Unterstützung, aber auch von bestürzender Diskriminierung, die Menschen mit geistiger Behinderung heute in Deutschland erfahren können, wenn sie Eltern sind oder werden wollen.

Allen Autorinnen und Autoren sei an dieser Stelle für die konstruktive Zusammenarbeit und ihre engagierte Mitarbeit an diesem Buch gedankt, ganz besonders Frau Dietke Sanders für die Unterstützung bei der redaktionellen Überarbeitung der Beiträge, Frau Ursula Onken und Frau Kadidja Rohmann für das Korrekturlesen und Herrn Magnus Prangenberg und Herrn Bernhard Sauer für die Erstellung der Druckvorlage.

Für die wertvolle Hilfe bei der inhaltlichen und stilistischen Überarbeitung der Beiträge möchte ich mich herzlich bei meiner wissenschaftlichen Mitarbeiterin Frau Swantje Köbsell bedanken.

Ebenso herzlicher Dank geht an Frau Rita Messerschmidt für ihre Unterstützung bei der formalen Vereinheitlichung der Texte.

Selbstverständlich wäre das vorliegende Buch nicht zustande gekommen ohne die Bereitschaft vieler Menschen, behinderter wie nicht behinderter, uns zu unterstützen, indem sie uns Einblicke in ihren Erfahrungsbereich gaben und uns an ihrem Wissen teilhaben ließen. Auch ihnen sei herzlich gedankt. Ich hoffe, dass das Buch wenigstens einen kleinen Beitrag dazu leisten kann, die Situation für alle Beteiligten weiter zu verbessern.

Bremen, im Dezember 2005   Ursula Pixa-Kettner

URSULA PIXA-KETTNER

Einleitung

Im Zuge von Normalisierungsdebatte und Empowermentbewegung wird seit fast 15 Jahren in der deutschsprachigen Fachdiskussion auch die Frage der Elternschaft von Menschen mit geistiger Behinderung erörtert. Aktuell stellt sich statt der Auseinandersetzung, *ob* Menschen mit geistiger Behinderung Kinder haben dürfen, die Frage danach, *wie* in den längst existierenden Familien geistig behinderte Eltern(teile) und ihre Kinder zusammenleben und *welche Unterstützung* sie dabei benötigen. Dabei spielt mit Sicherheit auch eine Rolle, dass etwa zeitgleich in der internationalen Fachliteratur intensivere Diskussionen zu beobachten waren. Mittlerweile gibt es innerhalb der größten internationalen Wissenschaftsorganisation, die sich mit geistiger Behinderung beschäftigt, der IASSID (*International Association of the Scientific Study of Intellectual Disability*) eine eigene Fachgruppe 'Parenting', und die Zahl der englischsprachigen Fachbeiträge ist in den letzten Jahren sprunghaft angestiegen. Außerdem wurde auch in Deutschland die Frage der Unterstützung und Begleitung von Eltern mit geistiger Behinderung in der Praxis immer drängender, da Einrichtungen und Fachkräfte zunehmend mit dem Wunsch geistig behinderter Menschen konfrontiert wurden, als Paar oder allein erziehend mit einem Kind Unterstützung zu erhalten. Auch das Interesse der Medien an der Thematik ist in den letzten Jahren deutlich gestiegen. Der zunehmenden Bedeutung des Themas steht bislang eine äußerst dürftige deutschsprachige Forschungs- und Literaturlage entgegen.

Das Bremer Forschungsprojekt zur Elternschaft von Menschen mit geistiger Behinderung

Die einzige größere Untersuchung zu diesem Thema in Deutschland wurde im Rahmen unseres Forschungsprojektes an der Universität Bremen (Pixa-Kettner, Bargfrede & Blanken 1996) durchgeführt und 1996 unter dem Titel „*'Dann waren sie sauer auf mich, daß ich das Kind haben wollte...'* Eine Untersuchung zur Lebenssituation geistigbehinderter Menschen mit Kindern in der BRD" veröffentlicht. Da diese Studie nach wie vor die wichtigste Informationsquelle für die BRD darstellt, soll sie kurz referiert werden. Folgende Themenbereiche wurden untersucht:

1. **Quantitative Informationen** über geistig behinderte Eltern und ihre Kinder: Z.B. wie viele Elternschaften von Menschen mit geistiger Behinderung gibt es in der BRD? Wo bzw. wie leben die Eltern und Kinder? Wie alt sind die Kinder? Erhalten sie Unterstützung und wenn ja, welche? – Das Ziel war, einen ersten Überblick über Anzahl, Lebensdaten und äußere Situation der Betroffenen zu bekommen. – Als Methode wurde eine bundesweite schriftliche Befragung aller Einrichtungen gewählt.
2. **Qualitative Informationen** über geistig behinderte Eltern und ihre Kinder: Z.B. wie verlaufen Elternschaften von Menschen mit geistiger Behinderung? Wie beschreiben geistig behinderte Mütter und Väter ihre Situation und die Beziehung zu ihrem Kind? Wie beurteilen sie die Unterstützung? – Das Ziel dieses sehr aufwändigen und umfangreichsten Teils der Untersuchung war, die subjektive Sicht der Hauptbetroffenen kennen zu lernen. – Als Methode wurden damals mit geistig behinderten Müttern bzw. Vätern noch relativ wenig erprobte leitfadenorientierte Interviews gewählt. Zusätzlich wurden Interviews mit mindestens einer weiteren Person aus dem Umfeld der Eltern durchgeführt, wobei insgesamt 31 Elternschaften untersucht wurden, davon 28 aus Sicht von Elternteilen bzw. -paaren, die Übrigen aus Sicht erwachsener Kinder geistig behinderter Eltern.
3. **Informationen über Unterstützungsangebote**: Z.B. welche Modelle der professionellen Unterstützung geistig behinderter Eltern gibt es im In- und Ausland? Welche Schwerpunkte setzen sie? Unter welchen Rahmenbedingungen arbeiten sie? – Hier war das Ziel, einen Überblick über bereits bestehende Unterstützungsangebote zu bekommen, um darauf aufbauend eigene konzeptionelle Überlegungen zu entwickeln. – Zwei deutsche und zwei ausländische (Modell-) Einrichtungen wurden besucht und einem Konzeptvergleich unterzogen.

Im Folgenden sollen einige der Hauptergebnisse zusammengefasst dargestellt werden (ausführlich vgl. Pixa-Kettner, Bargfrede & Blanken 1996):

Für die schriftliche Befragung (Themenbereich 1) wurden 1993 bundesweit anhand der Adressenlisten aller relevanten Träger von Einrichtungen für Menschen mit geistiger Behinderung über 1700 Einrichtungen angeschrieben. Sie wurden gebeten, uns Informationen über ihnen bekannt gewordene Elternschaften geistig behinderter Menschen zukommen zu lassen. Knapp 40 % der Einrichtungen beantworteten unser Schreiben. Von diesen Einrichtungen teilte fast die Hälfte (44 %) mit, dass ihnen z. T. mehrere Elternschaften geistig behinderter Menschen bekannt sind. Anders ausgedrückt: Fast die Hälfte der antwortenden Einrichtungen war schon einmal mit der Elternschaft geistig behinderter Menschen konfrontiert. Insgesamt wurde uns von 969 Elternschaften mit 1366 Kindern berichtet – Zahlen, die schon damals als allerunterste Grenze zu betrachten waren, da sowohl in den Einrichtungen, die nicht geantwortet haben, als auch jenseits von Einrichtungen, Eltern mit geistiger Behinderung zu vermuten waren. Die weiteren statistischen Auswertungen ergaben u.a., dass die Zahl der uns genannten Geburten von Kindern geistig behinderter Eltern in den Jahren vor der Untersuchung angestiegen war, und dass die Eltern häufiger in Lebensgemeinschaften zusammen mit ihren Kindern lebten als früher. Keine durchgängig relevanten und signifikanten Unterschiede ergaben sich hinsichtlich der Regionen Deutschlands.

Im 2. Themenbereich, in dem es um die subjektive Sicht der Hauptbetroffenen ging, ergab sich knapp zusammengefasst folgendes Bild: Obwohl viele der Mütter und Väter aus psychosozial belasteten Herkunftsfamilien kommen und sie oftmals negativen Reaktionen ihrer Umgebung ausgesetzt waren, wenn sie sich für eine Elternschaft entschieden, freuten sich fast alle auf ihr Kind und waren in der Lage, eine positive Beziehung zu ihm aufzunehmen – unabhängig davon, ob sie auch in der Lage waren, die elterlichen Aufgaben im Einzelnen jeweils selbst bzw. selbständig zu erfüllen. Eine wichtige Grundlage positiver Elternschaft war damit in den meisten Fällen gegeben. Der Verlauf im Einzelnen war dann stark von äußeren Bedingungen, aber auch von persönlichkeitsspezifischen Faktoren abhängig. Insbesondere erwies sich die Bereitstellung angemessener Unterstützungsangebote als bedeutsam. Hervorzuheben ist der Aspekt, dass Mütter und Väter auch dann Eltern bleiben, wenn ihre Kinder nicht bei ihnen aufwachsen. Darin unterscheiden sich geistig behinderte Menschen nicht von Nichtbehinderten, allerdings wird dies bei ihnen – so ein Ergebnis der Interviews – leicht übersehen.

In diesem Teil der Untersuchung zeigte sich eine breite Palette elterlicher Verhaltensweisen, wie sie auch sonst bei Eltern anzutreffen sind. Pauschalisierende Urteile über geistig behinderte Eltern, speziell Mütter, sind hiernach nicht begründbar. Auch wenn es bei einzelnen Elternschaften große Probleme gab, die nicht zu leugnen sind, lassen sich aus der Untersuchung keine universellen, quasi behinderungsspezifischen Probleme im Zusammenhang mit Elternschaft erkennen. Die Tatsache, dass Elternschaften Probleme mit sich bringen können, ist keine Besonderheit von Menschen mit geistiger Behinderung. Vergleiche sollten – wenn überhaupt – nur mit psychosozial vergleichbaren Bevölkerungsgruppen gezogen werden.

Als einzige, recht durchgängig zu beobachtende Besonderheit der Gruppe geistig behinderter Mütter und Väter ergab die Untersuchung, dass diese Eltern die am strengsten kontrollierte und überwachte Elterngruppe in unserer Gesellschaft sind, an die bisweilen sogar höhere Maßstäbe angelegt werden als an andere Eltern.

Als Ergebnis des 3. Themenbereichs lässt sich festhalten, dass sowohl im Inland als auch im Ausland z. T. langjährige Erfahrungen mit der Unterstützung geistig behinderter Eltern vorliegen, die von relativ geringfügigen ambulanten Unterstützungsmaßnahmen bis zu vollstationären Betreuungen reichen. Sowohl in dem untersuchten englischen als auch dem dänischen Modell wird die Stärkung des mütterlichen/ elterlichen Selbstvertrauens für besonders wichtig gehalten. In den konzeptionellen Überlegungen der Bremer Studie wurde die Notwendigkeit eines individuell angepassten und differenzierten Unterstützungsangebots sowie die Bedeutung regionalisierter Hilfesysteme hervorgehoben.

Zum Personenkreis 'Eltern mit geistiger Behinderung'

Die Erörterung der Thematik der Elternschaft von Menschen mit geistiger Behinderung findet im internationalen Kontext statt. Dies erfordert begriffliche Klärungen. Der heute im angloamerikanischen und australischen Raum am ehesten konsensfähige Begriff ist 'intellectual disability', der sowohl als Bezeichnung in den Namen der bereits erwähnten internationalen Wissenschaftsorganisation IASSID als auch in den der 2004 gegründeten IASSID-eigenen Fachzeitschrift JPPID (*Journal of Policy and Practice in Intellectual Disabilities*) eingegangen ist sowie bei anderen einschlägigen Fachzeitschriften (z.b. JARID: *Journal of Applied Research in Intellectual Disabilities*) verwendet wird. Er steht sowohl für die hauptsächlich US-amerikanische Begrifflichkeit der 'mental retardation' (vormals 'mental deficiency') als auch für die eher im Bereich Großbritanniens verwendete Bezeichnung der 'learning difficulties', der insbesondere in der deutschen Übersetzung mit 'Lernschwierigkeiten' zu Missverständnissen Anlass gibt. Der Versuch, den stigmatisierenden Charakter von Bezeichnungen im Sinne politischer Korrektheit abzumildern, ist zwar zu begrüßen, hat aber gelegentlich im internationalen Austausch für Verwirrung gesorgt. Inhaltlich beschreibt der Begriff 'intellectual disability' sowohl die Gruppe der in Deutschland als 'geistig behindert' bezeichneten Menschen als auch einen Teil der hier als 'lernbehindert' bezeichneten Menschen.

Die meisten Autorinnen und Autoren des vorliegenden Bandes haben sich entschieden, bei der im deutschsprachigen Raum weit verbreiteten Bezeichnung der geistigen Behinderung zu bleiben. Sie sind sich der damit verbundenen Problematik bewusst, die abgesehen von definitorischen Unschärfen vor allem darin besteht, dass viele der so bezeichneten Personen selbst diesen Begriff ablehnen (vgl. People First Deutschland) und zu Recht auf dessen diskriminierenden Charakter verweisen. Andererseits kann allein die Verwendung eines anderen Begriffs an der gesellschaftlich diskriminierten Situation der Menschen mit einer geistigen Behinderung noch nichts verändern und die Gefahr der allmählichen Wandlung einer neuen, ursprünglich neutraleren zu einer nicht weniger diskriminierenden Bezeichnung ist bekannt. Ein wichtiger Grund für das Festhalten an der alten Bezeichnung der geistigen Behinderung liegt darin, dass die Brisanz der Thematik des vorliegenden Bandes durch die Verwendung weniger eindeutig konnotierter Begriffe wie 'lernbeeinträchtigt', 'mit Lernschwierigkeiten' o.ä. nicht entschärft werden soll. Denn es geht in den folgenden Kapiteln tatsächlich vorrangig um diejenigen Menschen, die aufgrund vorangegangener

Diagnosen und Beurteilungen – zurecht oder zu unrecht – als geistig behindert bezeichnet worden sind und damit sozialrechtlich als potentiell anspruchsberechtigt für bestimmte soziale Leistungen gelten. Und genau diese Personengruppe ist es auch, die vor Einführung des neuen Betreuungsgesetzes 1992 oft schon vor der Volljährigkeit sterilisiert wurde, der ein Kinderwunsch abgesprochen wurde bzw. wird und deren Elternschaft nach wie vor mit äußerster Skepsis betrachtet wurde bzw. wird – zumindest von weiten Kreisen der Öffentlichkeit und von den zuständigen Einrichtungen.

Nach langjährigen praktischen Erfahrungen kann hinzugefügt werden, dass es sich bei denjenigen Menschen mit sog. geistiger Behinderung, bei denen es zu einer Elternschaft kommt, derzeit überwiegend (wenn auch nicht ausschließlich) um den weniger stark beeinträchtigten Teil der gesamten Gruppe handelt, der teilweise in den Grenzbereich zur sog. Lernbehinderung hineinreicht.

Vor dem Hintergrund eines veränderten Verständnisses von Behinderung im Sinne neuerer Sichtweisen, die sich z.B. auch in der von der WHO entwickelten ICF (*International Classification of Functioning, Disability and Health*, vgl. Deutsches Institut für medizinische Dokumentation und Information 2004) niedergeschlagen haben, sind derartige Einteilungen eigentlich ohnehin obsolet. In dieser neuen Sicht geht es nicht um eine Klassifikation gemäß individueller Eigenschaften vor dem Hintergrund eines linearen Modells, in welchem organische/ körperliche Schädigungen (*impairment*) Funktionsbeeinträchtigungen (*disability*) zur Folge haben, und aus diesen Beeinträchtigungen eine gesellschaftliche Behinderung (*handicap*) resultiert, wie es noch in der ICIDH (*International Classification of Impairments, Disabilities and Handicaps*) in ihren verschiedenen Fassungen seit 1980 der Fall war. Behinderung im Sinne des neuen Verständnisses ist vielmehr als Ergebnis der Wechselwirkungen von Körperstrukturen und Körperfunktionen mit Kontextfaktoren zu sehen und immer dann festzustellen, wenn im Ergebnis diese Wechselwirkungen zu einer Beeinträchtigung der gesellschaftlich üblichen Aktivität (*activity*) oder der gesellschaftlich üblichen Teilhabe (*participation*) führen. Seidel (2003, 248 f.) führt das Beispiel der Mutterschaft von Frauen mit einer geistigen Behinderung ausdrücklich an:

"Mit diesem Verständnis wird es möglich, z.b. eine gesellschaftlich bedingte Behinderung zu beschreiben, wenn einer Person mit einer Epilepsie – obwohl diese längst erfolgreich behandelt oder ausgeheilt ist – auf Dauer von Gesetz wegen verboten wird, selbst Auto zu fahren. Oder: Einer Frau mit einer geistigen Behinderung wird es durch negative Einstellungen, Vorurteile usw. der Umwelt unmöglich gemacht, ein eigenes Kind zu haben."

Entscheidend ist also nicht die evtl. körperliche/ organische Schädigung einer Frau mit einer intellektuellen Beeinträchtigung, die möglicherweise zur Folge hat, dass sie nicht alle Tätigkeiten im Zusammenhang einer Elternschaft alleine bewältigen kann. Entscheidend ist vielmehr, ob ihr die erforderliche Unterstützung zuteil wird, damit sie diese Tätigkeiten selbst oder mit entsprechender Hilfe ausüben kann, und ob damit ihre Teilhabe an dem gesellschaftlichen Bereich der Elternschaft gewährleistet ist. Menschen mit intellektueller Beeinträchtigung, die durch ein geeignetes soziales Umfeld keinerlei Probleme mit einer Elternschaft haben (z.B. aufgrund kulturspezifischer Normen und Werte) wären hiernach – zumindest im Lebensbereich Elternschaft – nicht geistig behindert.

Mit diesem Verständnis im Hintergrund werden wir im Folgenden die Begriffe 'geistige Behinderung' oder 'geistig behindert' verwenden – es sei denn in einzelnen Kapiteln wird ausdrücklich auf einen anderen, z.B. historischen, Zusammenhang Bezug genommen.

Zum Inhalt des Buches

Viele Fragen mussten in dem oben dargestellten Forschungsprojekt unbeantwortet bleiben. Was die erhobenen Zahlen angeht, konnten diese lediglich eine Momentaufnahme in einer Zeit schneller Veränderungen darstellen. Auch die damaligen Ergebnisse zur subjektiven Sichtweise der betroffenen Eltern müssen als Ausdruck einer Situation gewertet werden, in der professionelle Unterstützungsangebote die Ausnahme darstellten.

Die Fachdiskussion und die Entwicklung in der Praxis sind inzwischen ein großes Stück weitergekommen. Mit dem vorliegenden Band soll dieser Entwicklung Rechnung getragen werden. Er berücksichtigt unterschiedliche Aspekte der Gesamtthematik:

Im ersten Kapitel wird ein Einblick in die geschichtliche Dimension der Thematik gegeben, der gleichzeitig deutlich macht, dass es sich von Anfang an um nationale Grenzen überschreitende Diskussionen gehandelt hat.

Der nächste Themenkomplex bezieht sich auf Fragen, die vor einer Elternschaft liegen: Hierzu zählt die rechtliche Situation, die sich in Bezug auf die Sterilisation von Menschen mit geistiger Behinderung mit In-Kraft-Treten des neuen Betreuungsgesetzes 1992 ergeben hat, aber auch die Frage nach der 'Natur' des Kinderwunsches und Möglichkeiten seiner Erörterung zusammen mit Menschen mit geistiger Behinderung.

Ein weiterer Themenkomplex ist der Situation von Müttern und Vätern mit geistiger Behinderung in der heutigen BRD gewidmet, wobei sowohl die Besonderheit ihrer rechtlichen Lage als auch ihre psychosoziale Situation verdeutlicht werden soll. In diesen Bereich fällt auch eine Studie, die sich mit der Fremdunterbringung von Kindern geistig behinderter Eltern befasst.

Der darauf folgende Themenkomplex ist der Situation von Kindern geistig behinderter Eltern gewidmet. Während diese im ersten Beitrag vor dem Hintergrund der Risiko- und Resilienzforschung aus Sicht von Forschung und Praxis dargestellt wird, folgt anschließend die Perspektive erwachsener Kinder geistig behinderter Eltern anhand retrospektiver Interviews.

Es schließt sich die Thematik der elterlichen Kompetenzen an, sowie Fragen nach elterlichen Unterstützungsbedürfnissen und entsprechenden professionellen Angeboten, einschließlich eines Beitrags zur Betroffenenperspektive auf soziale Unterstützungsnetzwerke.

Den Abschluss bildet ein kurzer Abriss über den Stand der Diskussion in der Schweiz.

Zwischen den einzelnen Kapiteln sollen unterschiedliche Fallbeispiele einen möglichst konkreten Einblick in die aktuelle Lebenssituation von Eltern und Kindern geben.[1]

Wir hoffen, mit dem vorliegenden Band Impulse geben zu können: Zum einen zur Intensivierung der fachwissenschaftlichen Diskussion und zur Anregung von Forschungsarbeiten im deutschspra-

---

[1] Die Fallbeispiele wurden in anonymisierter Form von Stefanie Bargfrede, Magnus Prangenberg, Kadidja Rohmann und Annette Vlasak verfasst.

chigen Raum, zum anderen zur weiteren Professionalisierung der praktischen Unterstützung der betroffenen Eltern und Kinder. Somit möchten wir dazu beitragen, dass geistig behinderte Eltern und ihre Kinder künftig weniger Behinderung ihrer gesellschaftlichen Aktivität und Teilhabe erfahren und sich – auch im Bereich von Kinderwunsch und Elternschaft – zunehmend aus dem Bereich des Tabus in den Bereich der gesellschaftlichen Normalität entwickeln können. Allen betroffenen Familien sowie den unterstützenden Fachkräften, die uns die erforderlichen Einblicke in ihr Leben und ihre Arbeit gewährt haben, sei an dieser Stelle herzlich gedankt.

Fallbeispiel I: Frau Bergmann

Manuela Bergmann war zu Beginn ihrer Schwangerschaft 19 Jahre alt und seit wenigen Monaten mit dem Vater ihres ungeborenen Kindes befreundet. Herr Tailer, ein Asylbewerber, lebte zu dieser Zeit in der Heimatstadt von Frau Bergmann. Er sagte später, die geistige Behinderung von Frau Bergmann habe er wegen eigener Defizite der deutschen Sprache zunächst nicht wahrgenommen. Frau Bergmann ist eine unauffällige, gut aussehende junge Frau. Sie hat die allgemeine Förderschule für lernbehinderte Kinder besucht, dort jedoch kaum die verlangten Leistungen zu erbringen vermocht. Sie hat nicht gelernt, mehr als ihren Namen zu schreiben und kann lediglich einige Buchstaben und einzelne ganze Wörter lesen. An ihrem 18.Geburtstag wurde für Frau Bergmann vom Gericht eine Betreuung durch einen Betreuungsverein angeordnet. Manuela Bergmann stammt aus einer kinderreichen Familie. Die Eltern fühlten sich der Aufgabe nicht gewachsen, die rechtliche Betreuung für die noch im Elternhaus lebende erwachsene Tochter zu übernehmen. Die Betreuerin, eine ältere Frau, war besorgt, als sie von der Freundschaft von Frau Bergmann zu einem jungen Mann nichtdeutscher Herkunft erfuhr. Sie befürchtete, Herr Tailer würde seine Freundin ausnützen. Als Frau Bergmann sich erheblich verschuldete, weil ihr Partner mit ihrem Mobiltelefon seine Familie im Ausland anrief, wuchsen die Bedenken der Betreuerin. Ein Wochenendausflug des Paares, der mit der Betreuerin nicht abgesprochen war, führte zu dem Verbot dieser Freundschaft durch die Betreuerin. Wenn Frau Bergmann trotzdem ihren Freund in der Asylbewerberunterkunft besuchte, so holte die Betreuerin sie dort ab und brachte sie nach Hause zu ihren Eltern.

Einige Wochen, nachdem die Schwangerschaft von Frau Bergmann bekannt geworden war, wurde Herr Tailer in ein weit entferntes Bundesland 'umverteilt'. Fortan musste er Besuche zum Wohnort von Frau Bergmann bei der Ausländerbehörde im neuen Wohnort beantragen. Er bekam nur selten einen Urlaubsschein, mit dem er legal seinen augenblicklichen Wohnsitz verlassen und den Heimatort von Frau Bergmann besuchen durfte. Für die noch ungeborenen Kinder – Frau Bergmann erwartete Zwillinge – hatte Herr Tailer kurz vor seiner Abreise in das andere Bundesland die Vaterschaft anerkannt. Die Betreuerin von Frau Bergmann regte im Jugendamt an, Heimplätze für die Kinder bereitzuhalten, da sie der Mutter nicht zutraute, die Zwillinge angemessen zu versorgen. Im Jugendamt wurden die dazu nötigen Vorkehrungen getroffen. Die Betreuerin erklärte Frau Bergmann, die Unterbringung der Kinder in einem Kinderheim sei für das Wohl ihrer Kinder notwendig und sie dürfe ihre Kinder im Kinderheim besuchen. Frau Bergmann und auch ihre Eltern waren mit den Aktivitäten der Betreuerin nicht einverstanden. Die Eltern von Frau Bergmann wollten erreichen, dass ihre Tochter die Kinder behalten dürfe, sie selbst fühlten sich jedoch nicht dazu in der Lage, die Tochter dabei zu unterstützen. Sie lebten beengt in einer viel zu kleinen Wohnung. Frau Bergmann selbst äußerte den deutlichen Wunsch, ihre Kinder unbedingt behalten zu wollen.

Die Mutter von Frau Bergmann erfuhr zufällig von Bekannten, dass im Nachbarort kürzlich ein 'Betreutes Familienwohnheim' für Eltern mit geistiger Behinderung eröffnet worden war, in dem diese gemeinsam mit den eigenen Kindern begleitet und unterstützt werden. Frau Bergmann und ihre Eltern besuchten die neue Einrichtung und Frau Bergmann bekundete ihre Bereitschaft, nach der Geburt der Kinder dorthin zu ziehen. Die Betreuerin und auch das Jugendamt stimmten dem zu. Gleichzeitig regte das Jugendamt jedoch den Entzug der elterlichen Sorge beim zuständigen Amtsgericht an. Das Gericht entzog Frau Bergmann die elterliche Sorge, nachdem ein Gutachter festgestellt hatte, dass diese nicht lesen und rechnen kann und sie aus diesem Grund als nicht geschäftsfähig anzusehen sei. Die Betreuerin hatte dem Gericht zudem mitgeteilt, Frau Bergmann könne den Namen des Vaters ihrer Kinder nicht wissen, da sich im Zimmer von Herrn Tailer in der Asylbewerberunterkunft mehrere Männer aufgehalten hätten, als sie Frau Bergmann dort abgeholt habe. Über diese Aussage empört, beantragte Frau Bergmann beim Gericht den Antrag auf einen Betreuerwechsel. Das Gericht sah dafür keinen Anlass, sondern erweiterte die ohnehin schon umfangreichen Aufgabenkreise der Betreuerin auf den Aufgabenbereich 'Entscheidungen in Unterbringungsangelegenheiten'. Dies wiederum empörte die Fachkräfte im 'Betreuten Familienwohnheim', denn

Unterbringungsangelegenheiten sind laut §1906 BGB immer mit 'Freiheitsentziehung' verbunden und nur dann erlaubt, wenn die Gefahr der Selbsttötung besteht oder eine notwendige ärztliche Behandlung verweigert wird. Bei Frau Bergmann bestand für eine Unterbringung in diesem Sinn kein Anlass.

Als weitere rechtliche Hürde stellte sich die Klärung der Vaterschaft von Herrn Tailer dar: Im Jugendamt wurde Frau Bergmann mitgeteilt, die vor Geburt der Kinder im Jugendamt abgegebene Vaterschaftsanerkennung von Herrn Tailer sei ungültig, weil Frau Bergmann nicht geschäftsfähig und daher ihre Zustimmung zu der Vaterschaftsanerkennung nichtig sei. Ohne die Zustimmung der sorgeberechtigten Mutter oder des sorgeberechtigten Vormunds der Kinder sei eine Vaterschaftsanerkennung jedoch nicht möglich. Der Amtsvormund der Kinder würde dieser Anerkennung aufgrund der Aussagen der Betreuerin von Frau Bergmann nicht zustimmen. Herr Tailer müsse seine Kinder auf Feststellung der Vaterschaft verklagen (vgl. Beitrag „Rechtliche Fragen im Zusammenhang der Elternschaft von Menschen mit geistiger Behinderung", ab S. 91 in diesem Band).

Herr Tailer hielt sich immer noch in dem weit entfernten Landkreis auf. Er wurde von der Ausländerbehörde dazu aufgefordert, die Geburtsurkunden der Kinder vorzuweisen, um einen Urlaubsschein zu erhalten. Diese hatte jedoch die Betreuerin mit der Begründung einbehalten, Frau Bergmann könne ihre Papiere nicht in Ordnung halten. Sie gab Frau Bergmann den Ratschlag, sich Kopien der Geburtsurkunden beim Standesamt zu besorgen. Dort wurde Frau Bergmann aufgefordert, ihre Betreuerin mitzubringen. Ihr würde man keine Kopie der Geburtsurkunden aushändigen, da sie unter Betreuung stehe. Im Standesamt sei der Anruf 'einer Behörde' eingegangen, aus dem hervorging, dass Frau Bergmann keine Geburtsurkunde ihrer Kinder erhalten dürfe.

Frau Bergmann war in den ersten Lebenswochen ihrer Kinder ein- bis zweimal in der Woche mehrere Stunden unterwegs, beim Gericht, beim Standesamt, bei der Ausländerbehörde, bei der Betreuerin und beim Jugendamt. Sie hatte kaum Zeit und Ruhe für ihre Kinder. Herr Tailer durfte seine Kinder in dieser Zeit nicht besuchen. Er bekam keinen Urlaubsschein und es konnte ihm auch kein Umgangsrecht mit seinen Kindern eingeräumt werden, da er rechtlich nicht der Vater war. Um Frau Bergmann zu entlasten,

wurde ihr von der Einrichtungsleitung des 'Betreuten Familienwohnheims' eine Rechtsanwältin vermittelt. Diese zeigte sich engagiert und erreichte in wenigen Tagen,
- dass Frau Bergmann die Geburtsurkunden der Kinder bekam
- die Entlassung der Betreuerin und Bestellung eines anderen Betreuers
- dass der Vaterschaftsprozess in Gang gebracht und Herr Tailer zur Beweisaufnahme in den Landkreis geladen wurde

Inzwischen waren etwa 30 Menschen mit diesem Fall beschäftigt. MitarbeiterInnen aus dem Jugendamt, aus dem Sozialamt, von der Betreuungsbehörde, aus Betreuungsvereinen, aus dem 'Betreuten Familienwohnheim', von der Ausländerbehörde, vom Gericht, ein Gutachter und die Rechtsanwältin. Es hatte mindestens acht Fallkonferenzen gegeben, teilweise mit, teils ohne Frau Bergmann und selten mit Herrn Tailer.

Vierzehn Monate nach Geburt der Kinder stellte das Gericht fest, Herr Tailer sei der Vater der beklagten Kinder. Sechs Monate später heirateten Frau Bergmann und Herr Tailer, der Vater bekam das alleinige Sorgerecht vom Gericht übertragen. Die Familie lebt heute unauffällig mit ihren Zwillingen. Beide Söhne sind inzwischen im Kindergarten und entwickeln sich laut Einschätzung der Kindertagesstätte altersgerecht.

Markante Aspekte der geschilderten Lebenssituation

- faktische Gleichstellung der rechtlichen Betreuung mit einer Entmündigung
- Unkenntnis der Rechtssituation für Menschen mit geistiger Behinderung, die unter Betreuung stehen, sowohl bei Behörden als auch bei anderen Institutionen und beteiligten Personen
- geplante Trennung der Kinder von der Mutter aufgrund der geistigen Behinderung der Mutter
- Sorgerechtsentzug der Mutter ohne Kindeswohlgefährdung
- Vorurteile gegenüber einer Mutter mit geistiger Behinderung (z.B. sie könne nicht wissen, wer der Vater ihrer Kinder sei)
- durch Verwaltungsmaßnahmen vorgegebene Trennung der Eltern

- Teile des professionellen Unterstützungssystems werden als Bedrohung erlebt
- Einflussnahme sehr vieler Menschen unterschiedlichster Profession auf das Privatleben der Familie
- keine Berücksichtigung der kindlichen Bedürfnisse durch das professionelle Unterstützungssystem

MAGNUS PRANGENBERG

Zur Geschichte der internationalen Fachdiskussion über Elternschaft von Menschen mit einer geistigen Behinderung

1 Einleitung

Der Themenbereich der Elternschaft von Menschen mit einer geistigen Behinderung und die Lebens- und Entwicklungssituation ihrer Kinder präsentiert sich in der wissenschaftlichen Fachliteratur auf den ersten Blick als ein junger Forschungsbereich; die Erkenntnisse zu dieser Lebenssituation erscheinen überschaubar. Bei genauerer Betrachtung zeigt sich jedoch eine erstaunlich lange Forschungsgeschichte. Betrachtet man die getroffenen Aussagen zur Elternschaft von Menschen mit einer geistigen Behinderung und zu ihren Kindern in den vergangenen etwa einhundert Jahren, so lässt sich beobachten, dass einige wenige zentrale Annahmen sich bis in die neunziger Jahre hinein als nahezu unverrückbare Überzeugungen herausgebildet haben. Die AutorInnen Espe-Sherwindt und Crable (1993, 156f.) formulieren diese zentralen Annahmen in Form von vier 'Mythen'[2]. Bei diesen 'Mythen' handelt es sich eher um Klischees und Fehlinterpretationen, als um fundierte Kenntnisse. Dennoch bestimmen diese Klischees sichtbar die Diskussion um die Elternschaft.

Erster 'Mythos': Kinder von Eltern mit einer geistigen Behinderung sind oder werden ebenfalls geistig behindert (Espe-Sherwindt & Crable 1993, 156f.; vgl. Sheerin 1998, 127).

---

[2] Der von Espe-Sherwindt und Crable verwendete englischsprachige Begriff 'myth' lässt keine treffende deutschsprachige Übersetzung in der ursprünglichen Bedeutung zu. Die verschiedenen Übersetzungsmöglichkeiten, wie etwa 'Klischee', 'Falschannahme', 'Fehlinterpretation', 'Mythos', 'Erfindung' werden im Folgenden mit dem Begriff 'Mythos' bzw. 'Mythen' repräsentiert.

Zweiter 'Mythos': Die Kinderzahl in Familien mit geistig behinderten Eltern ist überdurchschnittlich hoch (ebd., 157; vgl. Sheerin 1998, 127).
Dritter 'Mythos': Eltern mit einer geistigen Behinderung zeigen eine mangelhafte, unzureichende elterliche Kompetenz (ebd., 157f.; vgl. Sheerin 1998, 127). Dieser 'Mythos' wird von Llewellyn et al. in zwei einzelnen 'Mythen' umschrieben:
- Eltern mit einer geistigen Behinderung missbrauchen ihre Kinder und
- Eltern mit einer geistigen Behinderung vernachlässigen ihre Kinder (Llewellyn et al. 1995, 15)

Vierter 'Mythos': Eltern mit einer geistigen Behinderung können elterliche Fähigkeiten nicht erlernen (ebd., 158f.; vgl. Sheerin 1998, 127).

Durch die Darstellung des historischen Entstehungsprozesses der (Forschungs-)Thematik wird in diesem Artikel eine Neubewertung der vorgestellten Sichtweisen angestrebt. Eine Einbettung dieser Annahmen in die gesellschaftlichen Veränderungsprozesse und zeitgeschichtlichen Geschehnisse soll das Entstehen der 'Mythen' über Eltern und Kinder nachvollziehbar machen. Ergänzend dazu werden zentrale Erkenntnisse über Eltern mit geistiger Behinderung und über ihre Kinder diesen 'Mythen' kontrastierend gegenübergestellt.

2 Historische Orientierung

Etwa seit Beginn des vergangenen Jahrhunderts lassen sich Quellen finden, die bei genauerer Betrachtung Hinweise auf die Personengruppe der Eltern mit geistiger Behinderung und auf ihre Kinder enthalten. Zwar handelt es sich bei diesen Quellen nicht um ausgewiesene Fachliteratur zur Elternschaft, sie sind aber wertvoll, um die Gewichtung einzelner Aspekte bis in die gegenwärtige Diskussion zu verstehen. Studien, die sich der Lebenssituation von Eltern mit einer geistigen Behinderung widmen, werden mit entsprechender Fragestellung seit den vierziger und fünfziger Jahren des vergangenen Jahrhunderts durchgeführt, sind aber in ihrer Aussagekraft häufig nur eingeschränkt brauchbar. Eine Konstituierung und Etablierung der Thematik 'Elternschaft von Menschen mit einer geistigen Behinderung und ihre Kinder' findet ihre Anfänge in den siebziger Jahren und wird seit den achtziger Jahren bis in die Gegenwart verstärkt erörtert. Im Folgenden werden die Besonderheiten dieser Entwicklungsphasen chronologisch dargestellt.

Eine Systematisierung der vorliegenden Fachliteratur ist grob in vier zeitliche Phasen möglich (siehe folgende Abbildung; vgl. Prangenberg 2003, 41):

- Der Zeitraum der eugenisch-genetischen Debatte seit Anfang des 20. Jahrhunderts bis Ende des zweiten Weltkrieges und deren 'Unterformen'
  - die 'Frühen Vorläufer' bis 1934
  - die 'Deutsche Epoche' von 1933 bis 1945
- der Zeitraum der Sterilisation und Institutionalisierung von 1945 bis 1969
- der Zeitraum der gesellschaftlichen Neuorientierung der siebziger Jahre
- und der Zeitraum der Normalisierung und Deinstitutionalisierung in den achtziger und neunziger Jahren

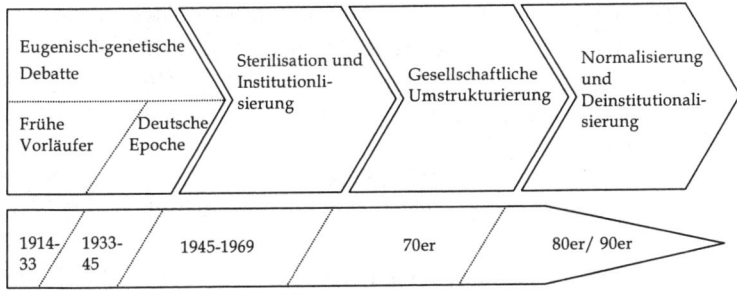

Abbildung: Zeitliche Phasen internationaler Forschungsliteratur (in: Prangenberg 2003, 41, Grafik 1)

Die Einteilung der Forschungsergebnisse in diesen Zeitrahmen ist künstlich und in seiner Abgrenzung unzureichend, dennoch soll uns eine Betrachtung der Literatur vor dem Hintergrund gesellschaftlicher und historischer Abläufe und Geschehnisse helfen, diese in ihren Aussagen und in ihrer Konzentration auf wenige Themenbereiche zu verstehen.

2.1 Die 'Frühen Vorläufer' in den Jahren von 1914 bis 1933

Von Interesse ist eine Betrachtung der 'Frühen Vorläufer', also Quellen, die sich in einem Zeitraum des ersten Drittels des vergangenen Jahrhunderts finden lassen. Sie bilden m.E. eine entscheidende Grundlage für die bis in die Gegenwart geltenden Annahmen über die Elternschaft von Menschen mit einer geistigen Behinderung.

Die Quellen aus dieser Zeit begründen sich in der 'Eugenischen Debatte', d.h. in der Frage, wie geistige Behinderung entsteht und sich verbreitet. Genetisch und eugenisch ausgerichtete Studien verfolgen dabei dasselbe Ziel, nämlich die Eindämmung und Beseitigung des Phänomens der geistigen Behinderung durch eugenische Maßnahmen. Die damalige Diskussion widmet sich beispielsweise auch der Frage, wie viele Jahre es dauern würde, geistige Behinderung aus einer Gesellschaft zu 'verdrängen' (vgl. Punett 1917; Fisher 1924). Diese Fragestellung erscheint nach heutigem Kenntnisstand müßig, doch die Ursache der Verbreitung von geistiger Behinderung wird in dieser Zeit vor allem in der Vererbung gesehen. Folglich findet hier der erste 'Mythos' (vgl. Espe-Sherwindt & Crable 1993, 156f.) seinen Ursprung, nämlich die Vorstellung über eine (zwangsläufige) Weitergabe der Behinderung an die Kinder. Wegweisend zeigt sich hier eine Studie der „Eugenics Society Of Vermont" aus dem Jahre 1929 (Reed & Reed 1965). In dieser Untersuchung wird erstmalig der Zusammenhang zwischen einer geistigen Behinderung eines bzw. beider Elternteile und dem Auftreten wiederum geistig behinderter Kinder untersucht. Die Behinderung eines Elternteils oder beider Eltern wird von den AutorInnen in engem Zusammenhang mit einer Behinderung der Kinder gesehen. Gilt ein Elternteil als geistig behindert, sind laut Reed und Reed 26,4 % der Kinder geistig behindert. Sind hingegen beide Elternteile behindert, erhöht sich der Anteil der Kinder mit geistiger Behinderung auf 44,1 % (Reed & Reed 1965, 3). In dieser Quelle wird allerdings nicht zwischen einer ererbten und einer erworbenen Behinderung unterschieden. Eine Diskussion etwaiger sozialisatorischer Einflüsse fehlt in dieser Zeit gänzlich. Das Lebensumfeld, welches die kindliche Entwicklung maßgeblich beeinflusst, wird nicht oder nur unzureichend erörtert. Eine Vererbung geistiger Behinderung wird somit als Grund für die hohe Zahl an wiederum behinderten Kindern angenommen.

Erstmalig wird in dieser Zeit auch thematisiert, dass es sich bei der Elternschaft von Menschen mit geistiger Behinderung vor allem um die Mutterschaft von Frauen mit geistiger Behinderung handelt. An dieser Vorstellung halten zahlreiche Studien bis in die Gegenwart fest (vgl. Brock 1934 in Reed & Reed 1965). Die damaligen Erklärungsversuche, Frauen würden häufiger eine geistige Behinderung 'produzieren' als Männer (Reed & Reed 1965, 3) sind nicht haltbar. Vielmehr ist die Tatsache der Mutterschaft von Frauen mit einer geistigen Behinderung in einer Realität im Umgang von Männern mit Frauen mit einer geistigen Behinderung zu sehen.

Eine weitere 'Forschungstradition' erfährt in dieser Zeit ebenfalls ihren Anfang: Die strikte Ablehnung der Elternschaft, fußend auf einer negativen Grundhaltung gegenüber Menschen mit einer geistigen Behinderung. Dies drückt sich insbesondere im verwendeten Vokabular der Bezeichnung von Menschen mit einer geistigen Behinderung in dieser Zeit aus:

> „Under the Mental Deficiency Act of 1913, people with a mental handicap were classified as idiots, imbeciles, feeble-minded, and moral defectives (...). The Act was: 'a product of its time and in particular of the powerful pressures on the government to avoid a national degeneracy$^{(...)}$'." (Behi & Edwards-Behi 1987, 50)

Eine 'Perfektionierung' dieser Ablehnung deutet sich in der folgenden 'Deutschen Epoche' an.

2.2 Die 'Deutsche Epoche' von 1933 bis 1945

Die 'Deutsche Epoche' ist in der Entwicklung der Fachdiskussion mit Sicherheit in ideengeschichtlicher Hinsicht keine klar abzugrenzende Zeitspanne. Vielmehr zeigt sie sich in ungebrochener Tradition im Umgang mit Menschen mit einer geistigen Behinderung. Zu keiner Zeit jedoch wurde die Ablehnung von Menschen mit einer geistigen Behinderung mit solcher perfiden Perfektion verfolgt, und somit zeigt sich die Entwicklung in Deutschland als beispiellos. Die Überzeugung von einer (zwingenden) Vererbung geistiger Behinderung bzw. der erhöhten Wahrscheinlichkeit einer Vererbung herrschte international und fand Ausdruck in entsprechenden Gesetzen. Im Deutschland des Dritten Reichs aber wurde diese Vorstellung im „Gesetz zur Verhütung erbkranken Nachwuchses" konsequent verwirklicht und markiert diese Entwicklung in ihren Auswüchsen als einzigartig.

Die Verhütung der Verbreitung von geistiger Behinderung sollte durch die 'Lösung' mittels Sterilisation und Ermordung von Menschen mit Behinderung erreicht werden. Die Sterilisation von Menschen mit geistiger Behinderung, die bereits vor der NS-Diktatur in vielen Staaten Anwendung fand, zeigt sich dabei als wegweisende Antwort auf die Elternschaft von Menschen mit einer geistigen Behinderung für die kommenden Jahrzehnte.

Die Vorstellung, dass Menschen mit geistiger Behinderung keine Eltern werden dürfen, wurde vor dem Hintergrund einer ideologisch verklärten Vorstellung der Familie und des Mutterbildes endgültig verfestigt.

> „Die Frage, ob angeboren, ererbt oder früh erworben, braucht uns nicht allzu viel Kopfzerbrechen machen, denn wir wissen alle, daß kein Schwachsinniger ein gutes Familienniveau schaffen wird." (Ewald zit. in Zima 1998, 51)

Sichtbar wird in den Überlegungen der Nationalsozialisten auch die ökonomische Dimension der Elternschaft von Menschen mit einer geistigen Behinderung. Die Argumentation dieser Zeit zielt unumwunden auf die Tatsache, dass die Versorgung behinderter Menschen und auch deren Elternschaften eine volkswirtschaftliche Belastung darstellte. Somit deutet sich ein 'Roter Faden' in der Geschichte der Diskussion über das Für und Wider von Elternschaften geistig behinderter Menschen an, welcher in jedem Zeitraum – seit den frühen zwanziger Jahren – unverblümt, wenn auch mit unterschiedlichem Vokabular, vorgetragen wird.

Die gesellschaftspolitische Auseinandersetzung in Folge der NS-Diktatur erwirkt schließlich die Ablösung eines rein medizinisch dominierten Behindertenbildes durch ein soziologisch begründetes Bild und deutet somit eine neue Denkart an, die eine rein eugenisch geprägte Auseinandersetzung mit der Frage der Elternschaft langfristig ersetzte:

„But the civil rights movements of the last half-century have re-created the mentally retarded person again, (...) and the generalized medical model of disability has been replaced by a sociological construct." (Hayman 1990, 1250)

2.3 Sterilisation und Institutionalisierung in den Jahren 1945 bis 1969

Der Zeitraum, der sich unmittelbar an die 'Deutsche Epoche' anschließt, ist von besonderem Interesse. Vor dem Hintergrund der Erfahrungen im Umgang mit Menschen mit Behinderungen in der Zeit der NS-Diktatur, drängt sich die Frage auf, wie sich die Haltung zur Frage der Elternschaft weltweit und in Deutschland weiterentwickelt hat.

Die Lebenssituation von Eltern und Kindern – und insbesondere die Entwicklung der Kinder – rückte in den Fokus der Forschungsbemühungen. Dies geschah weniger aus einem Interesse an der Ausgestaltung der Lebenssituation dieser Familien, um etwa mögliche Hilfsangebote gestalten zu können. Zielsetzung der neuen Untersuchungen war vielmehr, wie bereits zu Anfang des Jahrhunderts, die Frage einer Verbreitung bzw. Eingrenzung des Phänomens 'Geistige Behinderung'. Von der Nachkriegszeit bis zum Ende der sechziger Jahre generierten sich neue Erkenntnisse über geistig behinderte Eltern und ihre Kinder zumeist nur als Nebenprodukte von Forschungsstudien mit anderer Zielrichtung. Erst später sollte sich die Erforschung der Elternschaft von geistig behinderten Menschen als eigenständiger Forschungsbereich konstituieren. Dennoch gestaltet sich dieser Zeitraum als eine erste 'Hochphase' der Familienforschung (vgl. Prangenberg 2003, 46).

Die Studien dieser Zeit folgten zum einen dem Duktus der Gesundheitsforschung, zum anderen, und dies zeigt sich als Kontinuum über alle zeitlichen Phasen, dem Gedanken der Sozioökonomie (vgl. hierzu Gamble 1959). Unter dem Aspekt der Kostenreduzierung in der Versorgung von Menschen mit einer geistigen Behinderung und ihren (nach damaliger Vorstellung wiederum behinderten) Kindern wurde versucht, Elternschaften weiterhin zu verhindern. Dies sollte vor allem durch eine Sterilisation und die Institutionalisierung von Menschen mit einer geistigen Behinderung in vielen Staaten erreicht werden:

> „Young women were sent to institutions established especially for females of child bearing age. When their reproduction years were over, they were released to the community." (Bass 1963, 318)

Eine Erfassung der Lebensumstände in Familien mit geistig behinderten Eltern wurde angestrebt. Die Bewertung der elterlichen Kompetenzen sowie die Betrachtung kindlicher Entwicklungsverläufe sollten die Diskussion über den Umgang mit dem Kinderwunsch von Menschen mit geistiger Behinderung stützen. Eine Überforderung der Eltern, kindliche Entwicklungsverzögerungen oder eine geistige Behinderung der Nachkommen dienten dabei als Argument, Elternschaft abzulehnen.

Als ein erstes 'Argument' fand der 'Mythos' der Vernachlässigung, der Misshandlung und des Missbrauchs der Kinder (Llewellyn et al. 1995, 15) seine Geburtsstunde in der Forschung der fünfziger und sechziger Jahre und sollte auf viele Jahre Bestand haben, auch wenn der Themenbereich des 'neglect – maltreatment – abuse' sowohl in der Methodik seiner Erforschung als auch in seiner Diskussion massive Mängel aufweist (vgl. Prangenberg 2003, 50 und 66 ff).

Auch die Frage nach der Familiengröße wurde als Argument einer unzureichenden Familienplanung und somit als Unmündigkeit der Eltern angesehen. Dabei konnte die große Kinderzahl in diesen Familien schon seit den Quellen der 'frühen Vorläufer' nicht eindeutig bewiesen werden.

In der Nachkriegszeit bis zum Ende der sechziger Jahre fand sich eine ablehnende Haltung gegenüber der Elternschaft geistig behinderter Menschen. Mit dem Aufweichen einer eugenischen Sichtweise wurde auch eine Einflussnahme sozialisatorischer Bedingungen auf das Ge- und Misslingen von Elternschaften realisiert, dennoch wurde diese weiterhin konsequent abgelehnt. In dieser Zeit fielen aber auch erste Studien, die ihrer Anlage und Intention nach Alternativen zur herkömmlichen Forschungspraxis darstellen. Die kategorische Verneinung der Ehefähigkeit und Negierung der Tatsache, dass Menschen mit einer geistigen Behinderung Eltern werden und diese Elternschaft auch leben, wurde aufgegeben. Die sexuellen Bedürfnisse wurden vorsichtig anerkannt und ein Unterstützungsgedanke für die Eltern erstmalig formuliert:

> „At present, there is a recognition of the normal sexual needs of the retarded individual and a realization that in some cases the retardate is capable of sustaining a reasonable, stable, and happy marriage and that marriage may be beneficial to him (Hilliard 1956, p. 839)." (Bass 1963, 319; vgl. hierzu Mickelson 1949, 516)

Gleichzeitig begann eine Loslösung von dem Gedanken einer nahezu zwingenden geistigen Behinderung der Kinder zugunsten der Argumentation eines erhöhten Risikos einer Behinderung in der Nachkommenschaft. Damit ging zugleich eine Abkehr von einer monokausalen Ursachenzuschreibung der Belastung der Kinder durch die Behinderung der Eltern einher; auch das geschilderte Lebensumfeld der Kinder wurde als Einflussfaktor in Betracht gezogen. Dennoch, eine Dokumentation gelingender Elternschaften und gelingenden Familienlebens blieb weiterhin aus, es bestand kontinuierlich eine Konzentration auf die Darstellung der negativen Belastungsmomente im Leben von Eltern und Kindern.

Deutlich wird in der Betrachtung des Umgangs mit Menschen mit einer geistigen Behinderung in der Nachkriegszeit bis Ende der sechziger Jahre, dass sich kein tiefgreifender Wandel in der Haltung zur Elternschaft erkennen lässt:

> „The 1950's was an area of compulsory surgical sterilization and more than a quarter of the states in our union still had laws prohibiting marriage by persons with mental retardation." (Edgerton 1999, 1)

Vielmehr entwickelt sich die Anwendung der Sterilisation als eine international weit verbreitete Praxis, dem Kinderwunsch zu begegnen, eine Lösung, die bis in die Gegenwart Bedeutung hat und Anwendung findet (vgl. den Beitrag „Kinderwunsch von Menschen mit geistiger Behinderung", ab S. 73 in diesem Band).

Wie bereits weiter oben ausgeführt, muss beachtet werden, dass die Ablehnung einer Elternschaft von Menschen mit 'Mental Retardation' nach deutschsprachiger Terminologie auch und vor allem Menschen im Grenzbereich zur Lernbehinderung betraf. Die Forderung nach Sterilisation und Institutionalisierung dieser Gruppe zeigt sich damit als ein Problem im Umgang mit einer großen gesellschaftlichen Randgruppe unter dem Aspekt einer sozialen Selektion. Als Fazit der Nachkriegszeit bleibt die Überzeugung:

> „Most retardates are not good material for parenthood." (Reed & Reed 1965, 76)

2.4 Gesellschaftliche Umstrukturierung in den siebziger Jahren

Die siebziger Jahre waren von einem Erwachen der Diskussion über die Sexualität von Menschen mit einer geistigen Behinderung geprägt. Unter dem Eindruck des gesellschaftlichen Wandels fand eine Neubewertung der Sexualität des Menschen als Fassette menschlicher Individualität statt. Eine neue Entwicklung in dieser Zeit war die Überlegung, dass dies auch für Menschen mit einer Behinderung gelten soll, sowohl in ethischer, moralischer als auch juristischer Hinsicht (Kluge & Sparty 1977; vgl. Prangenberg 2003, 50).

Somit deutete sich zwar eine Diskussion über das juristische und moralische Recht von Menschen mit einer geistigen Behinderung an, Sexualität zu leben (vgl. Dowdney & Skuse 1993, 25), die Frage einer Elternschaft hingegen wird weiterhin ablehnend entschieden (vgl. Grunewald & Linner 1981, 70ff.). Infolge eines liberaleren Umgangs mit dem Wunsch, Partnerschaften zu leben, lässt sich ein erster Anstieg von Elternschaften beobachten. Daraus erwächst die Notwendigkeit, die Situation von Eltern und Kindern zu erforschen. Die betreuenden Kommunen und Dienste wissen mit der besonderen Lebenssituation von Kindern geistig behinderter Eltern kaum umzugehen und reagieren häufig aufgrund von Klischees und Fehleinschätzungen (vgl. Gillberg & Geijer-Karlsson 1983, 891; Sheerin 1998, 126). Überliefert ist vor allem ein sehr negatives Bild der Elternschaft geistig behinderter Menschen. Somit ist die Frage der Erfüllung der elterlichen Aufgaben und die Frage der Vermittlung dieser Kompetenzen an die Eltern ein Kernstück dieser Überlegungen (vgl. Dowdney & Skuse 1993, 25).

Neben der Frage, ob die elterliche Kompetenz von Eltern mit geistiger Behinderung nun erbracht oder nicht erbracht wird und werden kann, gilt es sich nun auch der Frage zu widmen, was elterliche Kompetenz ausmacht (vgl. „Elterliche Kompetenzen und die

Feststellung von Unterstützungsbedürfnissen in Familien mit geistig behinderten Eltern", ab S. 219 in diesem Band). Dabei zeigen sich zwei Schwierigkeiten: Zum einen, dass eine (Nicht-) Erfüllung der elterlichen Kompetenz am Themenbereich des Missbrauchs und der Vernachlässigung der Kinder (abuse-neglect-maltreatment) festgemacht wird. Zum anderen wird ein gesellschaftlicher Maßstab zur Bewertung gewählt, der kaum der sozioökonomischen Lebenssituation von Familien mit geistig behinderten Eltern entspricht und somit für diese nicht zu erreichen ist.

Die Thematik wird schließlich zu einer rechtlichen Grundsatzfrage, in deren Mittelpunkt der Verbleib der Kinder in der Familie oder aber eine Fremdplatzierung steht. Bis in die neunziger Jahre hinein ist die Fremdplatzierung der Kinder eine gängige Antwort auf eine Familiengründung. Dabei nimmt die Frage der Bewahrung und Schulung der elterlichen Fähigkeiten und, häufig mit dieser Frage verbunden, der Verbleib der Kinder in den Familien in Nordamerika und Europa unterschiedliche Züge an. Während die 'europäische Strategie' auf die Deinstitutionalisierung und Begleitung behinderter Paare mit Kindern setzt (Booth & Booth 1993, 466), verfolgt die 'nordamerikanische Strategie' einen Nachweis der Erlernbarkeit elterlicher Fähigkeiten durch die Eltern (vgl. Budd & Greenspan 1985, 269; Peterson, Robinson & Littman 1983; Bakken, Miltenberger & Schauss 1993). Als Antwort entstehen Elternkurse, in denen einzelne Fähigkeiten erlernt und überprüft werden können. Diese Berichte dienen – ein nützlicher Nebeneffekt – als Quelle weiterer Erkenntnisse über Eltern und Kinder (vgl. Prangenberg 2003, 51f.).

Trotz der beginnenden Diskussion um die Frage der Elternschaft setzt sich die Tabuisierung auch in dieser Dekade fort:

> „More recently people have viewed the mentally handicapped as a sexually opressed group (Kempton 1977a). Although the ‚normal' socio-sexual model is to find a mate, marry and have children, when a retarded person expresses, or worse, acts out these desires, many perceive it as excessive or shocking." (Hall 1975 in Craft & Craft 1981, 494)

2.5 Normalisierung und Deinstitutionalisierung seit den achtziger Jahren

Die 'moderne' Erforschung der Thematik der Elternschaft von Menschen mit geistiger Behinderung begann in den letzten beiden Jahrzehnten des vergangenen Jahrhunderts und dauert bis in die Gegenwart an. Dies zeigt sich nicht zuletzt an einer Zunahme von Quellen, die sich gezielt der Lebenssituation von Menschen mit einer geistigen Behinderung und Einzelaspekten ihrer Elternschaft widmen.

Diese Diskussion beruht auf einer Entwicklung, die mit der Anerkennung des Rechts auf Sexualität und Partnerschaft für Menschen mit einer geistigen Behinderung in den siebziger Jahren begonnen hat und nun in der Normalisierung der Lebenssituationen ihren Ausdruck findet. Die Normalisierungsdebatte bzw. Empowermentbewegung bewirkt eine Deinstitutionalisierung und ermöglicht Menschen mit Unterstützungsbedarf Lebens- und Wohnformen, die sowohl die Autonomie der Betreuten stärken als auch die Kontrollmöglichkeiten der Betreuenden verringern sollen. Diese Normalisierung ermöglicht ein Zusammenleben in Partnerschaften, in gemischtgeschlechtlichen Wohnformen und das Erleben von Sexualität als Fassetten der menschlichen Identität auch für Menschen mit geistiger Behinderung:

> „Secondly, the research demonstrates that when people with learning difficulties have control over their own sexuality more of them will have children. Deinstitutionalization and decreased segregation widen the opportunities for people to form personal relationships, to meet a partner, to fall in love, to live together, to get married and to start a family." *(Attard 1988 in Booth & Booth 1994, 161)*

Als Folge lässt sich ein Ansteigen der Kinderzahlen beobachten und gleichzeitig wird deutlich, dass der Kenntnisstand über Eltern mit einer Behinderung für eine angemessene Unterstützung unzureichend ist. Die Ansichten über die Elternschaft sind, und dies gilt insbesondere in Bezug auf die elterlichen Fähigkeiten sowie auf die Entwicklung der Kinder, bis in die neunziger Jahre hinein immer wieder von einer negativen und ablehnenden Haltung geprägt und beruhen letztlich auf Klischees, auf den bereits genannten 'Mythen'.

So verwundert auch nicht, dass sich ein Großteil der neu angelegten Studien dem Misslingen von Elternschaften oder deren Schwierigkeiten widmet, so z.b. elterlichen Unzulänglichkeiten, kindlichen Entwicklungsrisiken, dem Missbrauch und der Vernachlässigung von Kindern oder aber der Thematik der Fremdplatzierung etc. Gleichzeitig zeigt sich aber auch eine beginnende Akzeptanz und positive Zuwendung zur Thematik der Elternschaft, die letztlich nicht nur die Mängel und Probleme einer geistigen Behinderung in einer Elternschaft, sondern die Unterstützungsmöglichkeiten und Lernzuwächse in den Mittelpunkt stellen (vgl. Booth & Booth 1993; Espe-Sherwindt & Crable 1993), sowie sogar die Eltern vom Objekt zum Subjekt ihrer Forschungsbemühungen machen und somit zu Wort kommen lassen.

Auch entstehen seit den achtziger Jahren erste Betreuungskonzepte unterschiedlichster Ausprägung, so etwa lerntheoretisch orientierte Schulungsprojekte ebenso wie Ansätze, die sich einer Unterstützung im Alltag verschreiben oder aber Projekte, die ganz dem Gedanken des Empowerment folgen (vgl. hierzu Pixa-Kettner 1999, 63ff.).

Von Interesse ist in dieser Zeitspanne auch, dass sich ein sehr viel breiteres Spektrum an Quellen finden lässt. So steht beispielsweise im deutschsprachigen Raum neben einer wachsenden Zahl populärjournalistischer Artikel (FR 1986; Die ZEIT 1990; Haas 2000; FR 2000; Ohland 2002) die beachtliche Zahl an Stellungnahmen und Positionsartikeln in Fachzeitschriften (LHZ 1986; Basener 1987; LHZ 1988; LHZ 1992; Basener 1993: Walf-Kirsch 1997). Die Zunahme an Diplom- und Examensarbeiten (Schäfer 1993; Bargfrede 1989; Moshref 1998; Quinke 1998; Brenner & Walter 1999; Sparenberg 2001; Sanders 2002; Vlasak 2002; Rohmann 2004) sowie Literatur aus dem Unterstützungsalltag (Bergmann 1995; Endriss 1995) deutet auf eine Etablierung der Thematik hin. Grundlage der deutschsprachigen Forschung bildet schließlich die richtungsweisende Studie *„Dann waren sie sauer auf mich, dass ich das Kind haben wollte..."* der Bremer Forschungsgruppe Pixa-Kettner, Bargfrede und Blanken (1996). Neben einem professionellen Erkenntnisinteresse wächst zugleich auch das öffentliche Interesse: Eine gesellschaftliche Öffnung gegenüber der Elternschaft von Menschen mit geistiger Behinderung deutet sich vorsichtig an. Dies zeigt sich auch daran, dass sich die Frage, *ob* Menschen mit geistiger Behinderung Eltern werden *sollen – können – dürfen* weiterentwickelt hat zu der Frage, *wie* diese Elternschaften ausgestaltet und begleitet werden können.

3 Inhaltliche Orientierung

Die von Espe-Sherwindt und Crable und Llewellyn et al. aufgestellten vier bzw. fünf 'Mythen' bestimmten die Diskussion um die Elternschaft von Menschen mit einer geistigen Behinderung bis in die neunziger Jahre, zum Teil bis in die Gegenwart. Im folgenden Abschnitt stelle ich diesen 'Mythen' den Kenntnisstand der Fachliteratur zusammenfassend entgegen.

Der erste 'Mythos', der eine – fast zwingende – geistige Behinderung der Kinder beinhaltet, lässt sich nicht aufrecht erhalten. Sehr früh schon wurde der hohe Anteil wiederum geistig behinderter Kinder beschrieben; er war immer wieder zentrale Leitfrage in der Diskussion über die Elternschaft. Dem steht allerdings die Tatsache entgegen, dass sich von Beginn des vergangenen Jahrhunderts an Quellen finden lassen, die eine Behinderung der Kinder zwischen 2,5 % und 93,2 % (Craft & Craft 1981, 499) (sic!) belegen. Im Vergleich dieser unterschiedlichen Ergebnisse wird deutlich, dass kaum von einer einheitlichen und somit brauchbaren Erkenntnis über die Behinderung der Kinder gesprochen werden kann.

Dabei spielte auch die Frage eine Rolle, ob nur ein Elternteil eine geistige Behinderung aufweist oder beide Eltern. Die Studie der „Eugenics Society of Vermont" zeigte sich dabei, wie bereits erwähnt, als richtungsweisend. Die Studie weist bereits 1929 auf eine erhöhte Zahl an geistigen Behinderungen in der Nachkommenschaft hin, wenn beide Elternteile behindert sind.

	ein Elternteil geistig behindert	beide Eltern geistig behindert
Eugenics Society 1929	26,4 %	44,1 %
Reed und Reed 1965	9,5-17,5 %	39,9 %
Gillberg und Geijer-Karlsson 1983	24 %	47 %

Tabelle: Zusammenhang zwischen elterlicher Behinderung und Behinderung des Kindes (Prangenberg 2003, 94 nach: Feldman 1986, 779)

Die Tabelle (S. 38) zeigt deutlich, dass zu unterschiedlichen Zeitpunkten durchgeführte Studien durchgängig die erhöhte Wahrscheinlichkeit einer kindlichen Behinderung bei geistiger Behinderung beider Elternteile bestätigen.

Bedenkt man allerdings, dass Menschen, die als 'mentally retarded' bezeichnet werden, im Deutschen sowohl lernbehindert als auch geistig behindert sein können (vgl. hierzu König 1986, 33; Speck 1978, 35; vgl. „Einleitung", ab S. 9 in diesem Band), entsteht ein anderes Verständnis für den geschilderten Zusammenhang. Eine geistige Behinderung der Kinder in der älteren Literatur kann also unter Umständen aus heutiger Sicht als eine Entwicklungsverzögerung eingeordnet werden. Dies deckt sich auch mit der aktuellen Sichtweise der Entwicklung der Kinder. Seit einigen Jahren wird allenfalls von einer (drohenden) Entwicklungsverzögerung, nicht mehr von einer geistigen Behinderung in Folge der elterlichen Behinderung gesprochen und zwar insbesondere im sprachlichen Bereich (vgl. Mørch et al. 1997, 345; Feldman et al. 1985, 254). Betrachtet man das oft eingeschränkte Kommunikationsverhalten geistig behinderter Menschen, wird der unmittelbare Einfluss des elterlichen Verhaltens auf die kindliche Entwicklung deutlich. Die Abkehr von einer rein genetischen Sichtweise verweist auf die Möglichkeit und Notwendigkeit von Intervention und Unterstützung.

Als Fazit lässt sich festhalten, dass es keinen direkten kausalen Zusammenhang zwischen einer geistigen Behinderung der Eltern und einer geistigen Behinderung der Kinder gibt. Eltern mit einer geistigen Behinderung können allerdings ein familiäres Klima bieten, das ein Risiko für die kindliche Entwicklung birgt. Bis heute ist die Lebenssituation der Kinder nur unzureichend erforscht, auch wenn sich einige Studien Teilaspekten der kindlichen Lebenswelt widmen. Hierbei zeigt sich zudem eine Zentrierung auf wenige Themenbereiche. Vor allem die Fremdplatzierung, der Missbrauch, Vernachlässigung durch die Eltern sowie kindliche Entwicklungsschwierigkeiten und Behinderungen (Mørch et al. 1997) werden untersucht und erörtert. Dabei erfolgt eine Konzentration der Studien vor allem auf die frühe Kindheit. Untersuchungen kindlicher Entwicklungsverläufe bis ins Erwachsenenalter fehlen hingegen nahezu vollständig. Retrospektive Befragungen erwachsener Kinder von Menschen mit geistiger Behinderung liegen nur vereinzelt von

Booth und Booth (1998a) und Prangenberg (2003) vor (vgl. Beitrag „Erwachsene Kinder von Menschen mit einer geistigen Behinderung", ab S. 197 in diesem Band).

Der zweite 'Mythos' über eine überdurchschnittliche Kinderzahl ist nur schwer nachvollziehbar, deuten doch bereits die frühen Quellen aus den zwanziger und dreißiger Jahren darauf hin, dass sich diese These nicht eindeutig stützen lässt; zu widersprüchlich sind die Aussagen unterschiedlicher Studien (vgl. hierzu Sheerin 1998, 127; Prangenberg 2003, 60f.). Die Bremer Studie von Pixa-Kettner, Bargfrede und Blanken (1996, 16) hat in ihrer Erhebung Mitte der neunziger Jahre eine durchschnittliche Zahl von 1,4 Kindern pro Familie festgestellt, eine Kinderzahl, die unter der durchschnittlichen Familiengröße zu dieser Zeit in Deutschland lag. Bedenkt man die Befürchtungen der Kostenträger bezüglich der Finanzierung der Begleitung der Familien, lässt sich das Interesse für diese Thematik nachvollziehen. Auch in die bevölkerungspolitische Diskussion um die 'Verbreitung' geistiger Behinderung ließe sich das Argument einer hohen Kinderzahl einbetten. Von Interesse ist die Zahl der Kinder im Alltag durchaus, zeigt sich doch, dass Eltern, die mit einem Kind den Belastungen des Alltags gewachsen sind, in der Versorgung mehrerer Kinder überlastet sein können:

> „Even here, however, where there is only one, or possible two, children, the standard of care may be adequate." (Shaw & Wright 1960, 274)

Über die Betonung der zu großen Kinderzahl in den Familien wurde möglicherweise auch versucht auf eine (typische) Familienkonstellation hinzuweisen, die durch eine Anhäufung problematischer Faktoren gekennzeichnet ist: Viele der Familien gehören sozial schwachen Bevölkerungsschichten an (vgl. Halperin 1945, 14f.; Heber & Garber 1975, 399; Gillberg & Geijer-Karlsson 1983, 892; Kaminer et al. 1981, 41; Heighway et al. 1988, 25; Hayman 1990, 1221; Tymchuk 1999, 59), mit Folgen für die Ausgestaltung des Familienalltages, so etwa einer mangelhaften medizinischen Versorgung, unzureichender Ernährung, sozialer Diskriminierung u.v.m. Des Weiteren existieren massive Probleme im psychosozialen Umfeld der Familien, z.B. Gewalt, Alkoholmissbrauch oder brüchige Familienstrukturen. Somit wird verständlich, dass viele der Eltern in ihrem Alltag und in der Erfüllung ihrer elterlichen Aufgaben überfordert sind.

Als Fazit dieses zweiten 'Mythos' ist festzuhalten, dass eine erhöhte Kinderzahl bei Eltern mit einer geistigen Behinderung durch bisherige Studien nicht zu belegen ist.
Der dritte 'Mythos' betrifft die Frage einer mangelhaften, unzureichenden elterlichen Kompetenz. Diese wird in zahlreichen Studien untersucht und diskutiert, meist mit der Feststellung, dass Eltern mit einer geistigen Behinderung kaum in der Lage sind, diese elterliche Kompetenz zu zeigen (zusammenfassend vgl. Prangenberg 1999, 77; vgl. Beitrag „Elterliche Kompetenzen und die Feststellung von Unterstützungsbedürfnissen in Familien mit geistig behinderten Eltern", ab S. 219 in diesem Band). Einige wenige AutorInnen argumentieren allerdings auch gegen eine 'elterliche Unzulänglichkeit' (Mickelson 1949, 516).
Eine gewisse Einigkeit besteht seit den sechziger Jahren über die Bedeutung von IQ-Grenzwerten für die Fähigkeit, eine Familie versorgen zu können:

> „With I.Q.s of fifty or above there seems no close correlation between intelligence level and social adaptability, though we doubt whether a mother with an I.Q. of under fifty-five or so is really mentally capable of raising a family satisfactorily." (Shaw & Wright 1960, 274)

Auch wenn die grundsätzliche Frage, was elterliche Kompetenz auszeichnet, beantwortet wäre, wird die Kompetenz geistig behinderter Eltern vor allem an ihrem möglichen Scheitern festgemacht. Diese Bewertung findet in der Regel statt über
- Einzelaspekte des elterlichen Verhaltens (z.B. Erziehungsverhalten, Kinderversorgung usw.)
- die kindliche Entwicklung
- globale Definitionen von elterlichen Kompetenzen ohne klare Kriterien
- vor allem aber über die Frage der Vernachlässigung und den Missbrauch der eigenen Kinder (vgl. Sheerin 1998, 127; Whitman & Accardo 1990, 123ff.; Prangenberg 2003, 73ff.)

Die Diskussion des Themenkomplexes der 'Vernachlässigung' und des 'Missbrauchs' der eigenen Kinder, der von Llewellyn et al. in zwei einzelnen 'Mythen' unterschieden wird, zeichnet sich in der Fachliteratur als zentrales Kriterium der elterlichen (In-)Kompetenz aus. Eine Fülle von Quellen dokumentiert einen Missbrauch bzw. eine Vernachlässigung der Kinder zwischen 15 % und 57 % (vgl.

Shaw & Wright 1960; Mattinson 1970, Accardo & Whitman 1990; Seagull & Scheurer 1986; Dowdney & Skuse 1993, 30; Budd & Greenspan 1984, 500) und soll die Vorstellung eines Versagens der Eltern in ihrem Handeln unterstreichen. Die Aufarbeitung des Themenbereiches weist dabei massive methodische und inhaltliche Mängel auf. So liegt häufig eine mangelhafte Trennung zwischen Missbrauch und Vernachlässigung oder deren Erscheinungsformen vor. Auch findet eine unzureichende Analyse der Rahmenbedingungen statt, in denen Vernachlässigungen oder Missbrauch dokumentiert werden. In anderen Studien wiederum werden nur Kinder untersucht, deren Eltern wegen eines Missbrauchs aktenkundig wurden, mit einer unzulässigen Verallgemeinerung der Ergebnisse. Somit sind die vorliegenden Quellen nur begrenzt brauchbar. Bei näherer Betrachtung zeigt sich neben methodischen Mängeln zudem eine deutlich negative Auslegung der Ergebnisse.

Es deutet sich ein gesteigertes Risiko einer Vernachlässigung oder eines Missbrauchs der Kinder an. Dabei gilt es, Abschied von einer monokausalen Ursachenzuschreibung zu nehmen, die geistige Behinderung als allein bedingenden Faktor in den Vordergrund stellt. Vielmehr gibt es eine Vielzahl an Faktoren, die elterliches Handeln beeinflussen und erschweren. Diese Faktoren lassen sich dabei sowohl in der Behinderung der Eltern (vgl. Kaminer et al. 1981, 39; McGaw 1995, 53; Ronai 1997; Booth & Booth 1993, 467; Whitmann & Accardo 1990, 25), in der Biografie von Menschen mit einer geistigen Behinderung (vgl. Prangenberg 2003, 80ff.) als auch im direkten und weiteren Lebensumfeld (vgl. Seagull & Scheurer 1986, 498; Booth & Boot 1998, 205ff.) finden.

Das Fazit des dritten 'Mythos' weist auf den Unterstützungsbedarf der meisten Eltern auf Grund der o.g. Rahmenbedingungen hin. Festzuhalten ist, dass Eltern mit geistiger Behinderung in der Ausübung ihrer elterlichen Rolle einen schweren Stand haben, die Standards einer 'nicht behinderten Gesellschaft' zu erfüllen. An dieser Stelle wäre auch zu prüfen, welche angemessenen Unterstützungsmöglichkeiten für Eltern mit einer geistigen Behinderung noch zu entwickeln wären oder nutzbar gemacht werden können.

Vor diesem Hintergrund muss auch der vierte 'Mythos', der eine (Weiter-)Entwicklung der Eltern in Hinblick auf ihre elterlichen Fertigkeiten negiert, hinterfragt werden. Eine Vielzahl an Quellen weist auf die Tatsache hin, dass Eltern in Teilaspekten ihres Verhaltens geschult werden können (vgl. Budd & Greenspan 1984, 499f.; Feldman 1986, 784ff.; Hayman 1990, 1222ff.). Das Erkennen von Gefahren für Kinder beispielsweise und das Ergreifen von Vorsorgemaßnahmen (vgl. Tymchuk et al. 1990, 148), das Treffen von Entscheidungen in schwierigen Situationen (Tymchuk et al. 1988, 510), die Optimierung alltagspraktischer Kenntnisse, die Verbesserung der Kindesversorgung, eine Förderung der Aufmerksamkeit gegenüber dem Kind und der Aufbau einer Beziehung zum Kind (vgl. Heighway et al. 1988, 27f.; Feldman et al. 1992, 22ff.; Feldman 1986, 786ff. u.v.m.). Heighway et al.(1988, 27f.) beobachten in diesem Zusammenhang einen Aufbau des elterlichen Selbstvertrauens. Zudem gelingt es, das Erlernte über längere Zeiträume zu behalten und anzuwenden (Feldman et al. 1992, 24ff.; Feldman et al. 1993, 397ff.).

Es zeigt sich, dass Menschen mit einer geistigen Behinderung elterliche Fähigkeiten prinzipiell erlernen und weiterentwickeln können. Gleichwohl bleibt es im Umfeld der Eltern bei einer oft kritischen Haltung in Bezug auf das Verhalten der Eltern (vgl. Budd & Greenspan 1984, 499f.). Dabei scheint es angeraten, diese Kritik weniger auf die Behinderung der Eltern zu richten, sondern vielmehr auf die Rahmenbedingungen, in denen Menschen mit geistiger Behinderung als Eltern wirken sollen. Eltern mit einer geistigen Behinderung haben eine denkbar schlechte Ausgangslage in ihrem Lernprozess. Sie stehen wesentlich häufiger Schwierigkeiten in ihrem Alltag gegenüber als nicht behinderte Menschen, ohne gelernt zu haben, diese Probleme zu bewältigen (vgl. Espe-Sherwindt & Crable 1993, 161). Sie wurden häufig nicht auf das Elternsein und seine Anforderungen vorbereitet, Bildungsangebote in diesem Bereich sind nicht an Menschen mit einer geistigen Behinderung gerichtet.

Als Fazit ist auch der vierte 'Mythos' zu relativieren. Die prinzipielle Verneinung der elterlichen Lernfähigkeit kann als widerlegt gelten. Gleichzeitig gilt es aber auf Grenzen und Schwierigkeiten der Entwicklungsmöglichkeiten der Eltern hinzuweisen. Eigene biografische Erfahrungen und Rahmenbedingungen erschweren es den Eltern oft, Wissen über elterliches Verhalten zu erwerben und anzuwenden.

4 Schlussbetrachtung

Die Qualität der vorliegenden Untersuchungen des vergangenen Jahrhunderts weist vielfältige Mängel auf; in vielen Studien fehlte eine präzise Definition des Terminus 'Geistige Behinderung'. Die Vergleichbarkeit der Studien wurde dadurch ebenso erschwert wie durch die Auswahl ihrer Untersuchungspopulation. Zudem widmeten sich Studien häufig den Fragen des Missbrauchs und der Vernachlässigung der Kinder, ihren Entwicklungsrisiken oder ihren Fremdplatzierungen, den misslingenden Elternschaften und betrieben dadurch eine Mythenbildung mit negativen Folgen für Eltern und Kinder. Immer wieder galten und gelten diese Mythen als Grundlage der Entscheidungsfindung im Umgang mit Familien mit geistig behinderten Eltern. Nicht zufällig ist die Fremdplatzierung der Kinder bis in die neunziger Jahre eine gängige Praxis geblieben, die zwangsweise Empfängnisverhütung bis hin zur Sterilisation potentieller Eltern über lange Zeit angestrebtes 'Allheilmittel' (vgl. Beitrag „Sterilisation von Menschen mit geistiger Behinderung – Die Situation vor und nach Einführung des Betreuungsrechts 1992", ab S. 51 in diesem Band).

Deutlich tritt in älteren Quellen auch die oben genannte negative Konnotation vieler Forschungsstudien in den Vordergrund. Nur selten wurde eine negative Grundhaltung zur Elternschaft aufgegeben. Das Misslingen einer Elternschaft stand häufig als Prämisse fest, die Studien dienten nicht zuletzt in ihren Anlagen als Beweisführung einer scheiternden Lebensperspektive für Menschen mit einer geistigen Behinderung. So verwundert es auch kaum, dass bis auf wenige Ausnahmen eine Forschung über diese Eltern und ihre Kinder ohne Perspektivwechsel, d.h. ohne deren Erfahrungen und Einschätzungen stattgefunden hat.

Unterschätzt wurde in einem Großteil der Literatur auch die Situation der Kinder; sie sind nicht zwingend Opfer ihrer Familiengeschichte. Vielmehr sind sie aktiv, verfügen über Kompetenzen und über Widerstandskräfte gegen negative Entwicklungseinflüsse oder eine Beeinträchtigung ihres Wohlbefindens (vgl. Beiträge „Risiko- und Schutzfaktoren im Leben der Kinder von Eltern mit geistiger Behinderung", ab S. 161 und „Erwachsene Kinder von Menschen mit einer geistigen Behinderung", ab S. 197 in diesem Band). Sie sind somit sowohl in der Bewältigung ihres Alltages als auch in ihrer Entwicklung zu unterstützen.

In allen Phasen der Diskussion bis in die Gegenwart spielen – zum Teil in erschreckendem Ausmaß – ökonomische Gesichtspunkte eine wichtige Rolle. Die nähere Betrachtung der Geschichte der internationalen Fachdiskussion über Elternschaft von Menschen mit einer geistigen Behinderung zeigt deutlich, dass die 'Mythen' bleiben was sie sind: Mythen! Sie sind zwingend durch Fakten zu ersetzen.

Die jüngere Forschungsliteratur zur Thematik der Elternschaft von Menschen mit einer geistigen Behinderung lässt in mehrfacher Hinsicht einen Unterschied zu älteren Quellen erkennen. Das Thema 'Elternschaft von Menschen mit einer geistigen Behinderung' hat sich in den vergangenen Jahren als ein eigenständiger Forschungsbereich konstituiert. Erkenntnisse werden nicht, wie in der Vergangenheit, als 'Nebenprodukt' von Studien mit anderen Zielrichtungen abgeleitet, der heutige Kenntnisstand speist sich aus der gezielten Erforschung von Teilaspekten einer Elternschaft oder der Situation der Kinder.

Aber auch die grundlegende Haltung zur Thematik hat sich deutlich verändert: Untersuchungen seit Mitte der neunziger Jahre haben einen Bruch mit der negativen Grundhaltung zur Frage vollzogen, ob Menschen mit einer geistigen Behinderung den Herausforderungen einer Elternschaft gewachsen sind. Als Folge widmen sich Studien neueren Datums nun verstärkt der unterstützenden Wirkung der Netzwerke der Familien und somit der Frage ihrer professionellen und familiären Unterstützung. Die Effektivität der unterstützenden Angebote und Dienste wird diskutiert. Sie heben die vorhandenen und zu erlernenden Kompetenzen und Ressourcen der Eltern hervor. Die Stärken und Widerstandskräfte der Kinder in der Auseinandersetzung mit nicht immer optimalen Entwicklungsbedingungen werden betont und erforscht. Der Grundtenor dieser neueren Arbeiten besagt, dass Eltern an ihren Aufgaben wachsen. Dies gilt für nicht behinderte Eltern ebenso, wie für Eltern mit einer geistigen Behinderung. Eingebettet in ein Netz, das ihnen ermöglicht, Schwächen zu kompensieren, Hilfen ohne Angst suchen zu können, können sie sich auf den Weg machen, Wissen und Fähigkeiten für ihre Aufgaben als Eltern zu erwerben.

Fallbeispiel II: Nadine Adam

> „Man muss sie ebent so-ich musste die Mutti behandeln .. manchmal wie 'n Baby eben." (Prangenberg 2003, 148)

Nadine Adam schilderte ihre Lebensgeschichte in einer Befragung Weihnachten 1997 (vgl. Prangenberg 2003; 1999). Sie war damals 20 Jahre alt und lebte gemeinsam mit ihrem Freund in einer eigenen Wohnung. Nach dem Erlangen des Realschulabschlusses erlernte sie den Beruf der Verkäuferin, begann dann aber aufgrund der Arbeitsmarktsituation eine Ausbildung zur Altenpflegerin. Frau Adam hat einen um ein Jahr älteren Bruder und eine sechs Jahre jüngere Schwester. Keines der Kinder hat eine Behinderung, während beide Elternteile eine geistige Behinderung aufweisen.

Nadines Eltern wurden von ihren Familien zum Zweck der Familiengründung zusammengebracht. Der frühe Tod eines ersten Kindes brachte in dem familiären und dörflichen Umfeld schnell die Einschätzung auf, dass die Eltern mit der Versorgung von eigenen Kindern überfordert seien. Dennoch kamen drei weitere Kinder zur Welt. Die Großeltern unterstützten die Eltern, soweit es ging, in der Versorgung der Kinder. Dennoch weiß Frau Adam davon zu berichten, dass ihre Eltern im Alltag überfordert waren, die Versorgung der Kinder war nicht ausreichend. Sie erinnert sich aber durchaus an liebevolle Eltern.

Eine Erschwernis war, dass der Vater alkoholabhängig war, regelmäßig vertrank er das nötige Haushaltsgeld. Die Familie galt als arm und war im Dorf schlecht angesehen. Über die Familie wurde geredet, die Kinder spürten dies in der Schule. Häufig wurden sie von anderen Kindern beschimpft oder geschlagen. Der beginnende Schulbesuch bedeutete für Nadine schließlich auch, dass sie die Behinderung der Eltern stärker wahrnahm, zunehmend war sie ihren Eltern in immer mehr Dingen überlegen.

Frau Adam erinnert sich, dass es regelmäßige Besuche der Fürsorge gab. Diese empfand sie wie Polizeikontrollen und ahnte, dass sie später Folgen haben sollten. So versuchte sie schon als Kind, die

Mängel der Eltern zu vertuschen, räumte auf, wenn die Fürsorge vorbeischaute, nahm die Eltern in Schutz. 1987 wurden die Kinder schließlich von ihren Eltern getrennt und kamen in ein Kinderheim. Die Trennung der Kinder von den Eltern hat Nadine deutlich in Erinnerung, kam sie doch überraschend und wurde rabiat durchgeführt. Zunächst hatten die Kinder keinen Kontakt zu den Eltern. Während der ältere Bruder und Nadine im gleichen Heim untergebracht waren, lebte die jüngere Schwester in einer anderen Einrichtung. Schließlich durfte die Mutter ihre Kinder regelmäßig besuchen. In dieser Zeit zeigte die Mutter ihre Zuneigung zu ihren Kindern.

Den Heimaufenthalt bewertet Frau Adam rückblickend als eine schöne Zeit, denn auch wenn sie sich an strenge Regeln im Heimalltag erinnert, bedeutete dieser Aufenthalt auch eine Chance. So erlernte sie hier vor allem Fertigkeiten für die selbstständige Versorgung im Alltag. Die Tatsache, dass sie Tochter geistig behinderter Eltern sei, behielt Nadine in dieser Zeit für sich. Nur einer Freundin im Heim konnte sie sich anvertrauen und fühlte sich durch sie als Person angenommen. Während der Zeit des Heimaufenthaltes der Kinder trennten sich die Eltern, regelmäßiger Kontakt bestand in dieser Zeit vor allem zu der Mutter.

Anfang der neunziger Jahre, Nadine war 14 Jahre alt, konnten die Kinder zu ihren Eltern zurückkehren. Da diese nicht mehr zusammen lebten, durften sich die Kinder entscheiden, bei welchem Elternteil sie leben wollen. Frau Adam erinnert sich, dass sie und ihre Geschwister zur Mutter zurückkehren wollten, da diese eher als der Vater in der Lage war, sie zu versorgen. Der Mutter hingegen wurde von den zuständigen Stellen aufgetragen, eine stabile häusliche Situation vorzuweisen, was diese mit einem neuen Lebensgefährten und einer neuen Wohnung auch tat.

Rückblickend wird der folgende Lebensabschnitt von Frau Adam als äußerst schwierig – als 'Hölle' – beschrieben. Der Alltag der Familie war vom Alkoholkonsum des Lebensgefährten bestimmt, er begann Streit mit Mutter und Kindern. Die Wohnung verwahrloste, es fehlte zunehmend an Geld, um auch nur die nötigsten Lebensmittel zu kaufen, die Familie war letztlich hoch verschuldet. Hinzu kam ein 'versuchter' sexueller Missbrauch der kleinen Schwester durch den Lebensgefährten der Mutter.

Die Geschwister zeigten unterschiedliche Reaktionen auf diese Lebenssituation. Während der Bruder mit achtzehn Jahren die Familie verließ, sich zunehmend distanzierte und auf anstehende Probleme vor allem mit Gewalt reagierte, wuchs Frau Adam immer mehr in die Rolle des Familienoberhaupts hinein. Sie suchte Kontakt zu den Ämtern, um Unterstützung zu erwirken, beeinflusste die Mutter in der Beziehung zum Lebensgefährten, organisierte eine neue Wohnung für die Mutter, die Schwester und sich selbst. Mit ihrem ersten Lehrlingsgehalt unterstützte sie ihre Familie auch finanziell.

Im Alter von 18 Jahren verließ Frau Adam die Wohnung ihrer Mutter, blieb aber in engem Kontakt zu ihr, half ihr in der Bewältigung des Alltags. Nachdem sich die Probleme mit der Schwester zuspitzten – sie schwänzte die Schule, schrieb schlechte Noten, blieb nächtelang von Zuhause weg und kam mit Drogen in Kontakt – kümmerte sie sich auch um sie. Gemeinsam mit ihrem Freund suchte Frau Adam ihre Schwester, nahm sie bei sich zu Hause auf und erreichte schließlich, gegen den Widerstand der zuständigen Ämter, dass die Schwester in einer Mädchenwohngruppe unterkam.

Frau Adam fühlt sich auch heute noch ihrer Mutter verpflichtet. Sie pflegt zu ihr einen regelmäßigen Kontakt und hilft ihr, obwohl diese eine Betreuung hat, bei der Gestaltung des Alltages. Neben der Ausbildung kümmert sich Frau Adam nicht nur um die eigene Wohnung, sondern sie geht auch mit ihrer Mutter einkaufen, hilft ihr im Haushalt, interveniert in die Beziehung zum Lebensgefährten, steht der Schwester weiterhin als Ansprechpartnerin zur Verfügung und widmet sich weiteren Angelegenheiten im Alltag ihrer Mutter. Zwar erhält sie dabei große Unterstützung durch ihren Freund, deutlich schildert sie aber, dass sie an den Rand ihrer Belastbarkeit gekommen ist. Sie erhielt zum Zeitpunkt des Interviews erstmals eine psychologische Unterstützung, um ihre eigene Lebensgeschichte und die Belastungen des Alltages aufzuarbeiten.

Markante Aspekte der geschilderten Lebenssituation:

- Ablehnung der Familie durch die Umgebung
- Überforderung der Eltern in der Versorgung und Erziehung der Kinder
- Leben in einem 'Multiproblemmilieu'

- Erfahrung der Überlegenheit über die Eltern mit dem Schuleintritt
- gesteigertes Engagement des Kindes (z.B. in der Schule) als Beweis einer 'normalen' Entwicklung
- Entwicklung einer defensiven Strategie im Umgang mit der eigenen Lebensgeschichte gegenüber Dritten
- ambivalenter Charakter behördlicher Maßnahmen
- schrittweise Übernahme der elterlichen Aufgaben hin zu einem Rollentausch von Mutter und Tochter (Parentifizierung) – Neudefinition des Mutter-Tochter-Verhältnisses
- positive Annahme und Bestärkung der eigenen Person durch Freunde und den Lebenspartner als Unterstützung in der Bewältigung der Lebensgeschichte
- Wahl eines helfenden Berufes

URSULA ONKEN

Sterilisation von Menschen mit geistiger Behinderung – Die Situation vor und nach Einführung des Betreuungsrechtes 1992

1 Einleitung

Bei der Sterilisation von Menschen geht es darum, diese für ihr weiteres Leben unfruchtbar bzw. zeugungsunfähig zu machen. Die Gründe dafür sind unterschiedlich. Während des Nationalsozialismus war ab 1934 eine selbstbestimmte Entscheidung für oder gegen eine Sterilisation nicht möglich. Durch das 1934 in Kraft getretene „Gesetz zur Verhütung erbkranken Nachwuchses" (GzVeN) waren freiwillige Sterilisationen nur zur Vermeidung einer Lebens- oder Gesundheitsgefährdung erlaubt; gleichzeitig erlaubte es Zwangssterilisationen zur Vermeidung sogenannten erbkranken Nachwuchses. Nach Schätzungen wurden aufgrund dieses Gesetzes zwischen 360000 und 475000 Menschen sterilisiert (vgl. Hoffmann 1996, 38, 42).

Dieses Gesetz wurde 1946 vom Kontrollrat außer Kraft gesetzt. Die Frage der Zulässigkeit von Sterilisationen wurde danach in den verschiedenen Landesteilen unterschiedlich beurteilt; dies lag daran, dass § 14 Abs. 1 des GzVeN, der freiwillige Sterilisationen nur unter den oben genannten Bedingungen erlaubte, nur in wenigen Ländern ausdrücklich aufgehoben worden war. Sofern § 14 Abs. 1 des GzVeN, der als Bundesrecht 1974 außer Kraft gesetzt wurde, nicht in Betracht kam, wurde eine rechtswidrige Körperverletzung gem. § 226a StGB (heute § 228 StGB) bei einer sittenwidrigen Einwilligung für möglich gehalten, auch eine stellvertretende Einwilligung, also durch gesetzliche VertreterInnen, wie Eltern, Vormund, Pfleger, wurde unterschiedlich diskutiert (vgl. Hoffmann 1996, 46).

§ 226a (heute § 228) StGB hat folgenden Wortlaut: „Wer eine Körperverletzung mit Einwilligung der verletzten Person vornimmt, handelt nur dann rechtswidrig, wenn die Tat trotz der Einwilligung gegen die guten Sitten verstößt." 'Gute Sitten' ist ein unbestimmter Rechtsbegriff. „Die Rechtsprechung bestimmt den Begriff der 'guten Sitten' nach dem 'Anstandsgefühl aller billig und gerecht Denkenden'" (Rüßmann 2003, 2). Ein sittenwidriges Verhalten verstößt damit gegen „die in der Gesellschaft vorherrschende Rechts- und Sozialmoral" (Rechtslexikon-online).

Durch eine Entscheidung des 5. Strafsenats des Bundesgerichtshofes im Jahre 1964 wurden Sterilisationen mit Zustimmung der Betroffenen möglich. Diese Entscheidung wurde begrüßt, die Begründung „galt hingegen überwiegend als unhaltbar" (Hoffmann 1996, 52). Der Senat nahm wegen des Wegfalls des Straftatbestandes bei einer freiwilligen Sterilisation zu sittenwidrigen Einwilligungen keine Stellung; auch zur Frage der Einwilligung Minderjähriger wurde keine Stellung genommen (vgl. Hoffmann 1996, 47, 51-52).

Aufgrund einer Entscheidung des 6. Zivilsenats des BGH von 1976 zur Sittenwidrigkeit von nicht sozial indizierten Sterilisationen und späteren zivilgerichtlichen Entscheidungen wird eine mit Einwilligung der Betroffenen durchgeführte Sterilisation als grundsätzlich nicht sittenwidrig gesehen. Eine Sterilisation, bei der es keinerlei soziale Gründe gibt, ist dennoch weiter umstritten. Keine Kinder oder keine Kinder mehr haben zu wollen, kann aber nicht mehr zur Sittenwidrigkeit und Strafbarkeit führen (vgl. Hoffmann 1996, 52-56). Die Frage der Zulässigkeit einer Sterilisation beurteilt sich auch gegenwärtig gem. § 228 (alt 226a) StGB und hängt somit auch von der gegenwärtig vorherrschenden Sittenordnung ab (vgl. Hoffmann 1996, 46-47).

ÄrztInnen sind nicht verpflichtet, Sterilisationen durchzuführen. Eine Sterilisation hängt vom jeweiligen Maßstab der Sittenwidrigkeit von ÄrztInnen und Kliniken oder standesrechtlichen Vorgaben ab. Außer in Bremen und Hamburg wurden in allen Bundesländern Richtlinien für MedizinerInnen erlassen, nach denen sie „Sterilisationen nur vornehmen dürfen, wenn wichtige medizinische, erbbiologische oder soziale Gründe vorliegen." In Bremen und Hamburg sind alle Sterilisationen erlaubt, „die nicht geltenden Gesetzen widersprechen." Die operierenden ÄrztInnen müssen von den Personen, die eine Sterilisation wünschen, „von der Ernsthaftigkeit ihres Entschlusses" überzeugt werden; sie müssen auch „die Tragweite dieses Entschlusses übersehen"(pro familia 2001, 5-6).

Die rechtliche Zulässigkeit einer Sterilisation von minderjährigen oder einwilligungsunfähigen Menschen blieb weiterhin unsicher und wurde sehr unterschiedlich eingeschätzt. Das Bundesjustizministerium hielt 1987 mehr als 1000 Sterilisationen pro Jahr für realistisch. Bei diesem Schätzwert ist eine beträchtliche Dunkelziffer zu beachten. Die Rechtsunsicherheit sollte vom Gesetzgeber beseitigt werden. Dies erfolgte 1992 durch eine Änderung des Familienrechtes und die Einführung des Betreuungsgesetzes (vgl. Hoffmann 1996, 59, 66-67).

In § 1631c BGB wurde geregelt, dass weder ein Kind selbst noch dessen Eltern in eine Sterilisation einwilligen können. An Minderjährigen dürfen dadurch keine Sterilisationen mehr vorgenommen werden. In § 1905 BGB wurde die Sterilisation von auf Dauer einwilligungsunfähigen und unter Betreuung stehenden Menschen geregelt.

Die Sterilisation von Menschen mit geistiger Behinderung kann und darf auch heute nicht isoliert vom geschichtlichen Hintergrund, von den Einstellungen, Entwicklungen und Veränderungen in der Gesamtbevölkerung zu Sexualität, Partnerschaft, Kinderwunsch und Verhütungsmethoden betrachtet werden, da allen Menschen die gleichen Chancen und Möglichkeiten zur Realisierung ihrer Wünsche gegeben werden sollten.

Um die Frage der Abweichungen hinsichtlich der Sterilisation von Menschen mit geistiger Behinderung im Vergleich zur Gesamtbevölkerung herauszuarbeiten, sollen im Folgenden die allgemeinen Bedingungen für eine Sterilisation, ihre Anzahl, die medizinischen Aspekte und die damit verbundenen Kosten dargestellt werden. Die Tragweite des in den nachfolgenden Teilen beschriebenen und auch heute noch bestehenden unterschiedlichen Umgangs mit der Sterilisation von geistig behinderten Menschen soll dadurch sichtbar gemacht werden.

Im zweiten Teil wird die gesetzliche Definition von geistiger Behinderung und die durch das Betreuungsrecht erforderliche Differenzierung bei geistig behinderten Menschen beschrieben. Auf die Auswirkungen des Betreuungsrechtes wird im dritten Teil eingegangen. Der letzte Teil beschäftigt sich mit der Sterilisation von geistig behinderten Menschen, die nicht unter die Regelungen des Betreuungsrechtes fallen, für die also die gleichen Bedingungen gelten, wie für nicht behinderte Menschen. Zum Abschluss werden Schlussfolgerungen gezogen und mögliche Konsequenzen benannt.

2 Sterilisation

Bedingungen und Anzahl

Einwilligungsfähige volljährige Menschen können sich freiwillig sterilisieren lassen. Auf Dauer einwilligungsunfähige und unter Betreuung stehende Menschen können sich unter den Voraussetzungen des §1905 BGB sterilisieren lassen; darauf wird später näher eingegangen (s. Punkt 4).

Wie bereits oben erwähnt, hängt die Durchführung einer Sterilisation von den behandelnden ÄrztInnen ab. Es gibt keine festgelegte Altersgrenze für eine Sterilisation, außer dem Verbot der Sterilisation von Minderjährigen. Die Anzahl bereits vorhandener eigener Kinder ist ebenfalls kein Kriterium. Die Familienplanung sollte abgeschlossen und ein entsprechendes Lebensalter erreicht sein. Es soll Kliniken geben, die bei unter 30-jährigen Frauen mit Kindern und bei kinderlosen Frauen unter 35 Jahren keine Sterilisation durchführen, außer es liegen medizinische Gründe vor (vgl. AG Gynäkologische Endoskopie e.V., 2003 2-3; Sterilisation: Endgültige Entscheidung 2003, 2). Die Deutsche Gesellschaft für Gynäkologie und Geburtshilfe e.V. gibt in ihren Leitlinien zur Empfängnisverhütung als Indikation für eine Tubensterilisation eine abgeschlossene Familienplanung bei reiferen Frauen oder das internistische Risiko der Austragung einer Schwangerschaft an.

Über die Anzahl der jährlich in der Bundesrepublik durchgeführten Sterilisationen oder die Gesamtzahl der sterilisierten Menschen gibt es keine verlässlichen Zahlen. Pro familia Bremen bemühte sich im Jahre 2003 laut persönlicher Mitteilung vergeblich darum. Die angesprochenen Stellen bzw. Personen verwiesen dabei jeweils auf andere dafür zuständige Institutionen.

In einer von der Bundeszentrale für gesundheitliche Aufklärung (BZgA) in Auftrag gegebenen Studie 'frauen leben' 1998 wird, bei der Befragung von 20- bis 44-jährigen Frauen zu aktuell angewandten Verhütungsmethoden, die Sterilisation mit 8,6 % bei der Frau und mit 3,3 % beim Partner angegeben. In derselben Studie werden bei der Frage nach Erfahrungen mit Verhütungsmethoden, Sterilisationen bei der Frau mit 6,9 % und beim Mann mit 3,1 % angegeben (vgl. Helfferich 2001, 119, 130). Die differierenden Zahlen könnten sich aus unterschiedlichen Partnerschaften im Laufe der Verhütungsbiographien ergeben.

Ebenfalls 1998 ließ die BZgA (2003a, 1-2) eine Repräsentativbefragung zu 'Aids im öffentlichen Bewusstsein 1998' durch forsa durchführen. Es wurden ebenfalls 20- bis 44- jährige Frauen zu den angewandten Verhütungsmethoden befragt. Die Häufigkeit einer Sterilisation wurde für Frau und Mann mit jeweils 2 % angegeben. Zu der vorgenannten Studie zeigt sich hier ein deutlicher Unterschied.

Bei Differenzierungen nach Alter ergeben sich bei den beiden Befragungen nach angewandten Verhütungsmethoden die folgenden Zahlen (Tabelle 1).

	Sterilisationen 1998				
frauen leben	20-24 J.	25-29 J.	30-34 J.	35-39 J.	40-44 J.
Frau	0 %	2,4 %	4,3 %	14,7 %	16,3 %
Mann	0 %	1,2 %	3,3 %	4,7 %	5,4 %
BZgA, forsa	20-24 J.	25-34 J.		35-44 J.	
Frau	0 %	1 %		5 %	
Mann	0 %	1 %		5 %	

Tab. 1: *Vergleichende Darstellung von Befragungsergebnissen zur Verhütungsmethode Sterilisation*

Die Deutsche Gesellschaft für Gynäkologie und Geburtshilfe gibt mit Stand 06/1998 an, 8 % aller Frauen im reproduktionsfähigen Alter und 2 % aller Männer seien sterilisiert.

Eine 2003 von forsa im Auftrag der BZgA (2003b, 11) durchgeführte Befragung zu angewandten Verhütungsmitteln bzw. –methoden ergab eine Sterilisationsrate von je 4 % bei beiden Geschlechtern.

Durchführung, mögliche Risiken und negative Folgen

Die nachfolgend beschriebenen medizinischen Aspekte einer Sterilisation beim Mann oder der Frau zeigen, dass sie unterschiedlich gravierend sind oder werden können. Sie müssen deshalb mit bedacht werden, wenn es in einer Partnerschaft um eine Sterilisationsentscheidung geht.

Die Sterilisation des Mannes kann unter örtlicher Betäubung erfolgen. Im Bereich des Hodensackes werden die beiden direkt unter der Haut liegenden Samenleiter durch einen kleinen Schnitt freigelegt, durchtrennt und abgebunden oder verschweißt. Anschließend werden die jeweiligen Enden „in unterschiedlichen Gewebsschichten 'versenkt', damit sie sich nicht wieder miteinander verbinden" (pro familia 2001, 7). Die Unfruchtbarkeit tritt nicht sofort ein, da sich oberhalb der Durchtrennungsstelle noch viele Samenzellen befinden können. Deshalb muss nach einigen Wochen bzw. einer Anzahl von Ergüssen die Zeugungsunfähigkeit überprüft werden. Für den Mann ist dies eine sehr sichere Verhütungsmethode, bei der es äußerst selten zu einer Verbindung der durchtrennten Samenleiter kommen kann (vgl. pro familia 2001, 7-9).

Die Sterilisation der Frau erfolgt unter Vollnarkose. Die Eileiter werden durch Hitze, Elektrizität oder mittels eines Kunststoff-Clips verschlossen bzw. durchtrennt. Die Eileiter werden – durch eine Bauchspiegelung – über einen kleinen Schnitt in der Nabelgrube erreicht. Das Erreichen der Eileiter ist auch durch einen kleinen Schnitt in der Hinterwand der Scheide möglich. Wegen der Infektionsgefahr „sollte diese Art der Sterilisation nur in Ausnahmefällen durchgeführt werden" (pro familia 2001, 11). Eine weitere Möglichkeit der Sterilisation ist bei einer geplanten Öffnung des Bauchraumes aus anderen Gründen gegeben, z.B. anlässlich eines Kaiserschnittes. Hierbei müssen aber die seelischen Belastungen anlässlich einer notwendigen anderen Operation bzw. einer Entscheidung während einer Schwangerschaft und belastenden Geburt bedacht werden. Die Unfruchtbarkeit tritt sofort nach dem Eingriff ein.

Die Risiken und negativen Folgen einer Sterilisation der Frau werden in der Literatur als gering beschrieben. Sie sollten aber trotzdem vor einem Eingriff bedacht und abgewogen werden. Zu den Risikofaktoren gehören Narkosezwischenfälle; operationsbedingt sind Verletzungen von Darm und Eierstock, innere Blutungen oder eine Infektion des Bauchraumes möglich. Es können sich Probleme in der Durchblutung der Eierstöcke ergeben, mit der Folge von Störungen in der Hormonproduktion. Dies wiederum kann zu Schmierblutungen, Menstruationsbeschwerden und frühzeitigen Wechseljahren führen. Außerdem kann es zu Eileiter- oder Bauchhöhlenschwangerschaften kommen (vgl. pro familia 2001, 12; BzgA 2004, 2; AG Gynäkologische Endoskopie e.V., 2003 1-2; Sterilisation: Endgültige Entscheidung 2003, 1).

Bei der Wahl der Sterilisation als Verhütungsmethode muss von einer endgütigen Entscheidung und einem endgültigen Eingriff ausgegangen werden; eine Refertilisierung ist nur selten möglich. Bei Männern und Frauen können psychische oder partnerschaftliche Probleme auftreten, wenn der Entschluss bereut wird.

Die Sterilisation schützt vor einer ungewollten Schwangerschaft. Beim Geschlechtsverkehr ist aber weiterhin der Gebrauch von Kondomen zum Schutz vor Aids oder anderen sexuell übertragbaren Krankheiten erforderlich.

Kosten – Konsequenzen der Gesundheitsreform

Nach Angabe von pro familia Bremen kosteten 2004 ambulante Sterilisationen beim Mann mit örtlicher Betäubung 251 €, mit Narkose 517 €, bei der Frau 590 €. Diese Angaben stellen nur eine Größenordnung dar, sie hängen von den behandelnden ÄrztInnen, eventuellen Komplikationen oder Krankenhausaufenthalten ab.

Bei privat versicherten Menschen hängt die Übernahme der Sterilisationskosten von den jeweiligen Vertragsbedingungen ab. Meistens werden die Kosten aber nur bei einer Gefahr für das Leben oder die Gesundheit der Frau durch eine Schwangerschaft sowie vererbbaren Krankheiten des Mannes oder der Frau übernommen (vgl. pro familia 2001, 6).

Bis Ende 2003 wurden die Kosten einer Sterilisation im allgemeinen von den gesetzlichen Krankenkassen übernommen. Durch die Gesundheitsreform II wurde die Kostenübernahme für Sterilisationen, die der persönlichen Lebensplanung dienen, aus dem Leistungskatalog gestrichen. Eine Kostenübernahme erfolgt nur noch aus medizinisch notwendigen Gründen (vgl. BMGS 2004, 3).

Wie Menschen mit geringem oder ohne Einkommen – zu denen sicherlich überwiegend auch geistig behinderte Menschen zu zählen sind – künftig eine Sterilisation für ihre Familienplanung in Anspruch nehmen können, ist nicht bekannt. Es besteht aber die Gefahr, dass diese Menschen aus finanzieller Not heraus den Arzt oder die Ärztin ihres Vertrauens um einen unfruchtbarmachenden Eingriff aus vorgeschobenen medizinischen Gründen bitten müssen, für den die Kosten übernommen werden, z.B. eine Gebärmutterentfernung oder die Korrektur eines Hodenbruchs, mit der Folge der Sterilität. Eine andere Möglichkeit besteht für diese Menschen darin, das Risiko einer Schwangerschaft und eines (kassenfinanzierten) Schwangerschaftsabbruchs einzugehen. Beide Alternativen sind aus medizinischer und ethischer Sicht als bedenklich einzuschätzen.

3 Geistig behinderte Menschen

Sozialrechtliche Begriffsbestimmungen

Aus Sicht des Gesetzgebers definiert sich der Begriff 'behindert' wie folgt:

> „Menschen sind behindert, wenn ihre körperliche Funktion, geistige Fähigkeit oder seelische Gesundheit mit hoher Wahrscheinlichkeit länger als sechs Monate von dem für das Lebensalter typischen Zustand abweichen und daher ihre Teilhabe am Leben in der Gesellschaft beeinträchtigt ist." (§ 2 Abs. 1 SGB IX)

Mit geistigen Fähigkeiten „sind in erster Linie intellektuelle und kognitive wie Wahrnehmung, Erkennen, Denken, Vorstellen, Erinnern und Urteilen" gemeint (Haines in LPK-SGB IX, § 2 Rn 7, 2002).

Anzahl

Es ist nicht bekannt, wie viele geistig behinderte Menschen in Deutschland leben. Außerdem sind die Übergänge zwischen einer Lernbehinderung und einer geistigen Behinderung fließend; Behinderungen sind nicht statisch, sie können sich verändern. Um dennoch eine Größenvorstellung von der Zahl der geistig behinderten Menschen zu erhalten, die im Laufe ihres Lebens mit dem Thema Sterilisation konfrontiert worden sein konnten oder noch werden können, können nur Angaben des Statistischen Bundesamtes herangezogen werden. Dieses erhebt in zweijährigem Abstand Daten über behinderte Menschen. Das Statistische Bundesamt (19.02.2003; 02.12.2004) ermittelte zum Jahresende 2001 in Deutschland 8,4 Millionen Menschen mit einer amtlich anerkannten Behinderung. Davon waren 1,7 Millionen Menschen leichter behindert und 6,7 Millionen Menschen schwerbehindert mit einem Behinderungsgrad von 50 und mehr. 8 % der schwerbehinderten Menschen hatten eine geistige oder seelische Behinderung, das sind 536000 Personen; von ihnen wiederum hatten 253373 Menschen „Störungen der geistigen Entwicklung (z.B. Lernbehinderung, geistige Behinderung)" (Statistisches Bundesamt 03.12.2004, 11).

Zum Jahresende 2003 wurden 6,6 Millionen schwerbehinderte Menschen ermittelt; „auf geistige oder seelische Behinderungen entfielen zusammen 9 % der Fälle" (Statistisches Bundesamt 12.11.2004).

Differenzierungen und Regelungen des § 1905 BGB

Mit den Regelungen des § 1905 BGB soll „dem Gedanken der besonderen Schutzbedürftigkeit der Betroffenen in diesem für sie außerordentlich empfindlichen Bereich" Rechnung getragen werden (Hoffmann in Heidelberger Kommentar, BGB § 1905 Rn 107, 2003). „Eine Sterilisation soll nur beim Vorliegen bestimmter restriktiver Voraussetzungen als ultima ratio und allein im Interesse der Betroffenen zulässig sein" (Hoffmann 1996, 19).

Zur Klärung um welche Betroffenen es sich handelt, muss bei Menschen mit geistiger Behinderung in Bezug auf eine Sterilisation unterschieden werden zwischen Menschen, die beeinträchtigt sind und

- keinen Behindertenstatus haben
- deren Behinderung nach § 2 SGB IX anerkannt wurde
- nicht unter Betreuung stehen
- unter Betreuung nach § 1896 BGB stehen
- und einwilligungsfähig sind
- und nicht einwilligungsfähig sind
- und nicht einwilligungsfähig sind und bleiben werden

Lediglich die letzte Teilgruppe der geistig behinderten Menschen, d.h. diejenigen, die unter Betreuung stehen und nicht einwilligungsfähig sind und bleiben werden, fallen unter die Regelungen des § 1905 BGB. Die Einwilligungsunfähigkeit muss überprüft werden (s. Punkt 4). Alle anderen geistig behinderten Menschen können sich ohne Beschränkung bzw. ohne die Bestimmungen des §1905 BGB – ebenso wie nicht behinderte Menschen – sterilisieren lassen.

§ 1905 BGB hat folgenden Wortlaut:

> „(1) Besteht der ärztliche Eingriff in einer Sterilisation des Betreuten, in die dieser nicht einwilligen kann, so kann der Betreuer nur einwilligen, wenn 1. die Sterilisation dem Willen des Betreuten nicht widerspricht, 2. der Betreute auf Dauer einwilligungsunfähig bleiben wird, 3. anzunehmen ist, dass es ohne die Sterilisation zu einer Schwangerschaft kommen würde, 4. infolge dieser Schwangerschaft eine Gefahr für das Leben oder die Gefahr einer schwerwiegenden Beeinträchtigung des körperlichen oder seelischen Gesundheitszustandes der Schwangeren zu erwarten wäre, die nicht auf zumutbare Weise abgewendet werden könnte, und 5. die Schwangerschaft nicht durch andere zumutbare Mittel verhindert werden kann.Als schwerwiegende Gefahr für den seelischen Gesundheitszustand der Schwangeren gilt auch die Gefahr eines schweren und nachhaltigen Leides, das ihr drohen würde, weil vormundschaftsgerichtliche Maßnahmen, die mit ihrer Trennung vom Kind verbunden wären (§§1666, 1666a), gegen sie ergriffen werden müssten. (2) Die Einwilligung bedarf der Genehmigung des Vormundschaftsgerichts. Die Sterilisation darf erst zwei Wochen nach Wirksamkeit der Genehmigung durchgeführt werden. Bei der Sterilisation ist stets der Methode der Vorzug zu geben, die eine Refertilisierung zulässt."

Außerdem ist nach § 1899 BGB ein besonderer Betreuer für die Einwilligung zu bestellen.

4 Sterilisation nach § 1905 BGB

Prüfung der Einwilligungsfähigkeit – Einwilligungsunfähigkeit

Bereits in der Vorbereitungszeit des 1992 in Kraft getretenen Betreuungsgesetzes wurde vom Gesetzgeber die Notwendigkeit einer gesetzlichen Beschreibung der Begriffe Einwilligungsfähigkeit – Einwilligungsunfähigkeit erkannt. Wegen der Kürze der Zeit wurde auf entsprechende Vorschläge und damit auf eine Beschreibung im Gesetz verzichtet. Zur Schwierigkeit der Definition schrieb das Bundesjustizministerium im Diskussions-Teilentwurf des Betreuungsrechts im November 1987: „Die Beurteilung der Frage, wann im Einzelfall eine Einwilligungsfähigkeit vorliegt, kann schon bei Nichtbetreuten mit Schwierigkeiten verbunden sein. Bei Betreuten sind diese Schwierigkeiten mitunter sehr groß" (zit. in Bundesvereinigung Lebenshilfe 1999, 3). Die Definition und Beurteilung der Einwilligungs(un)fähigkeit blieb und bleibt den beteiligten Personen, d.h. den Betroffenen, BetreuerInnen, ÄrztInnen und der Rechtsprechung überlassen. Die Einwilligungsfähigkeit hängt nicht von der Geschäftsfähigkeit einer Person ab, vielmehr geht es um ihre natürliche Einsichtsfähigkeit. Diese hängt von der jeweiligen Beeinträchtigung und den Lebensumständen ab.

Bei einer Sterilisation wird die körperliche Unversehrtheit eines Menschen berührt. Die gesetzlichen BetreuerInnen dürfen nur zum Wohle der betreuten Menschen handeln. Unter Betreuung stehende Menschen müssen – vor einer Entscheidung über ihre Einwilligungsfähigkeit oder Einwilligungsunfähigkeit in eine Sterilisation – in jeweils angemessener und verständlicher Weise über die Tragweite des Eingriffs, gleichzeitig aber auch über alternative Verhütungsmethoden aufgeklärt werden. Es ist Aufgabe der ÄrztInnen, die Einwilligungsfähigkeit festzustellen. Dabei ist auch zu prüfen, ob die Einsichtsfähigkeit und Entscheidung der Betroffenen auf Beeinflussungen aus deren Umgebung entstanden ist. Bei Zweifeln an der Einwilligungsfähigkeit sollte diese durch das Vormundschaftsgericht festgestellt werden. Sofern die Betroffenen bei der Aufklärung irgendwie geartete Äußerungen gegen eine Sterilisation zum Ausdruck bringen, muss eine Sterilisation unterbleiben. Die Einwilligungsfähigkeit oder Einwilligungsunfähigkeit muss dann nicht weiter überprüft werden, da sie ihren Willen zum Ausdruck gebracht haben.

Das OLG Hamm entschied allerdings in einem Beschluss vom 28.02.2000, eine Willensäußerung müsse sich gegen eine Sterilisation als solche richten; Angst vor ärztlichen Untersuchungen oder erfolgreiches Wehren gegen gynäkologische Untersuchungen reiche nicht bzw. könne nicht als Äußerung gegen eine Sterilisation gewertet werden. Für Zinsmeister (2003, 12) ist diese Entscheidung verfassungsrechtlich äußerst bedenklich. Sie

„[...] sollte vom Gesetzgeber zum Anlass genommen werden, sich bei der Reform des Betreuungsrechts im Einklang mit der herrschenden Lehre deutlicher gegen jede Anwendung von Zwang auszusprechen und klarzustellen, dass ein die Sterilisation ausschließender entgegenstehender Wille der Betreuten iSd §1905 Abs.1 Nr.1 kein gezielt gegen die Sterilisation gerichteter Wille sein muss."

Einwilligungsfähige Menschen müssen die Bedeutung und Folgen einer Sterilisation verstehen können. Sie müssen die möglichen physischen und psychischen Risiken oder Konsequenzen des Eingriffs erfassen und abwägen können. Sie dürfen in ihrer Entscheidung nicht beeinflusst werden. Die Entscheidung für eine Sterilisation muss von ihnen selbst getroffen werden; sie kann nicht durch BetreuerInnen ersetzt werden. Ein erfolgter Eingriff könnte für BetreuerInnen und ÄrztInnen strafrechtliche Konsequenzen haben, wenn die betreuten Menschen die Tragweite des Eingriffs zuvor nicht verstanden hatten (vgl. Dulige & Böddeling 2003, 3).

Eine Einwilligungsunfähigkeit ist gegeben, wenn die Tragweite des Eingriffs nicht erfasst werden kann und keine willentlichen verbalen oder nonverbalen Äußerungen dazu erfolgen können. Zur Durchführung einer Sterilisation gemäß § 1905 BGB muss die Einwilligungsunfähigkeit auf Dauer gegeben sein.

Rechtsprechung OLG Hamm – BayObLG – Eine Gegenüberstellung

Nachfolgend werden zwei Urteile gegenübergestellt, in denen jeweils über die Sterilisation einer geistig behinderten Frau entschieden wurde. Die unterschiedliche Sichtweise von Gerichten und der unterschiedliche Umgang mit den Regelungen des § 1905 BGB wird daran deutlich.

Im Beschlussverfahren des OLG Hamm vom 28.02.2000 wurde die Zustimmung gegeben zur Sterilisation einer 21 Jahre alten Frau, die seit ihrer Geburt schwer geistig behindert ist und seit ihrem zweiten Lebensjahr an epileptischen Krampfanfällen leidet. Es wurde festgestellt, „Zusammenhänge zwischen Intimkontakten, Schwangerschaft und Geburt seien ihr nicht bekannt und nicht zu vermitteln" (Hellmann 2004a, 1). Sie könne auch die Bedeutung und Tragweite einer Sterilisation nicht erfassen. Als Anhaltspunkt für eine mögliche Schwangerschaft wurde gewertet, dass die junge

Frau Körperkontakte zu anderen behinderten Menschen habe und es naheliegend wäre, dass sie – sofern noch nicht geschehen – die genitale Sexualität entdecken würde. Im Falle einer Schwangerschaft ging das Gericht von einer schweren Gefahr für die körperliche und seelische Gesundheit aus, verbunden mit der Wegnahme eines möglichen Kindes. Ihre Angst vor medizinischen Untersuchungen sowie ihr bisheriges erfolgreiches Wehren gegen gynäkologische Untersuchungen wurde nicht als Ablehnung der Sterilisation gewertet (vgl. Hellmann 2004a, 1-2).

Im Beschlussverfahren des BayObLG vom 23.05.2001 wurde die Genehmigung der Sterilisation einer Frau verweigert, welche im Elternhaus lebt und in einer Werkstatt für Behinderte arbeitet. In einem Gutachten war ungeschützter Geschlechtsverkehr für wahrscheinlich gehalten worden, gleichzeitig wurde aber auch davon ausgegangen, die betroffene Frau selbst würde wahrscheinlich keine sexuelle Intimität suchen, die zu einer Schwangerschaft führen könne bzw. zeige sie daran kein ausdrückliches Interesse. „Demnach bestehe nur die abstrakte Möglichkeit einer Schwangerschaft, die aber nicht genüge, um eine Sterilisation zu rechtfertigen." Eine „Schwangerschaftserwartung müsse konkret und ernstlich sein." Es genüge dabei, „dass aufgrund der sexuellen Aktivität der fortpflanzungsfähigen Betreuten mit einer Schwangerschaft zu rechnen sei" (Hellmann 2004b, 1). Eine vorsorgliche oder vorbeugende Sterilisation wegen der abstrakten Möglichkeit einer Schwangerschaft, die sich aus der gemeinsamen Unterbringung mit Männern in einem Wohnheim ergeben könne, wo es zu sexuellen Kontakten oder Partnerschaften kommen könne, sei nicht zulässig.

Wie bereits erwähnt, zeigt sich an diesen beiden Beispielen die unterschiedliche Rechtsprechung. In beiden Fällen konnte davon ausgegangen werden, dass es noch zu keinen genitalen Sexualkontakten gekommen war, also nur die abstrakte Möglichkeit einer Schwangerschaft bestanden hatte. Bei dem in Hamm verhandelten Fall kommt hinzu, dass nicht bekannt sein konnte, ob die junge Frau überhaupt fortpflanzungsfähig wäre, da sie sich noch nie gynäkologisch hatte untersuchen lassen. Sie hatte beim sich Wehren gegen jede gynäkologische Untersuchung ihren Willen zum Ausdruck gebracht; ein gynäkologischer Eingriff wäre als noch schwerwiegender zu sehen, als eine Untersuchung. Wenn eine Person nicht in der Lage ist, die Bedeutung einer Sterilisation zu erfassen, kann sie „auch nicht in der Lage sein, ihren Willen gezielt gegen einen Sterilisationseingriff zu äußern. Ihr Widerstand kann sich nur allgemein gegen den operativen Eingriff richten und ist daher in dieser Form auch beachtlich" (Zinsmeister 2003, 10-11). Außerdem wirft ihr Verhalten die Frage auf, ob sie sich nicht in gleicher Weise gegen Genitalkontakte wehren würde, wie sie sich gegen gynäkologische Untersuchungen gewehrt hatte.

Der Gesetzgeber wollte mit dem streng ausgestalteten Verfahren nach §1905 BGB jegliche Form von Zwangssterilisationen an einwilligungsunfähigen Menschen ausschließen. Mit der Zustimmung zur Sterilisation hat das OLG Hamm die abstrakte Möglichkeit einer Schwangerschaft nicht nur anders bewertet als das BayObLG, es hat auch einer Sterilisation unter Zwang zugestimmt. Durch das Urteil des OLG Hamm hat sich für Wunder (2003, 9-10) die Lage für geistig behinderte Menschen „drastisch verschärft" und veranlasste ihn zu der Feststellung: „Darum behaupte ich, mit diesem Paragraphen 1905 sind durchaus Zwangssterilisationen möglich."

Mit seiner Einlassung hat das OLG Hamm eine Unterscheidung zwischen der Sterilisation, den erforderlichen Untersuchungen und dem Eingriff selbst getroffen. Es verlangt von einwilligungsunfähigen Menschen eine entsprechende Differenzierung und das Erfassen dieser unterschiedlichen Sachverhalte, gesteht ihnen aber gleichzeitig keine Entscheidung allein gegen eine Untersuchung oder einen Eingriff zu. Es „fordert damit im Ergebnis die Einsichts- und Steuerungsfähigkeit, die nach § 1905 Abs. 1 Nr. 2 BGB ausdrücklich verneint werden muss" (Hellmann 2004a, 2). Das in Art. 2 GG gegebene Recht auf körperliche Unversehrtheit wird damit verweigert.

Die Möglichkeit, sich für oder gegen eine mögliche Schwangerschaft entscheiden zu können, muss auch eine Entscheidung über die Mittel und Wege zu diesem Ziel beinhalten. Wenn sich eine Person gegen eigene Kinder entscheidet, aber Angst vor Untersuchungen oder Operationen hat, muss von einer Sterilisation Abstand genommen werden, es müssen dann andere Verhütungsmittel gefunden werden bzw. muss die Möglichkeit einer Schwangerschaft in Kauf genommen werden.

Sterilisationsverfahren

Bis zur Einführung des Betreuungsgesetzes wurde von 1000 Sterilisationen jährlich ausgegangen. Seither haben sich die gemäß § 1905 BGB genehmigten Sterilisationen entscheidend verringert (siehe Tabelle 2).

1992	1993	1994	1995	1996	1997	1998	1999	2000	2001	2002
65	87	87	78	203	113	70	101	46	61	88

Tab. 2: Anzahl genehmigter Sterilisationen nach §1905 BGB (vgl. Deinert 2004)

Der Prozentsatz, der von den 1992 bis 1999 gestellten Anträgen genehmigt wurde, ist Tabelle 3 zu entnehmen.

1992	1993	1994	1995	1996	1997	1998	1999
76 %	65 %	71 %	74 %	80 %	74 %	62 %	66 %

Tab. 3: Anteil genehmigter Sterilisationsanträge (vgl. Deinert & Hövel 2003)

Bei den beantragten und den genehmigten Sterilisationen – bezogen auf die Einwohnerzahl und die Gesamtzahl der unter Betreuung stehenden Menschen – lagen im regionalen Vergleich die Bundesländer Schleswig-Holstein und Hessen an der Spitze.

Für die Jahre 1992 bis 1994 wurde von der Bundesregierung 1996 ein erster Bericht über die praktischen Auswirkungen des Betreuungsgesetzes zur Sterilisation vorgelegt. Nach der Justizstatistik wurden in diesem Zeitraum 342 Sterilisationsverfahren beantragt und 239 genehmigt. Die Praktikerbefragung ergab allerdings 535 Verfahren und 92 Entscheidungen. Die Sterilisationsverfahren für diesen Zeitraum betrafen zu ca. 90 % Frauen und zu ca. 10 % Männer. Die Betroffenen waren zu ca. 50 % zwischen 18 und 24 Jahre alt und zu je ca. 25 % zwischen 24 und 30 bzw. über 30 Jahre alt (vgl. Hoffmann in Heidelberger Kommentar, BGB § 1905 Rn 105, 2003). Ca. 45 % der betroffenen Menschen lebten bei den Eltern, ca. 47 % in Einrichtungen. Angeregt wurden die Verfahren zu ca. 55 % von den Angehörigen, zu ca. 20 % von BetreuerInnen, zu ca. 10 % von Einrichtungen, zu ca. 10 % von den Betroffenen selbst (vgl. Hoffmann in Heidelberger Kommentar, BGB § 1905 Rn 105, 2003).

Geschlechtsspezifische Auswirkungen

Der erste Bericht der Bundesregierung zu den praktischen Auswirkungen der Neuregelung des §1905 BGB zeigt einen deutlichen Rückgang der Zahl der Sterilisationen bei einwilligungsunfähigen Menschen. Die Bundesregierung kam deshalb zu dem Ergebnis, die genannte Regelung habe sich bewährt. Der Verpflichtung des Gesetzgebers zu regelmäßiger Berichterstattung ist sie seither nicht weiter nachgekommen.

Im Abschlußbericht aus dem Jahre 2003 der Bund-Länder-Arbeitsgruppe ‚Betreuungsrecht', kommt diese – auf Grund des vorgenannten Berichts – zu dem Ergebnis, für eine Änderung des §1905 BGB bestünde kein Handlungsbedarf (vgl. Zinsmeister 2003, 13). Die Ungereimtheiten der Zahlen wurden nicht weiter geklärt.

Der Differenz bei den Geschlechtern von 90 % Frauen und 10 % Männern wurde keine Aufmerksamkeit geschenkt. Es ist schon sehr erstaunlich, dass bei einer gleich großen Zahl von Menschen beiderlei Geschlechts dies nicht zum Anlass weiterer Nachprüfungen bzw. einer weiteren Berichterstattung genommen wird. In der Vorbereitung des Gesetzes verwies die Kritik bereits darauf, „dass damit ein Sonderrecht für Menschen mit Behinderung geschaffen würde, das sich in erster Linie gegen Frauen richte" (Wunder 1997, 17). Es ist nicht anzunehmen, das Geschlechterverhältnis bei einwilligungsunfähigen Menschen läge bei 9 : 1. Es ist auch nicht anzunehmen, Frauen wären in diesem Verhältnis sexuell aktiver und würden deshalb in größerer Zahl sterilisiert werden wollen.

§ 1905 BGB darf nicht zu einer Ungleichbehandlung von Frauen bei einer möglichen Schwangerschaft führen. Bei genitalem Geschlechtsverkehr, der zu einer Schwangerschaft führen kann, sind Mann und Frau im gleichen Verhältnis beteiligt. Es ist nicht anzunehmen, bei Paarbeziehungen wären die Frauen im Verhältnis 9 zu 1 einwilligungsunfähig. Bei Paaren, bei denen nur jeweils eine Person nicht einwilligungsfähig ist, müsste geprüft werden, ob nicht durch weniger beeinträchtigte PartnerInnen eine mögliche Trennung von einem Kind und damit auch eine Sterilisation vermieden werden könnte.

Nach § 1905 BGB kann eine Frau sterilisiert werden, wenn ihr durch die Trennung von ihrem Kind ein schweres und nachhaltiges Leid drohen könnte. In den Fällen – bei denen diese Trennung nicht durch einen Partner vermieden werden kann – sollte auch eine Sterilisation des Partners diskutiert und in Erwägung gezogen werden, wie dies auch nicht behinderte Paare überlegen und entscheiden, wenn sie keine Kinder haben wollen. Es müsste grundsätzlich das seelische Leid eines möglichen Kindesvaters Berücksichtigung finden. Auch er sollte vor einer möglichen Wegnahme eines Kindes durch eine Sterilisation geschützt werden können. Die jeweiligen PartnerInnen müssten in das Verfahren nach §1905 BGB mit einbezogen werden. Der mögliche Wunsch nach Sterilisation einer nicht einwilligungsfähigen Partnerin oder eines nicht einwilligungsfähigen Partners ist aber in keinem Fall ein Kriterium nach § 1905 BGB. Die gleich hohe Prozentzahl von Sterilisationen bei Männern und Frauen, die sich inzwischen in der BRD nach den oben genannten Befragungen (s. Punkt 2) abzeichnet, müsste sich auch bei den Sterilisationen von einwilligungsunfähigen unter Betreuung stehenden volljährigen Menschen widerspiegeln. Eine Überprüfung des Geschlechterverhältnisses wäre dringend geboten. Es könnte sonst der Eindruck entstehen, einwilligungsunfähige Frauen würden eher vorsorglich sterilisiert.

Vor dem Hintergrund der nicht altersentsprechenden Entwicklung und möglichen Nachreifung im Erwachsenenalter von geistig behinderten Menschen sind die Verfahren in den einzelnen Altersstufen zu bewerten. Man müsste deshalb annehmen, mit einer endgültigen Unfruchtbarkeitsmachung würde länger gewartet als bei nicht behinderten Menschen. Das Gegenteil scheint allerdings der Fall zu sein.

Im Bundesdurchschnitt gab es bei den 20- bis 24-Jährigen keine Sterilisationen (s. Punkt 2); die bei den Verfahren nach §1905 BGB in dieser Altersgruppe durchgeführten Sterilisationen fielen dabei statistisch nicht ins Gewicht. Bei den nach §1905 BGB durchgeführten Verfahren hatten die Sterilisationen in der Altersgruppe zwischen 18 und 24 einen Anteil von 50%, d.h. einwilligungsunfähige und unter Betreuung stehende Menschen werden bereits in diesem Alter sterilisiert und die Hälfte der insgesamt durchgeführten Verfahren betrifft diese Altersgruppe. Die Verfahren bei den 24- bis 29-Jährigen und den ab 30-Jährigen haben einen Anteil in gleicher Höhe, also von 1 : 1, während die bereits genannte Befragung durch forsa ein Verhältnis von 1 : 5 für diese Altersgruppen ergab.

Das Jugendgerichtsgesetz gibt gemäß § 105 die Möglichkeit, junge Erwachsene bis zum 21. Lebensjahr strafrechtlich als Jugendliche zu beurteilen und entsprechend zu bestrafen, wenn sie zur Tatzeit nach ihrer „sittlichen und geistigen Entwicklung noch einem Jugendlichen" gleichstanden. Das SGB VIII – Kinder und Jugendhilfe gewährt gemäß § 41 jungen Volljährigen bis zur Vollendung des 21. Lebensjahres und in begründeten Einzelfällen bis zum 27. Lebensjahr Hilfe für die Persönlichkeitsentwicklung und zur eigenverantwortlichen Lebensführung, falls dies notwendig ist.

§ 1905 BGB ist als Schutzbestimmung für einwilligungsunfähige Menschen gedacht. Insbesondere jungen Menschen müssten beim Thema Sterilisation – ebenso wie allen jungen Menschen in den genannten anderen Bereichen – Persönlichkeitsentwicklungen zugestanden werden.

Wenn sich junge Menschen in der BRD nicht sterilisieren lassen und 2003 das Durchschnittsalter der Mütter bei der Geburt ihrer lebendgeborenen Kinder bei 29,9 Jahren lag (vgl. Statistisches Bundesamt 01.12.2004), müsste einwilligungsunfähigen Menschen in der Regel zugestanden werden, es entspräche ihrem natürlichen Willen, als junger Mensch noch keine endgültige Entscheidung für eine dauernde Unfruchtbarkeit treffen zu können oder wollen. Außerdem stellt sich dabei die Frage, wie der natürliche Wille einer Person erforscht werden kann, welche die Tragweite und Bedeutung einer Sterilisation nicht erfassen kann, d.h. die überhaupt nicht weiß, worum es dabei geht und dies auch noch nie wusste und sich früher hätte entsprechend äußern können. Als problematisch ist auch zu sehen, für junge Menschen eine Entscheidung darüber zu treffen, dass sie für den Rest ihres Lebens bzw. bis zur Menopause einwilligungsunfähig bleiben werden.

Besonders bemerkenswert ist auch die Tatsache, dass 10 % der Anregungen für die Sterilisationsverfahren von den Betroffenen selbst gekommen waren. Es ist zu fragen, wie es einem einwilligungsunfähigen Menschen – der die Tragweite und Bedeutung einer Sterilisation nicht erfassen kann – möglich sein kann, eine solche selbst anzuregen.

5 Sterilisation von einwilligungsfähigen volljährigen Menschen mit geistiger Behinderung

Alle einwilligungsfähigen volljährigen Menschen können sich mit ihrer Zustimmung sterilisieren lassen, d.h. auch geistig behinderte Menschen, die einwilligungsfähig und volljährig sind. Vor Einführung des Betreuungsgesetzes schätzte das Bundesjustizministerium die Zahl der jährlich an geistig behinderten Menschen vorgenommenen Sterilisationen, wie berichtet, auf ca. 1000. Da es sich um eine Schätzung handelte, ist nicht bekannt, ob es sich dabei tatsächlich nur um einwilligungsunfähige Menschen und nicht auch um einwilligungsfähige Menschen gehandelt hat. Zudem können Menschen, die bis 1992 ohne ihr Wissen und damit auch ohne ihre Einwilligung sterilisiert wurden, nicht als einwilligungsunfähig gesehen werden, da sie nicht gefragt worden waren.

Die relativ geringe Zahl der jetzigen jährlichen Sterilisationen (nach § 1905 BGB) sagt nichts über die jährlich stattfindenden Sterilisationen bei geistig behinderten Menschen aus, die nicht unter den Schutz des § 1905 BGB fallen. Wie oben dargelegt, gibt es keine Statistiken über jährlich in der BRD insgesamt durchgeführte Sterilisationen. Dadurch ist auch nicht bekannt, wie viele einwilligungsfähige geistig behinderte Menschen jährlich sterilisiert werden. Es kann somit nicht auf einen Rückgang der Sterilisationen geschlossen werden.

Nach Wunder (1997, 17) wäre aus vielen Einrichtungen der Behindertenhilfe „immer wieder zu hören", dass Betroffene „kurzerhand als 'einwilligungsfähig' eingestuft werden und die Sterilisation dann mit ihrer, wie auch immer zustande gekommenen Einwilligung durchgeführt würde."

Das Forschungsvorhaben „LIVE Leben und Interessen vertreten – Frauen mit Behinderungen" (BMFSFJ 2001, 1-2) setzte sich u.a. mit der aktuellen Lebenssituation von behinderten Frauen auseinander. Befragt wurden 987 körper- und sinnesbehinderte Frauen im Alter zwischen 16 und 60 Jahren; sie hatten einen Behinderungsgrad von mindestens 50. Ein Fünftel der Frauen berichtete „über demütigende gynäkologische Behandlungen." Ein Drittel der Frauen, die verhüten und zu 88 % Kinder hatten, gaben eine Sterilisation an. Insgesamt waren ein Viertel der Frauen durch einen medizinischen Eingriff, wie Sterilisation oder Gebärmutterentfernung, nicht mehr fruchtbar. Obwohl es sich um eigene Entscheidungen der Frauen handelte, „weisen die Zahlen auf eine Ungleichbehandlung von Frauen mit und ohne Behinderung hin" (ebd.). Auch Zinsmeister (2003, 14) berichtet von Umfragen unter behinderten Frauen, nach denen „diesen weitaus häufiger als nichtbehinderten Frauen von Ärztinnen und Ärzten zur Sterilisation geraten" würde.

Bei geistig behinderten Frauen muss ebenfalls von einer Ungleichbehandlung ausgegangen werden. Eine besondere Bedeutung muss hier dem Arzt-Patienten Verhältnis beigemessen werden. Aufgrund des gegebenen Abhängigkeitsverhältnisses und der sensiblen Thematik hängen Sterilisation, alternative Verhütungsmethoden, Schwangerschaft von der Aufklärung durch die jeweiligen ÄrztInnen und ihrer Einstellung zu geistig behinderten Menschen ab. Außerdem kann nicht ausgeschlossen werden, dass ÄrztInnen sich wohlmeinend die Ängste der Familienangehörigen – die 80 % der ehrenamtlichen BetreuerInnen ausmachen – zu eigen machen und zu einer Sterilisation als sicherer Verhütungsmethode raten. Durch den psychischen Druck, dem diese erwachsenen Kinder zuvor von ihren Familien ausgesetzt waren, ist es möglich, dass sie bereits mit einer Sterilisation einverstanden waren und so von den ÄrztInnen auch nicht mehr wahrgenommen werden kann, ob tatsächlich eine Einwilligungsfähigkeit zu diesem Schritt besteht. Daraus könnte die inzwischen geringe Zahl der Sterilisationen bei einwilligungsunfähigen Menschen resultieren (vgl. Zinsmeister 2003, 13-14).

Faber (2003, 147) beschreibt in der vom Bundesministerium für Familie, Senioren, Frauen und Jugend 2003 herausgegebenen Informationsbroschüre für behinderte Mädchen und Frauen die schwierige Situation von geistig behinderten Frauen, die sich ein Kind wünschen. Dieser Wunsch stoße bei den Eltern, beim Fachpersonal, bei MedizinerInnen „nicht selten auf Ablehnung". Die betreffenden Frauen würden „daher nicht selten vor die Entscheidung gestellt, sich entweder 'zur Absicherung gegen Kinder' sterilisieren zu lassen oder aber spätestens bei der Geburt von einem Kind aus der elterlichen Wohnung oder dem Wohnheim auszuziehen" (ebd.). In dieser Situation würden sich viele 'freiwillig' für eine Sterilisation entscheiden.

6 Schlussbemerkungen

Die körperliche Unversehrtheit gehört zu unseren Grundrechten. Eine Sterilisation stellt einen Eingriff in diese Unversehrtheit dar. Jeder Mensch kann sich deshalb nur selbst und in Kenntnis der vollen Tragweite dieses Eingriffs dafür entscheiden.

Das Verfahren nach §1905 BGB soll die körperliche Unversehrtheit von geistig behinderten Menschen gewährleisten, die auf Dauer nicht in der Lage sind, selbst in einen solchen Eingriff einzuwilligen. Es soll ihnen damit gleichzeitig in diesem eng begrenzten Rahmen die Möglichkeit zu einer Sterilisation gegeben werden, wenn dies ihrem natürlichen Willen entspricht. Damit soll dieses Verfahren zu einer Gleichbehandlung aller Menschen beitragen.

Es ist aber zu befürchten, dass geistig behinderten Menschen nach wie vor eine Sterilisation nahegelegt bzw. stellvertretend für sie darüber entschieden wird.

Solange die Bundesregierung ihrer Berichtspflicht zur Sterilisation nach § 1905 BGB – auch mit detaillierten Angaben über die Hintergründe, die zur Beantragung einer Sterilisation führten – nicht nachkommt, müssen Zweifel an der Richtigkeit der Einwilligung durch Dritte, die dem Willen der Betroffenen entspräche, bestehen bleiben.

Bei der Sterilisation von geistig behinderten einwilligungsfähigen Menschen bleiben Zweifel an der Freiwilligkeit ihrer Entscheidung, da es keine Zahlen über deren Anzahl und die Altersstruktur sowie Untersuchungen über deren Beweggründe gab und gibt. Es muss gleichzeitig vermutet werden, dass seit der Einführung des Betreuungsrechts bei mehr geistig behinderten Menschen eine Einwilligungsfähigkeit konstatiert wird, um das Verfahren nach § 1905 BGB zu umgehen.

Der Abbau von Barrieren für behinderte Menschen darf sich nicht nur in unserem Straßenbild im Absenken von Gehwegen oder ähnlichem zeigen, er muss auch in den Köpfen der nicht behinderten Menschen stattfinden. Wir müssen uns von dem Gedankengut trennen, geistig behinderte Menschen bekämen immer auch geistig behinderte Kinder und wären in allen Lebensbereichen unfähig.

Nicht nur nicht behinderte Menschen sollten Kinder bekommen dürfen. Auch geistig behinderten Menschen sollte eine Option für ein Kind zugestanden und ihre körperliche Unversehrtheit gewährleistet werden. Es muss ihnen Zeit zum Reifen und Erwachsen werden gegeben werden; sie müssen frühzeitig und behutsam sexuell aufgeklärt werden. Es muss ihnen die Möglichkeit gegeben werden, sich selbst für oder gegen ein Kind, für oder gegen eine Sterilisation zu entscheiden. Bei einer Entscheidung für ein Kind müssen ihnen die erforderlichen Hilfestellungen gegeben werden und die entsprechenden Einrichtungen bereit gehalten werden. Damit könnte es zu einer Gleichbehandlung mit nicht behinderten Menschen kommen, die – aus unterschiedlichen Gründen – Hilfe von außen für die Erziehung ihrer Kinder in Anspruch nehmen müssen bzw. können. Eltern geistig behinderter Menschen könnten dann gelassener mit den Wünschen ihrer Kinder nach Sexualkontakten umgehen, der Wunsch nach einer endgültigen Sterilisation ihrer Kinder würde sich erübrigen können.

URSULA PIXA-KETTNER, STEFANIE BARGFREDE

Kinderwunsch von Menschen mit geistiger Behinderung

1 Kinderwünsche und Kinderwunschmotivationen

Die Frage, warum Frauen oder Männer sich Kinder wünschen (oder nicht wünschen) ist Gegenstand unterschiedlicher wissenschaftlicher Disziplinen mit jeweils recht unterschiedlichen Antworten. Unbestritten ist, dass 'bewusster' Kinderwunsch ein neueres historisches Phänomen ist, da erst in jüngerer Zeit durch entsprechende Empfängnisverhütungsmittel relativ zuverlässige Entscheidungen über die eigene Fruchtbarkeit möglich sind (vgl. z.B. Groß 1999). Gloger-Tippelt u.a. (1993, 21) unterscheiden beim Kinderwunsch von Männern und Frauen eine gesellschaftliche Makroebene mit ökonomischen und soziologischen Variablen, eine Mesoebene, die durch Partnerschafts- und familiale Variablen gekennzeichnet ist, und eine Mikroebene mit psychologisch-individuellen Variablen. Auf der Makroebene werden z.B. demographische Befunde herangezogen wie Alterstrends, Anzahl der Kinder, Zusammenhang zu Einkommen und Wohnverhältnissen, zu Bildungsstand und Konfessionszugehörigkeit. Interessant ist hier der Befund, dass ausschließlich für Frauen ein umgekehrter Zusammenhang zwischen Qualifikation und Kinderzahl besteht[3]. Aber auch Normen und Werte der jeweiligen Gesellschaft, z.B. hinsichtlich der Wertigkeit von Kindern, von Familientätigkeit und Erwerbstätigkeit zählen zu diesem Bereich. Auf der Meso- und Mikroebene geht es zum einen um das tatsächliche generative Verhalten der Menschen, zum anderen um die rationalen, aber auch um die nicht-rationalen, emotionalen Begründungen und Motive für einen Kinderwunsch. Aus psychody-

---

[3] Demnach wäre für Frauen mit geistiger Behinderung eigentlich zu erwarten, dass sie eine überdurchschnittliche Kinderzahl haben. Dies entspricht allerdings nicht der Realität (vgl. Pixa-Kettner et al. 1996).

namischer Sicht kommt unbewussten Motivationen ein hoher Stellenwert zu, z.B. in der psychosomatischen Medizin im Zusammenhang mit der Behandlung von Sterilitätspatientinnen (vgl. Groß 1999). In Anlehnung an Mittag und Jagenow wird der Kinderwunsch von Gloger-Tippelt u.a. (1993, 53) bezeichnet

> „[...] als Bündel von mehr oder minder bewussten Motiven zu Schwangerschaft, Geburt und Elternschaft, die durch biologische und intrapsychische Voraussetzungen der Person sowie durch Sozialisation und gesellschaftliche Normen bestimmt werden."

Angesichts der beschriebenen Komplexität wird verständlich, weshalb Fachleute davon ausgehen, dass der Kinderwunsch immer bis zu einem gewissen Grad konflikthaft und ambivalent ist, laufen die verschiedenen Motive eines Bündels doch selten alle in dieselbe Richtung.

In einer Aufzählung von 17 aufgrund von Literaturrecherchen zusammengestellten Kinderwunschmotivationen finden sich z.B. die Folgenden (vgl. Groß 1999, 141ff):

- Der Kinderwunsch als Wunsch nach Zuwendung
- Der Kinderwunsch als Ausdruck von Konformität
- Der Wunsch nach Lebensbereicherung
- Der Wunsch nach einer vollständigen Familie
- Ein Kind, um gebraucht zu werden
- Ein Kind, um die geschlechtliche Potenz zu beweisen
- Ein Kind, um sich von den Eltern zu emanzipieren
- Der Kinderwunsch als Flucht

All diese Motive dürften auch bei Menschen mit einer geistigen Behinderung eine Rolle spielen. Ergänzend im Sinne einer Akzentuierung der besonderen Situation von Menschen mit geistiger Behinderung wäre vielleicht noch zu nennen:

- Der Kinderwunsch als Ausdruck von Normalität und Erwachsenheit (vgl. Pixa-Kettner 1999)

Der Wunsch nach einem Kind ist also bei behinderten wie bei nicht behinderten Frauen ein komplexes Gebilde aus persönlichen und gesellschaftlichen Faktoren. Zusammenfassend stellen Gloger-Tippelt u.a. (1993, 57) fest:

„Faßt man die genannten Motive für Kinder zusammen, überwiegen die emotionalen Aspekte (...). Dabei steht jedoch der funktionale Charakter des Kinderwunsches mit Abstand im Vordergrund, d.h. Kinder sollen vor allem Wünsche und Bedürfnisse der Eltern erfüllen."

Diese Feststellung erscheint deshalb bemerkenswert, weil geistig behinderten Frauen im Zusammenhang mit dem Kinderwunsch gelegentlich vorgeworfen wird, sie wollten ein Kind für bestimmte eigene Zwecke funktionalisieren, wobei offenbar übersehen wird, dass dies für nicht behinderte Eltern nicht weniger gilt.

Überhaupt erfahren die Motive behinderter Frauen eine ungleich kritischere Hinterfragung als dies bei nicht behinderten Frauen der Fall ist. Während sich nicht behinderte Frauen tendenziell dafür rechtfertigen müssen, wenn sie sich **kein** Kind wünschen, müssen sich geistig behinderte Frauen rechtfertigen, **wenn** sie sich ein Kind wünschen.

2 Über den Umgang mit dem Kinderwunsch von Menschen mit geistiger Behinderung

Obwohl die Einstellung gegenüber der Sexualität von Menschen mit geistiger Behinderung in den letzten Jahren deutlich liberaler geworden ist, sind die Möglichkeiten für gelebte Partnerschaften nach wie vor begrenzt. Hähner (1998, 207) führt dazu aus:

„Beschäftigt man sich mit Paaren mit Behinderungen, stößt man immer wieder auf Erzählungen und Berichte, die deutlich machen, auf wie viele Barrieren und Hindernisse Menschen mit geistiger Behinderung treffen, wenn sie sich verlieben, wenn sie miteinander leben wollen und wenn ihnen der Raum für Intimität nicht zugestanden oder gar genommen wird. Es ist ein Faktum, daß ihre Zimmer noch immer ohne anzuklopfen betreten werden, daß dem Wunsch nach einem gemeinsamen Lebensraum nicht stattgegeben wird und daß Betreuer oder Eltern für sich in Anspruch nehmen, zu wissen, was für den Menschen mit Behinderung richtig und wichtig ist. Unter diesem Vorwand wird das Recht auf Liebe und Sexualität unzulässig eingeschränkt oder bestritten."

Erst recht ist der Umgang mit dem Kinderwunsch von Menschen mit geistiger Behinderung bislang von großer Hilflosigkeit geprägt. Selbst in dem aktuellen Erwachsenenbildungsprogramm des Instituts in Form der Bundesvereinigung Lebenshilfe („Jetzt will ich's wissen" 2004) werden zwar fünf Veranstaltungen unter der Rubrik „Liebe, Freundschaft, Partnerschaft, Sexualität" und zwei „Veranstaltungen für Paare" angeboten, aber in keinem Ankündigungstext kommt das Thema Kinderwunsch explizit vor. Positiv ist hervorzuheben, dass auch eine Veranstaltung zum Elternsein angeboten wird. Im Allgemeinen scheint noch immer der Grundsatz zu gelten, das Thema Kinderwunsch auszuklammern, um „keine schlafenden Hunde zu wecken". Diese sind jedoch längst wach – sofern sie je geschlafen haben. Hähner (1998, 216) schreibt:

> „Zu einer überdauernden Partnerschaft gehört auch das Thema Kinder. Wir haben kein Paar kennengelernt, daß [sic!] sich nicht in irgendeiner Form über dieses Thema Gedanken gemacht hätte."

In den Befragungen, die wir Anfang der 90er Jahre im Rahmen unseres Forschungsprojekts (Pixa-Kettner et al. 1996) mit betroffenen Müttern mit geistiger Behinderung durchgeführt haben, wurde deutlich, dass vielen Frauen die negative Haltung ihrer Umgebung durchaus bewusst ist und manche von ihnen deshalb absichtlich ihre Schwangerschaft so lange wie möglich verborgen haben. Vermutlich sprechen viele geistig behinderte Frauen aus diesem Grund nicht offen über einen Kinderwunsch. Geschieht dies dennoch, wird ihr Wunsch meist nicht ernst genommen und bagatellisiert, oder er wird kategorisch abgelehnt mit dem Hinweis „Das schaffst Du sowieso nicht!", wobei bei Eltern und Fachkräften vermutlich oft die Sorge dahinter steht: „**Wir** schaffen es nicht, eine angemessene Begleitung zu leisten". Erst in jüngerer Zeit finden sich differenziertere Positionen, die einen Kinderwunsch nicht pauschal zurückweisen, sondern eine realistische Auseinandersetzung mit dem Wunsch und der konkreten Situation fordern (vgl. z.B. Bundesvereinigung Lebenshilfe 1995, 109).

Wünsche verschwinden im Allgemeinen nicht dadurch, dass sie ignoriert werden, und sie sind meist auch nicht auf der rein argumentativen Ebene zu beseitigen. Dies gilt ganz besonders für einen so komplex zusammengesetzten Wunsch wie dem nach einem Kind (vgl. Punkt 1). Das eine oder andere Gegenargument gegen ein Kind – mag es noch so einleuchtend sein – z.B. dass man in diese (kriegerische) Welt keine Kinder setzen dürfe, führt noch lange nicht dazu, einen Kinderwunsch auszulöschen, wie auch umgekehrt die wenigsten Frauen sich aus rein rationalen Gründen **für** ein Kind entscheiden, z.b. um die Renten zu sichern. Das bedeutet keineswegs, dass rationale Gründe im Zusammenhang mit dem Kinderwunsch überhaupt keine Rolle spielen. Es bedeutet auch nicht, dass jeder Kinderwunsch in Erfüllung gehen muss. Für einen angemessenen Entscheidungs- und Verarbeitungsprozess ist es aber erforderlich, dass die Person in ihrem Wunsch ernst genommen wird und Gelegenheit hat, sich mit ihren Vorstellungen, Wünschen und Träumen auseinanderzusetzen, und zwar immer wieder. Selbst wenn ein Kinderwunsch unerfüllt bleiben muss, wie dies auch bei nicht behinderten Frauen vorkommt,

> „(...) fördert und konturiert die Thematisierung dieser Wünsche die Selbstwahrnehmung und Ich-Entwicklung, wie wir es aus therapeutischen Zusammenhängen gut kennen."[4] (Hofmann u.a. 1993, 110)

3 Gespräche mit Menschen mit geistiger Behinderung

Die Möglichkeit von Menschen mit geistiger Behinderung, sich sprachlich auseinanderzusetzen, wurde in der Vergangenheit tendenziell eher unterschätzt. Auch wenn im Rahmen von Interviews in einem offenen, unstrukturierten Gespräch nur relativ selten längere eigenstrukturierte Passagen gestaltet werden, sind mit Hilfe problemzentrierter und leitfadenorientierter Interviews in der Regel differenzierte Stellungnahmen zu erhalten (vgl. Walter & Hoyler-Hermann 1987). Dies bestätigten auch die Interviewerfahrungen in unserem Forschungsprojekt (Pixa-Kettner et al. 1996) und dies, obwohl die Interviewerinnen den Befragten vorher nicht bekannt waren. Auch in englischsprachigen Untersuchungen haben sich offene oder teilstrukturierte Interviews bewährt (z.B. Booth & Booth 1994, Llewellyn & McConnell 2002). Hagen (2002, 300) stellt fest:

> „Sowohl Gromann und Niehoff-Dittmann (1999) als auch Beck (2000) kommen in neueren Untersuchungen zu der Einschätzung, dass Men-

---

[4] Gemeint ist in diesem Zitat der Wunsch nach Unabhängigkeit und Autonomie. Der beschriebene Zusammenhang kann aber in gleicher Weise für andere Wünsche geltend gemacht werden.

schen mit einer geistigen Behinderung auch anspruchsvollere Fragen erstaunlich gut verstehen können."

Geistig behinderte Frauen/ Paare haben in ihrer Lebenswelt kaum die Möglichkeit, das Thema Kinderwunsch und Elternschaft zu erörtern. Meist aufgewachsen bei ihren Eltern oder in einer Wohneinrichtung, leben sie relativ isoliert und sind abhängig von einem reduzierten Angebot an Weiterbildung, das, wie unter Punkt 2 bereits erwähnt, selten die Themen Kinderwunsch und Elternschaft beinhaltet.

Es spricht vieles dafür, gerade bei so einem komplexen Thema wie dem Kinderwunsch die Auseinandersetzung durch Gespräche anzuregen. Allerdings ist es für solche Gespräche äußerst hilfreich, wenn eine Strukturierungshilfe vorliegt, da ein freies Gespräch oft durch die reduzierten sprachlichen und kommunikativen Fähigkeiten der geistig behinderten Menschen zusätzlich erschwert wird. Auch nicht behinderten Menschen dürfte es schwer fallen, eine Stellungnahme einschließlich ihrer Empfindungen, Vorstellungen und Wünsche im Zusammenhang mit einem so persönlichen Thema wie dem Kinderwunsch in eine Gesprächsrunde einzubringen. Adäquate Materialien und Arbeitshilfen können zu differenzierterer Wahrnehmung und Information über die Vorstellungen und Wünsche der Betroffenen führen. Das Ziel des Einsatzes sexualpädagogischer Materialien sollte jedoch vor allem sein, die geistig behinderten Menschen eine eigene Antwort finden zu lassen auf ihre Fragen, Wünsche und Vorstellungen. Gleichzeitig sollten Informationen vermittelt und Selbstbewusstsein und Selbstwertgefühl der geistig behinderten Menschen gesteigert werden, damit selbstständiges Entscheiden und Handeln möglich gemacht wird.

Im Folgenden sollen verschiedene Möglichkeiten vorgestellt werden, ein Gespräch und damit einen gedanklichen Klärungsprozess zum Thema Kinderwunsch und Elternschaft anzuregen.

4 Materialien zur Gesprächserleichterung und Themenbearbeitung

4.1 Sichtung vorhandener Materialien

Bei der Sichtung von Publikationen ist zunächst festzustellen, dass Materialien für die konkrete sexualpädagogische Arbeit mit geistig behinderten Erwachsenen überhaupt erst in den vergangenen 10 Jahren und nur in geringem Umfang publiziert worden sind, z.b. Bundesvereinigung Lebenshilfe 2002, *„Sexualpädagogische Materialien für die Arbeit mit geistig behinderten Menschen"*; Bundeszentrale für gesundheitliche Aufklärung 2001, Band 18, vgl. hier Kunz und Winkler 2001 *„Sexualpädagogik und geistige Behinderung"*, S. 327ff.; Dittli und Furrer 1994, *„Freundschaft – Liebe – Sexualität";* Hoyler-Hermann und Walter 1994, *„Sexualpädagogische Arbeitshilfe für geistigbehinderte Erwachsene und ihre Bezugspersonen";* Oberlack, Steuter und Heinze 1997, *„Lisa und Dirk. Sie treffen sich, sie lieben sich. Geschichten und Bilder zur Sozial- und Sexualerziehung an Sonderschulen".* Lediglich die beiden zuerst genannten Arbeiten gehen auf die Themen Kinderwunsch und Elternschaft ein.

Die '*Sexualpädagogischen Materialien*' der Bundesvereinigung Lebenshilfe beinhalten eine Sammlung von Konzepten und Materialien zur Unterstützung sexualpädagogischer Begleitung für Fachleute, Eltern und Angehörige. Arbeitsblätter als Informationsquelle und zur eigenständigen Handhabung für Menschen mit geistiger Behinderung sind in den meisten der umfangreichen Kapitel zu den Themen wie „Körperliche Entwicklung", „Freundschaft – Liebe – Partnerschaft", „Ich als Mann/ Ich als Frau", aber auch im Kapitel „Kinderwunsch und Elternschaft, Schwangerschaft und Geburt" enthalten.

Verzichtet wird weitgehend auf schriftliche Materialien, da viele geistig behinderte Menschen kein oder ein sehr geringes Lese- und Schreibverständnis haben. Piktogramme und Bildmaterialien sind stattdessen die meistgenutzten Arbeitshilfen.

Als Lernziele im Kapitel „Kinderwunsch und Elternschaft, Schwangerschaft und Geburt" werden die bewusste Auseinandersetzung mit dem eigenen Kinderwunsch, das Erkennen und Bewusstwerden der Verantwortung und der Aufgaben bei einem eigenen Kind sowie die Vermittlung von umfassenden Kenntnissen über Schwangerschaft und Geburt genannt.

Die Wahrnehmung der persönlichen Vorstellungen und Wünsche in Bezug auf einen Kinderwunsch soll, so die Herausgeber des Buches, geschehen durch Gespräche allgemeinerer Art über das Thema Kinder und Elternschaft bis hin zu Gesprächen und Austausch über den Wunsch nach eigenen Kindern.

Der Beitrag von Daniel Kunz und Petra Winkler (2001) im Band 18 der Bundeszentrale für gesundheitliche Aufklärung bietet unter der Überschrift *„Sexualpädagogik und geistige Behinderung"* (S. 327) didaktische Materialien für die sexualpädagogische Ausbildung. Kunz und Winkler nennen 15 Themen, mit denen sie in ihrer praktischen Arbeit hauptsächlich konfrontiert werden. Unter anderem wird das Thema Kinderwunsch (und Elternschaft) als häufig angesprochenes Thema genannt. Umso verwunderlicher erscheint daher, dass dieses Thema im (Vorschlags-)Seminarverlauf über drei Tage konkret nur einmal angesprochen wird: Es wird empfohlen, eine Antwort auf die Frage zu finden, weshalb geistig behinderte Menschen keine Kinder bekommen dürfen. Es ist aber darauf hinzuweisen, dass als zusätzliches Seminarmaterial der Videofilm *„TABU – Sexualität"* (NDR Fernsehen) angeführt wird, in dem neben anderen Themen auch die Themen 'Kinderwunsch' und 'Geistig behindertes Paar mit Kind' angerissen werden. (Die Auswertung des Films sollte nach Kunz und Winkler anhand der Fragen: „Welche Punkte im Film sind für mich problematisch?"; „Wo spürte ich Zustimmung und Ablehnung?" und „Was ist sexualpädagogisch übertragbar auf das eigene Arbeitsfeld?" geschehen.).

Ebenfalls zu erwähnen ist das aus dem Englischen übersetzte Buch von Gee und Meredith (1987) *„Wachsen und Erwachsenwerden"* aus dem Ravensburger Verlag. Ursprünglich gedacht für die Arbeit mit Jugendlichen, enthält das Buch neben Text auch Bildmaterial, und bietet Vorschläge, die, abgewandelt und in einfachere Sprache übersetzt, auch in der sexualpädagogischen Bildungsarbeit mit geistig behinderten Erwachsenen verwendet werden können. Im zweiten Teil des Buches unter der Überschrift: *„Ein Baby kommt zur Welt"* werden u.a. die Themen Schwangerschaft (Entstehung und Verlauf), Geburt sowie die Versorgung eines Babys und Kleinkindes behandelt.

Hinzuweisen ist außerdem auf das sog. Projekt bzw. 'Elternpraktikum' „*Baby-Bedenkzeit-Elternsimulation*", das, ebenfalls als Idee für die Arbeit mit interessierten Jugendlichen, ursprünglich in den USA entwickelt wurde. Die beiden Diplompädagoginnen Edith Stemmler-Schaich und Uta Schultz-Brunn haben das gesamte pädagogische Programm in enger Kooperation mit den Initiatoren von „*Baby Think It Over*" für die Arbeit in Deutschland überarbeitet und „*babybedenkzeit*" im Jahr 2001 hier initiiert. Das 'Elternpraktikum' ist als Präventionsobjekt gedacht, das Jugendlichen die Verantwortlichkeiten der Elternschaft und die Tragweite der Entscheidung für ein eigenes Kind vermitteln soll. Im Folgenden werden auf der Grundlage von informellen Unterlagen (Stemmler-Schaich & Schultz-Brunn 2001) und persönlichen Mitteilungen der genannten Initiatorinnen Grundgedanken, Zielsetzung und vorgeschlagener Praktikumsverlauf dargestellt:

Im Rahmen des Babybedenkzeitpraktikums werden TeilnehmerInnen in eine Situation versetzt, in der sie in einem realistischen Umfeld die Elternrolle übernehmen. Das Praktikum läuft jeweils über die Dauer von einer Woche und wird bisher hauptsächlich mit Schülerinnen der Sekundarstufe I und II durchgeführt. Als Material werden Babysimulatoren eingesetzt, die die Größe und das Gewicht von Neugeborenen haben. Sie werden entsprechend programmiert, so dass die PraktikantInnen erfahren können, was es heißt, ein Baby versorgen zu müssen bzw. zu können. Dieses „schreit entsprechend der Schreiintervalle echter Säuglinge. Es muss gefüttert und in den Armen gewiegt werden. Es muss Bäuerchen machen und seine Windeln müssen gewechselt werden" (ebd.). Das 'Baby' kann zufrieden jauchzen, husten und manchmal ist es einfach nur nörgelig. Durch computergestützte Überwachung können die Daten und Berichte eingesehen werden, die anzeigen, wie gut sich der 'Vater' oder die 'Mutter' während des Simulationsprogramms um das 'Baby' gekümmert hat. Die Elektronik in der Puppe zeichnet alle Vorgänge der Elternsimulation auf, zeigt, wie oft jede Versorgungsart notwendig war und wie oft das 'Baby' vernachlässigt wurde. Auch grobe Behandlung, fehlende Unterstützung des Kopfes, falsche Lage und Schütteln des kleinen Körpers werden registriert.

Die TeilnehmerInnen sollen erleben und erkennen können
- dass Eltern verantwortlich dafür sind, ihr Kind gut und liebevoll zu erziehen
- dass die Versorgung eines Kindes einen großen Aufwand an Aufmerksamkeit und Zeit erfordert und
- dass ein Kind das eigene Leben verändert.

Erste Erprobungen mit geistig behinderten bzw. lernbehinderten Jugendlichen in Sonderschulen seien laut Stemmler-Schaich und Schultz-Brunn positiv verlaufen.

Das *„babybedenkzeit-Projekt/Seminar"* erscheint für begrenzte Zwecke durchaus sinnvoll. Die 'Probemütter/-eltern' können Grundkenntnisse über Säuglingspflege und Ernährung erwerben sowie einige Bedürfnisse eines Säuglings kennenlernen. Möglicherweise kann eine solche Erfahrung auch Menschen mit geistiger Behinderung dabei helfen, einen eventuellen Kinderwunsch vor dem Hintergrund der damit verbundenen Belastungen (noch einmal) zu überdenken. Mit Hilfe eines Babysimulators ist es jedoch nicht möglich, den potentiellen Müttern/ Eltern die emotionalen Aspekte im Umgang mit einem Baby zu zeigen. Das enorm belohnende Verhalten eines Säuglings in der wechselseitigen Interaktion, der erste Blickkontakt, das Lächeln und eine Vielzahl von weiteren Signalen an die Eltern, die den Umgang mit einem Säugling so befriedigend oder im Falle eines Misslingens so anstrengend machen, kann ein Simulator nicht vermitteln.

Ein weiterer Nachteil des Babysimulators sind die mit ca. 750€ hohen Anschaffungskosten.

4.2 Entwicklung eigener Materialien

In den Jahren 1995 bis 1999 haben wir einen regelmäßigen Gesprächskreis für geistig behinderte Menschen mit Kinderwunsch und geistig behinderte Eltern durchgeführt. Die Idee hierzu basierte auf der Arbeit der Psychologinnen Susan McGaw (1994) und Jytte Faureholm (1995), die mit geistig behinderten Eltern und ihren Kindern in Truro, Cornwall, bzw. in Dänemark arbeiten. Wir hatten Gelegenheit, die Arbeit der beiden Kolleginnen 1994 im Rahmen unseres Forschungsprojektes (vgl. Pixa-Kettner et al. 1996) vor Ort kennen zu lernen und einen Eindruck von ihrer Arbeit zu gewinnen.

McGaw wie auch Faureholm arbeiten seit den 80er Jahren mit geistig behinderten Eltern, auch im Rahmen von sog. Elterngruppen.
Gemäß einer Konzeption von professionell begleiteten Selbsthilfegruppen, die das Angebot von kurzen Fortbildungssequenzen zu den Themen Schwangerschaft, Geburt, Elternschaft, Kindesversorgung und -erziehung mit einschloss, wollten wir Möglichkeiten zum Knüpfen sozialer Kontakte zwischen Menschen schaffen, die sich in der gleichen Situation befinden und sozial oft isoliert leben. Wir gingen davon aus, dass geistig behinderte Menschen in einer Elterngruppe die Stärke einer Gemeinschaft empfinden können, in der sie eher den Mut zur Darstellung ihrer Vorstellungen, Bedürfnisse und Probleme aufbringen und Hilfe und Beratung erhalten können.
Als Hilfe zum Gesprächsbeginn und zur Erleichterung der Kommunikation untereinander haben wir ein Verfahren entwickelt, dem wir den Arbeitstitel „*Kinderwunschspiel*" gegeben haben. Sein Ziel ist es, einen möglichst offenen Austausch über die eigenen Wünsche und Phantasien im Zusammenhang mit einem eigenen Kind anzuregen, aber auch realistische Abwägungen über Anforderungen und Belastungen durch das Elternsein zu ermöglichen. Dafür haben wir eine Sammlung von möglichst kurzen, einfach formulierten Aussagen zusammengestellt, die sich auf Vorstellungen über den Elternstatus beziehen und folgende Anforderungen erfüllen:
- Es sollten sowohl positive (+), negative (-), als auch neutrale (?) Aussagen über das Leben mit einem Kind enthalten sein, um eine einseitige Beeinflussung zu vermeiden.

Abbildung: Beispiele aus dem „Kinderwunschspiel"

Beispiele:
„Wenn ich ein Kind habe, fühle ich mich nie mehr einsam." (+)
„Wenn ich ein Kind habe, kann ich abends nicht ausgehen." (-)
„Wenn ich ein Kind habe, bin ich für einen anderen Menschen verantwortlich." (?)

- Es sollten sowohl Aussagen enthalten sein, die für Einzelpersonen gelten als auch Aussagen, die auf Paare zutreffen.

Beispiele:
„Erst wenn ich ein Kind habe, bin ich richtig erwachsen."
„Wenn man ein Kind hat, streitet man sich mehr."

- Schließlich bemühten wir uns darum, das Spektrum der oben dargestellten gängigen Kinderwunschmotive zu repräsentieren, wobei die besondere Lebenssituation und Lebenserfahrung von Menschen mit geistiger Behinderung berücksichtigt werden sollte.

Beispiele:

„Wenn ich ein Kind habe, bekomme ich mehr Aufmerksamkeit von anderen."	Wunsch nach Zuwendung
„Wenn ich ein Kind habe, bin ich weniger behindert."	Ausdruck von Konformität/ Normalität
„Kinder können ihren Eltern bei vielen Sachen helfen."	Wunsch nach Lebensbereicherung
„Erst wenn wir ein Kind haben, sind wir eine richtige Familie."	Wunsch nach vollständiger Familie
„Wenn ich ein Kind habe, werde ich gebraucht."	Gebraucht werden
„Erst wenn ich ein Kind habe, bin ich eine richtige Frau oder ein richtiger Mann."	geschlechtliche Potenz beweisen
„Erst wenn ich ein Kind habe, bin ich richtig erwachsen."	Emanzipation von den Eltern
„Wenn man ein Kind hat, braucht man nicht mehr zur Arbeit gehen."	Flucht

Wichtig wäre noch zu erwähnen, dass die überwiegende Mehrzahl der Aussagen keine klare Richtig-Falsch-Beantwortung zulässt, sondern Raum für subjektive Bewertungen bietet. In der Endfassung sind 36 Items enthalten. Diese wurden auf Karten in DIN A6-Format gedruckt und jeweils mit einer Illustration versehen.[5]

Die 'Spielregeln' sind sehr einfach: Reihum nimmt jeder/ jede eine Karte, liest oder, wer es nicht selber kann, lässt vorlesen und entscheidet dann, ob er/sie dieser Aussage zustimmt ('Ja'), nicht zustimmt ('Nein') oder 'Vielleicht' sagt. Je nachdem legt er oder sie diese Karte auf eine entsprechend vorbereitete Unterlage. Sind alle Karten vergeben und vorgelesen worden, bietet das nochmalige Durchgehen der drei Kartenstapel Diskussions- und Reflexionsmöglichkeiten für alle Beteiligten.

Wir haben diese Arbeitshilfe oftmals erfolgreich eingesetzt. Bei den TeilnehmerInnen fand das Spiel großen Anklang und es ergaben sich Diskussionen zwischen den Beteiligten, die ohne einen solchen Gesprächsanreiz sicher nicht zustande gekommen wären. Für das Fachpersonal ist für einen erfolgreichen Einsatz des Spiels unserer Meinung nach zunächst eine Auseinandersetzung mit eigenen Wertorientierungen sowie Offenheit und Toleranz erforderlich. Erst dann ist es möglich, eine Atmosphäre zu schaffen, in der offen über das Thema gesprochen wird.

Auf verschiedenen Fortbildungsveranstaltungen für Fachpersonal, auf denen wir diese Hilfe zur Gesprächserleichterung vorgestellt haben, wurde großes Interesse deutlich. Die Materialien sollen deshalb in Kürze über den Handel zugänglich sein. Genauere Angaben dazu befinden sich im Anhang (Materialien).

---

[5] Wir danken Frau Claudia Wessels vom Büro für Leichte Sprache der Lebenshilfe Bremen e.V., die alle Items auf leichte Verständlichkeit hin durchgesehen hat. Besonders danken wir ihr für die Anregung der Bebilderung und für ihre Unterstützung bei deren Umsetzung.

Fallbeispiel III: Frau Altmann und Herr Altmann

„Will jetz' versuchen, auf meine eigne Beine steh'n."

Herr und Frau Altmann lebten sieben Jahre lang als Ehepaar in einer Wohnstätte für Menschen mit geistiger Behinderung. Sie hatten sich in einer Klinik kennengelernt, wo beide wegen epileptischer Anfallserkrankung medikamentös eingestellt wurden und hatten kurz darauf sehr jung geheiratet. Herr Altmann, bis dahin Bewohner einer betreuten Jugendwohnung, zog zu seiner Frau in die Wohnstätte. Ein Kind hatten sich beide gewünscht. Ärztlicherseits wurde ihnen auch wegen der Epilepsie von einer Schwangerschaft abgeraten. Insbesondere Frau Altmann hielt an ihrem Kinderwunsch unbeirrt fest und reagierte hoch erfreut, als eine Schwangerschaft festgestellt wurde. Da es in der Wohnstätte keine Möglichkeit gab, die Eltern mit einem Säugling gemeinsam zu unterstützen, wurde für Familie Altmann vom Träger der Wohnstätte eine Wohnung angemietet, wo sie mit ihrer Tochter leben und gemeinsam rund um die Uhr täglich unterstützt werden sollten.

Bei der Organisation dieser Familienbegleitung gab es viele bürokratische Hürden zu überwinden. Vor der Geburt des Kindes waren die zuständigen Jugendbehörden von der geplanten Begleitung der ganzen Familie informiert worden und die Eltern hatten mit ihren gesetzlich bestellten Betreuern Hilfen zur Erziehung beantragt. Die Fachkräfte der Wohnstätte hatten dem Jugendamt ein Konzept für die Familienbegleitung vorgelegt, ohne eine Reaktion der Behörde zu erhalten. Auf Nachfrage ergab sich folgende Situation:

- Das Jugendamt habe den Antrag auf Hilfe zur Erziehung noch nicht bearbeitet, weil diese Hilfe erst nach Geburt eines Kindes beantragt werden könne
- Mit Geburt des Kindes könne der Antrag auf Hilfe zur Erziehung bearbeitet werden, man sei sich aber noch nicht klar, ob die *beantragte* Hilfe auch die *geeignete* Hilfe sei – Hilfen zur Erziehung nach dem SGB VIII stünden den Eltern zwar zu,

die Entscheidung aber, welche der Hilfen geeignet sei, obliege dem Jugendamt
- Es müsse zuerst nachgewiesen werden, ob die Eltern erziehungsfähig seien
- Um zu prüfen, ob die geplante Hilfe auch die geeignete Hilfe für das Kind sei und die Erziehungsfähigkeit der Eltern zu prüfen, benötigten die Behörden Zeit und deshalb solle das Kind zunächst in eine Kurzzeitpflegestelle kommen

Frau Altmann befand sich nach der Geburt mit ihrem Kind auf der Entbindungsstation, als ihr die Sachlage durch ihren Ehemann mitgeteilt wurde. Sie war trotz sichtlicher Aufregung erstaunlich handlungsfähig und bat die Säuglingsschwestern der Entbindungsstation, auf ihre Tochter zu achten; sie müsse dringend etwas erledigen. Selbständig, wort- und tränenreich versuchte Frau Altmann im Jugendamt, auf der Betreuungsbehörde und im Familiengericht ihr Anliegen darzulegen: Sie wünsche, ihre Tochter zu stillen und bäte darum, diese nicht zu einer Pflegemutter zu geben. Gleichzeitig wurde von der Geschäftsleitung der Wohnstätte mit der Jugendamtsleitung verhandelt. Unklar blieb, ob die Aktivitäten von Frau Altmann oder die Verhandlungen auf Leitungsebene Erfolg hatten, aber am folgenden Tag wurde vom Jugendamt die Hilfe zur Erziehung in der geplanten Form bewilligt und die Kostenzusage gefaxt. Herr Altmann und das Fachkräfteteam der Wohnstätte holten Mutter und Tochter aus der Entbindungsklinik ab. Die 24-stündige Unterstützung der Familie in ihrer eigenen Wohnung konnte beginnen.

Da Frau Altmann zwar nicht lesen, schreiben oder rechnen kann, sie aber lebenspraktisch und selbstbewusst ist, lernte sie relativ schnell, ihre Tochter zu versorgen und den Haushalt zu führen. Schwierigkeiten hatte sie hauptsächlich mit dem Einkauf, insbesondere mit der Geldeinteilung. Herr Altmann arbeitete tagsüber in einer Werkstatt für behinderte Menschen (WfbM).

Weil sich die Familie gut zu entwickeln schien, dachten die unterstützenden Fachkräfte schon bald über eine Reduzierung der Hilfe nach. Doch zunächst wurde Frau Altmann erneut schwanger. Sie hatte sich schon immer zwei Kinder gewünscht. Unsicher fragte sie die Fachkräfte, ob sie auch dieses Kind bekommen dürfe. Sie 'durfte' das Kind bekommen. Kurz vor der zweiten Entbindung wurde Frau Altmann überraschend von ihrem Mann verlassen. Die Trennung von ihrem Mann erlebte Frau Altmann als schwere Lebenskrise. Zwar war sie nicht allein mit ihren beiden Kindern, denn sie bekam umfangreiche Unterstützung durch ein Fachkräfteteam. Dennoch brach sie vor allem körperlich zusammen und musste mehrmals für einige Wochen in ein Krankenhaus. Die Kinder wurden in dieser Zeit vom Fachkräfteteam in der Familienwohnung betreut.

Der Alltag mit zwei Kindern gestaltete sich für Frau Altmann schwierig. Sie schaffte es kaum noch, den Haushalt zu versorgen und es fiel ihr schwer, auf die Bedürfnisse der Kinder angemessen zu reagieren. Anstatt die Unterstützungsleistung zu reduzieren, musste die Begleitung von Frau Altmann intensiviert werden. Es dauerte mehrere Jahre, bis Frau Altmann die Trennung von ihrem Mann und ihre Situation als allein erziehende Mutter verkraftet hatte. Als ihr jüngeres Kind in den Kindergarten kam, stabilisierte sich die Familiensituation zunehmend. Frau Altmann wollte endlich 'auf eig'ne Beinen steh'n'. Die Unterstützung wurde wenige Wochen vor dem Schulbeginn ihres ersten Kindes auf wenige Stunden in der Woche reduziert. Frau Altmann war stolz darauf, dass ihre Tochter eine Regelschule besuchen kann. Das hatte sie selbst nie geschafft. Das Wichtigste in ihrem Leben sind ihre Kinder.

Markante Aspekte der geschilderten Lebenssituation

- Kinderwunsch der Eltern trotz Besorgnis des professionellen Umfeldes
- keine rechtlichen Grundlagen für eine gemeinsame stationäre Unterstützung von verheirateten Eltern und Kindern
- ungeklärte Situation bei Geburt des Kindes
- große Bereitschaft der Eltern, Hilfen anzunehmen
- kurzfristige intensive Unterstützung führte langfristig zur Verringerung der Unterstützung
- lebenspraktische Fähigkeiten kompensieren kognitive Beeinträchtigungen
- große Wertigkeit der Kinder im Leben der Mutter

ANNETTE VLASAK

Rechtliche Fragen im Zusammenhang der Elternschaft von Menschen mit geistiger Behinderung

> „Wenn Eltern mit geistiger Behinderung für sich selbst und für ihre eigenen Angelegenheiten einen Betreuer brauchen, wie können sie das Sorgerecht für ein Kind selbst ausüben und die Angelegenheiten ihres Kindes selbst regeln?"
>
> „Wie soll jemand für ein Kind sorgen können, der für sich selbst nicht sorgen darf? Das widerspricht sich doch! Das geht nicht!"
>
> „Geistig behindert und sorgeberechtigt – geht das? Sind die Eltern überhaupt geschäftsfähig?"
>
> „Eine geistig behinderte Frau lebt mit ihrem Kind in einer betreuten Wohneinrichtung, wer hat die Aufsichtspflicht für das Kind?"
>
> „Wer ist in einer Wohnstätte für behinderte Eltern mit Kindern verantwortlich für die Kinder – die (sorgeberechtigten) behinderten Eltern oder die Fachkräfte der Einrichtung?"
>
> „Wer ist für die Finanzierung der Hilfen verantwortlich, die Leistungsträger der Jugendhilfe oder die Leistungsträger der Eingliederungshilfe?"

Diese und andere Fragen werden im Zusammenhang mit der Elternschaft von Menschen mit geistiger Behinderung immer wieder gestellt. Die vorliegende Darstellung der rechtlichen Situation für Eltern mit geistiger Behinderung in der Bundesrepublik Deutschland soll auf diese und andere Fragen eingehen. Nach einer Erläuterung der rechtlichen Betreuung (einschließlich der Geschäftsfähigkeit bzw. Geschäftsunfähigkeit) und der elterlichen Sorge werden die beiden Rechtsgebiete Betreuungsrecht (rechtliche Betreuung) und Sorgerecht (elterliche Sorge) miteinander verglichen und in Verbindung gesetzt. Es folgt ein Beitrag über die *Vaterschaftsanerkennung* und die *Sorgeerklärung* bezüglich einer Vaterschaft von Männern mit geistiger Behinderung. Die Rechtsstellung des Fachpersonals (Stichworte: *Aufsichtspflicht*, *Haftpflicht* und *Garantenpflicht*) wird im Anschluss daran angesprochen. Als Fragestellung taucht die noch nicht eindeutig geklärte Zuständigkeitsfrage der Kostenübernahme auf, die zwischen der Jugendhilfe und der Eingliederungshilfe besteht. Zum Abschluss wird die grundrechtliche Position von Eltern mit geistiger Behinderung, aber auch die grundrechtliche Position der 'Kinder' von Eltern mit geistiger Behinderung als eigenständige Grundrechtsträger beschrieben.

1 Rechtliche Betreuung

1.1 Das Betreuungsgesetz

Das am 1.1.1992 in Deutschland in Kraft getretene Betreuungsgesetz (BtG) ist eine Folge der Diskussion um die rechtliche Gleichstellung von Menschen mit Behinderungen und psychischen Beeinträchtigungen. Vor 1992 war deren Rechtsposition mit derjenigen von Kindern vergleichbar. Vormundschaften und Pflegschaften für volljährige behinderte Menschen, als Folgen eines Entmündigungsverfahrens, wurden im Jugendamt geführt. Die betroffenen Menschen wurden als Rechtsfolge des Verfahrens geschäftsunfähig oder beschränkt geschäftsfähig und damit rechtlich handlungsunfähig bzw. nur eingeschränkt handlungsfähig. Aus diesem Grund konnten erwachsene Menschen, die unter Vormundschaft standen, beispielsweise nicht heiraten (vgl. § 1304 BGB: „Wer geschäftsunfähig ist, kann eine Ehe nicht eingehen").

Mit dem Betreuungsgesetz wurde die Rechtsposition behinderter Menschen gestärkt. Betreuungen für volljährige Menschen werden vom Gericht angeordnet und in den neu geschaffenen Betreuungsbehörden geführt. Das Betreuungsgesetz ist Bestandteil des Bürgerlichen Gesetzbuches (BGB) und dort in den Paragraphen 1896-1908 k zu finden. Betreuung nach dem Betreuungsgesetz ist als 'Hilfsangebot' des Staates konzipiert und schränkt die rechtliche Handlungsfähigkeit des zu Betreuenden zunächst nicht ein (Staudinger & Bienwald 1999, vor §§ 1896 BGB ff. Rn. 38). Als Voraussetzungen für die Anordnung einer Betreuung werden vier mögliche Sachverhalte aufgezählt:

- Eine psychische Krankheit
- Eine körperlichen Behinderung
- Eine geistige Behinderung
- Eine seelische Behinderung

Ein Volljähriger mit einer körperlichen Behinderung kann nur selbst den Antrag auf Betreuung stellen (§ 1896 Abs. 1 BGB).

1.2 Grundsätze der rechtlichen Betreuung

1.2.1 Grundsatz der Erforderlichkeit

> § 1896 BGB (2) Ein Betreuer darf nur für Aufgabenkreise bestellt werden, in denen die Betreuung erforderlich ist. Die Betreuung ist nicht erforderlich, soweit die Angelegenheit des Volljährigen durch einen Bevollmächtigten, der nicht zu den in § 1897 Abs. 3 bezeichneten Personen gehört[6], oder durch andere Hilfen, bei denen kein gesetzlicher Vertreter bestellt wird, ebenso gut wie durch einen Betreuer besorgt werden können.

Betreuung wird nur dann angeordnet, wenn sie 'erforderlich' ist. Kann ein Mensch bestimmte Angelegenheiten des rechtlichen Lebens nicht (mehr) selbst regeln, so besteht die Möglichkeit, beim Gericht eine Betreuung zu beantragen. Kann der zu Betreuende mit Unterstützung von Verwandten, Nachbarn oder Freunden seine Angelegenheiten selbst regeln, oder hat der zu Betreuende einen anderen Menschen dazu bevollmächtigt, seine Angelegenheiten zu regeln, so benötigt er keine vom Gericht angeordnete Betreuung.

Betreuung beschränkt sich auf erforderliche Bereiche. Vorsorgliche Betreuung, die vielleicht in der Zukunft erforderlich sein wird, kann vom Gericht nicht angeordnet werden. Betreuung, die augenblicklich nicht notwendig ist, weil in einem bestimmten Bereich derzeit nichts zu regeln ist, soll auch dann nicht angeordnet werden, wenn absehbar ist, dass in diesem Bereich in Zukunft eine Betreu-

---

[6] §1897 Abs. 3: Wer zu einer Anstalt, einem Heim oder einer sonstigen Einrichtung, in welcher der Volljährige untergebracht ist oder wohnt, in einem Abhängigkeitsverhältnis oder in einer anderen engen Beziehung steht, darf nicht zum Betreuer bestellt werden.

ung notwendig sein wird. Der Betreuer hat nicht das Recht, in Bereiche des Betreuten einzugreifen, die nicht vom Gericht benannt worden sind. Eine Erweiterung des Aufgabenkreises darf nur durch das Gericht vorgenommen werden. Die Notwendigkeit der Betreuung wird regelmäßig durch das Gericht überprüft und begründet. Betreuung bezieht sich nur auf den Menschen, für den diese angeordnet worden ist. Hat ein unter Betreuung stehender Mensch ein Kind, so bezieht sich die Betreuung nicht auf Angelegenheiten des Kindes, es sei denn, diese lassen sich nicht trennen von den Angelegenheiten des betreuten Elternteils, z.B. bei der Suche nach einer gemeinsamen Wohnung. Die Interessen des zu betreuenden Menschen und die Interessen seiner Kinder sind nicht in jedem Fall identisch und können daher nicht von einer Person vertreten werden. Es ist nicht zulässig, den Betreuer eines Elternteils als Vormund für dessen Kind einzusetzen oder die Betreuung für den Aufgabenkreis 'elterliche Sorge' anzuordnen (Staudinger & Bienwald 1999, § 1902 BGB Rn. 34).

Bei der Anordnung einer Betreuung liegt der Fokus auf dem aktuellen Betreuungsbedarf und nicht auf der Schwere der Beeinträchtigung. Oft ist für objektiv weniger beeinträchtigte Menschen mehr Betreuung notwendig, als für einen schwerstbehinderten Betroffenen, bei dem die wichtigen Angelegenheiten geregelt sind. Auch deshalb wird jede rechtliche Betreuung in regelmäßigen Abständen überprüft: Wenn sich auch an der Beeinträchtigung des betreuten Menschen nicht regelmäßig etwas ändert, so ändern sich doch die Angelegenheiten, die einer rechtlichen Unterstützung bedürfen.

> Lebt Frau F., an Alzheimer erkrankt, pflegebedürftig, seit Jahren gut betreut in einem Pflegeheim, so ist für sie lediglich in wenigen Bereichen Betreuung erforderlich, möglicherweise im Bereich Gesundheitssorge. Herr A. ist lernbehindert, hat Schulden, ist einem Kind gegenüber unterhaltspflichtig, sein Mietvertrag ist ihm gekündigt worden und er muss sich in mehreren Gerichtsverfahren verantworten. Obwohl Herr A. objektiv betrachtet weniger beeinträchtigt ist als Frau F., sind bei Herrn A. viel mehr Angelegenheiten zu regeln, die er nicht überschauen kann. Für ihn wird in mehr Bereichen Betreuung angeordnet werden.

1.2.2 Grundsatz der persönlichen Betreuung

> § 1897 BGB (1) Zum Betreuer bestellt das Vormundschaftsgericht eine natürliche Person, die geeignet ist, in dem gerichtlich bestimmten Aufgabenkreis die Angelegenheiten des Betreuten rechtlich zu besorgen und ihn in dem hierfür erforderlichen Umfang persönlich zu betreuen.

Ein Betreuer hat den betroffenen Menschen 'persönlich' zu betreuen. Er muss also den zu betreuenden Menschen persönlich kennen – Betreuung nach Aktenlage ist nicht vorgesehen. Ein Betreuer muss mit jedem Betreuten alle wichtigen Angelegenheiten persönlich besprechen (§ 1901 Abs. 3 Satz 3 BGB: „Ehe der Betreuer wichtige Angelegenheiten erledigt, bespricht er sie mit dem Betreuten, sofern dies dessen Wohl nicht zuwider läuft"). Es dürfen keine grundsätzlichen Entscheidungen über den Kopf des Betreuten hinweg getroffen werden, auch dann nicht, wenn der Betreuer vermutet, dass der Betroffene die Angelegenheit nicht versteht.

1.2.3 Grundsatz der selbst bestimmten Lebensführung

> § 1901 BGB (2) Der Betreuer hat die Angelegenheiten des Betreuten so zu besorgen, wie es dessen Wohl entspricht. Zum Wohl des Betreuten gehört auch die Möglichkeit, im Rahmen seiner Fähigkeiten sein Leben nach seinen eigenen Wünschen und Vorstellungen zu gestalten.
>
> (3) Der Betreuer hat Wünschen des Betreuten zu entsprechen, soweit dies dessen Wohl nicht zuwider läuft und dem Betreuer zuzumuten ist. Dies gilt auch für Wünsche, die der Betreute vor der Bestellung des Betreuers geäußert hat, es sei denn, dass er an diesen Wünschen erkennbar nicht festhalten will.

Ein gerichtlich bestellter Betreuer muss dem Betreuten auch dann eine selbst bestimmte Lebensführung zugestehen, wenn diese mit seinen eigenen Überzeugungen nicht übereinstimmt. Bei allen Entscheidungen müssen die Wünsche des Betreuten Berücksichtigung finden. Ein Betreuer darf für den Betreuten nicht so entscheiden, wie er für sich selbst entscheiden würde. Dieses Prinzip findet nur dann Einschränkung, wenn eine Entscheidung des Betroffenen gegen sein Wohl verstößt oder wenn der Betroffene beispielsweise wünscht, gegen geltende Gesetze zu verstoßen (Zumutbarkeitsgrenze). Betreuung wird unter Umständen auch gegen den Willen des Betroffenen angeordnet, wenn der Betroffene offensichtlich aufgrund seiner Behinderung oder aufgrund seiner psychischen Erkrankung gegen sein Wohl handelt oder nicht einsichtsfähig ist. Diese sogenannte 'Zwangsbetreuung' (Dröge 1997) wird als problematisch angesehen, denn jeder Mensch hat das Recht, sich selbst zu schädigen, sei es durch ungesunde Ernährung, Rauchen, Alkoholgenuss oder riskante sportliche Betätigung.

Ein Betreuer muss also in Grenzen hinnehmen, dass ein Betroffener sich selbst schädigt, obwohl er dem Wohl des Betroffenen verpflichtet ist. Dies gilt nicht, wenn die Erkrankung des Betroffenen Ursache für das erheblich selbstschädigende Verhalten ist. Es ist ein Unterschied zu machen zwischen einer noch 'normalen' Selbstschädigung und einer, die Folge der psychischen Krankheit/ geistigen Behinderung ist oder die zu lebensbedrohlichen Schädigungen führt. Ein unter Betreuung stehender Mensch kann alles tun, was ein nicht unter Betreuung stehender Mensch auch tun darf.

> „Warum der Betreuer den Wunsch des Betreuten nach einer größeren Menge Alkohol nicht erfüllen soll, ist allein deshalb unerklärlich, weil der nicht unter Betreuung stehende Bürger unbegrenzt Alkohol kaufen und zu sich nehmen kann" (Staudinger & Bienwald 1999, § 1901 BGB Rn. 29).

Der Betreuer besorgt die Rechtsgeschäfte des Betreuten, er ist weder dessen Therapeut noch sein Lebensberater (ebd.).

> Ein Betreuer darf den Zigarettenverbrauch des Betroffenen nicht sanktionieren, selbst wenn er als Nichtraucher findet, dass Rauchen schädigend ist oder wenn eine betreute Frau schwanger ist. Die Verantwortung für sein Handeln behält der betreute Mensch selbst. Der schwer depressive Mensch muss jedoch vor den Folgen seines Handelns geschützt werden, die sich aus dem Krankheitsbild der Depression ergeben.

> Wenn ein Mensch aufgrund seiner geistigen Behinderung nicht absehen kann, welche Folgen falsche Ernährung im Fall einer Diabetes hat (wenn er sich also nicht deshalb falsch ernährt, obwohl er von den Auswirkungen dieser Ernährung auf seinen Gesundheitszustand weiß, sondern weil er diesen Zusammenhang nicht versteht), so muss der für den Aufgabenkreis 'Gesundheitssorge' bestellte Betreuer erforderliche Maßnahmen treffen, um dem betroffenen Menschen eine angemessene Ernährung zu gewährleisten.

Vernachlässigt eine geistig behinderte Mutter ihr Kind, so kann ihr Betreuer dies beim Jugendamt anzeigen, auch wenn er damit möglicherweise gegen den Willen dieser Mutter handelt. Hier ist die Zumutbarkeitsgrenze erreicht. Eltern sind dazu verpflichtet, ihr Kind zu versorgen und verstoßen anderenfalls gegen geltende Gesetze (siehe Punkt 2 elterliche Sorge).

1.3 Der Einwilligungsvorbehalt

§ 1903 BGB (1) Soweit dies zur Abwendung einer erheblichen Gefahr für die Person oder das Vermögen des Betreuten erforderlich ist, ordnet das Vormundschaftsgericht an, dass der Betreute zu einer Willenserklärung, die den Aufgabenkreis des Betreuers betrifft, dessen Einwilligung bedarf.

(2) Ein Einwilligungsvorbehalt kann sich nicht erstrecken auf Willenserklärungen, die auf Eingehung einer Ehe gerichtet sind, auf Verfügungen von Todes wegen und auf Willenserklärungen, zu denen ein beschränkt Geschäftsfähiger (...) nicht der Zustimmung seines gesetzlichen Vertreters bedarf.

(3) Ist ein Einwilligungsvorbehalt angeordnet, so bedarf der Betreute dennoch nicht der Einwilligung seines Betreuers, wenn die Willenserklärung dem Betreuten lediglich einen rechtlichen Vorteil bringt. Soweit das Gericht nicht anders anordnet, gilt dies auch, wenn die Willenserklärung eine geringfügige Angelegenheit des täglichen Lebens betrifft.

Betreuung allein schränkt die rechtliche Handlungsfähigkeit des Betroffenen noch nicht ein. Der Betreuer und der Betreute können beide nebeneinander rechtlich handeln. Eine Einschränkung der rechtlichen Handlungsfähigkeit ist erst gegeben, wenn ein 'Einwilligungsvorbehalt' vom Gericht angeordnet wurde. Dann nämlich ist der Betroffene, aber nur in dem Bereich, für den der Einwilligungsvorbehalt angeordnet wurde, rechtlich eingeschränkt. Der Einwilligungsvorbehalt darf nur vom Gericht angeordnet werden, wenn sich der betroffene Mensch (oder sein Vermögen) ohne diesen in einer 'erheblichen' Gefahr befinden würde. Dabei ist es gleichgültig, ob der betroffene Betreute geschäftsfähig ist oder nicht – die einzige Voraussetzung für die Anordnung eines Einwilligungsvorbehaltes ist die Gefahr für die Person oder für das Vermögen des Betreuten.

Der Einwilligungsvorbehalt stellt den Betroffenen, für den dieser vom Gericht angeordnet wurde, in dem Gebiet, für das der Einwilligungsvorbehalt angeordnet worden ist, einem 'beschränkt Geschäftsfähigen' gleich. Das heißt jedoch nicht, dass dieser beschränkt geschäftsfähig 'ist'. Beschränkt geschäftsfähig sind ausnahmslos nur 'Minderjährige', die das siebte Lebensjahr vollendet haben (siehe folgender Abschnitt). Ein Einwilligungsvorbehalt wird nur für einzelne, genau bezeichnete Bereiche angeordnet und muss begründet werden – beschränkte Geschäftsfähigkeit dagegen gilt in allen Bereichen des rechtlichen Lebens für alle Minderjährigen gleich.

Eine vorsorgliche Anordnung des Einwilligungsvorbehaltes ist rechtlich nicht vorgesehen. Es muss zumindest absehbar sein, dass der Betroffene eine 'selbstschädigende Handlung' ausführen wird. Neigt ein Betroffener dazu, Geschäfte zu machen, die er nicht überschauen kann oder sinnlose Verträge abzuschließen, so führt der Einwilligungsvorbehalt dazu, dass diese Verträge durch den Betreuer problemlos rückgängig gemacht werden können.

> Andreas F., geistig behindert, hat mehrere Zeitschriften bei verschiedenen Vertretern bestellt, obwohl er nicht lesen kann. Zudem hat er sich durch einen ungünstigen Mobiltelefon-Vertrag, den er selbst weder lesen noch erfassen konnte, erheblich verschuldet. Damit er besser vor solchen unvorteilhaften Geschäften geschützt ist, wird ein Einwilligungsvorbehalt für Vermögensangelegenheiten angeordnet. Von diesem Zeitpunkt an kann der Betreuer jeden Vertrag rückgängig machen, den Andreas F. unterschreibt und der sein Vermögen betrifft.

1.4 Geschäftsfähigkeit/ Geschäftsunfähigkeit

Das Gesetz kennt
    a. Geschäftsfähigkeit
    b. Beschränkte Geschäftsfähigkeit
    c. Geschäftsunfähigkeit

a. Geschäftsfähig ist im Normalfall jeder Mensch, der bei Vollendung des 18. Lebensjahres das Volljährigkeitsalter erreicht hat. Bei volljährigen Menschen kann gewöhnlich von Geschäftsfähigkeit ausgegangen werden.

b. Beschränkt geschäftsfähig sind ausschließlich Minderjährige nach Vollendung des siebenten Lebensjahres (§ 106 BGB).

Wenn ein Einwilligungsvorbehalt für einen unter Betreuung stehenden Menschen angeordnet worden ist, so ist dieser einem beschränkt Geschäftsfähigen 'gleichgestellt', bleibt jedoch weiterhin geschäftsfähig. Verträge, die ein betreuter Mensch, für den ein Einwilligungsvorbehalt angeordnet wurde, in den festgelegten Bereichen abgeschlossen hat, bleiben (ebenso wie Verträge von beschränkt geschäftsfähigen Minderjährigen) solange 'schwebend unwirksam', bis der Betreuer (bei Minderjährigen der Sorgeberechtigte) seine Einwilligung gegeben hat. Dies gilt ausdrücklich 'nicht' für Angelegenheiten von geringfügiger Bedeutung.

c. Geschäftsunfähig ist, wer das siebenten Lebensjahr noch nicht vollendet hat und: „(...) wer sich in einem die freie Willensbestimmung ausschließenden Zustand krankhafter Störung der Geistestätigkeit befindet, sofern nicht der Zustand seiner Natur nach ein vorübergehender ist" (§ 104 Nr. 2 BGB).

Der Wortlaut des § 104 Nr. 2 BGB hat sich nach In-Kraft-Treten des BGB im Jahr 1900 nicht verändert, er ist verwirrend, sprachlich nicht zeitgemäß und bedarf sicher einer Überarbeitung. Wegen der außergewöhnlich bedeutsamen Auswirkungen der Geschäftsunfähigkeit auf das gesamte Leben eines Menschen sollte dieser Begriff sensibel verwendet werden. Im Kommentar zum BGB findet sich eine vorsichtige Erklärung zur Geschäftsunfähigkeit:

> Es „(...) sind weniger die Fähigkeiten des Verstandes als die Freiheit des Willensentschlusses ausschlaggebend. (...) Es kommt darauf an, ob noch eine freie Entscheidung aufgrund einer Abwägung des Für und Wider, eine sachliche Prüfung der in Betracht kommenden Gesichtspunkte und ein dementsprechendes Handeln möglich ist oder ob der Betroffene infolge krankhafter Geistesgestörtheit fremden Willenseinflüssen unterliegt oder sein Wille durch unkontrollierte Triebe und Vorstellungen beherrscht wird. (...) Bloße Willensschwäche und leichte Beeinflussbarkeit genügen nicht, so lange die äußeren Einflüsse auch in normaler Weise als Motive wirken. Ebenso nicht das bloße Unvermögen, die Tragweite einer Erklärung zu ermessen" (Soergel, Hefermehl 1999, § 104 BGB Rn. 4).

Es wird in einigen Fällen schwierig sein, den Beweis dafür zu erbringen, dass ein Betroffener in einem bestimmten Fall geschäftsunfähig war. Bestellt eine psychisch kranke Frau für viel Geld eine Babyausstattung und Kindermöbel, weil sie davon überzeugt ist, schwanger zu sein, obwohl sie es tatsächlich nicht ist, so wird es möglich sein, für diese Handlung Geschäftsunfähigkeit nachzuweisen. Gibt ein geistig behinderter Mann sein ererbtes Vermögen für Fanartikel eines bestimmten Fußballklubs aus, so ist der Nachweis der Geschäftsunfähigkeit möglicherweise schwieriger; es ist vielleicht nicht vernünftig, Geld auf diese Weise auszugeben, eine solche Handlung ist aber auch bei Menschen vorstellbar, die nicht behindert sind.

Seit dem Jahr 2002 sind 'Bagatellgeschäfte des täglichen Lebens' von volljährigen Geschäftsunfähigen rechtswirksam (§ 105a BGB: *„Tätigt ein volljähriger Geschäftsunfähiger ein Geschäft des täglichen Lebens, das mit geringwertigen Mitteln bewirkt werden kann, so gilt der von ihm geschlossene Vertrag in Ansehung von Leistung und, soweit vereinbart, Gegenleistung als wirksam, sobald Leistung und Gegenleistung bewirkt sind. Satz 1 gilt nicht bei einer erheblichen Gefahr für die Person oder das Vermögen des Geschäftsunfähigen"*). Bis dahin war selbst der Kauf einer Tafel Schokolade durch einen Geschäftsunfähigen ein rechtlich unwirksames Geschäft.

Trotz der oben genannten Gesetzesänderung hat ein beschränkt Geschäftsfähiger (also ein mindestens siebenjähriges Kind) weiterhin mehr rechtliche Handlungsspielräume als ein geschäftsunfähiger Mensch.

Wichtig ist, dass Betreuung und Geschäftsfähigkeit zunächst in keinem Zusammenhang zueinander stehen. Betreuung an sich hat keine Auswirkungen auf Geschäftsfähigkeit. Bei der Anordnung einer Betreuung kommt es nicht auf die Geschäftsfähigkeit des betroffenen Menschen an, sondern auf den Betreuungsbedarf. Ein unter Betreuung stehender Mensch kann geschäftsfähig, aber auch geschäftsunfähig sein. Ebenso wenig bedeutet fehlende Betreuung Geschäftsfähigkeit.

Betreuung ist ein Hilfsangebot und greift so wenig wie möglich in die Rechtsfähigkeit des betroffenen Menschen ein. Es kommt immer noch häufig vor, dass Menschen mit einer leichten oder mittelgradigen Behinderung vom Gericht für dauerhaft geschäftsunfähig erklärt werden. Dies hat dann weitreichende Folgen für die betroffenen Menschen. Auch wenn eine deklarierte Geschäftsunfähigkeit in manchen Fällen den Betroffenen vor unvorteilhaften Rechtsgeschäften schützt, so sind die nachteiligen Folgen doch erheblich: Der Betroffene wird rechtlich handlungsunfähig.

Sowohl die Literatur als auch die Praxisbeispiele machen deutlich, dass hinsichtlich des Begriffes der 'Geschäftsunfähigkeit' Unsicherheiten bestehen, die nach Einführung des Betreuungsgesetzes noch stärker geworden sein dürften. „Holzhauer hat im Rahmen seines Gutachtens zum 57. DJT zu Recht darauf hingewiesen, dass der Tatbestand des § 104 Nr. 2 BGB aus hochabstrakten und spekulativen Begriffen bestünde, die nur als geeignet bezeichnet werden könnten, ein weiteres richterliches bzw. gutachterliches Ermessen zu verdecken. Zum anderen seien die Schwierigkeiten gewiss auch darin begründet, dass die Frage nach der Geschäftsfähigkeit einer Person einen Grenzbereich von Rechtswissenschaft und Psychiatrie betrifft. Ein Richter sei zur Beurteilung der Geschäftsfähigkeit auf ein medizinisches Gutachten angewiesen. Der Gutachter kann hingegen sein Gutachten nur dann mit der erforderlichen 'Richtigkeitsgewähr' treffen, wenn Klarheit über die gesetzliche Regelung und deren Auslegung besteht" (Müller 1998, 28). In der Praxis bestehen die größten Probleme darin „(...) dass die Ärzte die juristische Terminologie, die Juristen die medizinischen Fachausdrücke nicht verstehen", stellen Schmidt und Böcker (Schmidt & Böcker 1991, S. V) fest. In vielen Fällen sind aber nicht nur Juristen und Mediziner an der Entscheidungsfindung beteiligt, hinzu kommen noch Sozialpädagogen, Verwaltungsangestellte, Standesbeamte oder Angestellte des Jugendamts.

Oft erscheint der Umgang mit der Geschäftsunfähigkeit willkürlich, ohne genaues Wissen über die korrekte Definition von Geschäftsunfähigkeit. Wenn aber selbst nach intensiver Beschäftigung mit dem vorhandenen Material in der Literatur und in der Rechtsprechung keine eindeutige Antwort gefunden werden kann, so deutet dies m. E. auf die Notwendigkeit einer Reform hin. Hinzu kommt, dass es dem heutigen Verständnis von Behinderung und psychischen Erkrankungen widerspricht, diese Bevölkerungsgruppe vom Rechtsverkehr auszuschließen. Auch erscheint im Fall der geistigen Behinderung ein rein medizinisches Gutachten nicht ausreichend, um die Auswirkungen des Intelligenzmangels zu bewerten. Hier wäre m. E. ein pädagogisches Gutachten besser geeignet.

Inzwischen ist auch die aktuelle Rechtssprechung dazu übergegangen, von 'partieller' Geschäftsunfähigkeit oder auch von partieller Geschäftsfähigkeit bei sonstiger Geschäftsunfähigkeit zu sprechen. Wer in einem oder mehreren Bereichen geschäftsunfähig ist, muss dies nicht in allen Bereichen des rechtlichen Lebens sein.

Das Bundesverfassungsgericht entschied im Dezember 2002 über den Heiratswunsch eines Paares, dem das Standesamt die Eheschließung verweigert hatte, weil die heiratswillige Frau unter Betreuung stehe und laut eines psychiatrischen Gutachtens geschäftsunfähig sei. Das Standesamt berief sich auf § 1304 BGB: „Wer geschäftsunfähig ist, kann eine Ehe nicht eingehen." Das Bundesverfassungsgericht stellte dar, dass die betroffene Frau, die laut eines Gutachtens sowohl über lebenspraktische Fähigkeiten verfüge, als auch ihren Willen, die Ehe mit einem langjährigen Partner einzugehen, über einen längeren Zeitraum mehrfach geäußert hatte, hinsichtlich der Eingehung einer Ehe partiell geschäftsfähig sei (BVerfG 2002 in FamRZ 2003, 359 f.). Das Paar konnte die Ehe schließen.

2 Elterliche Sorge

Die elterliche Sorge, geregelt im BGB §§ 1626 – 1689b, wird auch 'Sorgerecht' genannt, was manchmal zu dem Missverständnis führt, es handele sich hierbei um ein 'Recht auf' das Kind. Das Sorgerecht regelt die rechtliche Beziehung zwischen Eltern und ihren minderjährigen Kindern und beinhaltet 'Rechte und Pflichten'.

Diese Rechte und Pflichten stehen immer den leiblichen Eltern eines neugeborenen Kindes gemeinsam zu, wenn diese verheiratet sind. Sind die Eltern nicht miteinander verheiratet, steht die elterliche Sorge der Mutter allein zu. Der Vater kann mit Zustimmung der Mutter an der elterlichen Sorge durch Abgabe einer Sorgeerklärung beteiligt werden (siehe Punkt 3.3).

Rechte und Pflichten des Personensorgeberechtigten sind unter anderem:
- 'Pflicht' zur Fürsorge, Pflege und Erziehung § 1631 Abs. 1, 1. HS BGB
- Aufenthaltsbestimmungs'recht' § 1631 Abs. 1, 2. HS BGB
- Herausgabe'anspruch' des Kindes gegenüber Dritten § 1632 Abs. 1 BGB
- Umgangsbestimmungs'recht' § 1632 Abs. 2 BGB
- Aufsichts'pflicht' § 1631 Abs. 1 BGB und Haft'pflicht' § 823 BGB
- 'Vertretung' des Kindes § 1629 BGB
- Die Vermögenssorge umfasst die Vertretung des Kindes in finanziellen Angelegenheiten

Darüber hinaus gibt es einige Angelegenheiten des Kindes, auf die der Sorgeberechtigte keinen Einfluss hat. Hierzu zählen beispielsweise Umgangsrechte des Kindes, die Schulpflicht und anderes. Seit dem 6.7.2000 hat ein Kind das Recht auf gewaltfreie Erziehung (Staudinger & Salgo 2002, § 1631 BGB Rn. 1 ff.).

> § 1631 (2) BGB Kinder haben ein Recht auf gewaltfreie Erziehung. Körperliche Bestrafungen, seelische Verletzungen und andere entwürdigende Maßnahmen sind unzulässig.

2.1 Gerichtliche Sorgerechtseingriffe

> § 1666 (1) BGB Wird das körperliche, geistige oder seelische Wohl des Kindes oder sein Vermögen durch missbräuchliche Ausübung der elterlichen Sorge, durch Vernachlässigung des Kindes, durch unverschuldetes Versagen der Eltern oder durch das Verhalten eines Dritten gefährdet, so hat das Familiengericht, wenn die Eltern nicht gewillt oder nicht in der Lage sind, die Gefahr abzuwenden, die zur Abwendung der Gefahr erforderlichen Maßnahmen zu treffen.

Das Gesetz sieht vier das Kindeswohl gefährdende Sachverhalte vor, die dem Gericht einen Eingriff in das elterliche Sorgerecht ermöglichen:

a. Sorgerechtsmissbrauch der Eltern (z.B. Misshandlung oder Missbrauch des Kindes)
b. Vernachlässigung des Kindes (z.B. Verwahrlosung, mangelnde Ernährung, Unterlassen einer ärztlichen Behandlung oder die Weigerung, das Kind in die Schule zu schicken)
c. Unverschuldetes Versagen der Eltern (z.B. Kindeswohlgefährdung durch eine psychische Erkrankung oder extrem religiöse Einstellungen der Eltern)
d. Das Verhalten eines Dritten (Unfähigkeit, das Kind vor einem Dritten zu schützen, der das Kindeswohl verletzt, z.B. vor dem Lebensgefährten der Mutter)

Die mangelnde Bereitschaft oder Fähigkeit zur Gefahrabwendung „(...) muss als zusätzliches Merkmal (...) hinzutreten, um das Eingreifen des Vormundschaftsgerichts zu rechtfertigen und von diesem festgestellt werden" (Palant & Diederichsen 1997, § 1666 BGB Rn. 35). Um eine Gefährdung des Kindeswohls abzuwenden, hat das Gericht „(...) die zur Abwehr der Gefahr erforderlichen Maßnahmen zu treffen" (§ 1666 BGB). Die Rechtsprechung kennt partielle Einschränkungen der elterlichen Sorge. Wird nicht nur ein Teil, sondern die gesamte elterliche Sorge entzogen, so muss gemäß § 1666a Abs. 2 BGB begründet werden, warum es nicht ausreicht, nur einen Teil der elterlichen Sorge zu entziehen[7]. Eine Maßnahme, die zur Abwehr der Gefahr eingesetzt wird, muss erforderlich, verhältnismäßig und geeignet sein. Zudem ist der geringstmögliche Eingriff zu wählen (Oberloskamp 1990). Ein vollständiger Sorgerechtsentzug kommt nicht in Frage, wenn es beispielsweise ausreicht, vorübergehend das Aufenthaltsbestimmungsrecht für das Kind zu entziehen. Es entspricht den Interessen des Kindes, wenn staatliche Interventionen auch nach der Notwendigkeit einer Trennung des Kindes von den Eltern nicht gegen die Familie, sondern auf ihre Unterstützung und Refunktionalisierung gerichtet werden (Staudinger & Coester 2000, § 1666 BGB Rn. 12).

Einige Beispiele für Handlungsspielräume des Gerichts:
- Auflagen, Verwarnungen, Ermahnungen, Gebote und Verbote
- Entzug des Aufenthaltsbestimmungsrechts
- Entzug des Umgangsbestimmungsrechts
- Entzug der Personensorge
- Entzug der Vermögenssorge

> Das Gericht kann den Besuch eines bestimmten Kindergartens anordnen, Besuche mit dem Kind bei den Großeltern untersagen, es kann anordnen, dass das Kind zu einer bestimmten Uhrzeit zu Hause sein muss oder den Erhalt der Familie abhängig machen von der Bereitschaft der Mutter, sich vorübergehend in einem Mutter–Kind–Heim aufzuhalten. Das Gericht kann im Ausnahmefall eine bestimmte Hilfe zur Erziehung anordnen (siehe Staudinger & Coester 2000, § 1666a BGB Rn. 13 f.). Dabei sind die „(...) Kosten öffentlicher Hilfen (...) unerheblich (..), allein das Kindes- und Familieninteresse ist entscheidend" (BT Druck 1979 8/2788, FamRZ 1988, 1308 u.a., zitiert in Staudinger & Coester 2004, § 1666a BGB Rn. 14).

---

[7] FamRZ 1996, 1352: „Soll die gesamte elterliche Sorge entzogen werden, so ist sowohl der Entzug der Personensorge wie der Vermögenssorge jeweils gesondert zu begründen", auch FamRZ 1999, 179 f.

An den Entzug der elterlichen Sorge hat der Gesetzgeber hohe Anforderungen gestellt. Er verlangt eine 'erhebliche' Gefährdung des Kindeswohls. „Der Staat sollte nicht bei jedem Versagen und jeder Nachlässigkeit die Eltern von der Pflege und Erziehung der Kinder ausschalten können" (Diederichsen in NJW 1980, 1ff.). Für staatliche Eingriffe reiche es nicht, dass Eltern „(...) der Erziehungsaufgabe nicht gewachsen sind" (ebd.). Als Tatbestand für Eingriffe in die elterliche Sorge nach § 1666 BGB muss sowohl die konkrete Kindeswohlgefährdung als auch 'mangelnde elterliche Gefahrabwendung' stehen.

> § 1666a BGB (1) Maßnahmen, mit denen eine Trennung des Kindes von der elterlichen Familie verbunden ist, sind nur zulässig, wenn der Gefahr nicht auf andere Weise, auch nicht durch öffentliche Hilfen, begegnet werden kann. (2) Die gesamte Personensorge darf nur entzogen werden, wenn andere Maßnahmen erfolglos geblieben sind oder wenn anzunehmen ist, dass sie zur Abwendung der Gefahr nicht ausreichen.

Bevor ein Kind gegen den Willen der leiblichen Eltern aus einer Familie genommen wird, müssen alle Hilfsangebote der öffentlichen Jugendhilfe ausgeschöpft werden. Nur wenn es kein adäquates Hilfsangebot gibt oder wenn sich die Eltern der Hilfe verweigern, kann das Gericht zum Schutz des Kindes Maßnahmen anordnen, die mit einer Trennung des Kindes von den Eltern verbunden sind.

Ein Eingriff in die elterliche Sorge ist nicht notwendig, wenn die Eltern selbst Hilfe und Unterstützung annehmen, um die Gefährdung ihres Kindes abzuwenden.

> Die psychisch auffällige Frau Pahnke bekommt regelmäßig unkontrollierbare Panikattacken. Sie weiß, dass sie sich während dieser 'Anfälle' nicht unter Kontrolle hat. Hört sie Geräusche aus Nachbarwohnungen, so wird sie wütend und wirft Gegenstände durch das Zimmer. Als sie Mutter wird, kann sie sich kaum halten, wenn das Baby schreit. Sie schafft es nicht, diese Wut dem Baby gegenüber zu unterdrücken. Darüber berichtet sie in einer Beratungsstelle des Jugendamts. Ein mehrwöchiger Krankenhausaufenthalt bringt keine Besserung. Ihr wird daraufhin angeboten, das Kind in eine Pflegefamilie zu bringen. Frau Pahnke geht schweren Herzens auf dieses Angebot ein. Ein Sorgerechtseingriff ist nicht notwendig. Die Mutter selbst hat zum Wohle ihres Kindes die richtige Entscheidung getroffen.

Erst dann, wenn die Eltern Unterstützung verweigern, ist ein Eingriff in das Sorgerecht erforderlich.

2.2 Elterliche Sorge und rechtliche Betreuung

Kann ein geistig behinderter Mensch, für den eine Betreuung angeordnet wurde, das Sorgerecht für sein eigenes Kind ausüben? Paradox erscheint es, wenn beispielsweise Betreuung für den Bereich der Aufenthaltsbestimmung angeordnet worden ist, der Betroffene aber das uneingeschränkte Aufenthaltsbestimmungsrecht für sein Kind hat oder wenn ein betroffener Elternteil für die Einwilligung in ärztliche Eingriffe einen Betreuer benötigt, für sein Kind jedoch so weitreichende Angelegenheiten selbst entscheiden soll. Trotzdem sieht das Gesetz keine Einschränkung des elterlichen Sorgerechts wegen einer gerichtlich angeordneten Betreuung der Eltern vor. Sorgerechtseingriffe sind nur bei einer Kindeswohlgefährdung möglich und erlaubt.

Rechtliche Betreuung und elterliche Sorge haben formal nichts miteinander zu tun. Diese beiden Rechtsgebiete stehen trotz einiger Gemeinsamkeiten unabhängig voneinander im Bürgerlichen Gesetzbuch. Die wichtigsten Unterschiede der elterlichen Sorge und der rechtlichen Betreuung sind in folgender Übersicht zusammengefasst:

Entzug der elterlichen Sorge	Anordnung einer Betreuung
• Sanktion	• Hilfe
• Kein Antrag möglich (nur Anregung)	• Betroffener stellt Antrag i.d.R. selbst
• Gericht muss umfassend ermitteln	• Gericht ermittelt im Rahmen des Antrages
• i.d.R. unfreiwillig	• i.d.R. freiwillig
• Verlust der elterlichen Sorge schließt Verantwortlichkeit der Eltern aus	• Betreuer und Betreuter handeln gleichwertig nebeneinander
• Nur bei akuter Gefahr möglich	• Nur bei Hilfebedürftigkeit möglich

Die Voraussetzungen, Grundsätze und Ziele von Betreuung unterscheiden sich erheblich von den Voraussetzungen, die einen Sorgerechtseingriff rechtfertigen. Ziel der Betreuung ist es immer, die Situation des zu betreuenden Menschen zu verbessern und so wenig wie möglich in seine Rechte einzugreifen. Ein Sorgerechtseingriff ist immer 'ein Eingriff' in natürliche Rechte der betroffenen Eltern, der im Normalfall gegen ihren Willen erfolgt und nicht dazu führt, die Situation der Eltern zu verbessern. 'Hilfe' für Eltern ist auch ohne Sorgerechtseingriffe im Rahmen des SGB VIII (Kinder- und Jugendhilfegesetz) möglich. Der Sorgerechtseingriff ist erst dann möglich, wenn alle Hilfsangebote des Staates ausgeschöpft wurden – die Anordnung einer Betreuung ist selbst ein Hilfsangebot. So ist Betreuung eher mit einer Hilfe zur Erziehung nach dem Kinder- und Jugendhilfegesetz als mit einem Sorgerechtseingriff vergleichbar.

Ein Eingriff in das elterliche Sorgerecht ist immer nur dann möglich, wenn das 'Wohl des Kindes' gefährdet ist. Dabei ist das Wohl des Kindes, nicht die Situation der Eltern entscheidend. Weder eine geistige Behinderung noch eine Betreuung der Eltern rechtfertigen einen Sorgerechtseingriff, wenn das Wohl des Kindes nicht in Gefahr ist. Das Bundesverfassungsgericht hat schon 1982 klar formuliert, allein durch die geistige Behinderung der Eltern sei das Wohl eines Kindes nicht in Gefahr: *„Krankheit, Behinderung der Eltern gehören grundsätzlich zu den Lebensumständen, die das Kind als schicksalhaft hinzunehmen hat, sie rechtfertigen als solche zunächst noch keinen Eingriff in die elterliche Sorge"* (BVerfG 1982 in: NJW 1982, 1379; FamRZ 1982, 567).

Ziel des Betreuungsgesetzes war es, die Rechtsposition der betroffenen Menschen zu stärken. Betreuung ist nicht disqualifizierend, sondern als unterstützendes Rechtsverhältnis konzipiert. Es widerspräche diesem Ziel, wenn die Anordnung einer Betreuung mit einem Eingriff in das Elternrecht verbunden wäre (Staudinger & Coester 2000, § 1673 BGB Rn. 8).

2.3 Elterliche Sorge und der Einwilligungsvorbehalt

Ob sich ein Einwilligungsvorbehalt auf die elterliche Sorge auswirkt, ist umstritten. Ein Elternteil, für den der Einwilligungsvorbehalt angeordnet worden ist, kann in diesem Bereich nicht mehr uneingeschränkt rechtsgeschäftlich handeln. Der § 1903 Abs. 2 BGB bezeichnet mehrere Willenserklärungen, auf die sich ein Einwilligungsvorbehalt 'nicht' erstrecken kann. Elterliche Sorge wird nicht erwähnt. Von Dröge wird die Ansicht vertreten, dass es dem Reformziel der Flexibilität widerspräche, dem Einwilligungsvorbehalt automatisch Wirkung auf die elterliche Sorge zuzusprechen. Die Voraussetzungen von Analogien seien nicht erfüllt (Dröge 1997, 239). Coester weist darauf hin, dass der Einwilligungsvorbehalt nur zur Abwehr von Gefahren für den Betreuten selbst zulässig sei (siehe BT-Drucks 1990 11/4528, 136). Sei eine Fehlausübung des Sorgerechts zu befürchten, so böten die §§ 1666 f. BGB den richtigen Kindes- und Betreutenschutz (Staudinger & Coester 2004, § 1666 BGB Rn. 43). Auch Bienwald stellt klar, dass sich der Einwilligungsvorbehalt nur unmittelbar auf die Rechte und Pflichten der betroffenen Person, nicht aber auf andere, z.B. auf die Rechtslage von dessen Kindern auswirken kann (Staudinger & Bienwald 1999, § 1903 BGB Rn. 25). Zudem würde eine Intervention des Betreuers nur durch eine selbstschädigende Handlung des Betroffenen legitimiert sein (Staudinger & Bienwald 1999, § 1902 BGB Rn. 35). Demzufolge haben weder die Betreuung noch der Einwilligungsvorbehalt an sich Einfluss auf die elterliche Sorge.

2.4 Elterliche Sorge und Geschäftsunfähigkeit

> § 1673 (1) BGB Die elterliche Sorge eines Elternteils ruht, wenn er geschäftsunfähig ist.
>
> § 1674 (2) BGB Die elterliche Sorge lebt wieder auf, wenn das Familiengericht feststellt, dass der Grund des Ruhens nicht mehr besteht.
>
> § 1674 BGB Solange die elterliche Sorge ruht, ist ein Elternteil nicht berechtigt, sie auszuüben.

Auf den ersten Blick erscheint die Regelung eindeutig zu sein. Ist ein Elternteil geschäftsunfähig, so ruht die elterliche Sorge. Wie aber kann Geschäftsunfähigkeit festgestellt werden? Die Anordnung einer Betreuung berührt die Geschäftsfähigkeit nicht (siehe Punkt 1.3). Auch ein Einwilligungsvorbehalt an sich hat keinen Einfluss auf die Geschäftsfähigkeit einer Person.

Es ist dem Gericht möglich, partielle Geschäftsunfähigkeit festzustellen. Geschäftsunfähigkeit in Bezug auf die elterliche Sorge ist vorstellbar, wenn ein Elternteil so schwer behindert ist, dass er nicht weiß, dass das Kind ein eigenständiger Mensch ist, oder wenn ein Elternteil aufgrund der Beeinträchtigung bar jeder Vernunft handelt (Vlasak 2002, 91). Ein Elternteil kann vermutlich sogar partiell für die elterliche Sorge geschäftsfähig sein, wenn er in anderen Bereichen des Lebens partiell geschäftsunfähig ist.

Eine Mutter, die wahnhaft davon überzeugt ist, ihr Kind sei vom Teufel besessen, der mit Gewalt ausgetrieben werden müsse, ist geschäftsunfähig in Bezug auf die elterliche Sorge, auch wenn sie sonst keine Schwierigkeiten mit Geschäften des täglichen Lebens hat.

Eindeutige Aussagen, Urteile oder Untersuchungen stehen noch aus. „Bei geistig Behinderten etwa würde die Anwendung (...) zur völligen Disqualifizierung führen, ohne dass dem Grundsatz der Verhältnismäßigkeit Rechnung getragen und öffentliche Hilfen eingesetzt werden könnten" (Staudinger & Coester 2000, § 1666 BGB Rn. 43), argumentiert auch Coester gegen die Anwendung des § 1673 BGB für Eltern mit geistiger Behinderung.

3 Vaterschaft

Wenn Eltern nicht miteinander verheiratet sind, so muss die Vaterschaft des Vaters durch einen Rechtsakt besiegelt werden. Dies geschieht entweder mittels einer Anerkennung der Vaterschaft durch den Vater selbst oder mittels einer Feststellung der Vaterschaft durch ein Gericht.

§ 1592 BGB Vater eines Kindes ist der Mann 1. der zum Zeitpunkt der Geburt mit der Mutter des Kindes verheiratet ist 2. der die Vaterschaft anerkannt hat oder 3. dessen Vaterschaft nach § 1600d gerichtlich festgestellt ist

3.1 Vaterschaftsanerkennung

Die Vaterschaftsanerkennung ist im BGB §§ 1592 – 1598 geregelt. Der Vater des Kindes erkennt seine Vaterschaft in Form einer öffentlichen Urkunde an. In den meisten Fällen wird das Anerkenntnis bei der Beurkundungsstelle im Jugendamt vollzogen. Die Mutter des Kindes muss der Vaterschaftsanerkennung ebenfalls in Form einer öffentlichen Beurkundung zustimmen. Vaterschaftsanerkennung und Zustimmung zur Vaterschaftsanerkennung sind sogenannte 'vertretungsfeindliche Willensbekundungen', die Eltern müssen 'höchstpersönlich' anerkennen oder zustimmen.

§ 1596 BGB (1) Wer in der Geschäftsfähigkeit beschränkt ist, kann nur selbst anerkennen. Die Zustimmung des gesetzlichen Vertreters ist erforderlich. Für einen Geschäftsunfähigen kann der gesetzliche Vertreter mit Genehmigung des Vormundschaftsgerichts anerkennen. Für die Zustimmung der Mutter gelten die Sätze 1 und 2 entsprechend.

Für die Vaterschaftsanerkennung und für die Zustimmung zur Vaterschaftsanerkennung gelten demzufolge diese Regeln:
- Der geschäftsfähige Betreute kann nur selbst die Vaterschaft anerkennen, auch wenn ein Einwilligungsvorbehalt angeordnet wurde (§ 1596 Abs. 3 BGB).
- Der geschäftsfähige Betreute, für den ein umfassender Einwilligungsvorbehalt angeordnet wurde oder für den ein Einwilligungsvorbehalt in einem Bereich angeordnet wurde, die durch die Vaterschaftsanerkennung berührt wird (vor allem Vermögensangelegenheiten), kann die Vaterschaft nur selbst mit Genehmigung des Betreuers anerkennen, denn das Vaterschaftsanerkenntnis hat u.a. auch Auswirkungen auf das Vermögen des Betreuten (Staudinger & Bienwald 1999, § 1903 Rn. 30).
- Der minderjährige (also beschränkt geschäftsfähige) Vater darf nur selbst die Vaterschaft anerkennen, dazu benötigt er die Zustimmung seines gesetzlichen Vertreters (§ 1596 Abs. 1 Satz 1 und 2 BGB).
- Ein Geschäftsunfähiger kann eine Vaterschaft nicht anerkennen. Der gesetzliche Vertreter kann mit Genehmigung des Vormundschaftsgerichts die Vaterschaft seines Betreuten anerkennen (§ 1596 Abs. 1 Satz 3 BGB).

Die Mutter des Kindes muss der Vaterschaftsanerkennung zustimmen. Für die Zustimmung der Mutter gelten die gleichen Regelungen wie für den Vater, mit einer Ausnahme. Ist die Mutter geschäftsunfähig, so ist eine Zustimmung zur Vaterschaftsanerkennung nicht möglich, es gibt keine Regelung. Satz 3 ist bei der Regelung der Zustimmung der Mutter ausdrücklich nicht erwähnt (§ 1596 Abs. 1 Satz 4 BGB). Ist eine Vaterschaftsanerkennung wegen Geschäftsunfähigkeit der Mutter nicht möglich, so bleibt nur der Weg einer gerichtlichen Vaterschaftsfeststellung.

Die Zustimmung des Kindes zur Vaterschaftsanerkennung – zusätzlich zur Zustimmung der Kindesmutter – wird nur dann notwendig, wenn der Mutter nicht die elterliche Sorge für ihr Kind

zusteht (§ 1595 BGB: *„Die Anerkennung bedarf auch der Zustimmung des Kindes, wenn der Mutter insoweit die elterliche Sorge nicht zusteht"*). Dies ist der Fall, wenn
a. das Kind volljährig ist; das Kind stimmt dann selbst zu
b. der Mutter das Sorgerecht gemäß § 1666 BGB entzogen wurde oder das Sorgerecht gemäß § 1673 BGB ruht. Ist das Kind mindestens 14 Jahre alt, so stimmt es selbst der Vaterschaftsanerkennung zu, der gesetzliche Vertreter, hier ein Vormund oder Pfleger, muss der Zustimmung zustimmen (§ 1596 Abs. 2 Satz 2 BGB)

Ist das Kind geschäftsunfähig oder jünger als 14 Jahre alt, so kann nur der gesetzliche Vertreter (hier auch der Vormund oder Pfleger) zustimmen (§ 1596 Abs. 2 Satz 1 BGB).

3.2 Vaterschaftsfeststellung

Ist der Vater eines Kindes nicht bereit oder in der Lage, die Vaterschaft selbst anzuerkennen, so muss eine Vaterschaft durch ein Gericht festgestellt werden. Dies gilt auch dann, wenn die Mutter nicht bereit oder in der Lage ist, der Vaterschaftsanerkennung zuzustimmen.

§ 1600d BGB: Besteht keine Vaterschaft nach § 1592 Nr. 1 und 2, § 1593, so ist die Vaterschaft gerichtlich festzustellen.

Klageberechtigt – sowohl zur Feststellung als auch zur Anfechtung der Vaterschaft – sind das Kind und die Mutter gegen den (vermuteten) Vater, der Vater ist klageberechtigt gegen das Kind (§ 1600e BGB). Während des gerichtlichen Vaterschaftsverfahrens hat der klagende Vater weder Rechte noch Pflichten. Ein Umgangsrecht steht ihm erst nach Rechtskraft des Urteils zu. „Die Rechtswirkung der Vaterschaft kann erst vom Zeitpunkt einer wirksamen Vaterschaftsfeststellung an geltend gemacht werden. Für eine (...) Regelung des persönlichen Umgangs mit einem nichtehelichen Kind ist so lange kein Raum, als eine wirksame Vaterschaftsfeststellung fehlt" (BayObLG 1994 in FamRZ 1995, 827). Es wird verschiedentlich angezweifelt, ob dies dem Kindeswohl dient. Wenn die Vaterschaftsanerkennung aufgrund rechtlicher Probleme nicht möglich ist (beispielsweise wegen Geschäftsunfähigkeit der Mutter), so wäre es für das Kind von Bedeutung, Umgang mit seinem zwar biologischen, aber rechtlich noch nicht festgestellten Vater zu haben (Staudinger & Rauscher 2000, § 1684 BGB Rn. 53). Auch das Bundesverfassungsgericht hat in den letzten Jahren mehrfach dem biologischen Vater während des Feststellungsverfahrens ein Umgangsrecht zuerkannt (BVerfG 2003 in FamRZ 2003, 816/ BVerfG 2005 in FamRZ 2005, 783).

3.3 Sorgeerklärung

Sind die Eltern des Kindes nicht miteinander verheiratet, so steht die elterliche Sorge der Mutter allein zu. Daran hat auch die Kindschaftsrechtsreform von 1998 nichts geändert. Es besteht seitdem jedoch für den nichtehelichen Kindesvater die Möglichkeit, sich mit Zustimmung der Mutter an der elterlichen Sorge zu beteiligen. Dies geschieht durch eine Sorgeerklärung gemäß § 1626a Abs. 1 BGB. Die Sorgeerklärung muss von beiden Eltern abgegeben werden und wird jeweils erst durch die Sorgeerklärung des anderen Elternteils wirksam. Die einmal abgegebene Sorgeerklärung kann nicht wieder zurückgenommen werden. Die Sorgeerklärung gehört zu den höchstpersönlichen Angelegenheiten, die von keinem anderen als von dem betroffenen Menschen selbst gegeben werden kann (§ 1626c Abs. 1 BGB: *„Die Eltern können die Sorgeerklärung nur selbst abgeben"*). Ob der Elternteil dabei unter Betreuung steht, ist unerheblich. Minderjährige Eltern können die Sorgeerklärung abgeben, benötigen jedoch die Zustimmung ihres gesetzlichen Vertreters.

> § 1626 BGB (2) Satz 1 Die Sorgeerklärung eines beschränkt geschäftsfähigen Elternteils bedarf der Zustimmung seines gesetzlichen Vertreters.

Minderjährige Eltern sind Inhaber der elterlichen Sorge, obwohl sie (noch) nicht berechtigt sind, diese auszuüben. Die elterliche Sorge ruht. Sobald der Minderjährige volljährig wird, lebt die elterliche Sorge auf, das Ruhen der elterlichen Sorge fällt weg.

Geschäftsunfähige können keine Sorgeerklärung abgeben. Ist die Mutter geschäftsunfähig, so muss das Gericht die elterliche Sorge auf den geschäftsfähigen Vater übertragen oder einen Vormund bestellen. Ist der Vater geschäftsunfähig, so erübrigt sich die Frage nach der Sorgeerklärung, da ein Geschäftsunfähiger nicht sorgeberechtigt sein kann (§ 1673 Abs. 1 BGB).

3.4 Fallkonstellationen bei nicht miteinander verheirateten Eltern

a. Ist ein Vater geistig behindert und die Mutter nicht behindert, so kann der unter Betreuung stehende, geschäftsfähige Vater die Vaterschaft nur selbst anerkennen. Ist der Vater nicht geschäftsfähig, so kann der Betreuer des Vaters (bei minderjährigen Geschäftsunfähigen der Sorgeberechtigte) nur mit Genehmigung des Vormundschaftsgerichts an Stelle des Vaters die Vaterschaft anerkennen. Der minderjährige Vater kann die Vaterschaft nur mit Zustimmung des gesetzlichen Vertreters selbst anerkennen. Ist für den Vater ein umfassender Einwilligungsvorbehalt oder ein Einwilligungsvorbehalt in Vermögensangelegenheiten angeordnet worden, so muss der Betreuer der Vaterschaftsanerkennung zustimmen. Die nicht behinderte Mutter muss der Vaterschaftsanerkennung zustimmen. Ist die Mutter minderjährig, so muss der Sorgeberechtigte der Mutter zusätzlich zustimmen.

b. Die Sorgeerklärung kann der geschäftsfähige Betreute nur selbst abgeben. Ist der Vater minderjährig, so benötigt er für die Sorgeerklärung die Genehmigung seines Sorgeberechtigten. Ein geschäftsunfähiger Vater kann die elterliche Sorge nicht ausüben, daher erübrigt sich die Frage nach der Sorgeerklärung.

c. Ist die Mutter geistig behindert und der Vater nicht behindert, so kann der Vater die Vaterschaft selbst anerkennen. Die Mutter kann der Vaterschaftsanerkennung zustimmen, wenn sie Inhaberin der vollen elterlichen Sorge und wenn sie geschäftsfähig ist. Im Fall der geschäftsunfähigen Mutter ist eine Vaterschaftsanerkennung rechtlich nicht möglich. Wie schon festgestellt, muss in diesem Fall die Vaterschaft gerichtlich festgestellt werden. Sollte die geschäftsfähige, betreute Mutter nicht Inhaberin der elterlichen Sorge sein, so muss das Kind – bei minderjährigen Kindern der Vormund oder Pfleger – zusätzlich zur Kindesmutter der Vaterschaftsanerkennung zustimmen. Auch um die Sorgeerklärung abgeben zu können, welche die gemeinsame elterliche Sorge begründet, muss die (geschäftsfähige, betreute) Mutter selbst sorgeberechtigt sein. Ist sie dies nicht, so kann die elterliche Sorge nur vom Gericht auf den Kindesvater übertragen werden.

d. Sind beide Eltern geistig behindert und geschäftsfähig, so kann der Kindesvater die Vaterschaft selbst anerkennen, die Mutter selbst zustimmen und beide können selbst die Sorgeerklärung abgeben.

4 Rechtliche Fragen hinsichtlich der professionellen Begleitung von Eltern mit geistiger Behinderung

4.1 Hilfen für Eltern mit geistiger Behinderung

Mütter oder Eltern mit geistiger Behinderung benötigen in vielen Fällen Unterstützung bei der Erziehung ihrer Kinder. Wie bekommen sie diese Unterstützung und von wem?

Ansprechpartner sind die Jugendhilfe und die Eingliederungshilfe. Die Jugendhilfe gewährt den sorgeberechtigten Eltern auf Antrag 'Hilfe zur Erziehung' gemäß § 27 ff. SGB VIII. In Frage kommen ambulante Hilfe (Sozialpädagogische Familienhilfe gemäß § 31 SGB VIII) oder stationäre Hilfe (Heimerziehung, sonstige betreute Wohnform gemäß § 34 SGB VIII). Eine 'sonstige betreute Wohnform' – der Gesetzgeber hat absichtlich eine offene Formulierung gewählt, um neuen Formen der stationären Jugendhilfe als Alternative zur herkömmlichen Heimerziehung Rechnung zu tragen (Wiesner 1995, § 34 SGB VIII Rn. 23) – kann auch ein Heim für Eltern mit geistiger Behinderung sein, wo die Kinder mit ihren Eltern gemeinsam stationär betreut werden.

Sozialpädagogische Familienhilfe (SPFH) ist in Familien mit geistig behinderten Eltern(teilen) in den meisten Fällen dauerhaft notwendig. Die Praxis, SPFH auf höchstens zwei Jahre zu begrenzen, wird dem Einzelfall nicht gerecht. Das Gesetz selbst setzt für die SPFH keine zeitliche Begrenzung, in den Kommentaren des SGB VIII wird jedoch eine Einsatzdauer von 2-3 Jahren empfohlen. Nur in begründeten Einzelfällen ist auch eine länger Unterstützung möglich (Kunkel & Frings 2003, § 31 SGB VIII Rn. 10). Die geistige Behinderung der Eltern sollte als Begründung für eine langfristige sozialpädagogische Familienhilfe ausreichen.

Auch Hilfe zur Erziehung in einer stationären Einrichtung wird in vielen Fällen für längere Zeit notwendig sein, insbesondere, wenn die Eltern vor der Geburt des Kindes in einer stationären Einrichtung der Eingliederungshilfe gelebt hatten, aber auch dann, wenn zu vermuten ist, dass eine ambulante Unterstützung der Familie nicht ausreicht, um das Wohl des Kindes zu sichern.

Die überörtliche Landesbehörde der Jugendhilfe, die sich meist in den Landesjugendämtern befindet, ist für folgende Aufgabenbereiche zuständig:

- „Beratung der örtlichen (Jugendhilfe)Träger (...) insbesondere bei der Auswahl einer Einrichtung (...) in schwierigen Einzelfällen" (§ 85 Abs. 2 Nr. 5 SGB VIII). Da es sich bei Eltern mit geistiger Behinderung, die stationäre Unterstützung benötigen, um Einzelfälle handelt und noch nicht flächendeckend bedarfsgerechte Unterstützung für Eltern mit geistiger Behinderung in der Bundesrepublik Deutschland angeboten wird, ist die überörtliche Jugendbehörde für die Vermittlung einer Einrichtung zuständig
- „Beratung der Träger von Einrichtungen während der Planung und Betriebsführung" (§ 85 Abs. 2 Nr. 7 SGB VIII). Die Einrichtungen, die Eltern mit geistiger Behinderung und ihre Kinder stationär begleiten, haben Anspruch auf Beratung durch die überörtliche Landesbehörde

Aufgabe der Eingliederungshilfe für Menschen mit Behinderungen ist es u.a., „(...) eine Behinderung oder deren Folgen zu beseitigen oder zu mildern und die behinderten Menschen in die Gesellschaft einzugliedern" (§ 53 Abs. 3 SGB IX). Eine Folge der geistigen Behinderung kann darin bestehen, die eigenen Kinder nicht ohne Unterstützung erziehen und versorgen zu können. Elternschaft ist zweifellos ein Bereich des Lebens, in dem behinderte Menschen Hilfe zur Teilhabe an der Gemeinschaft benötigen. Daher kann es m.E. nicht hingenommen werden, wenn die Eingliederungshilfe diese Verantwortung nicht wahrnimmt und sich für den Bereich der Elternschaft von Menschen mit Behinderungen nicht zuständig erklärt. Die Stärkung und Befähigung der elterlichen Kompetenzen von Eltern mit geistiger Behinderung gehört zweifellos zu den Aufgaben der Eingliederungshilfe.yyy

§ 55 SGB IX Leistungen zur Teilhabe am Leben in der Gemeinschaft (...) Nr. 3 Hilfen zum Erwerb praktischer Kenntnisse und Fähigkeiten, die erforderlich und geeignet sind, behinderten Menschen die für sie erreichbare Teilnahme am Leben in der Gemeinschaft zu ermöglichen. (...) Nr. 6 Hilfen zu selbstbestimmtem Leben in einer betreuten Wohnmöglichkeit.

Reicht ambulante Begleitung der Eltern aus, so wird der Sozialhilfeträger neben dem Jugendhilfeträger zusätzlich Eingliederungshilfe gewähren, um die Folgen der Behinderung zu mildern. Leben die Eltern mit dem Kind in einer stationären Wohneinrichtung, so ist es möglich, die Kosten für den Aufenthalt von Eltern und Kindern zu teilen. In dem Fall werden die Kosten für den stationären Aufenthalt des Kindes von der Jugendhilfe getragen, die Kosten für den Aufenthalt der behinderten Eltern trägt der zuständige Sozialhilfeträger der Eingliederungshilfe.

Ist es zu einer Trennung des Kindes von den Eltern gekommen, so haben Eltern und Kind ein verfassungsrechtlich garantiertes Recht auf Umgang miteinander. Das Jugendamt kann bei Bedarf 'Begleiteten Umgang' gemäß § 18 Abs. 3 SGB VIII entweder auf Antrag eines Umgangsberechtigten oder nach einer familiengerichtlichen Anordnung gewähren. Der 'Begleitete Umgang' sichert das Umgangsrecht und den Schutz des Kindes.

Für die Begleitung der behinderten Eltern in ihrer Elternschaft ist nach einer Trennung des Kindes von den Eltern auch die Eingliederungshilfe zuständig. Es muss sichergestellt werden, dass die Eltern trotz der Behinderung ihr Umgangsrecht und ihre Umgangspflicht wahrnehmen können. Dabei benötigen Eltern mit geistiger Behinderung Unterstützung und Beratung. Eine gerichtliche Klärung des Rechtsanspruchs von behinderten Eltern auf Unterstützung in ihrer Elternschaft durch Träger der Eingliederungshilfe steht derzeit noch aus.

4.2 Aufsichtspflicht / Erziehungspflicht / Haftpflicht

Wer hat die Aufsichtspflicht über die Kinder von Eltern mit geistiger Behinderung? Die Aufsichtspflicht ist ebenso wie die Erziehungspflicht ein Teil der elterlichen Sorge. Die Aufsichtspflicht (genau wie die Erziehungspflicht) trägt daher der Sorgeberechtigte. Das ist entweder der Elternteil oder ein Pfleger oder Vormund des

Kindes (Eckert 1990, 10). Sind die Eltern selbst sorgeberechtigt, so sind sie dazu verpflichtet, ihr Kind zu beaufsichtigen und zu erziehen. Ist ein Vormund oder Pfleger sorgeberechtigt, so muss dieser dafür Sorge tragen, dass das Kind beaufsichtigt und erzogen wird. Lebt das Kind bei den nicht sorgeberechtigten Eltern, so hat der Vormund sich davon zu überzeugen, dass die Eltern oder andere Personen das Kind ausreichend beaufsichtigen.

Sorgeberechtigte Eltern sind nicht dazu verpflichtet, jederzeit das Kind selbst zu beaufsichtigen. Die Beaufsichtigung des Kindes können sie anderen geeigneten Personen überlassen, beispielsweise wenn sie wegen Berufstätigkeit nicht in der Lage dazu sind, ihr Kind ständig zu beaufsichtigen. Aufsichtspflichtig sind auch Stiefeltern, Pflegeeltern und nicht sorgeberechtigte Eltern bei der Wahrung ihres Umgangsrechts durch die faktische Personensorge (Borgelt 1999, 123), aber auch Lehrer und Erzieher (Staudinger & Salgo 2002, § 1631 BGB Rn. 32). Die Eltern sind jedoch dazu verpflichtet, sich zu vergewissern, dass sie das Kind nicht ungeeigneten Personen überlassen, z.B. der demenzkranken Nachbarin oder dem wegen Kindesmissbrauch vorbestraften Kollegen.

Eine Verletzung der Aufsichtspflicht, aber auch eine Verletzung der Erziehungspflicht hat vor allem Konsequenzen, wenn aufgrund der Aufsichtspflichtverletzung ein Schaden entstanden ist. Die Aufsichts- und Erziehungspflicht ist im Einzelnen nicht genau beschrieben. Der Umfang der Aufsichtspflicht richtet sich unter anderem nach dem Alter, Entwicklungsstand, Charakter und Freizeitverhalten des Kindes (Schoof 1999, 43 ff.).

> Pit ist fünf Jahre alt und geht manchmal ohne Aufsicht auf den Spielplatz vor dem Haus. Pit ist ein zuverlässiges, ausgeglichenes Kind. Unglücklich verschuldet Pit einen Unfall auf dem Klettergerüst, wodurch sich ein anderes Kind verletzt und ärztlich behandelt werden muss. Die Aufsichtspflicht in diesem Fall ist nicht verletzt worden. Die Mutter hätte auch dann den Unfall nicht verhindern können, wenn sie auf dem Spielplatz gewesen wäre. Außerdem konnte die Mutter diesen Unfall nicht voraussehen, da sie ihr Kind stets ruhig und besonnen erlebt hat.

> Kathi ist eine wilde 5jährige, die schon mehrmals auf dem Spielplatz durch ihr aggressives Verhalten aufgefallen ist. Einmal wirft sie mutwillig Steine auf andere Kinder. Die Mutter reagiert darauf nicht. Kathi verletzt dabei ein Kind schwer. Die Mutter ist ihrer Erziehungspflicht nicht nachgekommen und wird daher haftpflichtig. Sie ist aufgrund ihrer Erziehungspflicht zum Handeln verpflichtet gewesen.

Sind die Eltern aufgrund einer geistigen Behinderung nicht dazu in der Lage, die Aufsicht über ihr Kind zu gewährleisten, so müssen geeignete Maßnahmen getroffen werden, um das Kind vor Schaden zu bewahren. Professionelle Begleiter von Eltern mit geistiger Behinderung unterstützen die Eltern dabei, das Kind ausreichend zu beaufsichtigen. Benötigen die Eltern Unterstützung bei der Erziehung und Beaufsichtigung des Kindes, so beantragen sie oder der Vormund des Kindes 'Hilfe zur Erziehung' gemäß § 27 ff. SGB VIII.

> Die geistig behinderte Mutter eines dreijährigen Kindes schafft es nicht, während sie im Supermarkt bezahlt, gleichzeitig das Kind im Auge zu behalten. Es fällt ihr schon schwer, sich auf das Bezahlen zu konzentrieren. Das Kind ist mehrfach während dieser Zeit aus dem Supermarkt gelaufen und auf dem Parkplatz zwischen den Autos umhergelaufen. Da sie beim Einkaufen die Aufsicht über ihr Kind nicht gewährleisten kann, müssen Strategien gefunden werden, die der Mutter den Einkauf ermöglichen, ohne das Kind zu gefährden.

Die Haftpflicht der Eltern ergibt sich aus der Aufsichts- und Erziehungspflicht.

> § 832 BGB [Haftung des Aufsichtspflichtigen] (1) Wer kraft Gesetz zur Führung der Aufsicht über eine Person verpflichtet ist, die wegen Minderjährigkeit oder wegen ihres geistigen oder körperlichen Zustandes der Beaufsichtigung bedarf, ist zum Ersatz des Schadens verpflichtet, den diese Person einem Dritten widerrechtlich zufügt. Die Ersatzpflicht tritt nicht ein, wenn er seiner Aufsichtspflicht genügt oder wenn der Schaden auch bei gehöriger Aufsichtsführung entstanden sein würde. (2) Die gleiche Verantwortlichkeit trifft denjenigen, welcher die Führung der Aufsicht durch Vertrag übernimmt.

Eltern werden auch dann haftpflichtig, wenn das Kind in Abwesenheit der Eltern einen Schaden anrichtet, den zu verhindern die Eltern durch Erziehung des Kindes verpflichtet gewesen wären. Eltern müssen ihre Kinder belehren, ihnen Verbote auferlegen oder bestimmte Handlungen unmöglich machen. Geraten Streichhölzer in den Besitz von kleinen Kindern, so sind die Eltern dafür verantwortlich. *„Der Aufsichtspflichtige muss (das Kind) nicht nur eindringlich über die Gefährlichkeit des Spiels mit dem Feuer belehren, sondern auch streng darauf achten, dass das Kind nicht unerlaubt in den Besitz von Streichhölzern oder anderen Zündmit-*

teln gelangt" (Bundesgerichtshof 1993 in: NJW 1993, 1003). Ob und in welchem Ausmaß der Aufsichts- oder Erziehungspflichtige zur Verantwortung gezogen werden kann, ist von den Ermittlungen des Gerichts abhängig. Bei Kindern, die zu 'üblen Streichen neigen' wird von einer verschärften Aufsichtspflicht gesprochen (Fuchs 1995, 141). Viele unterschiedliche Faktoren spielen dabei eine Rolle, beispielsweise ob das Ereignis, welches zu dem Schaden führte, voraussehbar war und ob Vorkehrungen getroffen wurden, um einen Schaden zu verhindern.

> Ein Elternpaar ist mit Freunden und einem vierjährigen Kind in einem Gartenlokal. Die Eltern sind alkoholisiert und achten nicht auf das Kind. Dieses verlässt das Lokal und verursacht auf der Straße einen schweren Verkehrsunfall, als es Steine auf fahrende Autos wirft. Die sorgeberechtigten Eltern haben ihre Aufsichtspflicht verletzt und werden für den angerichteten Schaden zur Verantwortung gezogen.

4.3 Garantenpflicht

> § 13 StGB [Begehen durch Unterlassen] (1) Wer es unterlässt, einen Erfolg abzuwenden, der zum Tatbestand eines Strafgesetzes gehört, ist nach diesem Gesetz nur dann strafbar, wenn er rechtlich dafür einzustehen hat, dass der Erfolg nicht eintritt, und wenn das Unterlassen der Verwirklichung des gesetzlichen Tatbestandes durch ein Tun entspricht.

Garantenpflicht ist ein Begriff aus dem Strafgesetz. Ein Garant ist einem anderen gegenüber durch die sog. „Garantenstellung" verpflichtet. Diese Garantenstellung ergibt sich aus unterschiedlichen Voraussetzungen, beispielsweise aufgrund eines familiären Verhältnisses (z.B. Eltern gegenüber ihren Kindern), einer engen gemeinschaftlichen Beziehung, die auf gegenseitiges Vertrauen baut (z.B. Bergsteiger, die gemeinsam klettern) oder durch vertragliche Verhältnisse (z.B. Lehrer gegenüber ihren Schülern). Man unterscheidet zwischen einem Beschützergaranten und einem Überwachungsgaranten (Leipziger Kommentar, Jeschek 2003, § 13 StGB Rn. 25), die oftmals in einer Person liegen. Der Garant ist dazu verpflichtet, einen möglichen Schaden abzuwenden und macht sich dann strafbar, wenn er dieses Handeln unterlässt. Es handelt sich um ein „fahrlässiges Unterlassungsdelikt" (Leipziger Kommentar vor § 13 StGB Rn. 95).

> Ein Beispiel dafür ist der Fahrschullehrer, der dafür zu sorgen hat, dass sein Fahrschüler die Vorschriften der Straßenverkehrsordnung einhält. Fährt der Fahrschüler während des Unterrichts alkoholisiert, so wird auch der Lehrer zur Verantwortung gezogen.

Ist das Fachpersonal, das Eltern mit geistiger Behinderung unterstützt, dafür verantwortlich, wenn dem Kind durch das Fehlverhalten der Eltern ein Schaden entsteht? Es sind in den letzten Jahren mehrere Gerichtsurteile zur Garantenpflicht veröffentlicht worden. So musste sich ein Sozialarbeiter des Jugendamts vor Gericht verantworten, der den Tatbestand einer Kindesmisshandlung durch eine als geistigbehindert geltende Mutter beim Umzug der Mutter in ein anderes Bundesland nicht weitergegeben hat, was dann als mit ursächlich für den mehrere Jahre später eingetretenen Tod des Kindes befunden wurde (OLG Stuttgart 1998 in: NJW 1998, 3131 ff.). Der Sozialarbeiter hatte es 'unterlassen', die Behörden des anderen Bundeslandes umfassend zu informieren.

> „Die Mitarbeiter von kommunalen Jugendämtern und Sozialdiensten sowie die von ihnen beauftragten Mitarbeiter von Trägern der freien Jugendhilfe haben als Beschützergaranten kraft Pflichtübernahme strafrechtlich dafür einzustehen, dass von ihnen mitbetreute Kinder nicht durch vorhersehbare vorsätzliche Misshandlungen durch die Mutter oder durch einen von ihr beauftragten ungeeigneten Dritten körperlich verletzt werden oder zu Tode kommen." (OLG Stuttgart vom 28.5.1998, ZfJ 1998, 328)

Die Jugendhilfe und die Familienhilfe befinden sich in einer Verantwortung für das Kind. Wenn aber eine Gefahr für das Kind besteht, so ist jeder zum Handeln verpflichtet, der für das Wohl dieses Kindes Verantwortung trägt. Es muss alles dafür getan werden, einen möglichen Schaden des Kindes zu verhindern. Sollte es trotz aller Vorsichtsmaßnahmen zu einem Schadensfall kommen, so muss nachweisbar sein, dass alles getan wurde, um diesen zu verhindern.

Entscheidend für eine mögliche Verurteilung des Garanten ist die Überzeugung des Gerichtes, dass der Schaden durch ein Eingreifen des Garanten mit hoher Wahrscheinlichkeit nicht eingetreten wäre. Daraus ergibt sich beispielsweise, dass es unerlässlich ist, mit den behinderten Eltern Gefahren für das Kind zu thematisieren und die Vermeidung von Gefahrensituationen zu trainieren. Bei Verdacht auf Misshandlung oder Missbrauch des Kindes muss gehandelt werden. Wenn ein Kind in eine Gefahr gerät, weil nicht ausreichend Unterstützung für die Eltern zur Verfügung steht, so ist dies nicht hinzunehmen. Im Zweifelsfall muss bei einem Schadensfall jede Fachkraft – unter anderem durch angemessene Dokumentation ihrer Tätigkeiten – nachweisen können, dass alles getan worden ist, um den Schaden zu vermeiden oder dass dieser Schaden so nicht voraussehbar war.

> Frau F. verlässt nach einem heftigem Streit mit ihrem Mann die Wohnstätte für Eltern mit geistiger Behinderung, wo sie mit Mann und Kind betreut lebt und erklärt dem diensthabenden Mitarbeiter, dass sie mit ihrem einjährigen Sohn einen nicht weit entfernten Spielplatz aufsuchen möchte. Der Mitarbeiter beobachtet, wie sie das Kind grob anfasst, in den Wagen drückt, festschnallt und dabei ihren Mann aufgebracht beschimpft. Zweimal lässt sie den im Kinderwagen angeschnallten Sohn vor der Haustür stehen, weil sie noch etwas in der Wohnung vergessen hat. Kurze Zeit später kommt Frau F., immer noch erregt, allein vom Spielplatz zurück. Sie hat in der Aufregung ihr Kind vergessen.

Wenn dem Kind jetzt etwas zustößt, so hat die Mutter ihre Aufsichtspflicht verletzt. Ist in diesem Fall der Mitarbeiter für den Schaden als Beschützergarant für das Kind mitverantwortlich?

Durch seinen Dienstauftrag ist der Mitarbeiter dem Schutz der Familie verpflichtet. Es wird daher zu prüfen sein, ob die Gefahrensituation für den Mitarbeiter voraussehbar gewesen ist und ob er versucht hat, diese Gefahr zu verhindern, entweder durch ausreichende und dem Verständnis der Mutter angepasste Belehrungen und Schulungen der Mutter im Vorfeld oder durch pädagogische Intervention in der Situation, als die Mutter aufgebracht und sichtlich durcheinander die Wohnstätte verlassen hat.

5 Übergeordnete gesetzliche Regelungen

5.1 Das Grundgesetz der Bundesrepublik Deutschland

Grundgesetz Artikel 6 [Ehe und Familie; nichteheliche Kinder] (1) Ehe und Familie stehen unter dem besonderen Schutze der staatlichen Ordnung. (2) Pflege und Erziehung der Kinder sind das natürliche Recht der Eltern und die zuvörderst ihnen obliegende Pflicht. Über ihre Betätigung wacht die staatliche Gemeinschaft. (3) Gegen den Willen der Erziehungsberechtigten dürfen Kinder nur auf Grund eines Gesetzes von der Familie getrennt werden, wenn die Erziehungsberechtigten versagen oder wenn die Kinder aus anderen Gründen zu verwahrlosen drohen.

Grundgesetz Artikel 3 [Gleichheit vor dem Gesetz; Gleichberechtigung von Männern und Frauen; Diskriminierungsverbote] (...) (3) Niemand darf wegen seines Geschlechtes, seiner Abstammung, seiner Rasse, seiner Sprache, seiner Heimat und Herkunft, seines Glaubens, seiner religiösen oder politischen Anschauungen benachteiligt oder bevorzugt werden. Niemand darf wegen seiner Behinderung benachteiligt werden.

Ehe und Familie sind in der Bundesrepublik Deutschland grundgesetzlich geschützt. Daher ist es nur im Ausnahmefall möglich, dass der Staat in eine Familie eingreift und gar ein Kind von seinen leiblichen Eltern trennt.

Das Landgericht Berlin hatte schon 1988 in einem Sorgerechtsverfahren des Landes Berlin gegen ein geistig behindertes Elternpaar argumentiert:

> Es „(...) ist zu berücksichtigen, dass einerseits (...) jedes deutsche Kind ein Recht auf Erziehung (...) hat, andererseits aber die Familie unter dem besonderen Schutz der staatlichen Ordnung steht und Pflege und Erziehung der Kinder das natürliche Recht der Eltern und die zuvörderst ihnen obliegende Pflicht sind – Art. 6 Abs. 1, Abs. 2 Satz 1 GG – so dass eine Maßnahme nach § 1666 BGB, die zur Trennung des Kindes von den Eltern führt, nur als außergewöhnliches Mittel angeordnet werden darf, BVerfG, FamRZ 1982, 567. (...) Die bloße Erwägung, dass minderbegabte Eltern ihren Kindern nicht dieselben Entwicklungsmöglichkeiten bieten können wie normal begabte Eltern, lässt eine Ausnahme von diesem den Naturgegebenheiten Rechnung tragenden Grundsatz nicht zu. Anderenfalls wäre die Würde des Menschen angetastet, die gemäß Art. 1 I GG unantastbar ist und die zu achten und zu schützen nach dieser Vorschrift die Verpflichtung aller staatlichen Gewalt ist" (Landgericht Berlin, FamRZ 1988, 1308).

Steht bei einem Sorgerechtsverfahren nicht die Gefahr für das Kind, sondern die Behinderung der Eltern im Vordergrund der Argumentation, ist dies als verfassungswidrig und diskriminierend zu werten. Zwar können sich aus der Behinderung der Eltern Gefahren für ein Kind ergeben, es muss dann aber auch geklärt werden, warum es nicht möglich sei, diesen Gefahren mit öffentlichen Hilfen abzuhelfen.

Coester weist darauf hin, dass die Situation von Eltern mit geistiger Behinderung problematisch sei.

> „Eine bei den Jugendämtern verbreitete routinemäßige Trennung von Eltern und Kindern sofort nach Geburt (oft schon pränatal vorbereitet) verstößt gegen dieses aus Art. 6 Abs. 2 Satz 1 GG folgende Gebot. (...) Erscheint (mit öffentlichen Hilfen) die Kinderbetreuung auf absehbare Zeit befriedigend gewährleistet, so ist die auf lange Sicht doch unvermeidliche Trennung von Kind und Eltern kein Grund, sie schon jetzt zu vollziehen" (Staudinger & Coester 2000, § 1666 BGB Rn 126).

Frau Schmidt ist 19 Jahre alt und arbeitet in einer Werkstatt für behinderte Menschen. Sie erwartet ein Kind. Frau Schmidt gilt als sehr unselbständig. Sie kann weder lesen noch schreiben, kennt nicht die Uhr, kann nicht mit Geld umgehen und ist ohne Hilfe nicht in der Lage, sich der Witterung entsprechend zu kleiden. Frau Schmidt zieht vor der Geburt des Kindes in ein Mutter-Kind-Heim, wo sie alle Unterstützung annimmt. Das Kind ist nicht in Gefahr. Es gibt also keinen Grund, Frau Schmidt die elterliche Sorge zu entziehen, oder gar das Kind von der Mutter zu trennen, auch wenn sie aufgrund ihrer geistigen Behinderung nicht in der Lage sein wird, das Kind ohne Hilfe zu erziehen.

Anders stellt sich die Situation dar, als sich Frau Schmidt ein halbes Jahr nach der Geburt des Kindes entschließt, den Vater des Kindes zu heiraten und mit dem Kind in die Wohnung des Vaters zu ziehen. Der Kindesvater ist ebenfalls geistig behindert und zudem alkoholkrank und als gewalttätig bekannt. Der Kindesvater lehnt jede Unterstützung in seiner Wohnung ab. Die Mitarbeiter des Mutter-Kind-Heimes schätzen ein, dass Frau Schmidt nicht in der Lage sein wird, das Kind vor dem Vater zu schützen. Ebenso wenig wird der Vater Frau Schmidt bei der Versorgung und bei der Erziehung des Kindes unterstützen. Sie regen deshalb vor dem Auszug von Frau Schmidt ein Sorgerechtsverfahren an. Für die Sorgerechtsentscheidung ist nicht die Behinderung der Mutter entscheidend, sondern die Gefahr, in der sich das Kind befindet, wenn die Eltern ohne Unterstützung zusammen leben.

Die Annahme, eine Behinderung der Mutter stelle an sich eine Gefahr für das Kind dar, kann zwar im Einzelfall zutreffen. Dies jedoch in jedem Fall anzunehmen, stellt eine Diskriminierung von behinderten Menschen dar und ist daher in Deutschland nicht zulässig.

5.2 Europäische Menschenrechtskonvention

> EMRK Art. 8: (1) Jede Person hat das Recht auf Achtung ihres Privat- und Familienlebens, ihrer Wohnung und ihrer Korrespondenz. (2) Eine Behörde darf in die Ausübung dieses Rechts nur eingreifen, soweit der Eingriff gesetzlich vorgesehen und in einer demokratischen Gesellschaft notwendig ist für die nationale oder öffentliche Sicherheit, für das wirtschaftliche Wohl des Landes, zur Aufrechterhaltung der Ordnung, zur Verhütung von Straftaten, zum Schutz der Gesundheit oder der Moral oder zum Schutz der Rechte und Freiheiten anderer.

Im Februar des Jahres 2002 hatte der europäische Gerichtshof für Menschenrechte zu entscheiden, ob deutsche Gerichte gegen Art. 8 der europäischen Menschenrechtskonvention verstoßen haben, als sie einem Elternpaar das Sorgerecht für die leiblichen Kinder entzogen und diese von den Eltern getrennt haben, weil die Eltern intellektuell beeinträchtigt und deshalb nicht in der Lage seien, den Bedürfnissen der – in ihrer Entwicklung verzögerten Kinder – gerecht zu werden. Dem Ehepaar war das Sorgerecht für beide Töchter entzogen und diese waren in Pflege gegeben worden, im Wesentlichen mit der Begründung, dass die Kläger nicht über die erforderlichen intellektuellen Fähigkeiten für die Erziehung ihrer Kinder verfügten. Darüber hinaus führte das Vormundschaftsgericht die beachtliche Verzögerung in der psychischen und physischen Entwicklung der Kinder sowie die mangelnde Kooperation der Kläger mit den sozialen Einrichtungen an. Der europäische Gerichtshof für Menschenrechte stellte in diesem Fall einen Verstoß gegen Art. 8 der Menschenrechtskonvention fest. Ein wichtiges Argument für die Entscheidung war, dass *„(...) zu keinem Zeitpunkt vorgebracht (wurde), dass es den Kindern an Pflege seitens der Beschwerdeführer gefehlt habe oder sie von ihnen misshandelt worden seien"* (EGMR in ZfJ 2002, 294). Der Gerichtshof wies weiter darauf hin, *„(...) dass die Tatsache, dass ein Kind in einem für seine Erziehung günstigeren Umfeld untergebracht werden könnte, an* *sich nicht rechtfertigen kann, dass es der Betreuung seiner biologischen Eltern gewaltsam entzogen wird; ein solcher Eingriff nach Art. 8 der Konvention in das Recht der Eltern, ein Familienleben mit ihrem Kind zu genießen, muss sich auch noch aufgrund anderer Umstände als notwendig erweisen" (ebd. 293).* Eltern mit intellektuellen Beeinträchtigungen haben die gleichen Rechte wie andere Eltern auch. Entscheidend für ein Sorgerechtsverfahren ist nicht die Behinderung der Eltern, sondern das Wohl des Kindes. An Eltern, die geistig behindert sind, dürfen vor Gericht keine anderen Maßstäbe angelegt werden, als an nicht als behindert geltende Eltern in vergleichbarer Situation.

5.3 UNO Konvention über die Rechte des Kindes

Laut der UNO Konvention hat ein Kind:
- Das Recht, seine Eltern zu kennen und von ihnen betreut zu werden – Art. 7 (1)
- Das Recht, nicht gegen den Willen der Eltern von diesen getrennt zu werden, es sei denn, diese Trennung ist zum Wohl der Kinder notwendig, etwa wegen Misshandlung oder Vernachlässigung – Art. 9 (1)
- Das Recht auf persönliche Beziehung und unmittelbaren Kontakt zu beiden Elternteilen – Art. 9 (3)

Am 20.11.1989 wurde von der Vollversammlung der Vereinten Nationen einstimmig das Übereinkommen über die Rechte des Kindes (UN-Kinderrechtskonvention) verabschiedet. In Deutschland ist die UN-Kinderrechtskonvention am 05.04.1992 in Kraft getreten. Die Bundesregierung erklärte, sie werde das Übereinkommen zum Anlass nehmen, fehlende innerstaatliche Bestimmungen, die Rechte des Kindes betreffend, in die Reform des Kindschaftsrechts einfließen zu lassen. Es gibt 180 Rechte, die allen Kindern der Länder zustehen sollten, die diese Konvention unterschrieben haben. Bei den eigenen Eltern aufzuwachsen und zu beiden Eltern Kontakt zu haben, gehört zu den Rechten eines jeden Kindes.

> Frau Kleist, eine lernbehinderte und psychisch beeinträchtigte junge Frau, war mit dem neugeborenen Kind in ein Mutter-Kind-Heim gekommen. Dort wurde beobachtet, dass sie sehr grob mit ihrem Kind umging. Auf Weinen des Kindes reagierte sie oftmals nicht. Als beobachtet wurde, dass die Mutter ihr wenige Tage altes Kind sogar unge-

duldig schlug, wurde eine Trennung des Kindes von der Mutter eingeleitet. Das Kind kam in eine Pflegefamilie. Bei einer Hilfekonferenz entbrannte eine Diskussion darüber, ob die Mutter ihr Kind regelmäßig besuchen dürfe. Die Pflegeeltern vertraten die Ansicht, eine Mutter, die ihren Säugling schlage, habe kein Recht mehr auf Umgang mit ihrem Kind.

Das Recht auf Umgang mit seinen Eltern hat aber das Kind. Daher wird nach Möglichkeit dafür gesorgt, dass ein Kind seine Eltern auch dann regelmäßig sieht, wenn diese nicht mit ihm zusammenleben. Für den Schutz des Kindes werden geeignete Maßnahmen getroffen.

Drucksachen

- BayObLG 1995 in: FamRZ 1995, 827
- BT Druck: Drucksache des deutschen Bundestages
- Bundesgerichtshof 1993 in: NJW 1993
- BVerfG 1982 in: FamRZ 1982, 567; NJW 1982, 1379
- BVerfG 2002 in: FamRZ 2003, 359
- EGMR 2001 in: ZfJ 2002, 294
- LG Berlin 1988 in: FamRZ 1988, 1308ff
- OLG Stuttgart 1997 in: NJW 1998, 3131; ZfJ 1998, 328

Fallbeispiel IV: Frau Klein und Herr Schäfer

„Sie kriegen ihr Kind sowieso nicht wieder"

Frau Klein wird als lernbehindert, im Grenzbereich zur geistigen Behinderung, beschrieben. Es besteht eine rechtliche Betreuung, die sie selbst beantragt hat, da sie sich Unterstützung bei Behördengängen wünschte. Ihr Lebensgefährte, Herr Schäfer, gilt als geistig behindert. Er arbeitet in der Werkstatt für behinderte Menschen (WfbM) und wird im Rahmen des Betreuten Wohnens für Menschen mit geistiger Behinderung unterstützt.

Als Frau Klein schwanger wurde, freuten sich die beiden – ein Baby hatten sie sich gewünscht. Sie bereiteten sich auf ein Kind vor: Da sie Raucher waren, renovierten sie ihre Wohnung, um den Nikotingeruch zu vertreiben, und richteten ein schönes Kinderzimmer ein. Für einen Geburtsvorbereitungskurs blieb keine Zeit mehr, weil die Schwangerschaft erst in der 27. Schwangerschaftswoche vom Frauenarzt festgestellt wurde. Statt dessen wurde als Vorbereitung auf die Geburt und zur Einübung der Babypflege kurz vor der Geburt eine Familienhebamme des Gesundheitsamtes hinzugezogen. Diese übte mit den Eltern anhand einer Babypuppe Wickeln und Baden.

Zeitig bemühten sich die werdenden Eltern selbständig um ambulante Hilfen, um nach der Geburt Unterstützung zu haben. Sie wandten sich aus diesem Grunde schriftlich an das Amt für Soziale Dienste, welches sie wiederum an das Jugendamt verwies. Herr Schäfer sprach dort mehrfach auf den Anrufbeantworter und bat um Rückruf. Diese Bemühungen blieben ohne Reaktion, niemand nahm Kontakt zu den Eltern auf.

Erst nach der Geburt ihrer Tochter lernten die Eltern die zuständige Sachbearbeiterin des Jugendamtes im Krankenhaus kennen. Sowohl die Ärzte als auch die Hebamme sahen einen umfassenden Hilfebedarf. Die Mutter sei *„in vielfacher Hinsicht mit der Versorgung des Kindes überfordert"*, so heißt es in einer Stellungnahme des Krankenhauses an das Amt für Soziale Dienste zu dem Umgang der jungen Mutter mit ihrer **fünf Tage** alten Tochter: *„Wenn ihre Tochter schreit, kommt sie zum Pflegepersonal und fragt, was sie jetzt machen soll. Sie kann nicht einschätzen, ob ihre Tochter Hunger hat. Sie kann die Mahlzeiten nicht selbständig zubereiten und nur unter Anleitung die Mengen und Zeitabstände beachten. Sie ist nicht in der Lage, das Kind zu baden. Besonders nachts ist Frau Klein mit diesen existentiell wichtigen Tätigkeiten überfordert und zeigt sich völlig hilflos."*

Daraufhin nahm Herr Schäfer aus eigener Initiative Kontakt zu einem ambulanten Dienst zur Unterstützung geistig behinderter Eltern auf. Dieser Dienst war bereit, die Familie, inklusive nächtlicher Rufbereitschaft, zu unterstützen. Das Jugendamt ging jedoch davon aus, dass das Kindeswohl auch mit ambulanten Hilfen gefährdet sei, wenn das Kind im elterlichen Haushalt leben würde. Somit scheiterte der Einsatz des Ambulanten Dienstes an der fehlenden Kostenzusicherung des Jugendamtes – das Kind durfte nicht zu den Eltern nach Hause entlassen werden.

Knapp zwei Wochen nach der Geburt – das Baby war immer noch mit der Mutter im Krankenhaus – kamen Vertreter des Jugendamtes ins Krankenhaus, um das Kind mitzunehmen und in eine Pflegefamilie zu bringen. Die Eltern mußten ihre Tochter dem Jugendamt übergeben – niemand hatte sie hierauf vorbereitet, der gerichtliche Beschluss war ihnen bis zu diesem Zeitpunkt noch nicht zugestellt worden. *„Wegen Dringlichkeit ohne Anhörung der Beteiligten"* war der Mutter auf Beschluss des Amtsgerichts das Aufenthaltbestimmungsrecht, das Recht der Gesundheitssorge sowie das Recht auf Vertretung des Kindes entzogen und die Pflegschaft angeordnet worden.

Im Antrag des Amtes für Soziale Dienste auf den vorläufigen Entzug der elterlichen Sorge war zu lesen, es würde von einer *„hohen Gefährdung des Kindes im elterlichen Haushalt ausgegangen"*. Folgende Punkte wurden angeführt: Die Eltern seien Analphabeten. Zudem hätten sie Probleme in der praktischen Säuglingspflege: Beim Üben mit einer Puppe (zwei Wochen vor der Geburt des Kindes) zeigten sich *„deutliche Ungeschicklichkeiten und eine begrenzte Lernfähigkeit, Anregungen aufzunehmen und umzusetzen. (...) Die Mutter gibt sich viel Mühe, wird aber viel Zeit brauchen, die Pflege zu erlernen"*. Dazu kämen u.a. emotionale Probleme,

Gewalterfahrungen des Vaters in seiner Herkunftsfamilie und eine instabile emotionale Situation der Mutter. Der Beschluss des Amtsgerichts ging erst einen Tag 'nach' der Kideswegnahme bei den Eltern ein.

Erst sechs Tage nach der Trennung konnten Frau Klein und Herr Schäfer ihr drei Wochen altes Baby wiedersehen: Ihnen wurde ein einstündiger Besuch in einer Erziehungsberatungsstelle zugestanden, bei dem die Eltern nur circa zehn Minuten mit ihrer Tochter alleine sein durften.

Die Eltern beauftragten einen Anwalt, der in ihrem Namen Beschwerde gegen die Kindeswegnahme einlegte und die Rückführung des Kindes beantragte. Er nahm Bezug auf den Antrag des Amtes für Soziale Dienste auf Entzug der elterlichen Sorge und stellte richtig:

a. Frau Klein und Herr Schäfer sind keine Analphabeten. Beide haben zehn Jahre die Sonderschule besucht und können lesen und schreiben.
b. Probleme und Unsicherheiten in der Säuglingspflege sind darauf zurückzuführen, dass die Mutter bisher nur 12 Tage mit ihrem Baby zusammen war.
c. Zwar hat der Vater Gewalterfahrungen in seiner Herkunftsfamilie machen müssen, ist aber selbst nicht gewalttätig.
d. Frau Klein hatte in ihrer Jugend erhebliche Probleme mit Drogen. Um diese in den Griff zu bekommen, hat sie eine Therapie gemacht, die sie erfolgreich abschließen konnte. Hierdurch, durch ihren anschließenden Auszug aus der elterlichen Wohnung und durch ihre Beziehung zu Herrn Schäfer hat sich ihre emotionale Situation stabilisiert.

Die Kindeseltern organisierten in der Zwischenzeit eine private Unterstützung, um die Rückkehr ihrer Tochter vorzubereiten: Die Mutter von Frau Klein erklärte sich dazu bereit, vorübergehend zu ihrer Tochter, ihrem Schwiegersohn und Enkelkind zu ziehen, um die Familie in der Anfangszeit zu unterstützen. Auch die Betreuer des Betreuten Wohnens sagten zu, gegebenenfalls Nachtdienste übernehmen zu können. Mit diesen Hilfen und dem Einsatz des ambulanten Dienstes wäre eine Rund-um-die-Uhr-Betreuung gewährleistet gewesen.

Der Anwalt betonte den Vorrang öffentlicher Hilfen vor einer Trennung des Kindes von der Herkunftsfamilie. Für die Fremdunterbringung des Kindes sei keine Rechtsgrundlage vorhanden, da den Kindeseltern bisher keinerlei öffentliche Hilfen bewilligt worden waren.

Einen Monat nach der Geburt wurde in einer Sitzung des Amtsgerichts, bei der alle Beteiligten, auch Frau Klein und Herr Schäfer, anwesend waren, folgendes Umgangsrecht beschlossen: Die Eltern sollten ihre Tochter dreimal wöchentlich von 9-14 Uhr bei sich zu Hause sehen dürfen. Diese Zeit würde vollständig vom ambulanten Dienst zur Unterstützung geistig behinderter Eltern begleitet werden.

Diesem Beschluss widersetzte sich das Amt für Soziale Dienste mit der Begründung, dass die vorgeschlagene Regelung *„eine zu hohe Belastung für ein ein Monate* (sic!) *altes Baby darstelle"*. Auch die Pflegeeltern hielten die vorgeschlagene umfangreiche Umgangsregelung für nicht förderlich für das Kind, sondern eher für eine Überforderung. Zudem waren sie nicht dazu bereit, Herrn Schäfer und Frau Klein ihre Anschrift mitzuteilen, damit sie ihr Kind dort hätten abholen können.

Der neue Vorschlag vom Amt für Soziale Dienste lautete, die Eltern dürften ihre Tochter zwei Mal wöchentlich für drei bis vier Stunden in Räumen in der Nähe der Pflegeeltern sehen. Hierauf ließen sich Frau Klein und Herr Schäfer nun ein – es blieb ihnen keine andere Wahl. Einmal fragte Frau Klein die Betreuerin, die die Besuchskontakte begleitet, ob ihre Tochter später, wenn sie wieder bei ihnen zu Hause sei, immer noch eine Spreizhose tragen müsse. Ihr wurde geantwortet, darüber müsse sie sich doch keine Gedanken machen, *„Sie kriegen ihr Kind sowieso nicht wieder"*.

Die Zeit vergeht: Das Baby ist mittlerweile fünf Monate alt. Frau Klein und Herr Schäfer kämpfen immer noch engagiert dafür, ihre Tochter zurückzubekommen. Im Moment ist ein Sachverständigengutachten in Arbeit – mit Hilfe von Intelligenztests u.a. soll die Erziehungsfähigkeit der Mutter ermittelt werden.

Markante Punkte der geschilderten Lebenssituation

- späte Feststellung der Schwangerschaft – kein Geburtsvorbereitungskurs
- Freude der Eltern auf ihr Baby

- eigenständige Bemühungen der Eltern um Unterstützung schon vor der Geburt des Kindes
- Rückschluss vom Umgang mit einer Puppe auf die elterliche (In)Kompetenz
- Eltern-Kind-Trennung ohne Nachweis einer Kindeswohlgefährdung
- systematische (Zer)Störung der Eltern-Kind-Beziehung durch behördliche Eingriffe
- höhere Maßstäbe an die elterlichen Kompetenzen von geistig behinderten Eltern als an die von nicht behinderten Eltern
- keine Vorbereitung der Eltern auf die Trennung vom Kind, keine Trennungsbegleitung
- mehr Einfluss der Pflegeeltern auf die Umgangsregelung, weniger Mitspracherecht der leiblichen Eltern

KADIDJA ROHMANN

Die Problematik der Fremdunterbringung von Kindern geistig behinderter Eltern – Ergebnisse einer schriftlichen Befragung

1 Einleitung

Die Fremdunterbringung von Kindern geistig behinderter Eltern war lange Zeit ein Automatismus und wurde bis in die neunziger Jahre als gängige Lösung betrachtet (Booth & Booth 1995, 30; Faureholm 1995, 88; Pixa-Kettner 1999, 65; Prangenberg 2003, 64). Mittlerweile gibt es immer mehr Einrichtungen, die geistig behinderte Eltern unterstützen und mit dem erklärten Ziel begleiten, ihnen ein Zusammenleben mit ihren Kindern zu ermöglichen. Dennoch kommt es weiterhin zu Eltern-Kind-Trennungen.

Der vorliegende Artikel beschäftigt sich mit der Frage, welche Besonderheiten den Prozess der Fremdunterbringung von Kindern geistig behinderter Menschen kennzeichnen. Die spärlichen Forschungsergebnisse zu diesem Thema besagen, dass Kinder geistig behinderter Eltern zum Zeitpunkt der Fremdunterbringung in der Regel jünger sind als Kinder von Eltern ohne Behinderung, die fremduntergebracht werden (Llewellyn, McConnel, Ferronato 2000). Die Kinder werden teilweise sofort nach der Geburt routinemäßig von ihren Eltern getrennt (Vlasak 2002, 43). Der einzige Grund hierfür scheint oftmals die bloße Diagnose der geistigen Behinderung der Eltern zu sein, obwohl dies rechtlich keineswegs als Begründung ausreicht (Landgericht Berlin, FamRZ 1988, 1309; Vlasak 2002, 42). In den letzten Jahren erregen immer wieder juristisch umstrittene Fälle die öffentliche Aufmerksamkeit (Fröhlingsdorf 2002, 76ff.; Brekenkamp 2002; vgl. Beitrag „Rechtliche Fragen im Zusammenhang der Elternschaft von Menschen mit geistiger Behinderung", ab S. 91 in diesem Band). Eine Untersuchung von Sorgerechtsverfahren in einem Teil von Australien kommt zu dem Ergebnis, dass Eltern mit geistiger Behinderung in Sorgerechtsverfahren überrepräsentiert sind, was auf eine diskriminierende Behandlung hinweist (Llewellyn u.a. 2002). Eine vergleichbare Untersuchung hinsichtlich der Behandlung geistig behinderter Eltern in Gerichtsverfahren in Deutschland steht noch aus (Vlasak 2002, 146).

Um mehr Einblick in die Praxis der Fremdunterbringung von Kindern geistig behinderter Eltern in Deutschland zu erhalten, habe ich im Sommer 2003 eine empirische Studie durchgeführt, die folgenden Fragen nachgeht:

a. In welcher Lebenssituation leben die Familien, die von einer Fremdunterbringung betroffen sind?
b. Auf wessen Wunsch bzw. Initiative findet eine Trennung statt, und aus welchen Gründen werden die Kinder fremduntergebracht?
c. Wie wird die Trennung vorbereitet, begleitet und verarbeitet?

In der Untersuchung wurden Fachkräfte befragt, die geistig behinderte Eltern und ihre Kinder begleiten, die oben genannten Fragen werden also aus ihrer Sicht beantwortet. Zu beachten ist, dass die erhobenen Ergebnisse sich nur auf Familien beziehen, die zum Zeitpunkt der Fremdunterbringung ihrer Kinder von einer speziellen Einrichtung für geistig behinderte Eltern unterstützt werden. In Familien, die nicht begleitet werden, dürfte die Praxis der Fremdunterbringung anders aussehen (vgl. Fallbeispiele in diesem Band).

Im vorliegenden Artikel werde ich zunächst allgemein auf die Situation von Kindern und Herkunftseltern im Prozess der Fremdunterbringung eingehen, um anschließend die empirische Studie vorzustellen.[8]

---

[8] Der vorliegende Artikel ist eine Zusammenfassung meiner Diplomarbeit (Rohmann 2004). Die Arbeit befasst sich im Wesentlichen mit der Situation der Herkunftseltern und ihrer Kinder und stellt die Ergebnisse einer schriftlichen Befragung von Fachkräften vor. Die Situation der Pflegeeltern und hiermit zusammenhängende Themen, wie z.B. die Gestaltung der Besuchskontakte, müssen aufgrund des anders gelagerten inhaltlichen Schwerpunktes der Diplomarbeit im vorliegenden Artikel vernachlässigt werden.

2 Die Situation der Kinder im Prozess der Fremdunterbringung

Das Wissen um die Bedeutung von Bindungen ist die Basis, um die Probleme, Chancen und Risiken, die in einer Trennung liegen, zu verstehen. Dieses Verständnis ist eine wichtige Voraussetzung für die Ermittlung der – vor allem für die Kinder, mit deren Wohl in der Diskussion um die Lösung eines familialen Konflikts meistens argumentiert wird – 'am wenigsten schädlichen Alternative'. Als allgemeine Richtlinie für die Unterbringung von Kindern schlagen Goldstein u.a. vor, den Begriff des 'Kindeswohls' durch der 'am wenigsten schädlichen Alternative' zu ersetzen, die sie wie folgt definieren:

> „Die am wenigsten schädliche Alternative ist danach die Unterbringung und die Verfahrensweise, die – unter Berücksichtigung des kindlichen Zeitgefühls und auf der eingeschränkten Grundlage kurzfristiger Prognosen – die Chance des Kindes erhöhen, erwünscht zu sein, und die es ermöglichen, dass das Kind eine dauerhafte Beziehung mit wenigstens einem Erwachsenen eingeht, der seine psychologische Elternperson ist oder werden wird." (Goldstein, Freud & Solnit et al. 1974, 49)

Als ein wichtiges Ergebnis der Bindungs- und Trennungsforschung kann – unabhängig davon, ob die Eltern als geistig behindert gelten oder nicht – folgendes festgehalten werden: In jedem Fall entsteht zwischen Eltern und Kind eine Bindung – mit unterschiedlicher Bindungsqualität, die abhängig ist von der Qualität der Eltern-Kind-Beziehung. Dies gilt es bei der Ermittlung der 'am wenigsten schädlichen Alternative' für das Kind immer zu bedenken:

> „Wenn ein Kind, das bisher vertraute Eltern hatte – selbst wenn diese es vernachlässigt und schlecht versorgt haben – diese von heute auf morgen für immer verliert, so bleibt sein Beziehungs- und Bindungsverhalten von diesem Verlust geprägt." (Wiemann 1994, 239, zit. in Maywald 2001, 167)

Die zentrale Problematik einer Trennung von den Eltern liegt darin, dass sie – besonders nach Verletzungen durch Gewalt oder Vernachlässigung – von den Kindern oft als (erneutes) Trauma erlebt wird. Die Kinder suchen die Schuld für das Scheitern der Familie bei sich selbst, empfinden die Trennung als Ausstoßung und Beweis für ihren vermeintlich geringen Wert (Maywald 2001, 12). Durch erlittene Beziehungsabbrüche wird die Bindungsfähigkeit und -bereitschaft von Kindern oftmals eingeschränkt. Bei Pflegekindern wurde beobachtet, dass es Kinder zu geben scheint, die nach als sehr verletzend empfundenen Trennungen innerlich beschließen, sich nicht mehr zu binden, um weitere Verletzungen und Schmerzen zu vermeiden (Scheuerer-Englisch 2001, 12). Weggegebene Kinder glauben häufig, dass sie selbst und ihr Verhalten die Ursachen für das Verlassen-Werden sind. Sie halten sich für nicht liebenswert, fühlen sich entwertet, abgewiesen und haben daraus resultierend ein geringes Selbstwertgefühl. Die Kränkung, fortgegeben worden zu sein, ist oftmals verbunden mit Schuldgefühlen und tiefsitzender Scham. Die Kinder beschäftigt die Frage: Was war an mir nicht richtig, was habe ich falsch gemacht? (Wiemann 1999, 27f.)

Eine Erfahrung mit Pflege- bzw. Adoptivkindern ist, dass sie ihre neuen Eltern dahingehend prüfen, ob diese sie wieder loswerden wollen, wenn sie sich dementsprechend nicht liebenswert verhalten. Sie inszenieren immer wieder Verhaltensweisen, wegen derer sie von ihrer Umwelt abgelehnt werden (müssten): *„Anscheinend kann es (das Adoptivkind) ans Geliebtwerden erst glauben, nachdem es ihm gelungen ist, gehasst zu werden"* (Winnicot 1958, zit. nach Steimer 2000, 45).

Die geschilderten Erfahrungen sind Beschreibungen dessen, wie Kinder auf eine Trennung reagieren 'können', dies muss nicht zwingend so sein. Das Risiko, das mit einer Trennung verbunden ist, stellt sich individuell unterschiedlich dar. Hierbei spielen verschiedene, im Einzelfall zu gewichtende Faktoren und deren Zusammenspiel eine Rolle: Dazu gehören zum Beispiel die Dauer der Trennung, der Entwicklungsstand und die individuelle Empfindlichkeit des Kindes, die Art der Beziehungen vor der Trennung sowie die Qualität der zur Verfügung stehenden Ersatzbeziehungen (Maywald 2001, 189).

Zur weitestgehenden Verhinderung einer schädigenden und traumatischen Wirkung einer Trennung sind drei Punkte von Bedeutung:
a. Versprachlichung aller für das Kind bedeutsamen Geschehnisse, Emotionen und Phantasien (ebd., 106ff.)

b. Vermeidung einer unvorbereiteten, plötzlichen Trennung (ebd., 83)
c. Aufrechterhaltung der bestehenden Bindungen (Faltermeier 2001, 33; Paulitz 2000, 117)

In der neueren Fachliteratur wird – ohne die Probleme zu verleugnen, die damit verbunden sind – immer wieder darauf verwiesen, wie zentral die Aufrechterhaltung des Kontakts zur Herkunftsfamilie für das Kind ist: *„(...) die neueste Wende geht dahin, dass man sich auf dieses instabile, spannungsträchtige Dreieck Eltern – Kind – Pflegeeltern einrichtet"* (Niederberger 1997, 169). Die Auffassung scheint sich durchzusetzen, dass es für das Wohl des Kindes von großer Bedeutung ist, *„wenn sich Herkunftsfamilie, Pflege- oder Adoptivfamilie als ein großes Netz definieren können, in welchem das Kind von allen aufgefangen wird"* (Wiemann 1999, 40), denn so wird das Kind vor Loyalitätskonflikten und Schuldgefühlen bewahrt. *„Kinder können sich nach einem schweren Verlust dann neu einlassen, wenn sie Teile der früheren Bindungen aufrechterhalten dürfen"* (Wiemann 1991, 77). Die Illusion des sogenannten 'clean cut' führt zu der Praxis, Kinder ohne Vor- und Nachbereitung aus ihren Familien herauszunehmen:

> „Früher und auch heute noch wird oft der Fehler gemacht, Fremdunterbringung abrupt zu machen: Und dann holt man das Kind abrupt aus einer Umgebung, in der – so gewaltsam auch immer sie gewesen sein mag – doch seine Wurzeln liegen, die man ihm nicht wegnehmen kann und die es sein ganzes Leben lang mit sich tragen wird. Es muss also in der Anfangszeit mit diesen Wurzeln leben lernen und es muss diese Wurzeln in die neue Familie mitnehmen. Die Wurzeln kann man nicht kappen, sondern sie sind eine Eigenheit, mit der zu leben das Kind lernen muss, und die zu akzeptieren auch die Pflegefamilie lernen muss." (Arend Koers, zit. nach Maywald 2001, 251)

> Für eine gesunde Entwicklung des Kindes ist es von großer Bedeutung, wenn Herkunftsfamilie und neuer Lebensort in Kontakt gebracht werden, so dass eine Integration der verschiedenen Erfahrungen möglich ist: Dann kann die Trennung zu einer Chance werden, zu einer Chance für das Kind, einen Teil seiner Kindheit und Jugend unter günstigeren Bedingungen aufzuwachsen und möglicherweise sogar früheres Leid im Nachhinein zu verarbeiten und dessen Folgen zu überwinden (Maywald 2001, 12).

3 Die Situation der Herkunftseltern im Prozess der Fremdunterbringung

Die Herkunftsfamilie als Untersuchungsgegenstand der Forschung war lange von geringem bzw. sekundärem Interesse. Das eigene Kind abgeben zu wollen bzw. zu müssen ist in unserer Gesellschaft immer noch ein Tabu. Herkunftseltern werden oftmals als 'Rabeneltern' stigmatisiert. Es gibt eine Reihe von AutorInnen (Faltermeier 2001; Maywald 2001; Smentek 1998; Swientek 1982; Swientek 1986; Wendels 1998), die auf *„vorhandene Lücken in der Herkunftsfamilienforschung"* (Faltermeier 2001, 33) hinweisen mit der Intention, den Blick *„für das subjektive Erleben von Herkunftseltern vor dem Hintergrund der Fremdunterbringung ihres Kindes"* zu öffnen (ebd., 11).

In einer Studie von Faltermeier, in der 16 Fallstudien über Familien, die von Fremdunterbringung betroffen sind, vorgestellt werden, signalisieren alle Eltern (bis auf eine Mutter) *„inneren und teilweise äußeren Widerstand gegen die Inpflegegabe ihrer Kinder"*, und das, obwohl die Hälfte von ihnen ihre Kinder 'freiwillig' abgegeben hat (Faltermeier 2001, 85). Als ein wichtiges Ergebnis wird betont:

> „Häufig ist nicht so sehr die elterliche Inkompetenz die Ursache für die Fremdunterbringung von Kindern, sondern die schwierige soziale Lage der Familien und die unzureichenden effektiven Hilfen sozialer Institutionen. [...] nicht das fehlende Interesse der Eltern an ihren Kindern, sondern vielfach die Lebensverhältnisse, in denen die Familien leben, und die lückenhaften und ineffektiven Hilfestrukturen, [sind] Anlass für die Inpflegegabe." (Faltermeier 2001, 23)

In der überwiegenden Mehrzahl sind Familien von Fremdunterbringung betroffen, die unter problematischen soziobiographischen und sozioökonomischen Verhältnissen leben. Kinder von allein erziehenden Elternteilen stellen nach wie vor die Hauptgruppe fremduntergebrachter Kinder dar (Faltermeier 2001, 319).

Untersuchungen zur Lebenssituation geistig behinderter Eltern zeigen vergleichbare belastende soziobiographische Erfahrungen und sozioökonomische Lebensbedingungen: Oftmals haben die Eltern selbst kein intaktes Elternhaus erlebt und finanzielle Not, Gewalttätigkeiten oder Heimaufenthalte erfahren. Ihre Lebenssituation ist gekennzeichnet durch geringes Einkommen, niedrige berufliche

Qualifikation, Arbeitslosigkeit, schlechte Wohnbedingungen und Abhängigkeit von sozialstaatlichen Institutionen (Pixa-Kettner, Bargfrede & Blanken 1996, 230; Booth & Booth 1994, 13ff.). Die soziale Isolation ist ein ernst zu nehmendes Problem (Llewellyn & McConnel 2002, 17f.): Die Familien können kaum auf ein soziales Netz im Verwandten-, Freundes- und Bekanntenkreis zurückgreifen (vgl. Beitrag „Unterstützungsnetzwerke von Eltern mit Lernschwierigkeiten unter Einbezug der Sicht einer betroffenen Mutter", ab S. 253 in diesem Band). Sie sind in Krisensituationen oftmals auf sich allein gestellt und somit auf das Auskommen mit den sozialstaatlichen Einrichtungen angewiesen. Sie befinden sich in der problematischen Situation, dass sie einerseits von den Hilfen sozialer Dienste abhängig sind, andererseits deren Intervention nicht als Unterstützung, sondern als Bestrafung erleben (Prangenberg 2003, 190 & 337f.; Faltermeier 2001, 89).

Die Inpflegegabe eines Kindes bedeutet für die Herkunftseltern in der Regel einen tiefgehenden Autonomieverlust, sie erleben die Fremdunterbringung ihres Kindes als Entmündigung. Familiale Konflikte und Erziehungsschwächen werden öffentlich und Stigmatisierungsprozesse in Gang gesetzt (Faltermeier 2001, 34). Herkunftseltern müssen ihrem Umfeld das Fehlen der Kinder plausibel vermitteln und die eigene Rolle als Eltern ohne Kinder finden. Die soziale Stigmatisierung fördert bei ihnen noch das Gefühl der Minderwertigkeit, des nicht Dazugehörens, des ausgegrenzt Seins.

Eine Erklärung, warum die Interaktion zwischen den sozialhelfenden Institutionen und den Herkunftseltern im Prozess der Fremdunterbringung immer wieder entgleist, ist der sogenannte 'geschlossene Bewusstheitskontext', der nach Faltermeier für viele Herkunftseltern die „*zentrale Entfremdungserfahrung im Kontext der Fremdunterbringung ihrer Kinder*" darstellt (Faltermeier 2001, 136ff.).[9] Faltermeier beschreibt den 'geschlossenen Bewusstheitskontext' als einen Zustand, in dem die eigentlichen Hauptbetroffenen einer Verhandlung/ eines Prozesses (z.B. die von einer Fremdunterbringung ihres Kindes betroffenen Herkunftseltern) von

---

[9] Faltermeier bezieht sich in seiner Beschreibung des geschlossenen Bewusstheitskontextes und der Koalitionsbildung auf Goffman (1973, 136ff.), der den Prozess der Einweisung eines Menschen in eine psychiatrische Anstalt beschreibt.

Wissen und Information isoliert werden und ihnen somit jede Möglichkeit genommen wird, die Situation mitzugestalten (Faltermeier 2001, 136). Die Personen sehen sich einer 'Koalition' gegenüber, die am Zustandekommen der Situation beteiligt ist und *„über ein Mehr an Situationswissen verfügt, das entscheidend ist für die Situationsgestaltung"* (ebd.). Herkunftseltern stehen oftmals einer Koalition gegenüber, die sich zum Beispiel aus dem Jugendamt, Fachkräften anderer Institutionen und der Pflegefamilie bzw. dem Heim zusammensetzt. Diese Koalition der sozialhelfenden Instanzen trifft in der Regel ohne Beteiligung der Herkunftseltern eine Entscheidung, die deren biographische Rahmenbedingungen grundlegend verändert. Die leiblichen Eltern werden in Hilfeplangespräche über die Zukunft ihrer Kinder und ihrer Familie kaum mit einbezogen. Das erklärt, weshalb sich der Prozess der Fremdunterbringung in vielen Fällen aus der Perspektive der Herkunftseltern, die sich zum Teil aus eigener Initiative Hilfe suchend an eine ihnen Vertraulichkeit vermittelnde Institution wandten, wie ein 'Betrug' darstellt:

> „Dabei ähnelt sich das Handlungsmuster sozialhelfender Behörden: Zunächst wird den Herkunftseltern auf dem Hintergrund der gegenwärtigen Rechtslage vermittelt, dass die Inpflegegabe nur eine vorübergehende und mit der Verbesserung der familialen Situation beendet sei. Gleichsam können wir in der Statistik feststellen, dass in den überwiegenden Fällen von Fremdunterbringungen in Pflegefamilien keine (gezielten) Rückführungen erfolgen." (Faltermeier 2001, 137)

Das den sozialen Diensten entgegengebrachte Vertrauen der Herkunftseltern wird somit tief enttäuscht, sie erleben sich als von den Gegenkoalitionären fremdgesteuert und ihnen ausgeliefert.

Zusammenfassend kann als zentrales Ergebnis festgehalten werden, dass sich Herkunftseltern – ob sie als geistig behindert gelten oder nicht – selten unterstützt, sondern eher bestraft fühlen. Sie erleben intervenierende Maßnahmen aufgrund des oben dargestellten geschlossenen Bewusstheitskontextes vor allem als gegen sie selbst gerichtet. In der Regel erhöht sich der Druck auf die ohnehin schon mit sozioökonomischen und soziobiografischen Problemen belastete Familie durch die Unterstützung oder Intervention der sozialhelfenden Institutionen noch, anstatt zu entlasten:

„Auch und gerade die sozialen Dienste verschärfen somit Erleidensprozesse von Herkunftsfamilien und tragen ungewollt dazu bei, negative Erleidensverstrickungen auf Dauer zu stellen." (Faltermeier 2001, 319)

Aufgrund dessen ist es dringend notwendig, die Hilfekonzepte der sozialen Dienste grundlegend zu überdenken (Faltermeier 2001, 319; Maywald 2001, 48ff.).

4 Ergebnisse der empirischen Studie zur Fremdunterbringung von Kindern geistig behinderter Eltern

Gegenstand der empirischen Studie, die ich im Sommer 2003 durchgeführt habe, ist die Fremdunterbringung von Kindern geistig behinderter Eltern in Deutschland. Zweck dieser Erhebung war, mehr Einblick in die Praxis der Fremdunterbringung zu erhalten. Als Forschungsmethode habe ich eine schriftliche Befragung (Friedrichs 1980, 236ff.) von Fachkräften gewählt, die innerhalb einer stationären oder ambulanten Einrichtung geistig behinderte Eltern und ihre Kinder begleiten. Um einen ersten umfassenden Einblick in die Thematik der Fremdunterbringung zu erhalten, galt mein Hauptinteresse der Klärung einiger grundlegender Fragen und Sachverhalte bezüglich der Praxis der Fremdunterbringung von Kindern geistig behinderter Eltern. Es wurden 15 Einrichtungen bzw. Projekte in Deutschland, die geistig behinderte Eltern begleiten, mit der Bitte angeschrieben, den beiliegenden Fragebogen auszufüllen und an mich zurückzusenden. Weitere Einrichtungen, die explizit eine Unterstützung für geistig behinderte Eltern und ihre Kinder anbieten, waren mir zu diesem Zeitpunkt nicht bekannt (vgl. Beitrag „Unterstützungsmöglichkeiten für Eltern mit geistiger Behinderung in Deutschland", ab S. 283 in diesem Band). Von den 15 versendeten Fragebögen wurden 10 Bögen ausgefüllt an mich zurückgesendet, was einer Rücklaufquote von zwei Dritteln entspricht. Der von mir erstellte Fragebogen umfasst 22 Fragen. Im Folgenden werde ich die Ergebnisse der Studie – nach inhaltlichen Schwerpunkten gegliedert – zusammengefasst darstellen.

4.1 Häufigkeit von Fremdunterbringungen

In der Studie wurden 36 Fälle von Fremdunterbringungen innerhalb der letzten fünf Jahre in Deutschland erhoben. Hierbei gilt zu bedenken, dass die erhobene Anzahl abhängig ist von dem Informationsgrad der befragten Fachkräfte. Außerdem bezieht sich diese Anzahl lediglich auf jene Fälle, die von Einrichtungen für geistig behinderte Eltern begleitet werden. Es kann demnach davon ausgegangen werden, dass es weit mehr Fälle von Fremdunterbringungen gibt; so zum Beispiel jene, die nicht von den Einrichtungen, die ich angeschrieben habe, betreut werden, da die Familien zum Beispiel selbständig oder in der Herkunftsfamilie der Eltern leben oder von nicht speziell für geistig behinderte Eltern konzipierten Einrichtungen betreut werden. Aus verschiedenen Gründen wurde über vier der 36 angegebenen Fälle keine weitere Auskunft gegeben, so dass für insgesamt 32 Fälle die Fragen des Fragebogens beantwortet wurden (N=32).

4.2 Lebenssituation der betroffenen Familien

Die folgende Tabelle gibt einen Überblick über Wohn- und Betreuungsform der Familien zum Zeitpunkt der Trennung.

	Häufigkeit	Prozent
Eigene Wohnung ohne Betreuung	1	3,1
Ambulante Betreuung	10	31,3
Stationäre Einrichtung	13	40,6
Mutter-Kind-Einrichtung	4	12,5
In der Herkunftsfamilie ohne Betreuung	3	9,4
In der Herkunftsfamilie mit ambulanter Betreuung	1	3,1
	32	100

Tab. 1: Wohnform der Familien zum Zeitpunkt der Trennung

Ersichtlich wird, dass mehr als die Hälfte der Familien stationär betreut wurde. Hierbei handelt es sich um allein erziehende Mütter mit ihren Kindern. Besteht eine Lebensgemeinschaft der Eltern, wird die Familie meist ambulant betreut. Dies hat sicher zum einen den Grund, dass allein erziehende Mütter im Allgemeinen mehr Belastungen ausgesetzt sind und von daher mehr Unterstützung benötigen. Zum anderen gibt es in einigen stationären Einrichtungen nicht die Möglichkeit, den Vater mit aufzunehmen.

Die Hälfte der Familien hat noch weitere Kinder, die in der Regel auch fremduntergebracht sind. Dies weist darauf hin, dass es selten der Fall ist, dass bei mehreren Kindern nur *ein* Kind einer Familie/ Mutter fremduntergebracht wird. Auch kann vermutet werden, dass nach der Fremdunterbringung eines ersten Kindes für das betreuende Umfeld/ die sozialen Dienste – obwohl dies rechtlich als Grund nicht ausreichend ist – eine Fremdunterbringung der weiteren Kinder naheliegt.

Zwei Drittel der Kinder sind zum Zeitpunkt der Fremdunterbringung unter drei Jahre alt (vgl. Tabelle 2), was bestätigt, dass Kinder geistig behinderter Eltern zumeist früh von ihren Eltern getrennt werden (Llewellyn u.a. 2000, 2; Vlasak 2002, 43).

	Häufigkeit	Prozent
0-1 Jahre	11	34,4
1-3 Jahre	10	31,3
3-6 Jahre	4	12,5
6-10 Jahre	7	21,9
	32	100

Tab. 2: Alter des Kindes zum Zeitpunkt der Trennung

4.3 Initiatoren der Fremdunterbringung

In der Mehrzahl der Fälle sind die Initiatoren der Fremdunterbringung (vgl. Tabelle 3) die betreuenden Fachkräfte und das Jugendamt. Lediglich in einem Viertel der Fälle war die Trennung unter anderem 'Wunsch der Eltern'; in einem Fall war die Herkunftsfamilie am Prozess der Fremdunterbringung beteiligt. Hervorzuheben ist ein Fall, bei dem die Trennung Wunsch des Kindes in Kombination mit dem Jugendamt und den betreuenden Fachkräften war. Wie aus dem Fragebogen ersichtlich, hatte in diesem Fall das (Schul-)Kind den Wunsch, wie seine Schwester bei der Oma zu leben.

	Häufigkeit	Prozent
Eltern/-teil	8	25
Herkunftsfamilie	1	3,1
Betreuende Fachkräfte	20	62,5
Jugendamt	26	81,3
Sonstige[10]	2	6,3

Tab. 3: Initiatoren der Fremdunterbringung (Mehrfachnennungen).

4.4 Gründe für die Fremdunterbringung

Nach den Gründen für die Fremdunterbringung wurde mit einer offenen „Warum-Frage" gefragt. Die Antworten der Fachkräfte habe ich in neun Kategorien zusammengefasst (vgl. Tabelle 4). Hierbei waren Mehrfachzuordnungen nicht zu vermeiden.

Als Trennungsgrund wird häufig eine Überforderung der Eltern/ die fehlende elterliche Kompetenz der Eltern angegeben, durch die das Wohl des Kindes gefährdet werde. Weitere der angeführten Gründe betonen andere Aspekte: So wird der Grund für die Fremdunterbringung beispielsweise mit unzureichender oder fehlender Unterstützung in Verbindung gebracht: Als Trennungsgrund wird angegeben, dass die Mutter nicht willens bzw. in der Lage war, sich auf die angebotenen bzw. auferlegten Hilfsmaßnahmen einzulassen (zum Beispiel wollte sie nicht auf Dauer in einer stationären Einrichtung leben). Zweimal wird angegeben, dass der plötzliche Wegfall von Unterstützungspersonen innerhalb der Familie Anlass für die Fremdunterbringung war. Hierzu kann festgehalten werden, dass der Wegfall von Unterstützungspersonen in der Untersuchung von Pixa-Kettner et al. (1996, 59) ebenfalls als Anlass für Fremdunterbringungen angegeben wurde. Zweimal wird sogar konkret das 'mangelhafte Unterstützungsangebot' als Grund formuliert. Einmal wird die Fremdunterbringung des ersten Kindes als Grund angeführt. Nur zweimal wird formuliert, dass die Fremdunterbringung 'Wunsch der Mutter' war, wobei hierzu nicht viel gesagt werden kann, da weitere Nachfragen nach Hintergründen und Zusammen-

---

[10] *Anmerkung*: einmal „Wunsch des Kindes"; einmal Initiative anderer Institutionen, die das Kind begleiten.

hängen, aufgrund derer sich die Mutter trennen wollte, gestellt werden müssten – vor allem an die Mutter selbst, was im Rahmen meiner Arbeit nicht möglich war.

	Häufigkeit	Prozent
„Überforderung" der Eltern; „keine erzieherischen Kompetenzen"; „Bedürfnisse des Kindes wurden nicht erkannt"	16	46,9
Mutter psychisch krank	3	9,4
Fehlende Mutter-Kind-Bindung	2	9,4
„Wunsch der Mutter"	2	6,3
Mutter konnte/wollte Hilfen nicht annehmen	6	18,8
„(Drohende) Kindeswohlgefährdung"[11]	18	56,3
Fremdunterbringung des ersten Kindes	1	3,1
Plötzlicher Wegfall von Unterstützungspersonen	2	6,3
Mangelhaftes Unterstützungsangebot	2	6,3

Tab. 4: Gründe für die Fremdunterbringung (Mehrfachzuordnungen)

4.5 (Rechtliche) Rahmenbedingungen und Ablauf der Fremdunterbringungen: Zur Problematik der sogenannten 'Freiwilligkeit'

In den meisten Fällen wurden die Eltern auf die Trennung vorbereitet und im Prozess der Fremdunterbringung von den Einrichtungen begleitet. Üblich scheint zu sein, intensive (Einzel-) Gespräche mit den Müttern/ Eltern zu führen, ihnen Probleme und Grenzen aufzuzeigen und Gefahrensituationen zu spiegeln, zum Teil mit Hilfe von Videoaufnahmen. Auch Hilfeplangespräche mit dem Jugendamt bzw. Helferkonferenzen werden oft genannt. Lediglich in

---

[11] *Anmerkung:* Zu der von mir gebildeten Kategorie „(drohende) Kindeswohlgefährdung" ist Folgendes anzumerken: Zum einen habe ich hierunter die Antworten gefasst, in denen dieser Ausdruck ohne Erläuterung von den Befragten selbst benutzt wurde (dies war sechs Mal der Fall); zum anderen fasse ich darunter sowohl Gründe wie „sexueller Missbrauch" (zweimal genannt), „Misshandlung" (zweimal genannt), „Vernachlässigung" bzw. „Verwahrlosung" (sechs Mal genannt), als auch „Entwicklungsbehinderungen" bzw. „Entwicklungshemmnisse und -rückschritte" (dieser Punkt wurde teilweise zu anderen Gründen zusätzlich genannt).

einem Fall wird das Kennenlernen und Mitaussuchen der Pflegeeltern angeführt.

In zwei Fällen wussten die Eltern (bzw. die Mutter) von der Möglichkeit einer bevorstehenden Trennung, da wiederholt mit ihnen besprochen wurde, dass es zu einer Fremdunterbringung kommen wird, wenn der Hilfeplan nicht eingehalten wird. Die konkrete Entscheidung und der Termin wurde den Eltern bzw. der Mutter jedoch nicht mitgeteilt. In vier Fällen gab es gar keine Trennungsvorbereitung. Das Kind wurde teils ohne Wissen der Eltern, teils in ihrer Anwesenheit, von den Eltern getrennt. Somit sind es immerhin ein Fünftel der Fälle, in denen die Eltern und Kinder über den Termin der Trennung nicht informiert waren.

Offen bleibt, inwieweit die Herkunftseltern, die über die Trennung informiert sind, in die Gestaltung des Pflegeverhältnisses konkret mit einbezogen werden. Wie schon erwähnt, wurde nur in einem Fall betont, dass die Herkunftseltern die Pflegeeltern mit aussuchen konnten.

Festgehalten werden kann: Die meisten Eltern werden über die bevorstehende Trennung *informiert*, und es wird versucht, sie von der Notwendigkeit der Fremdunterbringung zu überzeugen. Allerdings haben sie in der Regel nicht die Möglichkeit, das Pflegeverhältnis verantwortlich *mitzugestalten*.

Deutlich zutage tritt die Problematik der sogenannten 'freiwilligen' Entscheidung der Eltern für die Trennung: Auch wenn die Trennung nicht 'gegen den Willen' der Eltern war, war sie vielleicht nicht 'Wunsch der Eltern'; die Eltern haben ihr zwar zugestimmt, aber vielleicht nur deswegen, damit ihnen nicht das Sorgerecht entzogen wird. Oder sie waren mit dem Zusammenleben mit ihrem Kind unter den gegebenen Umständen überfordert und haben der Trennung, zu der ihnen vermutlich von allen Seiten ausdrücklich geraten wurde, von daher zugestimmt. Trotzdem sind sie unglücklich darüber und hätten sich eine andere Lösung gewünscht. Es kann nicht von einer freiwilligen Entscheidung gesprochen werden, wenn es letztlich keine Alternative gibt. Aufgrund der Kommentare der Fachkräfte kann vermutet werden, dass sich einige Eltern unter Druck gesetzt fühlten, der Trennung zuzustimmen, und hierzu überredet wurden.

Nur ein einziger Elternteil klagte vor Gericht gegen die Fremdunterbringung seiner Kinder. Demnach scheint es nicht üblich zu sein, dass die Eltern vor Gericht gegen die Fremdunterbringung klagen, auch wenn diese nicht von ihnen gewünscht wurde. Die Gründe hierfür gilt es in noch folgenden Untersuchungen zu erfragen. Vermutet werden kann, dass dies damit zusammenhängt, dass einige Eltern der Fremdunterbringung unter der Prämisse zugestimmt haben, dass ihnen das Sorgerecht nicht entzogen wird. Eine weitere Vermutung ist, dass geistig behinderte Eltern keinen Rechtsbeistand haben, der sie in diesen Fragen unterstützt, und über zu wenig Informationen verfügen, um diese Möglichkeit von sich aus in Betracht zu ziehen. Da die Entscheidung für die Fremdunterbringung in den meisten in der Studie erhobenen Fällen von der Einrichtung mitgetragen wurde, ist es nicht erstaunlich, dass die betreuenden Fachkräfte die Eltern nicht dazu ermutigten, vor Gericht gegen die Trennung zu klagen.

4.6 Folgen der Fremdunterbringung: Situation der Kinder und Eltern nach der Trennung

Über 81% der Kinder leben seit der Fremdunterbringung in einer Pflegefamilie, zwei Kinder im Heim und drei Kinder in der Herkunftsfamilie ihrer Eltern. In drei Fällen wurde über einen Wechsel des Kindes von einer Pflegestelle zur nächsten berichtet.

Die nachfolgende Tabelle gibt einen Überblick über die Wohnform der Kinder nach der Fremdunterbringung:

	Häufigkeit	Prozent
Herkunftsfamilie	3	9,4
Heim	2	6,3
Pflegefamilie	26	81,3
Adoptivfamilie	0	0
Weiß ich nicht	1	3,1
	32	100

Tab. 5: Wohnform der Kinder seit der Fremdunterbringung

Die Mehrheit der Kinder hat regelmäßigen Besuchskontakt zu ihren Herkunftseltern.

Fast allen Eltern wurde Hilfe bei der Trennungsverarbeitung angeboten. Dies widerspricht dem Ergebnis der Studie von 1996, in der festgestellt wurde, dass die Eltern keine Trennungsbegleitung erfahren haben (Pixa-Kettner et al. 1996, 70). Aufgrund der Ergebnisse der vorliegenden empirischen Studie kann vermutet werden, dass sich diese Situation in den letzten Jahren verbessert hat. Dies ist vermutlich als Folge der insgesamt besser werdenden Betreuungssituation geistig behinderter Eltern zu verzeichnen; zudem rückt die sogenannte 'vergessene Seite', die Situation der Herkunftseltern, allgemein mehr ins Bewusstsein.

Obwohl die Fachkräfte die Entscheidung für die Fremdunterbringung in fast allen Fällen unterstützt und mit initiiert haben, ist es für sie schwer zu beurteilen, ob die Trennung für die Herkunftseltern sowie für die Kinder eher eine Chance oder eher ein Trauma bedeutet. Dies wird in folgender Tabelle deutlich:

Kind	Eltern				Häufigkeit	Prozent
	Chance	Trauma	Schwer zu sagen	Weiß ich nicht		
Chance	6	2	6	2	16	50
Trauma	1	1	0	1	3	9,4
Schwer zu sagen	1	1	4	1	7	21,9
Weiß ich nicht	0	2	1	2	5	15,6
Häufigkeit	8	6	11	6	31	96,9
Prozent	25	18,8	34,4	18,8	31	96,9

Tab. 6: Trennung als Chance oder Trauma

Nur für die Hälfte der Kinder ist die Trennung nach Einschätzung der Fachkräfte eher eine 'Chance'. In drei Fällen wird die Trennung für das Kind eher als 'Trauma' eingeschätzt. Auffallend hoch ist der Prozentsatz der Fälle, in denen eine Einschätzung für die Kinder 'schwer zu sagen' ist bzw. die Fachkräfte dies nicht wissen (gut ein Drittel der Fälle).

Teilweise wird in den Begründungen dafür, dass die Trennung als Chance eingeschätzt wird, der angegebene Grund für die Trennung wiederholt: Beispielsweise, dass das Kindeswohl bei den Herkunftseltern gefährdet war und das Kind in der Pflegefamilie bessere Entwicklungschancen habe. In einem Fall wird die

Einschätzung einer Chance für das Kind damit begründet, dass der Wunsch des (Schul-)Kindes, wie seine Schwester bei der Oma zu leben, erfüllt wurde. Der in diesem Alter geäußerte Wunsch des Kindes entspricht der festgestellten Erfahrung, dass das Einschulungsalter und die Pubertät für Kinder geistig behinderter Eltern oftmals Einschnitte darstellen, da sie sich in diesen Phasen besonders mit der geistigen Behinderung ihrer Eltern auseinander setzen (Prangenberg 2003, 321f.). Die Kinder bemerken, dass sie ihren Eltern zum Teil überlegen sind, müssen ihre Schamgefühle, ihre Wut und Enttäuschung verarbeiten und eine Position gegenüber ihren Eltern finden (Pixa-Kettner 2001, 15). In einem anderen Fall wird betont, dass die Beziehung zwischen der Mutter und den Pflegeeltern sehr gut ist – die Trennung sei eine Chance, da das Kind nun 'zwei Mütter' habe. Diese Bemerkung weist darauf hin, dass eine Trennung dann zu einer Chance werden kann, wenn ein guter Kontakt zwischen Herkunfts- und Pflegeeltern besteht und die Fremdunterbringung für das Kind keinen Verlust, sondern einen Zugewinn verlässlicher Bezugspersonen darstellt. Hinsichtlich der Chancen der Trennung wird eine Ambivalenz beschrieben, die zwischen der engen Mutter-Kind-Beziehung einerseits und den geringen Entwicklungschancen des Kindes in der Herkunftsfamilie andererseits besteht. Eine Fachkraft formuliert, dass ein weiteres Zusammenleben wünschenswert gewesen wäre, jedoch nicht umsetzbar war. Dies deutet auf einen Mangel an realisierbaren Unterstützungsmöglichkeiten hin.

Für die Eltern wird die Trennung lediglich in einem Viertel der Fälle eher als 'Chance' eingeschätzt – somit in nur halb so vielen Fällen wie für die Kinder. Dies scheint schwer erklärbar zu sein, was daran deutlich wird, dass nur in der Hälfte der Fälle ein Grund für diese Einschätzung angeführt wird. In den Begründungen wird mehrheitlich betont, dass vor allem die Mütter dadurch entlastet sind, weniger Verantwortung zu haben, eigenständiger leben zu können und mit dem neu gestalteten Kontakt zu ihrem Kind glücklich sind. Zweimal wird erwähnt, die Mütter seien glücklich darüber, wieder arbeiten gehen zu können. Der Wunsch der Mutter, wieder zu arbeiten, wird auch in der Untersuchung von Pixa-Kettner et al. (1996, 60) als Trennungsgrund erwähnt.

In einem Fünftel der Fälle – und damit in doppelt so vielen Fällen wie für die Kinder – wird die Trennung für die Eltern eher als

'Trauma' eingeschätzt. Dies wird wie folgt begründet: Die Trennung geschah gegen den Willen der Eltern; sie wurden nicht darauf vorbereitet; sie können die Gründe für die Trennung nicht verstehen; die Trennung wird von den Eltern selbst als Versagen empfunden.

Insgesamt wird in den Beurteilungen der Fachkräfte die Ambivalenz von Fremdunterbringungen sichtbar: In den meisten Fällen gibt es 'zwei Seiten der Medaille'; nur selten gibt es ein 'Gut' oder 'Böse', 'Richtig' oder 'Falsch'.

Ein hervorzuhebendes Ergebnis der vorliegenden empirischen Studie ist, dass eine Rückführung der in der Regel in Pflegefamilien untergebrachten Kinder in die Herkunftsfamilie meist nicht im Hilfeplan vorgesehen wird. Lediglich in einem Fall hat eine Rückführung (der *drei* Kinder) bereits stattgefunden. Dies entspricht der Tatsache, dass in den überwiegenden Fällen von Fremdunterbringungen in Pflegefamilien keine gezielten und vorbereiteten Rückführungen erfolgen, obwohl ein Pflegeverhältnis laut Gesetzeslage in der Regel vorübergehend sein sollte, wie den Herkunftseltern vor der Trennung auch oft genug versichert wird (Faltermeier 2001, 30 u. 137).

5 Schlussfolgerungen und Perspektiven

Als zentrales Ergebnis kann festgehalten werden, dass eine vertrauensvolle Beziehung zwischen Fachkraft und zu unterstützender Familie für einen erfolgreichen Hilfeprozess von großer Wichtigkeit ist. Dies wird auch in den Konzepten zur Unterstützung von geistig behinderten Eltern immer wieder betont (Pixa-Kettner 1999, 71). Wie schwierig sich die Voraussetzungen für die Herstellung positiver Grundhaltungen zwischen Fachkräften und Herkunftseltern gestalten, ist bereits angesprochen worden: Auf Seiten der Herkunftseltern besteht aufgrund ihrer biografischen Erfahrungen ein Misstrauen gegenüber den sich einmischenden Außenstehenden. Für die Fachkräfte wiederum sind Herkunftseltern häufig Eltern, die ihre Rechte als Eltern verwirkt haben, oder – wenn Menschen als geistig behindert gelten – Eltern, die ihre elterliche Kompetenz erst noch beweisen müssen. Die Fachkräfte reduzieren ihr Hilfeverständnis oftmals auf die vermeintlichen elterlichen Inkompetenzen der Herkunftseltern und begegnen diesen häufig mit Schuldzuweisungen. Das Jugendamt handelt aus seiner Sicht im Interesse des betroffenen Kindes, das Kindeswohl ist ausschlaggebend. Allerdings ist es gerade im Interesse des betroffenen Kindes, dass den Herkunftseltern ermöglicht wird, die Fremdunterbringung nicht als Bestrafung zu erleben, sondern diese als für ihr Kind hilfreich und in der aktuellen Situation als die „*am wenigsten schädliche Alternative*" anzunehmen. Schuldzuweisungen, mittels derer die Herkunftseltern für die Gesamtsituation ihrer Lage verantwortlich gemacht werden, vereinfachen hochkomplexe Wirkungszusammenhänge. Vor dem Hintergrund der dargestellten soziobiografischen und sozioökonomischen Rahmenbedingungen müssen sozialhelfende Institutionen ihr Hilfeverständnis dahingehend erweitern, ihre Hilfe auf die gesamte Familie auszudehnen. Sie können zu einer Vertrauensinstanz für Herkunftseltern werden, wenn diese gleichberechtigt in die Gestaltung der Situationsentwicklung im Hilfeplanverfahren einbezogen werden und sich somit der sogenannte '*geschlossene Bewusstheitskontext*' öffnet (Faltermeier 2001, 319).

Als Fazit kann festgehalten werden: Einerseits sind Eltern, die als geistig behindert gelten, sicherlich die am strengsten kontrollierten Eltern, nämlich eine Personengruppe, die allein aufgrund ihrer sogenannten geistigen Behinderung unter besonderer Beobachtung der sozialen Dienste steht. Ihre elterliche Kompetenz wird in der Regel von vornherein angezweifelt, und sie müssen ihre Umgebung vom Gegenteil überzeugen. Oftmals werden intervenierende Hilfsmaßnahmen von Eltern sowie Kindern mehr als Bedrohung denn als Unterstützung erlebt. Andererseits verbessert sich die Betreuungs- und Unterstützungssituation von geistig behinderten Eltern und ihren Kindern in Deutschland zunehmend. Ihre Lebenssituation rückt immer mehr in das Bewusstsein der Öffentlichkeit. Spezielle Einrichtungen haben das erklärte Ziel, geistig behinderten Eltern ein Zusammenleben mit ihren Kindern zu ermöglichen und ihre Elternschaft zu begleiten. Wenn es dennoch zu Fremdunterbringungen kommt, scheinen diese vergleichsweise gut vorbereitet und begleitet und nicht vorschnell und unbedacht durchgeführt zu werden. Allerdings muss bedacht werden, dass in der vorliegenden empirischen Studie nicht die Fälle von Fremdunterbringungen erfasst werden, die *nicht* von einer speziellen Einrichtung für geistig behinderte Eltern begleitet werden. Hier dürften Trennungen weniger gut vorbereitet und begleitet werden (vgl. Fallbeispiele in diesem Band).

Die vorliegende Untersuchung zeigt, dass die Notwendigkeit besteht, geistig behinderte Eltern, die von einer Fremdunterbringung ihrer Kinder betroffen sind, über juristische Möglichkeiten aufzuklären und sie über die Rechtslage zu informieren. Die Vermutung, dass diese wenig Unterstützung erhalten, um vor Gericht gegen die Fremdunterbringungen vorzugehen, und in Gerichtsverfahren benachteiligt werden, gilt es zu überprüfen.

Auch lassen die Ergebnisse meiner Arbeit die Vermutung zu, dass die Mehrzahl der Herkunftseltern – obwohl sie ihre Kinder 'freiwillig' abgegeben haben – der Trennung gezwungenermaßen zustimmen, da sie keine andere Möglichkeit haben oder sich von ihrer Umgebung unter Druck gesetzt fühlen. Als Ergänzung der vorliegenden Arbeit müssten die betroffenen Eltern befragt werden, wie *sie* die Trennung von ihren Kindern erleben und verarbeiten und wie *sie* den Prozess der Fremdunterbringung beurteilen.

Eine weitere offene Frage ist, warum so gut wie keine Rückführungen der fremduntergebrachten Kinder stattfinden. Inwieweit werden die Herkunftseltern darin bestärkt und unterstützt, sich und ihre Lebenssituation dahingehend zu verändern, dass eine Rückführung ihrer Kinder denkbar wird? Die Möglichkeit einer Rückführung muss in Unterstützungskonzepten und Hilfeplänen gezielt in Betracht gezogen werden.

Deutlich wird, dass die Problematik der Fremdunterbringung von Kindern – ob die Eltern als geistig behindert gelten oder nicht – eine Thematik ist, die viele Fragen aufwirft, die zum Teil nicht befriedigend zu beantworten sind. Die Entscheidung für eine Eltern-Kind-Trennung ist in jedem Einzelfall schwer zu treffen. Die Beurteilung, ob die Entscheidung richtig war, wird womöglich immer ambivalent ausfallen. Eine Trennung von den Eltern, welche die Bezugspersonen des Kindes sind und zu denen es eine Bindung aufgebaut hat, kann in keinem Fall zum *Wohl* des Kindes, sondern im besten Fall *weniger schädlich* als ein Verbleib in der Herkunftsfamilie sein – somit die „*am wenigsten schädliche Alternatve*".

In diesem Sinne wird die Notwendigkeit deutlich, Fremdunterbringungen zu verhindern. Stattdessen sollten Herkunftsfamilien eine unvoreingenommene Unterstützung erhalten, die sie nicht als Kontrolle und Bedrohung erleben müssen und durch die sie sich nicht unter Druck gesetzt fühlen. Dem Kind sollten zusätzliche, verlässliche Bezugspersonen zur Seite gestellt werden, die seine Widerstandsfähigkeit stärken, es unterstützen und begleiten.

Im Hinblick auf nicht zu verhindernde Fremdunterbringungen ist ein Umdenken hinsichtlich der Bewertung von Herkunftseltern, die getrennt von ihren Kindern leben (müssen), notwendig. Wenn 'Eltern ohne Kinder' nicht mehr als 'Rabeneltern' gelten, die als Eltern versagt haben, sondern andere Möglichkeiten der gelebten Elternschaft auch respektiert werden, können Herkunftseltern und vor allem auch ihre Kinder von Schuld- und Schamgefühlen entlastet werden. Dies könnte zu einer Trennungsverarbeitung beitragen und eine Traumatisierung verhindern.

Als Besonderheit bei Eltern, die als geistig behindert gelten, ist hervorzuheben, dass diese die Chance erhalten müssen, als kompetente Eltern respektiert zu werden; kompetente Eltern, denen ohne Skepsis und Misstrauen begegnet wird, die ihre Kompetenz nicht erst unter Beweis stellen müssen.

Es gilt, weiter an Unterstützungskonzepten zu arbeiten und Ideen für eine Form der Begleitung zu entwickeln, die geistig behinderten Eltern mit ihren Kindern ein selbstbestimmtes Leben mit so viel Freiraum wie möglich und so viel Unterstützung wie nötig ermöglicht, so dass Fremdunterbringungen immer weniger notwendig werden.

Fallbeispiel V: Frau Nülsch

„Aber zu mir sagt sie Mama!"

Frau Nülsch war zum Zeitpunkt ihrer Schwangerschaft etwa 25 Jahre alt. Sie ist geistig behindert. Besonders auffällig sind ihre sprachlichen Defizite. Sie hat einen sehr geringen Wortschatz, äußert sich vorwiegend in Drei- bis Vierwortsätzen und spricht Wörter mit drei und mehr Silben verkürzt aus. Lesen, Schreiben oder Rechnen kann sie nicht. In vielen Bereichen des Alltags wurde sie von Mitarbeitern der Wohnstätte für Menschen mit geistiger Behinderung als unselbständig beschrieben.

Frau Nülsch stammt aus einer Familie mit Alkoholproblemen. Als Kind war sie mehrfach in einem Kinderheim untergebracht. Die Förderschule für geistigbehinderte Kinder hat sie unregelmäßig besucht. Im Jugendalter ist Frau Nülsch mehrmals aus ihrem Elternhaus ausgebrochen und hat zeitweise auf der Straße gelebt. Zu Beginn ihrer Volljährigkeit wurde vom Gericht ein Betreuer für sie bestellt. Auf dessen Anraten zog Frau Nülsch in eine Wohnstätte für Menschen mit geistiger Behinderung und wurde in die Werkstatt für behinderte Menschen (WfbM) eingegliedert.

Nach mehrwöchiger Abwesenheit mit unbekanntem Aufenthalt kehrte Frau Nülsch schwanger in die Wohnstätte zurück. Aufgrund mangelnder sexueller Aufklärung war sie von ihrer Schwangerschaft selbst überrascht. MitarbeiterInnen der Wohnstätte und der Werkstatt, aber auch die Eltern von Frau Nülsch nahmen die Schwangerschaft mit Besorgnis zur Kenntnis.

Nach dem Besuch einer Schwangerschaftskonfliktberatung wurde ein Schwangerschaftsabbruch vorbereitet, der jedoch nicht zustande kam. Der Arzt, der den Eingriff im örtlichen Krankenhaus vornehmen sollte, äußerte sich im Anschluss an ein persönliches Gespräch mit Frau Nülsch dahingehend, dass er bei ihr den Wunsch nach einer Schwangerschaftsunterbrechung nicht eindeutig erkennen könne. Die MitarbeiterInnen der Wohnstätte vermuteten Missverständnisse im Gespräch zwischen dem Arzt und Frau Nülsch, die möglicherweise im Sprachdefizit von Frau Nülsch begründet lägen.

Das Kind Nicole Nülsch kam termingerecht auf die Welt und wurde noch im Krankenhaus auf Initiative des Jugendamts von der Mutter getrennt. Ein Gericht stellte das Ruhen der elterlichen Sorge wegen Geschäftsunfähigkeit (vgl. Beitrag „Rechtliche Fragen im Zusammenhang der Elternschaft von Menschen mit geistiger Behinderung", ab S. 91 in diesem Band) von Frau Nülsch fest. Frau Nülsch kehrte ohne ihre Tochter aus dem Krankenhaus in die Wohnstätte zurück. Die dortigen MitarbeiterInnen reagierten auf diese ungewohnte Situation verunsichert. Sie sprachen so wenig wie möglich über den Krankenhausaufenthalt, die Geburt oder das Kind, weil sie hofften, dadurch würde Frau Nülsch den Verlust ihres Kindes besser überwinden.

Frau Nülsch zeigte erst nach Tagen Reaktionen der Trauer, dann jedoch sehr intensiv. Sie bat die MitarbeiterInnen der Wohnstätte darum, ihr bei der Suche nach ihrem Kind behilflich zu sein. Nach ausführlichen Diskussionen wurde in der Wohnstätte beschlossen, Frau Nülsch zu unterstützen. Eine Mitarbeiterin berichtete später, sie sei überrascht gewesen von dem Nachdruck, mit dem die sonst eher gleichgültig erscheinende Frau nach ihrer Tochter verlangt hatte.

Nicole Nülsch war aus dem Krankenhaus in ein Kinderheim gekommen. Eine Erzieherin dieses Heims versorgte Nicole zusammen mit einem anderen Säugling im eigenen Haushalt. Mit dem Jugendamt und dem Kinderheim wurde ein wöchentlicher Besuch von Frau Nülsch bei ihrer Tochter vereinbart. Im Beisein und unter Aufsicht der Erzieherin durfte Frau Nülsch in dieser Zeit ihrer Tochter die Flasche geben und sie im Kinderwagen spazieren fahren.

Als in der benachbarten Stadt ein Platz in einem Mutter-Kind-Heim frei wurde, bekam Frau Nülsch nach gut einem Jahr die Gelegenheit, mit ihrer Tochter zusammen zu wohnen. Gemeinsam mit Nicole bezog sie eine der Wohnungen in dem Mutter-Kind-Heim. Zum ersten Mal in ihrem Leben musste Frau Nülsch für eine eigene Wohnung und zusätzlich noch für ein Kind sorgen. Diese plötzliche Doppelbelastung war für sie schwerer, als sie selbst es erwartet hatte. Nicole war nach einem Jahr von ihrer bisherigen sozialen Mutter, zu der sie eine feste Bindung hatte, getrennt worden. Sie hat diese Erzieherin nicht wieder gesehen.

Es zeigte sich bald, dass Frau Nülsch die Erfahrungen mit ihrer Tochter im ersten Lebensjahr vermisste. Sie kümmerte sich oft um andere Babys im Mutter-Kind-Heim. Deren Mütter nahmen die Entlastung gern an. Für Nicole war dieses Verhalten nicht günstig. Es gab schon bald Schwierigkeiten, sowohl im Verhalten von Nicole als auch im Umgang von Frau Nülsch mit ihrer Tochter. Die wöchentlichen Besuche der Mutter im Kinderheim hatten nicht ausgereicht, um eine tragfähige Mutter-Kind-Bindung entstehen zu lassen. Frau Nülsch war mit ihrem einjährigen Kind zunehmend überfordert. Sie hatte keine Zeit gehabt, dessen Entwicklung nachzuvollziehen. Als Frau Nülsch anfangen wollte, mit ihrer Tochter Bauklötzchen zu Türmen aufeinanderzustellen, hatte diese schon wieder andere Interessen.

Unvermittelt nahm Frau Nülsch Kontakt zum Vater von Nicole auf. Dieser stammt ebenfalls aus dem vom Alkohol bestimmten Milieu der Eltern von Frau Nülsch. Er war zu diesem Zeitpunkt arbeits- und obdachlos. Die MitarbeiterInnen im Mutter-Kind-Heim förderten zunächst die Beziehung von Frau Nülsch zu dem Vater von Nicole und halfen ihm bei der Suche nach einer Wohnung in einem Vorort der Stadt. Am Wochenende konnte er Frau Nülsch im Mutter-Kind-Heim besuchen und kümmerte sich gern um Nicole. Er hielt sich an die im Mutter-Kind-Heim geltenden Regeln des Zusammenlebens. Nicole genoss die Besuche ihres Vaters sichtlich. Frau Nülsch fühlte sich durch die Besuche entlastet und wünschte sich sehr, mit Nicoles Vater zusammen zu ziehen.

Zwar verliefen die Wochenenden mit dem Vater zunächst harmonisch, es wurde jedoch schon nach wenigen Wochen deutlich, dass diese zunächst positive Entwicklung nicht lange anhalten würde. Nicoles Vater nahm zunächst die Beratung und Unterstützung durch die MitarbeiterInnen im Mutter-Kind-Heim gern an, schaffte es jedoch auf Dauer nicht, sein Alkoholproblem zu überwinden. Schon nach wenigen Monaten fiel er wegen eines akuten Rückfalls als Unterstützung für Frau Nülsch aus. Diese war zu unselbständig, um mit ihrer Tochter ohne Hilfe in einer eigenen Wohnung zu leben. Die MitarbeiterInnen im Mutter-Kind-Heim waren der übereinstimmenden Meinung, dass ein selbständigeres Leben von Frau Nülsch mit ihrer Tochter mit hoher Wahrscheinlichkeit das Kindeswohl gefährdete. Besonders die Gefahr einer Vernachlässigung des Kindes wurde prognostiziert. Ohne Unterstützung war

Frau Nülsch nicht in der Lage, die Bedürfnisse von Nicole zu erkennen und angemessen darauf zu reagieren. Zu viele Angelegenheiten des täglichen Lebens vergaß sie von einem Tag auf den anderen, beispielsweise für Nicole ein Getränk bereitzustellen, wenn sie sich ihren Frühstückskaffee gekocht hatte. Mochte sie nicht essen, so dachte sie nicht daran, Nicole etwas zu essen zu geben. Das geregelte Leben im Mutter-Kind-Heim mit vielen Alltagspflichten war ihr fremd. Als beispielsweise eine Mitarbeiterin den Geburtstagstisch für Nicole deckte, war sie sehr erstaunt: *„Was soll'n das?"* Nie hatte sie solche Aufmerksamkeiten in ihrer Kindheit kennengelernt.

Frau Nülsch war von der Einschätzung des Mutter-Kind-Heims sehr enttäuscht. Sie hatte trotz aller Probleme gehofft, mit Nicoles Vater zusammen wohnen zu können. Dieser besuchte Familie Nülsch unregelmäßiger. Kam er längere Zeit nicht oder hielt Verabredungen nicht ein, so versuchte Frau Nülsch, ihn zu besuchen. Nachts ließ sie Nicole mehrmals allein in ihrer Wohnung. Als sich die Paarkonflikte zuspitzten, war Frau Nülsch noch weniger in der Lage dazu, den täglichen Bedürfnissen von Nicole gerecht zu werden. Einmal stand Frau Nülsch zwei Stunden im Nieselregen an einer Imbiss-Bude, weil sie hoffte, dort ihren Freund zu treffen. Nicole war in einem Buggy angeschnallt und fror jämmerlich.

Frau Nülsch hielt die unterschiedlichen Ansprüche, die Nicoles Vater, die MitarbeiterInnen des Mutter-Kind-Heims und Nicole selbst an sie stellten, immer weniger aus. Nicole war inzwischen zwei Jahre alt und wurde verhaltensauffälliger, je weniger sich Frau Nülsch um sie kümmerte. Zeitweise zeigte sie autoaggressive Verhaltensweisen. Frau Nülsch machte deutlich, dass sie sich überfordert fühle. Nach vielen Gesprächen mit den MitarbeiterInnen im Mutter-Kind-Heim entschied sich Frau Nülsch für eine Trennung von ihrem Kind und wurde von den MitarbeiterInnen in dieser Entscheidung bestärkt.

Eine Pflegemutter für die fast dreijährige Nicole wurde gesucht und gefunden. Der Ablöseprozess Nicoles von der Mutter erstreckte sich über mehrere Wochen. Als Nicole bei der Pflegemutter wohnte, musste auch Frau Nülsch das Mutter-Kind-Heim verlassen. Sie zog in eine Wohnstätte für Menschen mit geistiger Behinderung. Dort wurde sie als Frau mit geistiger Behinderung, nicht aber als von ihrem Kind getrennt lebende Mutter begleitet. Dies führte relativ schnell zu einer Entfremdung von ihrem Kind. Ebenso wie Nicoles Vater wurde auch Frau Nülsch für Nicole zunehmend unzuverlässig. Manchmal meldete sie sich mehrere Monate lang nicht bei Nicole oder bei der Pflegemutter. Auch den Geburtstag ihrer Tochter schien sie zu vergessen.

Inzwischen ist Nicole acht Jahre alt. Frau Nülsch wurde gefragt, was sie mit Nicole bei den (seltenen) Besuchen mache und sie gab zur Antwort: *„Ich spiele, Turm bauen"*. Die Pflegemutter berichtete, dass Frau Nülsch erleichtert zu sein scheint, wenn die seltenen Besuche bei der Tochter vorbei sind. Sie weiß nichts anzufangen mit dem inzwischen achtjährigen Kind. Für sie scheint die Zeit stehengeblieben zu sein. Nicole ist für sie immer noch so alt wie damals, als sie zur Pflegemutter zog. So wie schon einmal, als sie statt eines Babys ein Kleinkind bekam. *„Aber zu mir sagt sie Mama"*, sagt Frau Nülsch stolz. Und das Bild, welches sie aus einer Schublade holt, zeigt ein zweijähriges Mädchen.

Markante Aspekte der geschilderten Lebenssituation

- von Problemfaktoren geprägte psychosoziale Vergangenheit der Mutter (fehlender Schulbesuch, Alkoholproblematik, Heimaufenthalte, Obdachlosigkeit)
- fehlende sexuelle Aufklärung der Mutter
- Reaktionen des Umfeldes auf die Schwangerschaft: keine Freude, geplanter Schwangerschaftsabbruch, Vorbereitung der Trennung des Kindes von der Mutter
- Trennung von Mutter und Kind unmittelbar nach Geburt des Kindes
- Sorgerechtsentzug und Trennung ohne konkrete Kindeswohlgefährdung
- fehlende Trennungsbegleitung, Hoffnung darauf, dass die Mutter das Kind vergessen wird
- vielfältige Einflussnahmen auf die Mutter (MitarbeiterInnen verschiedener Einrichtungen, Arzt, Schwangerschaftskonfliktberatung, Eltern, Vater des Kindes, Pflegeeltern)
- keine Berücksichtigung der kindlichen Bedürfnisse durch das professionelle Hilfesystem (zweistündiger Kontakt pro Woche

mit der Mutter, abrupte Trennung von der Mutter und von der Pflegemutter)
- Fehlende Unterstützung der Mutter als Mutter nach der Trennung vom Kind

DIETKE SANDERS

Risiko- und Schutzfaktoren im Leben der Kinder von Eltern mit geistiger Behinderung

1 Die Lebenssituation der Kinder von Eltern mit geistiger Behinderung

Die mögliche Gefährdung des Kindeswohls ist der zentrale Einwand gegen das Recht auf Elternschaft von Menschen mit geistiger Behinderung. *„Wer denkt denn an das Kind? Wächst es nicht mit einem unzumutbar großen Handicap auf?"* (Achilles 1990, 84). Im Vordergrund der Diskussion steht die Frage, ob diese Kinder mit einem erhöhten Risiko für Entwicklungsverzögerungen leben, weil ihre geistig behinderten Eltern unter Umständen den vielfältigen erzieherischen Aufgaben nicht gewachsen sind. Die Vorbehalte spiegeln viele traditionelle Vorurteile gegenüber Menschen mit geistiger Behinderung wider und lassen sich in der Aussage zusammenfassen: *Wer sich nicht selbst versorgen kann, ist nicht in der Lage, Verantwortung für andere Menschen zu tragen, schon gar nicht für Kinder.* Ein zweiter zentraler Aspekt der Debatte betrifft Spekulationen über die außerordentliche biographische Belastung, die es für einen Menschen bedeute, geistig behinderte Eltern zu haben. Systematische empirische Untersuchungen zu beiden Fragekomplexen fehlen bisher in Deutschland. Das tatsächliche Wissen um die Chancen und Grenzen der Kindererziehung durch Eltern mit geistiger Behinderung ist gering.

Dabei weist die bisher einzige bundesweite Studie aus dem Jahr 1996 von Pixa-Kettner, Bargfrede und Blanken mit einer Zahl von 1366 Kindern auf die wachsende praktische Relevanz des Themas 'Kinder von Eltern mit geistiger Behinderung' hin. Ungefähr ein Drittel dieser Kinder wurde innerhalb von vier Jahren, mehr als die Hälfte innerhalb von 10 Jahren vor Beginn der Datenerhebung im Jahr 1993 geboren. Auch wenn das institutionelle Gedächtnis kürzer zurückliegende Zeiträume sicher besser erfasst, ist eine deutliche Zunahme der Geburtenzahl zu beobachten. Ausgehend von einer Entwicklung der Geburtenrate von 100 Neugeborenen pro Jahr seit Beginn der 90er Jahre liegt die untere Grenze der Zahl heute in Deutschland lebender Kinder geistig behinderter Eltern bei mindestens 2.500. Dabei ist u.a. wegen der Tabuisierung des Themas und damit einhergehender forschungsmethodischer Zugangsprobleme von einer weit höher liegenden Dunkelziffer auszugehen (Pixa-Kettner, Bargfrede & Blanken 1996). In einer Befragung aller Thüringer Wohneinrichtungen und Werkstätten für Menschen mit geistiger Behinderung (Sanders 2005) fand sich eine Zahl von 176 Kindern; in der Untersuchung von Pixa-Kettner et al. waren in derselben Region 17 Kinder genannt worden. Diese Entwicklungen weisen auf die Notwendigkeit einer erneuten bundesweiten Untersuchung zur Aktualisierung der Datenbasis hin.

Die internationale Forschung zu Familien mit geistig behinderten Eltern(teilen), vor allem in den USA, hat sich seit den 60er Jahren einseitig auf Besonderheiten in der körperlichen, psychosozialen, emotionalen und kognitiven Entwicklung, insbesondere von Säuglingen und Kleinkindern, konzentriert (Mørch, Skår & Andersgård 1997; Tymchuk et al 1990; Feldman 1986). In quantitativen Studien, deren Ergebnisse sich erheblich voneinander unterscheiden, wird die Gefährdung der altersgemäßen Entwicklung durch Deprivation, sexuelle Gewalt und eine eigene Behinderung in den Vordergrund gestellt. In der Bundesrepublik existieren keine entsprechenden Untersuchungen. Im Mittelpunkt der Forschung zu Familien mit geistig behinderten Eltern stehen hier seit Beginn der 90er Jahre die Eltern selbst und die MitarbeiterInnen unterstützender Einrichtungen (Sanders 2002[12]; Pixa-Kettner, Bargfrede & Blanken 1996). Bei den Aussagen über die zu den Familien gehörenden Kinder handelt es sich vorwiegend um entwicklungstheoretische Annahmen oder Einzelerfahrungen aus der Praxis, die sich auf Entwicklungsrisiken konzentrieren (Betheler Arbeitstexte 1996; Lebenshilfe 1993).

---

[12] Im Laufe des Artikels wird mehrfach aus dieser im Jahr 2001 durchgeführten Interviewstudie mit 10 MitarbeiterInnen Berliner und Brandenburger Familienprojekte für Eltern mit geistiger Behinderung (Sanders 2002) zitiert.

Seit Mitte der 90er Jahre ist sowohl in der internationalen als auch in der deutschen Forschung eine Perspektiverweiterung zu beobachten: Über qualitative Methoden wird die subjektive Sicht erwachsener Kinder von Eltern mit geistiger Behinderung erhoben, um Informationen über die Langzeitfolgen ihrer Sozialisation zu sammeln (Prangenberg 2003; Booth & Booth 1998a; Pixa-Kettner, Bargfrede & Blanken 1996). Erst durch diese methodische Umorientierung hat eine systemische Sichtweise der kindlichen Lebenssituation Raum gewonnen, die auch die Belastung der Kinder durch unzureichende Unterstützung und die gesellschaftliche Stigmatisierung der Familien berücksichtigt. Die bisher einzige Chance sich mit der Perspektive einer Betroffenen in ihrer eigenen Beschreibung auseinander zu setzen, bietet der 1997 von Carol Rambo Ronai publizierte Artikel *"On Loving and Hating my mentally retarded mother"*, der die Debatte um wichtige Aspekte erweitert. So schildert die Autorin, die selbst mit einer geistig behinderten Mutter aufgewachsen ist, neben großen Belastungen auch Situationen in ihrer Kindheit, in denen sie stolz war, eine Mutter zu haben, die sich anders verhielt als andere. Inwiefern im Zusammenleben mit 'andersfähigen' Eltern für Kinder besondere Chancen liegen können, ist bisher in der Literatur kaum ein Thema.

Im Folgenden werden die in der Literatur diskutierten Faktoren, die die Entwicklung von Kindern geistig behinderter Eltern bedrohen bzw. schützen können auf dem theoretischen Hintergrund der Risiko- und Resilienzforschung diskutiert.

2 Risikofaktoren

2.1 Zur Entwicklung der Risikoforschung

Die Risikoforschung untersucht die Wirkungsweise von Faktoren, welche die ungestörte Entwicklung von Kindern gefährden können. Ausgehend von der Geburts- und Neonatalmedizin wurde der Risikobegriff später zunehmend auf weitere Phasen der kindlichen Entwicklung ausgedehnt. Ein Risikofaktor kann als Merkmal definiert werden, welches „(...) *bei einer Gruppe von Individuen, auf die dieses Merkmal zutrifft, die Wahrscheinlichkeit des Auftretens einer Störung im Vergleich mit einer unbelasteten Kontrollgruppe erhöht"* (Garmezy in Laucht 1999, 303). Risikofaktoren werden nach internalen, individuellen Risiken und externalen Risiken, die sich aus der Umwelt des Kindes ergeben, unterschieden. Zu letzteren zählen beispielsweise chronische Armut, psychische Erkrankungen und Suchtprobleme der Eltern oder langandauernde Instabilität innerhalb der Familie (Pixa-Kettner 2001; Werner 1999). Individuelle Risiken, auch als Vulnerabilität bezeichnet, beziehen sich dagegen auf Merkmale wie genetische Belastungen, Geburtskomplikationen oder das kindliche Temperament (Laucht, Esser & Schmidt 1999, 71f.). Als Risikokinder werden Kinder wahrgenommen, in deren Entwicklung ein oder mehrere Risikofaktoren auftreten.

In einer frühen Phase der Risikoforschung wurde zunächst davon ausgegangen, dass einzelne Risikofaktoren direkte Ursachen von Entwicklungsstörungen darstellen. Das additive Modell dagegen folgt der Hypothese, dass kindliche Entwicklungsprozesse eher durch das Zusammenwirken verschiedener Belastungsmomente beeinträchtigt werden. Die zukünftige Entwicklung von 'Risikokindern' hängt demnach von vielfältigen zusätzlichen Faktoren ab, die die Wirkung frühkindlicher Risiken beeinflussen (Opp, Fingerle & Freytag 1999, 15f.). Auch dieses Modell ist vielfach kritisiert worden (Laucht, Esser & Schmidt 1999, 90f.). So lassen sich aufgrund bisheriger Forschungsergebnisse lediglich Aussagen über die durchschnittliche Entwicklung von Risikokindern treffen; individuelle Entwicklungsprozesse können nicht vorausgesagt werden. Laucht (1999, 303f.) weist darauf hin, dass in den letzten 20 Jahren die belastende Wirkung von Risikofaktoren in verschiedenen kindlichen Entwicklungsbereichen rückblickend beobachtet wurden, d.h. in der Sozialisationsvergangenheit auffälliger Erwachsener wurden regelmäßig Risikofaktoren gefunden. Der Zusammenhang zwischen dem Vorhandensein von Risikofaktoren und 'negativem Entwicklungsergebnis' stellt sich bei umgekehrter Betrachtung weniger eindeutig dar: In Studien über risikobelastete Kinder findet sich immer auch ein Anteil mit unauffälliger Entwicklung. Der Versuch einer eindeutigen Unterscheidung von Risiko- und Schutzfaktoren dient der Orientierung und ist doch nicht immer zu leisten: Es gilt auch die sensible Balance zwischen Lebensbedingungen und -ereignissen zu beachten, die je nach Lebensphase, Geschlecht, Kultur oder Milieu belastend oder schützend wirken können.

2.2 Risikofaktoren im Leben von Kindern geistig behinderter Eltern

Auch die geistige Behinderung eines oder beider Elternteile kann als Risikofaktor für die kindliche Entwicklung betrachtet werden (Pixa-Kettner 2001). Unterscheiden lassen sich Risiken, die Kinder in jeder Entwicklungsphase betreffen und Gefährdungen, die altersabhängig eintreten können.

2.2.1 Altersunabhängige Risiken

Die Risiken, die Kinder in jeder Lebensphase betreffen können, lassen sich folgendermaßen systematisieren:
- Eigene Behinderung
- Trennung von den Eltern
- Vernachlässigung
- (Sexuelle) Gewalterfahrungen
- Parentifizierung
- Diskriminierung / Tabuisierung der elterlichen Behinderung
- Belastung durch das professionelle Hilfesystem

2.2.1.1 Eigene Behinderung

Eine der ersten Reaktionen von GesprächspartnerInnen auf das Thema 'Elternschaft' ist häufig die Frage: „Sind die Kinder dann eigentlich auch behindert?" Es existieren kaum bzw. nur sehr widersprüchliche Angaben über die Prävalenz behinderter Kinder mit geistig behinderten Eltern. Während deutsche AutorInnen (Prangenberg 1999, 77; Bargfrede, Blanken & Pixa-Kettner 1994, 231) darauf hinweisen, dass die reine Vererbungswahrscheinlichkeit nicht wesentlich über derjenigen nicht behinderter Eltern liegt, erfassen internationale Studien häufig sowohl ererbte als auch erworbene Behinderungen. Die Ergebnisse zeigen große Abweichungen, die sich zum Teil durch die unterschiedliche Auswahl der Untersuchungspopulation, differierende forschungsmethodische Ansätze und abweichende Definitionen des Personenkreises erklären lassen (vgl. Beitrag „Zur Geschichte der internationalen Fachdiskussion über Elternschaft von Menschen mit einer geistigen Behinderung", ab S. 25 in diesem Band).

Booth und Booth (1998a, 205) beschreiben ca. die Hälfte der von ihnen interviewten erwachsenen Kinder als geistig oder lernbehindert, verneinen allerdings einen kausalen Zusammenhang mit der elterlichen geistigen Beeinträchtigung. So sei beispielsweise zu beobachten, dass Kinder nur deshalb in Fördereinrichtungen gebracht werden, weil das dortige Personal besser darauf vorbereitet ist, mit behinderten Eltern zu kommunizieren. Die Mitarbeiterin eines Berliner Familienprojekts berichtet von Berührungsängsten, die sie bei PädagogInnen in Kindertagesstätten und Grundschulen gegenüber Eltern mit geistiger Behinderung erlebt:

> „Auf den Regelschulen haben die Lehrer von diesen Bereichen absolut keine Ahnung. Sie finden es extrem komisch sich mit dieser Mutter zu unterhalten. Die Lehrer an Behindertenschulen sind anders drauf. Die haben sich mit der Thematik beschäftigt." (Zit. in Sanders 2002, 93)

In Erfahrungsberichten aus deutschen Familienprojekten werden unterschiedliche Positionen zu der Frage vertreten, inwiefern die altersgerechte Entwicklung der Kinder durch pädagogische Unterstützung zu sichern ist. Während aus einem stationären Projekt berichtet wird, durch pädagogische Begleitung Entwicklungsverzögerungen vermeiden zu können, beschreiben andere Projekte einen Großteil der von ihnen betreuten Kinder als entwicklungsverzögert. Aus Brandenburg wird gemeldet, dass sich knapp ein Drittel der Kinder in den dortigen Familienprojekten altersgerecht entwickelt (Vlasak 2004). Auch in diesem Punkt zeigt sich intensiver Forschungsbedarf.

2.2.1.2 Trennung von den Eltern

Im Vergleich zu anderen haben Kinder von geistig behinderten Eltern ein deutlich erhöhtes Risiko von 40 % – 60 % von ihren leiblichen Eltern getrennt und (oft mehrmals in ihrem Leben) in Heimen oder Pflegefamilien untergebracht zu werden (Booth & Booth 1998a; Pixa-Kettner, Bargfrede & Blanken 1996). In Deutschland wurden Mitte der 90er Jahre offiziell fast 30% der Kinder nach der Geburt von ihren geistig behinderten Eltern getrennt (Pixa-Kettner, Bargfrede & Blanken 1996, 18), über die Trennungshäufigkeit in späteren Altersstufen sind keine differenzierten Angaben zu finden. Auch über Kinder, die nicht mehr mit ihren leiblichen Eltern leben, gibt es nur wenig Informationen. Die als Hilfe gedachte Unterbringung in Pflege- und Adoptivfamilien ist unter Umständen nicht zu vermeiden, bedeutet jedoch eventuell eine weitere Belastung der Kinder: Zu der bleibenden Tatsache, Kind geistig behinderter Eltern zu sein, kommt der Faktor hinzu, Adoptiv- oder Pflegekind zu sein. Erst in den letzten fünf Jahren wurde begonnen, Qualitätsmerkmale für Konzepte der Trennungsbegleitung zu entwicken (vgl. Beitrag „Die Problematik der Fremdunterbringung von Kindern geistig behinderter Eltern – Ergebnisse einer schriftlichen Befragung", ab S. 133 in diesem Band).

Verhaltensauffälligkeiten bei Kindern von geistig behinderten Eltern, wie problematisches Bindungsverhalten, Lernschwierigkeiten oder (auto)aggressives Verhalten, werden in der Regel nicht in Zusammenhang mit den Umfeldwechseln gesehen. Die Gefahr einer Trennung von den Eltern wird in älteren Studien ausschließlich in Zusammenhang mit dem unterstellten elterlichen Unvermögen von Menschen mit geistiger Behinderung gesehen (Walter 2002a, 293). Inwiefern Trennungen eine Folge des Versagens des professionellen Hilfesystems oder nicht hinterfragter Vorurteile gegenüber Menschen mit geistiger Behinderung sind, wird in der Literatur erst seit kurzem thematisiert (Sanders 2002; Booth & Booth 1998a).

2.2.1.3 Vernachlässigung

Zu den zentralen Risiken im Leben der Kinder geistig behinderter Eltern wird Vernachlässigung gezählt. Es gibt die Annahme, Eltern mit geistiger Behinderung könnten ihre Kinder nur unzulänglich versorgen und ihnen durch alle Altersphasen hindurch keine ausreichende körperliche, geistige und seelische Zuwendung geben. Für die Kinder bedeute das, ohne Orientierung, mit wenig Anregung und Kommunikation aufzuwachsen (Prangenberg 2003, 66ff., 320f.).

Eltern mit geistiger Behinderung wird häufig die Fähigkeit abgesprochen, eine intensive, gefühlsmäßige Beziehung zu ihrem Kind aufzubauen. Es wird vermutet, dass sie bei auftretenden Konflikten emotional schnell überfordert sind, sich nicht lange auf das Kind konzentrieren können und dadurch emotional nicht zuverlässig erscheinen. Es gibt auch Berichte über Situationen, in denen sich geistig behinderte Mütter gegenüber ihrem Kind teilnahmslos und gleichgültig verhalten (Neuer-Miebach & Krebs 1987, 248). Auch die Fähigkeit der Eltern, Verhalten als kindgemäß zu erkennen und angemessen darauf zu reagieren, wird angezweifelt. So würden Verbote nicht auf eine altersgemäße Weise erklärt, die Kinder verstehen können (Prangenberg 1999, 79).

Fehlende Zärtlichkeit und Körperkontakt tauchen als Thema wiederholt in der Literatur auf (Booth & Booth 1998a, 41; Lebenshilfe 1993, 34). Auch in lebensgeschichtlichen Interviews können sich viele Kinder nicht an positiven Körperkontakt mit ihren Eltern erinnern (Prangenberg 2003). Auch verbal werde wenig Lob und Zuneigung ausgedrückt. Es wird angenommen, dass solche Kinder sich in der Folge emotional eher instabil und weniger selbstbewusst entwickeln (Lebenshilfe 1993, 29), Schwierigkeiten in der sozialen Interaktion und im Bindungsverhalten ausbilden und auch körperlich weniger widerstandsfähig sind (Schenk-Danziger 1996, 106). Nicht beachtet wurde bisher die Frage, ob dieses Verhalten typisch für Eltern mit geistiger Behinderung ist oder auch milieu- bzw. familienabhängig sein könnte.

Es gibt die Beobachtung, dass sich Kinder geistig behinderter Eltern aufgrund des inadäquaten Erziehungsstils ihrer Eltern nicht ungehindert entwickeln. Beschrieben werden die beiden Extreme des restriktiven, überprotektiven (McGaw 1995, 54f) und des grenzenlosen, Laissez-faire-Erziehungsverhaltens. Als problematisch wird von MitarbeiterInnen in Familienprojekten eher letzteres gesehen, weil den Kindern wenig Regeln, Grenzen und Strukturen aufgezeigt und damit auch wenig Halt und Orientierung gegeben werden. Eine Berliner Sozialpädagogin berichtet über die geistig behinderte Mutter eines vierjährigen Mädchens:

„Die Mutter überlässt ihr des sich morgens anzuziehen und in die Kita zu gehen. (...) Wenn die sich nicht anzieht, zieht sie sich eben nicht an und denn dauert des eben ewig lange. Und dann geht sie eben auch nicht (...). Die Tochter kann eigentlich machen, was sie will. Ob sie jetzt nachts aufsteht, und um Zwei Fernsehen guckt, das kann sie ja entscheiden. Wann sie ins Bett geht, wann sie morgens aufsteht." (Zit. in Sanders 2002, 75)

Als Folge von Vernachlässigung werden Verhaltensauffälligkeiten, kognitive, motorische, sprachliche und emotionale Entwicklungsverzögerungen genannt.

Die elterliche Überforderung und das ungenügende Eingehen auf kindliche Bedürfnisse werden im Zusammenhang mit der belasteten

Biographie der Eltern diskutiert, von denen viele aus sozial schwierigen Familienverhältnissen kommen. Immer wieder wird in den Erzählungen über die Familien deutlich, dass die Eltern mit geistiger Behinderung eine sehr fremdbestimmte Lebensgeschichte haben und selten die Gelegenheit hatten, eigene Entscheidungen zu treffen und die Verantwortung für diese zu übernehmen.

Im Zusammenhang mit diesen kindlichen Entwicklungsrisiken wird selten thematisiert, dass auch die Abwertung durch Gleichaltrige und deren Eltern zur sozialen Isolierung der Kinder geistig behinderter Eltern beitragen kann. Booth und Booth (1998a) weisen darauf hin, wie die von Vorurteilen gegenüber den Kindern behinderter Eltern geprägte Erwartungshaltung von LehrerInnen im Sinne einer 'selbsterfüllenden Prophezeiung' zu Schulproblemen, Verhaltens- und Lernschwierigkeiten führen kann.

2.2.1.4 (Sexuelle) Gewalterfahrungen

Vielfach wird angenommen, Kinder geistig behinderter Eltern seien eher dem Risiko von Gewalt- und Missbrauchserfahrungen ausgesetzt als andere Kinder. Die Wahrscheinlichkeitsangaben unterscheiden sich auch in diesem Bereich erheblich (vgl. Beitrag „Zur Geschichte der internationalen Fachdiskussion über Elternschaft von Menschen mit einer geistigen Behinderung", ab S. 25 in diesem Band). Laut Booth und Booth geht die Gefahr der sexuellen Gewalt in der überwiegenden Zahl der Fälle nicht von den geistig behinderten Eltern selbst aus, sondern von Personen aus dem Familienumkreis (Booth & Booth 1998a, 42). Die Ursachen für das erhöhte Missbrauchsrisiko werden u.a. in Fremdbestimmungserfahrungen der geistig behinderten Eltern gesehen, aber auch in der sozialen Isolierung und mangelnden Unterstützung der Familien (Whitman & Accardo 1990, 127; 135).

2.2.1.5 Parentifizierung

In der Literatur wird der Prozess der Parentifizierung beschrieben, d.h. dass Eltern mit geistiger Behinderung die Familie nicht adäquat versorgen können und ihren Kindern die Eltern- bzw. Partnerrolle übertragen (Prangenberg 2003, 106, 187, 316). Die Kinder übernehmen beispielsweise den Haushalt, die Versorgung kleinerer Geschwister oder die Vertretung der Familie nach außen. So schildert

Ronai (1997, 425), dass sie im Alter von 10 Jahren die Sozialhilfe für ihre Mutter und Großmutter beantragte. Außerdem war sie dafür zuständig, die Rechnungen der Familie zu bezahlen und ihre Großmutter mit einem Vorrat an Zigaretten und Alkohol zu versorgen. Eine Interviewpartnerin von Prangenberg fasst ihre Erfahrungen mit der Organisation alltäglicher Hilfen für ihre Mutter folgendermaßen zusammen: „(...) ich musste die Mutti behandeln, manchmal wie ein Baby eben... sie benimmt sich wie ein kleines Kind" (Prangenberg 2003, 148). Als Folge einer Überforderung der Kinder werden u.a. hohe Krankheitsanfälligkeit, fehlende bzw. eingeschränkte Wahrnehmung eigener Bedürfnisse und Verhaltensauffälligkeiten erwartet. Das erhöhte Engagement für die Familie könne auch zu sozialer Isolation und schulischen Problemen, z.B. durch häufige Fehlzeiten führen. Auch Versagensängste der Kinder, Lernwiderstände und eine geringe Frustrationstoleranz werden in diesem Zusammenhang genannt.

In der Literatur wird bisher nur von Booth und Booth (1998a, 146ff.) thematisiert, inwiefern die Rolle des 'young carers' auch Chancen für die kindliche Entwicklung enthält. Durch das hohe Maß an Selbstverantwortlichkeit entstehe Vertrauen in die eigenen Handlungskompetenzen. Sie argumentieren, das Bild der Rollenumkehr betone in übertriebener Weise die Wirkung von Behinderung auf das Familienleben. Es handele sich eher um eine Umverteilung der familiären Aufgaben als um eine Umkehr der Identitäten.

2.2.1.6 Diskriminierung / Tabuisierung der elterlichen Behinderung

Prangenberg (2003) und Booth und Booth (1998a) weisen auf den lange vernachlässigten Aspekt hin, dass gesellschaftliche Abwertungs- und Ausgrenzungsprozesse gegenüber Menschen mit Behinderungen auch zu einer Belastung ihrer Kinder werden können. Die AutorInnen zeigen, wie sich die Erfahrung des sozialen Ausschlusses als roter Faden durch die Lebensgeschichten erwachsener Kinder ziehen kann. Auf der persönlichen Ebene wird die Stigmatisierung beispielsweise durch Beschimpfungen und Hänseleien anderer Kinder sowie durch ungerechte und abwertende Behandlung in Schule und Nachbarschaft erlebt (Basener 1993, 19). So verboten einige Eltern ihren Töchtern den Umgang mit Carol Ronai, sowie sie erfuhren, dass deren Mutter als geistig behindert galt. Bei einer anderen Familie durfte sie tagsüber spielen, bis der Vater nach Hause kam und musste sich dann durch den Hintereingang aus dem Haus schleichen (Ronai 1997, 426).

In lebensgeschichtlichen Erzählungen erinnern sich erwachsene Kinder von Eltern mit geistiger Behinderung auch an Diskriminierungen ihrer Familien auf institutioneller Ebene: In Behörden wurden familiäre Anliegen entweder nicht ernst genommen oder es wurde selbstverständlich angenommen, dass sie als Kinder von SonderschülerInnen in einer Regelschule nicht zurecht kämen. Eine häufige Aussage in den Interviews von Prangenberg (2003, 180f., 330) war, dass die eigenen Eltern bessere Eltern hätten sein können, jedoch durch ihre Herkunftsfamilie oder das professionelle Hilfesystem daran gehindert wurden, weil ihnen elterliche Fähigkeiten nicht oder nur in sehr eingeschränktem Maße zugetraut wurden. Auf ökonomischer Ebene wurde der Ausschluss durch Armut und Arbeitslosigkeit der Eltern erlebt (Prangenberg 2003, 59).

Ronai beschreibt, wie die gesellschaftliche Tabuisierung von geistiger Behinderung sie im sozialen Kontakt verunsichert, weil sie nicht weiß, wie sie anderen Menschen gegenüber die Behinderung ihrer Mutter thematisieren soll:

> „I am never sure how to speak of this to others. When I am asked, 'Is your mother still alive?' or 'What does your mother do for a living?' or 'Where does your mother live?' I am filled with dread". (Ronai 1997, 417)

Sie schildert anschaulich die verunsicherten Reaktionen ihr gegenüber, die von Schock über Sprachlosigkeit und Stottern bis zu Rückzug unter Entschuldigungen reichen: *„I'm sorry, you seem so normal."* (Ronai 1997, 417). Auch als Erwachsene, die gesellschaftlich anerkannte Leistungen erbringt, muss sie sich immer noch mit den Vorurteilen anderer gegenüber den elterlichen Fähigkeiten ihrer geistig behinderten Mutter auseinandersetzen: *„People often ask the question: 'How did you turn out so well given who your parents were?' or they say 'You must be particularly strong to have gotten through a childhood like that'"* (Ronai 1997, 429). Mit jeder dieser Bemerkungen wird nicht nur ihre Mutter abgewertet, sondern auch sie als etwas Besonderes etikettiert. So befindet sie sich in einem ständigen Spannungsfeld von Ablehnung und Anerkennung – beides Reaktionen, die es anderen Menschen ermöglichen, distanziert zu bleiben, ohne Interesse an ihren tatsächlichen Erfahrungen zu zeigen.

2.2.1.7 Belastung durch das professionelle Hilfesystem

Inwiefern das Hilfesystem selbst zu einem Risiko der kindlichen Entwicklung werden kann, ist zum ersten Mal durch das englische Autorenpaar Wendy und Tim Booth (1998) thematisiert worden. Auffälligkeiten in der kindlichen Entwicklung sind ihrer Ansicht nach keine Folge mangelnder Kompetenzen der Eltern mit geistiger Behinderung, sondern vor allem auf unangemessene professionelle Entscheidungen zurückzuführen. Bei Professionellen vorhandene Vorurteile wirkten als selbsterfüllende Prophezeiungen; ein pädagogisches Vergrößerungsglas werde auf die Eltern mit geistiger Behinderung gerichtet und das erwartete Versagen auf diese Weise erst herbeigeführt. *„It's not surprising that people trained to look for problems usually manage to find them"* (Booth & Booth 1998a, 205). Aus diesem Grund sei die Einordnung von Kindern geistig behinderter Eltern als Risikokinder selbst bereits ein Risikofaktor in deren Leben. Auch die Interviews von Prangenberg bestätigen, dass Fachkräfte durch die Kinder oft als Bedrohung der Familie, nicht als Hilfe erinnert werden (Prangenberg 2003, 65).

Anlässlich der öffentlichen Bemerkung der Leiterin eines englischen Familienprojektes, kein Kind geistig behinderter Eltern könne sein Potential im Leben optimal verwirklichen, kritisiert Ronai den repressiven pädagogischen Diskurs, der Stigmatisierungsprozesse forciere und zu den bereits existierenden Vorurteilen gegenüber Eltern mit geistiger Behinderung in der Bevölkerung beitrage. *„If she does not expect much from the children of her clients, she will not get much, and she will burden them with cumbersome labels and a doubtful self-identity"* (Ronai 1997, 426).

Aus der Sicht von Familienprojekt-MitarbeiterInnen lassen sich folgende Aspekte des professionellen Hilfesystems als mögliche Belastung für Eltern mit geistiger Behinderung und ihre Kinder differenzieren (Sanders 2002; Sparenberg 2001):

- der grundsätzliche Mangel an adäquaten Unterstützungsmöglichkeiten
- konzeptionelle Unklarheiten in den bestehenden Projekten
- die schlechte Kooperation der Professionellen
- die diskontinuierliche Finanzierung der Hilfen
- die Stigmatisierung der Kinder durch professionelle HelferInnen

Zu vermuten ist, dass – neben der Bedrohung durch eine mögliche Fremdplatzierung – auch die fehlende Thematisierung der elterlichen Behinderung sowie die fehlende Thematisierung der Rolle der professionellen HelferInnen in den Familien die Kinder belasten kann (Sanders 2002).

2.2.1.8 Weitere altersunabhängige Risiken

Es wird als belastend für das Kind eingeschätzt, wenn zusätzlich zu der geistigen Behinderung eine psychische Erkrankung oder Suchtabhängigkeit der Eltern besteht. Auch Armut ist in über der Hälfte der Familien ein relevantes Thema. MitarbeiterInnen von Familienprojekten in Berlin/ Brandenburg berichten von der Tendenz zur 'ungünstigen' Partnerwahl geistig behinderter Mütter. Diese scheinen sich überdurchschnittlich häufig für Männer zu entscheiden, die beispielsweise kriminell auffällig sind oder Alkoholprobleme haben (Sanders 2002). Aus Brandenburg sind mehrere Fälle von Partnerschaften geistig behinderter Mütter mit Asylbewerbern bekannt, deren ungesicherter Aufenthaltsstatus eine große Belastung für die Familien bedeuten kann. Über eine geschlechtsspezifische Ausprägung der genannten Risiken liegen bisher keine Untersuchungen vor.

2.2.2 Altersabhängige Ausprägung der Risiken

Die beschriebenen Risiken für die Entwicklung verändern sich mit dem Alter der Kinder. Die Unterscheidung nach den Phasen des Säuglings- und Kleinkindalters, der Schulzeit, der Pubertät und schließlich der Zeit des Erwachsenseins ermöglicht eine weitere Konkretisierung der Risikofaktoren.

2.2.2.1 Säuglings- und Kleinkindalter

Zum Teil werden bereits pränatale Gefahren für die Föten angeführt, weil Mütter mit geistiger Behinderung in der Zeit der Schwangerschaft vermehrt psychosozialen Stresssituationen ausgesetzt seien und ihnen der Schwangerschaft nicht angemessenes Verhalten unterstellt wird (Prangenberg 1999; Gillberg & Geijer-Karlsson 1983, 892). Auch bis kurz vor der Geburt verheimlichte Schwangerschaften, Medikamenteneinnahme, beispielsweise wegen Epilepsie, und ein vergleichsweise schlechterer Gesundheitszustand aufgrund eines niedrigen Sozialstatus können eine Gefahr für das ungeborene Kind darstellen (Prangenberg 2003).

Bezüglich des Neugeborenen bzw. Säuglings wird die elterliche Kompetenz zur Grundversorgung in Frage gestellt. Als Beispiele für eine Gesundheitsgefährdung werden u.a. unzureichende Ernährung (Grimm 1996, 302), Beruhigung eines Babys mit Schokoladenstückchen (Umlauff 1993, 46), mangelnde Hygiene (verdreckte Wohnung; Lebensmittel mit abgelaufenem Verfallsdatum) und der Wetterlage nicht entsprechende Bekleidung (keine Mütze für Säuglinge bei Frost) beschrieben. Als Hürde kann sich auch die richtige Temperierung und Portionierung der Babynahrung darstellen.

Für Eltern, die nicht lesen können, kann es ein Problem sein, altersgemäße Nahrung oder die richtige Windelgröße zu erwerben bzw. Pflegehinweise in schriftlicher Form zu befolgen (McGaw 1995, 53). Weiterhin wird erwähnt, dass Eltern nicht angemessen auf Erkrankungen reagieren und Gefahren nicht einschätzen können (Ronai 1997, 427). Beispiele hierfür sind zu heißes Badewasser, Aufbewahrung von Reinigungsmitteln in Reichweite eines Kleinkindes, Unwissenheit wie auf Erbrechen oder Fieber im Einzelfall zu reagieren ist. Als Ausnahmen sind Beispiele anzusehen, in denen die schlechte Versorgung von Kleinkindern tatsächlich zu lebensgefährlichen Situationen führte (Sanders 2002).

Vermutet wird, es sei für Menschen mit geistigen Beeinträchtigungen schwierig, sich auf die schnellen Entwicklungsfortschritte ihrer Kinder und die sich verändernden Bedürfnisse und Verhaltensweisen einzustellen, z.B. hinsichtlich der Nahrungsaufnahme und der motorischen Bedürfnisse (Betheler Arbeitstexte 1996, 13). Eine Gefahr für die Kinder wird auch gesehen, wenn die Eltern ihren Alltag nicht ausreichend strukturieren können. So können Zeitgitterstörungen zur Folge haben, dass die Kinder erst nachmittags die erste Mahlzeit des Tages bekommen.

Mit zunehmendem Alter wachsen die Ansprüche der Kinder, sie haben einen größeren Bewegungsdrang und -radius. Mit einsetzendem Spracherwerb ändern sich ihre Bedürfnisse, sie wollen reden, wissen, fragen. Das Bedürfnis nach Abgrenzung wächst, die Kinder werden eigensinniger, testen die ihnen gesetzten Grenzen und stellen höhere Anforderungen an ihre Eltern. Menschen mit geistiger Behinderung werden außergewöhnliche Schwierigkeiten dabei unterstellt, die Bedürfnisse und Gefühle ihrer Kinder zu erkennen (Ronai 1997, 418), angemessen darauf einzugehen und ihnen Grenzen zu setzen (Prangenberg 1999, 80). Es wurde beobachtet, dass sie mit ihren Kindern auf einer geschwisterähnlichen Ebene interagieren, z.B. so sehr ins kindliche Spiel eintauchen, dass sie keine elterliche Autorität mehr repräsentieren. Auf der anderen Seite wenden Eltern mit geistiger Behinderung überdurchschnittlich häufig autoritäre Erziehungsmaßnahmen an, um sich durchzusetzen (McGaw 1995).

Wenn geistig behinderte Eltern selbst Sprachauffälligkeiten zeigen, wird befürchtet, dass diese an ihre Kinder weitergegeben werden. Unter Umständen gebrauchen die Eltern stereotype Redewendungen oder sprechen in sehr einfachen oder unvollständigen Sätzen. In diesen Fällen wird angezweifelt, dass die Kinder bis zur Schulzeit ausreichende sprachliche Kompetenzen erwerben können. Vermutet wird auch, dass die Kinder in der Entwicklung des begrifflichen und formalen Denkens, das eng mit der sprachlichen zusammenhängt, benachteiligt sind (Prangenberg 1999, 79).

Kinder erweitern ihren Handlungsradius durch die Laufentwicklung. Aufgrund von motorischen Einschränkungen, sozialer Isolierung und mangelndem Zutrauen zum eigenen Orientierungsvermögen konzentriert sich das Leben von geistig behinderten Eltern möglicherweise sehr auf die eigene Wohnung. Dort ist oftmals kein altersgerechtes Spielzeug zu finden und auch die Eltern bieten eventuell keine ausreichenden Entwicklungsanreize. In der Literatur wird deshalb die grob- und feinmotorische sowie kognitive Unterforderung der Kinder mit der Folge entsprechender Entwicklungsverzögerungen thematisiert (Sanders 2002; Reed & Reed 1965).

Nach Mørch, Skår und Andersgård (1997, 345f) zeigen 30,8 % der von ihnen untersuchten Kinder geistig behinderter Eltern Störungen der sprachlichen Entwicklung und 21,5 % feinmotorische Störungen. Aus Deutschland liegen bislang keine vergleichbaren Zahlen vor.

Die Schwierigkeiten bei der Versorgung von Kleinkindern, der Mangel an alltagspraktischen Kompetenzen sowie mangelnde Organisationsqualitäten werden zunehmend auf mangelnde Informationen und fehlende positive Vorerfahrungen der Eltern zurückgeführt (Prangenberg 2003, 80; McGaw 1995; Whitman & Accardo 1990, 314). Bisherige Erfahrungen in ambulanten und stationären Familienprojekten weisen daraufhin, dass geistig behinderte Eltern einerseits über eine Bandbreite elterlicher Fähigkeiten verfügen oder diese erlernen können (vgl. Beitrag „Elterliche Kompetenzen und die Feststellung von Unterstützungsbedürfnissen in Familien mit geistig behinderten Eltern" ab S. 219 in diesem Band), andererseits zeigt sich, dass die Grundversorgung kleinerer Kinder auch durch professionelle Begleitung und Unterstützung der Eltern gesichert werden kann (Sanders 2002).

2.2.2.2 Schulkinder

Mit dem Beginn der Schulzeit ist die Familie zunehmend der Öffentlichkeit durch andere Eltern und LehrerInnen ausgesetzt, die den elterlichen Umgang mit den Kindern beobachten und bewerten. Prangenberg (2003, 114) weist auf die möglichen positiven Auswirkungen dieser Veränderung hin, weil die Familien unter Umständen adäquate Hilfsangebote erhalten. Andererseits kann die zunehmende Öffentlichkeit auch die Diskriminierung der Kinder bewirken bzw. verstärken (Booth & Booth 1998a, 208).

In der Schulzeit verstärkt sich vermutlich der Realisierungsprozess der elterlichen Behinderung (Prangenberg 2003, 114; Ronai 1997, 420). Durch den sozialen Vergleich nehmen die Kinder geistig behinderter Eltern Unterschiede zwischen ihren eigenen Eltern und denen anderer Kinder wahr. In der Begegnung mit anderen Familien stellt sich das Kind möglicherweise Fragen: Wie sehe ich aus? Wie meine Familie? Wie gehen andere Eltern mit ihren Kindern um? Warum verhält sich meine Mutter anders? In dieser Zeit sind bei den Kindern Gefühle von Scham, Enttäuschung, Schuld oder Angst zu beobachten (Prangenberg 1999). Eine mögliche Folge ist die Distanzierung der Kinder von ihren Eltern (Bargfrede & Pixa-Kettner 2001) oder auch ihre zunehmende soziale Isolierung.

Bei Kindern von geistig behinderten Eltern wird häufig von Schulversagen und Schulschwänzen berichtet (Booth & Booth 1998a). Ein Zusammenhang mit der Behinderung der Eltern besteht hier möglicherweise, weil diese ihren Kindern bei schulischen Problemen nicht beistehen können, ihnen nicht bei den Hausaufgaben helfen, auf Elternabenden weniger gut ihre Interessen vertreten (Lebenshilfe 1993, 20f.) und eventuell nicht alle besprochenen Inhalte erfassen. Sie sind deshalb unter Umständen schlechter informiert als andere Eltern und haben auch weniger Kontakte zu anderen Familien (Bargfrede & Pixa-Kettner 2001). Möglicherweise halten sie sich aus Schulzusammenhängen fern, weil sie nicht als behindert erkannt werden wollen. Im Gegensatz zur Beschreibung schulischer Probleme berichten InterviewpartnerInnen bei Prangenberg von besonderem schulischem Engagement; vielleicht um einen Beweis für sich und andere zu haben, nicht geistig beeinträchtigt zu sein, oder weil sie nicht auffallen bzw. keine zusätzliche Belastung ihrer Familie sein wollen (Prangenberg 2003, 17; Booth & Booth 1998a).

Diese Entwicklung führt dazu, dass viele der beobachteten Kinder spätestens in der Schulzeit ihre Eltern kognitiv, z.B. durch den Erwerb der Kulturtechniken, 'überflügeln' (Prangenberg 1999, 81). Wie die Kinder mit dem Widerspruch leben, ihren Eltern einerseits überlegen zu sein, in anderen Bereichen jedoch auf ihre Anleitungen und Erlaubnis angewiesen zu sein, ist bisher wenig erforscht. Vermutet wird u.a., dass die Wahrnehmung der begrenzten elterlichen Autorität Verhaltensauffälligkeiten zur Folge haben kann (Bargfrede & Pixa-Kettner 2001). In dieser Altersphase steigt noch einmal das Risiko, von den Eltern getrennt zu werden.

Untersuchungen darüber, ob und inwiefern es langfristig möglich ist, mangelnde elterliche Förderung im Schulalter durch Förderung der Kinder in Einrichtungen und durch andere erwachsene Bezugspersonen zu kompensieren, fehlen bisher.

2.2.2.3 Pubertierende

Die Zeit der Pubertät ist geprägt von der Beschäftigung mit der eigenen Person. Kinder versuchen in der Auseinandersetzung mit den sie umgebenden Normen und Wertvorstellungen, eine eigene Identität zu finden (Erikson 1994, 214). Vermutet wird, dass es für Kinder geistig behinderter Eltern in dieser Altersphase besondere Schwierigkeiten bei der Rollenfindung geben kann (Lebenshilfe 1993, 19). In der Auseinandersetzung mit der eigenen familiären Herkunft erhält das 'Anderssein' der Eltern unter Umständen ein großes Gewicht. In dieser Zeit kann auch die Frage nach einer eigenen Behinderung auftauchen: „*Wo stehe ich? Bin ich selbst auch behindert, oder bin ich es nicht?*" (Basener 1993, 19).

Die gesellschaftliche Abwertung und Ablehnung von Behinderung kann in diesem Alter besondere Auswirkungen auf die Kinder haben (Betheler Arbeitstexte 1996, 14). Wie können sich Jugendliche in eine Gesellschaft integrieren oder sich zu ihr positionieren, die ihrer Familie und ihrer Herkunft zu großen Teilen ablehnend gegenübersteht? Wie kann der ersten Freundin oder dem ersten Freund erklärt werden, dass die eigenen Eltern zu einer gesellschaftlich abgewerteten Gruppe gehören? Eine mögliche soziale Isolation kann sich in diesem Alter gravierend auswirken: Ohne gleichaltrige FreundInnen fehlen den Jugendlichen neben emotionaler Geborgenheit soziale Freiräume, um erwachsenes Verhalten zu erproben, sich mit sozialen Normen und Werten auseinanderzusetzen und ein positives Selbstwertgefühl zu entwickeln (Arbinger 1996, 45f.).

Es gibt die Annahme, dass diese Kinder mehr als andere gezwungen sind, ihre Identität über Abgrenzung zu suchen, weil die eigenen Eltern nicht als Leitbild anerkannt werden können. Andererseits kann die Loslösung durch Gefühle der Verantwortlichkeit erschwert werden. Möglicherweise fällt Mädchen die Abgrenzung von den Eltern aufgrund geschlechtsspezifischer gesellschaftlicher Rollenmodelle schwerer als Jungen (Bothe 1993, 27). Auf Ergebnisse der kognitiven Entwicklungspsychologie (Arbinger 1996, 41) bezieht sich die Annahme, dass Jugendliche durch das Zusammenleben mit geistig beeinträchtigten Eltern auch kognitiv benachteiligt werden, weil diese zu dem in dieser Entwicklungsphase so wichtigen intensiven Meinungsaustausch nicht in der Lage seien. Den Jugendlichen fehle somit ein wichtiges soziales Experimentierfeld. Aufgrund des Mangels an befriedigenden elterlichen Vorbildern seien diese Jugendlichen in der Entwicklung von zufriedenstellenden Zukunftsperspektiven, vor allem beruflichen Zielen, benachteiligt. So seien Eltern mit geistiger Behinderung nicht in der Lage, ihre heranwachsenden Kinder in Bewerbungsgesprächen oder bei Ärger mit Vorgesetzten zu unterstützen.

Bisher ist wenig über Erfahrungen bekannt, wie Jugendliche mit geistig behinderten Eltern bei der Bewältigung der Herausforderungen ihrer Lebenssituation unterstützt werden können. Es sind auch Beispiele von Jugendlichen bekannt, die diese Zeit nicht als besonders belastend erlebt haben (Betheler Arbeitstexte 1996, 14), ohne dass nähere Angaben über die Umstände zu finden sind, die diese Entwicklung ermöglicht haben.

2.2.2.4 Erwachsene

Auffallend ist, dass die Kinder geistig behinderter Eltern in der Literatur bisher fast ausnahmslos in ihrer gegenwärtigen Kinderrolle gesehen werden. Weniger Aufmerksamkeit kommt den Übergangsprozessen von der Pubertät zum Erwachsenwerden und der Beziehung zwischen erwachsenen Kindern und ihren Eltern zu. In neueren Untersuchungen mit biographischem Ansatz (Prangenberg 2003, 96ff.) wird deutlich, dass die elterliche Behinderung auch im Leben erwachsener Kinder eine große Bedeutung hat und ein 'lebensbegleitendes Thema' bleibt. *„Adults need parents too"* (Booth & Booth 1998a, 208). In der Zeit der Berufstätigkeit und eigenen Familiengründung kann die elterliche Behinderung verschiedenste Gefühle der Verantwortung, Scham und Angst hervorrufen. So brechen Erwachsene unter Umständen den Kontakt zu ihren Eltern ab, weil sie z.B. die zukünftigen EhepartnerInnen nicht mit geistig behinderten Schwiegereltern konfrontieren wollen. Zu der Angst, selbst behindert zu sein, kommt die Angst, eventuell eine erbliche Behinderung an die eigenen Kinder weiterzugeben (Prangenberg 1999, 81; Pixa-Kettner, Bargfrede & Blanken 1996, 154f.).

In der Literatur dominierten bis vor wenigen Jahren Vermutungen, dass die Abstammung von Eltern mit geistiger Behinderung eine schwere biographische Belastung darstelle. In einigen Quellen wurde eine regelrechte Traumatisierung vorausgesehen, die zu psychischen Erkrankungen bis hin zu suizidalen Tendenzen führen könne (Baden 1993, 162). In den biographischen Interviews von Prangenberg (2003), Pixa-Kettner, Bargfrede und Blanken (1996) und Booth und Booth (1998a) wird eine große Bandbreite des Umgangs mit der elterlichen Behinderung deutlich, die von Kontaktabbruch, über eine lebenslange Selbst-Viktimisierung, bis zu einem sehr offensiven Umgang mit der eigenen Herkunft reicht. Dabei widersprechen sich auch einige Angaben. So findet sich neben der Aussage, dass viele Kinder sich als Erwachsene gegen einen Kontakt zu ihren Eltern entscheiden, die Aussage, dass die Mehrheit der Kinder ihre Beziehung zu den Eltern als gut bezeichnet (Prangenberg 1999, 87). Viele erwachsene Kinder von Eltern mit geistiger Behinderung ziehen – auch wenn sie sich durchaus an große Belastungen erinnern – eine überwiegend positive Bilanz ihres Lebens: *„Obwohl, ich komm jetzt gut zurecht, trotz meiner Schwierigkeiten, die ich damals gehabt habe"* (Achilles 1990, 86).

Eventuelle intellektuelle Beeinträchtigungen der Eltern, deren Nicht-Beherrschen der Kulturtechniken und Schwierigkeiten bei der räumlichen oder zeitlichen Orientierung werden in den Lebensgeschichten nicht als belastend erinnert. Stattdessen steht die gesellschaftliche Diskriminierung der Familie im Vordergrund. Auch Prangenberg berichtet, dass erwachsene Kinder geistig behinderter Eltern als eines der Hauptprobleme ihrer Sozialisation die Tabuisierung ihrer Lebenssituation und die gesellschaftliche Missachtung benennen, von der die ganze Familie betroffen war (Prangenberg 1999, 80). Eine mögliche Reaktion auf die gesellschaftliche Ausgrenzung ist die Weiterführung der Tabuisierung der geistigen Behinderung als Familiengeheimnis innerhalb der betroffenen Familien selbst. So wird von einer Interviewten berichtet, die mit einer geistig behinderten Schwester aufwuchs und erst als Erwachsene erfuhr, dass diese ihre Mutter ist. Die verschobene Familienstruktur wird heute noch aufrechterhalten: Auch ihre Kinder werden in dem Glauben aufgezogen, dass es sich bei der geistig behinderten Verwandten um ihre Tante und nicht um ihre Großmutter handelt (Prangenberg 2003, 168).

In vielen Lebensgeschichten wird deutlich, dass die Erwachsenen ihre Eltern nicht kategorisch ablehnen, sondern ihre Gefühle in erster Linie von Ambivalenz geprägt sind (Ronai 1997). Die InterviewpartnerInnen kritisieren ihre Eltern, fühlen sich jedoch gleichzeitig für sie verantwortlich und wehren sich dagegen, wenn andere Menschen schlecht über sie sprechen oder sie schlecht behandeln (Booth & Booth 1998a, 118). Die Erfahrungen erwachsen gewordener Kinder machen vor allem deutlich, dass die Lebensverläufe der Kinder geistig behinderter Eltern nicht in negativem Sinne vorherbestimmt sind. Ein Aufgabenfeld professioneller Unterstützung zeigt sich bei der Aufarbeitung belastender lebensgeschichtlicher Erfahrungen und bei der Entwicklung von Bewältigungsstrategien (Prangenberg 2003, 316ff).

2.2.3 Kritische Anmerkungen

Die Diskussion um Risikofaktoren im Leben der Kinder von Eltern mit geistiger Behinderung ist in einigen Punkten zu kritisieren: Pädagogische Idealvorstellungen von 'perfekten' Menschen und 'gelungenen' Lebensverläufen bilden den Hintergrund des Diskurses. Auffällig sind hierbei vor allem die Probleme der Pauschalisierung sowie der begrifflichen und methodischen Unklarheiten. So finden sich in der Literatur undifferenzierte Unterteilungen in positiv und negativ verlaufende Lebensgeschichten: *„In beiden geschilderten Fällen ist das Leben von Töchtern geistig behinderter Mütter negativ verlaufen"* (Basener 1993, 19). Die negative Pauschalisierung komplexer biographischer Interviewpassagen erscheint unangemessen wertend und unrealistisch: Wessen Leben verläuft schon ausschließlich positiv? Offen bleibt auch, wer definiert, welcher biographische Verlauf als positiv oder negativ zu werten ist. Auffällig ist auch die methodisch oft nicht nachvollziehbare Auswertung erhobener Daten und die Vernachlässigung positiver Aspekte, schützender Faktoren und Chancen der kindlichen Lebenssituation. Aus wissenschaftlicher Sicht besonders zu kritisieren ist die monokausale Erklärung von Korrelationen: Bei den Kindern beobachtete Auffälligkeiten werden häufig direkt mit der elterlichen Behinderung in Zusammenhang gebracht, andere Faktoren wie Armut oder ungünstige Umfeldfaktoren werden dagegen vernachlässigt. Dieser Mechanismus ist möglicherweise mit einem eher defizitorientierten Bild geistiger Behinderung zu erklären, welches in der Diskussion über die kindlichen Entwicklungsrisiken deutlich wird. Sobald das Kindeswohl zum Gegenstand der Aufmerksamkeit wird, tauchen zahlreiche Vorurteile und Abwertungen wieder auf, die im Zusammenhang mit Menschen mit geistiger Behinderung traditionell ins Feld geführt werden. So wird beispielsweise pauschal unterstellt, sie seien nicht in der Lage, Verantwortung für Kinder zu übernehmen, weil sie sich selber auf kindlichem Niveau bewegten und nicht lernfähig seien.

Zusammenfassend lässt sich sagen, dass im Leben der Kinder geistig behinderter Eltern keine Risiken zu beobachten sind, die nicht grundsätzlich in ähnlicher Form auch in anderen Familien auftreten.

3 Schutzfaktoren

3.1 Zur Entwicklung der Resilienzforschung

In Studien, die die Entwicklung von 'Hochrisikokindern' untersuchen, sind neben einem hohen Anteil auffälliger Kinder stets auch solche zu finden, die sich 'normal', d.h. altersgemäß entwickeln (Opp, Fingerle & Freytag 1999a, 15f.) und kompetent, fürsorglich, erfolgreich und ohne besondere Probleme durchs Leben gehen (Pixa-Kettner 2001; Werner 1999, 26). So werden in der Literatur auch immer wieder Kinder geistig behinderter Eltern erwähnt, bei denen eine ungestörte Entwicklung beobachtet wird (Booth & Booth 1998a; Pixa-Kettner, Bargfrede & Blanken 1996; Basener 1993). Da altersgemäß entwickelte Kinder pädagogischer Aufmerksamkeit am ehesten entgehen, ist wenig über die Umstände bekannt, unter denen sich diese unauffällige Entwicklung vollziehen kann.

Die Frage, warum einige Menschen besser mit biographischen Belastungen umgehen können als andere, wird von der Resilienzforschung aufgegriffen, die sich in den letzten 10 – 20 Jahren aus der Risikoforschung bzw. der Entwicklungspsycho(patho)logie entwickelt hat. Resilienz wird als psychische Widerstandskraft, als Fähigkeit, schwierige Lebensbedingungen zu bewältigen, definiert. Als Pionierin der Resilienzforschung gilt Emmy Werner, die mit einigen MitarbeiterInnen in der Kauai-Studie seit 1955 Menschen mit hoher Risikobelastung forschend begleitet. Als signifikantes Ergebnis dieser und anderer Langzeitstudien zeigte sich, dass sich auch unter sogenannten 'Hochrisikobelastungen' ungefähr ein Drittel der untersuchten Kinder unauffällig entwickelt (Werner 1999, 27ff.). Diese Beobachtung wird durch das Modell der Schutzfaktoren erklärt, die Kinder vor der negativen Wirkung belastender Lebenssituationen und Erfahrungen bewahre. Schutzfaktoren sind als *„psychische Merkmale oder Eigenschaften der sozialen Umwelt"* definiert, *„die die Auftretenswahrscheinlichkeit psychischer Störungen herabsetzen"* (Rutter zit. in Opp, Fingerle & Freytag 1999a,

15). Unterschieden werden 3 Bereiche von protektiven Faktoren, die auch miteinander in Wechselwirkung treten können:
- Individuelle Faktoren
- Familiäre Faktoren
- Umfeldfaktoren

Zu schützenden individuellen Faktoren zählen einerseits körperliche Eigenschaften, wie ein niedriges Schmerzempfinden oder ein stabiles Immunsystem, andererseits bestimmte Temperamentsmerkmale. So wird beispielsweise das 'easy child' beschrieben, welches sich u.a. durch ein hohes Antriebsniveau, frühe Selbständigkeit und eigene Interessen auszeichnet. Weitere individuelle Schutzfaktoren sind ein positives Selbstbild und eine hohe internale Kontrollüberzeugung, also der Glaube daran, sein Leben durch eigene Handlungen positiv beeinflussen zu können (Werner 1999, 27ff.). Als wichtiger familiärer Schutzfaktor hat sich, neben der mütterlichen Bildung und ihrer Kompetenz im Umgang mit dem Kind, die Bindung zu einer weiteren stabilen Bezugsperson erwiesen, die auf die kindlichen Bedürfnisse eingeht. Weiterhin können ein enger Familienzusammenhalt, gemeinsame Unternehmungen, geteilte Werte und ein Sinn für Zusammengehörigkeit schützend wirken. Als zentraler Schutzfaktor im sozialen Umfeld gilt ebenfalls das Vorhandensein einer erwachsenen Bezugsperson, die dem Kind Sicherheit, Identifikation und Orientierung bieten kann. Daneben können Beziehungen zu Gleichaltrigen aus stabileren Familien sowie die soziale Eingebundenheit in das Umfeld den Kindern helfen, eine positive Lebensperspektive zu entwickeln.

An die Stelle der Untersuchung einzelner schützender Faktoren tritt zunehmend eine prozessorientierte Betrachtungsweise, die die Wechselwirkungen zwischen schützenden Faktoren im Kind und seiner Umwelt betrachtet. So lassen individuell günstige Dispositionen das Kind eine stärkende, stützende Umgebung aufsuchen. Mit dem Resilienzgedanken verbindet sich eine optimistische, ressourcenorientierte pädagogische Perspektive (Laucht 1999, 311). Dennoch warnt Speck (1999, 353f.) vor übertriebenen Hoffnungen, die sich mit dem Schutzkonzept verbinden. Neben methodischer Kritik an der wenig trennscharfen Operationalisierung 'erfolgreicher' oder 'gelungener' Entwicklung (Werner 1999, 25) wird die Individualisierung gesellschaftlicher Problemlagen befürchtet. Dieser Gefahr kann durch eine systemische Perspektive auf die Lebenssituation der Kinder begegnet werden: Konzeptionelle Überlegungen dürfen sich nicht darauf beschränken, wie Kinder individuell gestärkt werden, sondern müssen die Lebensbedingungen von Familien insgesamt verbessern.

3.2 Schutzfaktoren im Leben von Kindern geistig behinderter Eltern

Bezugnehmend auf Booth und Booth (1998a) gibt es auch in der deutschen Fachliteratur erste Ansätze, die Schutzfaktoren im Leben von Kindern mit geistig behinderten Eltern zu untersuchen, anstatt ausschließlich die Entwicklungsrisiken in den Vordergrund zu stellen (Sanders 2002; Prangenberg 1999, 88f.; Pixa-Kettner 2001). In diesem Zusammenhang stellt sich begleitend die Frage, ob und auf welche Weise diese schützenden Faktoren pädagogisch zu beeinflussen sind.

3.2.1 Individuelle Faktoren

Booth und Booth (1998a) nennen ein positives Selbstbild und eine ausgeprägte internale Kontrollüberzeugung als individuelle Schutzfaktoren bei Kindern geistig behinderter Eltern. Außerdem werden ein hoher Aktivitätsgrad, die Fähigkeit, soziale Kontakte zu knüpfen, das Beherrschen der Kulturtechniken und die damit verbundene Kommunikationsfähigkeit sowie das Fehlen einer eigenen Behinderung genannt.

Von Fachkräften, die mit diesen Kindern arbeiten, werden Neugier, Selbstbewusstsein, Eigenständigkeit, eine stabile körperliche Verfassung sowie ausgeprägte Interessen und Hobbys als schützende Eigenschaften genannt. Ein Mitarbeiter eines Berliner Familienprojektes argumentiert, Kinder geistig behinderter Eltern hätten es leichter, wenn sie sich sozial angepasst verhalten, gute schulische Leistungen zeigen und 'leicht zu handhaben' erscheinen. Auf diese Weise wird das besondere Leistungsvermögen des sogenannten 'easy child' zum Schutz gegen gesellschaftliche Stigmatisierung. Andere PädagogInnen gehen davon aus, dass es für die kindliche Entwicklung eher vorteilhaft ist, sich aktiv und dominant zu verhalten und auf diese Weise den eigenen Bedürfnissen Gehör zu verschaffen. In bisherigen Veröffentlichungen wird sozial nicht angepasstes Verhalten von Kindern häufig pädagogisch einseitig negativ betrachtet. Neuere Forschungsergebnisse interpretieren als abweichend eingestuftes Verhalten eher als kindliche Bewältigungsstrategie und legen die Annahme nahe, dass dieses sich langfristig günstig auf die Entwicklung auswirken könnte (Booth & Booth 1998a, 130).

Auch auf die Schutzfunktion der kindlichen Adaptionsfähigkeit wird hingewiesen, also auf die Fähigkeit, sich auf das im Vergleich mit anderen Erwachsenen 'andere' Verhalten der Eltern einzustellen. In Publikationen von Müttern mit körperlichen Handicaps, denen gesellschaftlich ebenfalls häufig die Verantwortung für Kinder nicht zugetraut wird, spielt diese Anpassungsfähigkeit ihrer Kinder eine große Rolle (Seipelt-Holtmann 1993; Wates & Jade 1999). Auch Menschen, die alle praktischen Versorgungsaufgaben an HelferInnen delegieren, scheinen dennoch bereits von ihren kleinen Kindern eindeutig als Eltern wahrgenommen zu werden (Huainigg 1999). Wie sich Kinder von geistig behinderten Eltern an deren Verhalten und Kommunikationsformen anpassen und ob in den Familien auch eigene kreative Wege des Umgangs miteinander gefunden werden, ist bisher nicht erforscht.

Individuelle Schutzfaktoren werden in der Literatur eher auf genetische Anlagen zurückgeführt als auf Umweltbedingungen.

> „Aus der eigenen pädagogischen Erfahrung heraus (...) hat sich für mich immer wieder der Eindruck bestätigt, dass diese heute glücklichen und tüchtigen Erwachsenen, im Unterschied zu anderen über eine glückliche Veranlagung verfügen konnten im Sinne einer Vorprogrammierung für Anpassungsfähigkeit, Selbstbehauptung, Verträglichkeit, Beständigkeit, Findigkeit u.ä." (Speck 1999, 355)

Laut Pixa-Kettner (2001) geht die aktuelle Forschung davon aus, dass individuelle Schutzfaktoren pädagogisch kaum zu beeinflussen sind. Konzepte der Stärkung von Kindern durch Selbsthilfegruppen, Trainings- oder Mentorenprogramme spielen bislang weder in der theoretischen Auseinandersetzung noch in der Praxis eine Rolle.

3.2.2 Familiäre Faktoren

In lebensgeschichtlichen Interviews berichten erwachsene Kinder von dem Gefühl, trotz zahlreicher familiärer Probleme von ihren Eltern geliebt worden zu sein (Ronai 1997, 420, 429). Eine stabile emotionale Beziehung zu beiden Elternteilen, die nicht durch Trennungen belastet wird, wirkt protektiv (Prangenberg 1999, 88). Nach Booth und Booth (1998a, 88ff.) wirken sich Wärme und Gegenseitigkeit, Sicherheit und Stabilität in der Familie schützend auf die kindliche Entwicklung aus. Ein enges familiäres Netzwerk, das Gefühl der Eingebundenheit in eine Familienkultur aus gemeinsamen Ritualen, Traditionen und Aktivitäten vermitteln einem Kind Orientierung, Geborgenheit, Trost und praktische Unterstützung. In biographischen Berichten wird deutlich, dass Verwandte oder auch nicht behinderte Elternteile einen wichtigen Schutzfaktor für Kinder von geistig behinderten Eltern darstellen (Prangenberg 2003, 104, 318; Ronai 1997, 422, 426f):

> "It was granddad for bills and grandma for most else. Their aunt Anna used to keep them in order, disciplining them with a firm hand." (Booth & Booth 1998a, 125)

Als Teil einer positiv beurteilten familiären Interaktion werden elterliche Kompetenzen der Eltern mit geistiger Behinderung beschrieben, z.B. das Eingehen auf kindliche Bedürfnisse, aber auch ein strukturierter Erziehungsstil (Sanders 2002). In anderen Lebensgeschichten wird sichtbar, wie die bedingungslose Akzeptanz des geistig behinderten Elternteils in der Familie die Situation der Kinder erleichtert, die sich dank des familiären Rückhalts nicht verpflichtet fühlen, anderen Menschen gegenüber die Behinderung ihrer Eltern zu entschuldigen oder zu erklären (Booth & Booth 1998a, 109).

Als Grundvoraussetzung für das Wohlergehen des Kindes in der Familie und als zentraler Schutzfaktor wird die emotionale Bindung der Eltern bzw. Mutter an das Kind gesehen, die bei vielen unterstützten Familien beobachtet wird (Sanders 2002). Als positive Familienatmosphäre, die dem Kind gut tut, wird ein Miteinander beschrieben, welches durch die Abwesenheit von Gewalt, Missbrauch und Verwahrlosung geprägt ist, in dem die behinderten Eltern selbstbewusst und psychisch stabil präsent sind und die Möglichkeit haben, selbstbestimmt ihre Elternverantwortung zu übernehmen. Letzteres wird vor allem mit selbstbestimmten Lebensbedingungen und einer unbelasteten Sozialisation der Eltern in Zusammenhang gebracht. So wird von einem geistig behinderten Vater erzählt, der wie 'ausgewechselt' erscheint, seitdem er in einer eigenen Wohnung statt in einem Heim lebt. Seit dem Auszug scheinen seine vorher gefürchteten Aggressionen verschwunden zu sein, stattdessen hilft er trotz seiner sozialisationsbedingten Unerfahrenheit in der Familie und ist als engagierter Vater eine wichtige Ressource für das Kind (Sanders 2002). Das Engagement des Vaters wird häufig als wichtiger Schutz für das Kind beschrieben. In diesem Zusammenhang muss die Ausgrenzung von Vätern aus Familienprojekten kritisch erwähnt werden. So berichten MitarbeiterInnen aus einem stationären Familienprojekt in Brandenburg, wie die Väter der Kinder in der Ursprungskonzeption zunächst 'vergessen' wurden; auch das im Vergleich zu Paaren 'leichtere Arbeiten' mit allein erziehenden Müttern wird von MitarbeiterInnen der Familienprojekte als Grund für die professionelle Zurückhaltung gegenüber der Arbeit mit den Vätern angedeutet (Sanders 2002).

Während in der Literatur eine zu enge Geschwisterfolge als belastend für die Kinder eingestuft wird, kann das Aufwachsen mit Geschwistern unabhängig vom Alter auch positive Auswirkungen auf Kinder von geistig behinderten Eltern haben. Die Verantwortung für mehrere Kinder wird zwar als Überlastungsgefahr für die Eltern eingeschätzt, die Geschwister entwickeln jedoch möglicherweise mehr Selbstbewusstsein, erhalten wichtige Entwicklungsanregungen und entwickeln sich schneller. Denkbar ist, dass die Geburt eines zweiten Kindes das erste vor dem Druck einer möglichen Überpädagogisierung schützen kann (Sanders 2002).

Zu selten wird bisher ein Augenmerk darauf gerichtet, inwiefern Eltern mit geistiger Behinderung im Vergleich zu anderen Eltern über Eigenschaften verfügen, die sich positiv auf ihre Kinder auswirken. Unter Umständen sind sie in der Lage, ihrem Kind mehr Zuwendung zu geben, weil sie besonders stolz darauf sind, ein Kind zu haben und im Gegensatz zu manchen nicht behinderten Menschen weniger das Gefühl haben, zu Gunsten des Kindes auf Selbstverwirklichung in Beruf oder Freizeit verzichten zu müssen (Bargfrede & Pixa-Kettner 2001).

3.2.3 Umfeldfaktoren

3.2.3.1 Beziehungen außerhalb der Familie

Als wichtigster Schutzfaktor im außerfamiliären Umfeld wird das Vorhandensein einer erwachsenen Bezugsperson genannt, die dem

Kind Sicherheit vermittelt, sein Bindungsverhalten fördert und Entwicklungsverzögerungen ausgleichen kann (Betheler Arbeitstexte 1996, 15; Prangenberg 2003, 104, 318). Unterstützende Beziehungen können von FreundInnen, hilfreichen NachbarInnen oder geschätzten SozialarbeiterInnen bzw. FamilienhelferInnen ausgehen (Booth & Booth 1998a, 41). Allerdings ist von einer extremen sozialen Isolierung dieser Familien auszugehen (vgl. Beitrag „Unterstützungsnetzwerke von Eltern mit Lernschwierigkeiten unter Einbezug der Sicht einer betroffenen Mutter", ab S. 253 in diesem Band). Abgesehen von den professionellen MitarbeiterInnen haben viele Kinder offenbar keine anderen erwachsenen Bezugspersonen außerhalb der Kernfamilie.

Von Familienprojekt-MitarbeiterInnen werden außerdem die soziale Eingebundenheit in die Gemeinde, geschützte Wohnbedingungen, pädagogische Unterstützung und gesellschaftliche Veränderungen als schützende Umfeldfaktoren für das Kind genannt (Sanders 2002). Inwiefern Wohnbedingungen auf die Situation der Kinder wirken, ist unklar. Einerseits wird vermutet, dass stationäre Betreuung der Familien Vorteile für die Kinder hat, weil ihnen mehr AnsprechparterInnen zur Verfügung stehen. Gleichzeitig werden sie auf Grund ihres Wohnortes womöglich vermehrt mit Vorurteilen konfrontiert (Sparenberg 2001, 118). Als Vorteile einer ambulanten Begleitung im Rahmen eines integrativen Stadtteilkonzeptes werden größere Toleranz gegenüber Verschiedenheit, weniger Stigmatisierung und damit auch eine geringere Gefahr der sozialen Isolation der Kinder genannt.

> „Was auch gut war auf dem Gelände, dieser Wohnpark mit sehr vielen Wohnungen, so dass Menschen mit ner geistigen Behinderung, Menschen mit ner körperlichen Behinderung und kinderreiche Familien da wirklich Wohnungen finden konnten. Auf der einen Seite war es schon so der Anfang einer kleinen Gettoisierung, auf der anderen Seite hatten die Menschen, die da wohnten schon ein bisschen mehr Verständnis für das Phänomen Behinderung. Da gab es schon Eltern die gesehen haben, dieses Mädchen hat eben lernbehinderte Eltern, aber das war dann für deren Kinder kein Handicap mit der was zu machen." (Zit. in Sanders 2002, 83)

In der aktuellen Diskussion um die Elternschaft von Menschen mit geistiger Behinderung zeichnet sich die Tendenz ab, elterliche Kompetenz nicht als individuelles Merkmal zu verstehen, sondern im Zusammenhang mit dem Netzwerk, in das die Familie eingebunden ist (Booth & Booth 1998a, 206). Angesichts des hohen Stellenwerts des weiteren familiären und nachbarschaftlichen Umfelds wäre Netzwerk- und Beziehungsarbeit eine wichtige Aufgabe systemisch-ökologisch orientierter Förderung.

3.2.3.2 Das Hilfesystem als Schutzfaktor im Leben der Kinder

Bisherige Praxiserfahrungen deuten darauf hin, dass die alleinige Versorgung ihrer Kinder durch Eltern mit geistiger Behinderung in der Regel nicht ausreicht, sondern durch professionelle Dienste oder ein privates Netzwerk ergänzt werden muss (Prangenberg 1999, 82; Booth & Booth 1998a, 206). Hierbei zeigt es sich als Vorteil, dass Menschen mit geistiger Behinderung im Gegensatz zu anderen Risikoeltern in der Regel bereits in ein professionelles Hilfesystem eingebunden sind, bevor sie Kinder bekommen, so dass bei Bedarf frühzeitige Unterstützung möglich ist. Als ihre Aufgabe beschreiben MitarbeiterInnen von Familienprojekten in diesem Zusammenhang die Schaffung von Strukturen in den Familien, die Unterstützung der familiären Interaktion und die Begleitung der kindlichen Versorgung, vor allem im Säuglings- und Kleinkindalter. Als schützende Bedingungen der Arbeit mit den Eltern werden der frühe Beginn der Hilfen sowie die Einbeziehung des Vaters bzw. des nicht behinderten Elternteils genannt. Betont wird auch die Bedeutung eines systemischen Arbeitsansatzes, der das Umfeld von Eltern und Kindern mit einbezieht und deren Ressourcen aktiviert (Sanders 2002).

Als eine der wichtigsten Aufgaben wird die Vermittlung des Kindes in Einrichtungen gesehen, in denen es so früh wie möglich gefördert wird.

> „Der Schlüssel ist: sie muss ganz viel raus. Sie muss weg von ihrer Mutter, sie muss beschäftigt sein, sie muss mit anderen Menschen zusammen sein. Das ist das Konzept, was wir von Anfang an fahren: ganz früh zur Tagesmutter, ganz früh in die Kita, ganz früh Schule und Hort. Ich denke, dass das so funktionieren kann." (Zit. in Sanders 2002,86)

Umstritten ist, ob die Förderung in Einrichtungen ausreicht oder ob ein Kind zusätzliche professionelle Bezugspersonen braucht:

„Bei dem Mädchen die Einzelarbeit, hat viel gebracht. Vier Jahre wurde dreimal in der Woche drei Stunden mit der gearbeitet. Das ist lang. Die ist nicht abgerutscht. Das Defizit der Mutter wurde kompensiert. Die zusätzliche Förderung von außen war sehr wichtig, neben der Kita. (...) Das habe ich bei allen Kindern beobachtet, Kita würde nicht reichen. Man muss auch Nachhause kommen, Zuhause trägt einfach viel mehr als alles was sie umgibt." (Zit. in Sanders 2002, 86)

Abgesehen von der konzeptionell vorgesehenen Arbeit mit den Eltern, offenbart ein Blick in die Arbeit von Familienprojekten vielfältige Beispiele direkter alltagsorientierter Unterstützung der Kinder in den Bereichen kognitive Förderung (Hausaufgabenhilfe, Geschichten oder Tageszusammenhänge erzählen), sprachliche, motorische Förderung (Vorlesen, in Bäumen klettern), (Um)Welterfahrungen (Museums-, Kino-, Zoobesuche) oder Begleitung familiärer Veränderungen (Schwangerschaften; Trennung der Eltern) (Sanders 2002). Selten wird kritisch angefragt, ob Eltern mit geistiger Behinderung durch zu intensive Assistenz bei der Ausübung ihrer Elternrolle nicht auch 'ent-fähigt' werden können (Booth & Booth 1998a).

Die Rahmenbedingungen der pädagogischen Unterstützung spielen nach Aussagen von Familienprojekt-MitarbeiterInnen eine wichtige Rolle. In Befragungen wird die Kontinuität der Begleitung als wichtiger Schutzfaktor für das Kind hervorgehoben, um die Entwicklung eines Vertrauensverhältnisses und langfristige Beziehungserfahrungen zu ermöglichen. Weiterhin wird betont, wie wichtig auch für das Kind eine konstruktive Kooperation der Professionellen ist.

Neben der Unterstützung durch MitarbeiterInnen des Familienprojektes wird eine weitergehende Unterstützung einiger Kinder durch Psychotherapie für einen wichtigen Faktor gehalten, um vor allem in der Pubertät die Abgrenzung von den Eltern und die Entwicklung zur Selbständigkeit zu fördern (Sanders 2002). Als fehlendes Angebot zur Stärkung der Kinder werden Selbsthilfegruppen für Eltern und Kinder genannt.

Pädagogische Unterstützungsmöglichkeiten werden bisher vor allem in der Stärkung der Eltern gesehen und in der Förderung einzelner kindlicher Entwicklungsbereiche, wie der Motorik oder der Sprache. Inwiefern die Kinder bei der biographischen Verarbeitung der Tatsache, geistig behinderte Eltern zu haben, unterstützt werden können und wie die geistige Behinderung einschließlich der gesellschaftlichen Stigmatisierung ihnen gegenüber thematisiert werden kann, ohne die Eltern abzuwerten oder zu implizieren, dass mit ihnen als Kind 'etwas nicht in Ordnung' ist (Booth & Booth 1998a, 108f.), bleibt offen. Der Bericht von Ronai legt die Vermutung nahe, dass es für Kinder von Eltern mit geistiger Behinderung eine Hilfe sein kann, die elterliche Behinderung und auch die damit verbundene gesellschaftliche Diskriminierung offen anzusprechen. *„Many things locked into place once I understood my mother was retarded"* (Ronai 1997, 427). Es erscheint denkbar, dass die Resilienzperspektive den professionellen Blick auf die Lebenssituation von Kindern geistig behinderter Eltern erweitert, indem sie diese nicht mehr ausschließlich unter dem Gesichtspunkt der Verletzlichkeit und Schädigung betrachtet, sondern auch Stärken und Widerstandskräfte beachtet.

4 Resümee

Zusammenfassend lässt sich feststellen, dass die Risiko- und Resilienzforschung wichtige Anregungen zur Einschätzung der Lebenssituation von Kindern geistig behinderter Eltern gibt und gleichzeitig neue Fragen aufwirft. Die bisherigen Erfahrungen zeigen eine Anzahl von bekannten Risikofaktoren, die möglicherweise die Entwicklung von Kindern geistig behinderter Eltern beeinträchtigen können. Über Langzeitrisiken und biographische Belastungen wird allerdings größtenteils nur spekuliert, indem die bei kleineren Kindern beobachteten Entwicklungsverzögerungen und Verhaltensauffälligkeiten auf das spätere Leben projiziert und ausschließlich negativ bewertet werden. In diesem Zusammenhang kritisieren Booth & Booth das 'damage model thinking', welches Kinder aus sogenannten schwierigen Familien als hilflose Opfer ihrer Lebensumstände ansieht, die in der Jugend und im Erwachsenenalter zwangsläufig verhaltensauffällig werden (Booth & Booth 1998a, 3). Sie plädieren für eine komplexe Betrachtungsweise des Bedingungszusammenhangs zwischen elterlichen Kompetenzen, kindlicher Entwicklung und der Qualität des späteren Lebens als Erwachsene. Neben Faktoren, die das Kind schützen, müsse deshalb beachtet werden, dass sowohl positive wie auch negative frühkindliche Prägungen durch spätere Lebenserfahrungen verändert werden können, dass andere Bezugspersonen neben den Eltern eine Rolle spielen und Professionelle durch negative Erwartungen Prozesse, die sie verhindern wollen unter Umständen selbst erzeugen (Booth & Booth 1998a, 3f.).

In der fachlichen Diskussion wurde lange ein monokausaler Zusammenhang zwischen den den behinderten Eltern unterstellten Defiziten und den Belastungen der kindlichen Lebenssituation angenommen (Sparenberg 2001, 113). Mittlerweile ist in der Diskussion des Themas die Tendenz zu einer systemischen Perspektive zu beobachten, die die Belastungen der kindlichen Lebenssituation auch im Zusammenhang mit gesellschaftlichen Rahmenbedingungen und dem Handeln des professionellen Hilfesystems sieht. (Prangenberg 2003; Sparenberg 2001; Pixa-Kettner 2001; Booth & Booth 1998a). Booth und Booth kommen aufgrund ihrer neueren biographischen Studien über erwachsene Kinder geistig behinderter Eltern sogar zu der Annahme, dass es keine Kausalbeziehung zwischen der kindlichen Entwicklung und der elterlichen Behinderung gäbe. Diese Ansicht bildet sicherlich einen Extrempunkt der Auseinandersetzung. Dennoch lässt sich feststellen, dass allein die Tatsache, Kind geistig behinderter Eltern zu sein, kein zuverlässiger Indikator für eine ungünstige Entwicklung darstellt. Für die fachliche Auseinandersetzung stellt sich die Aufgabe, diese Kinder bei der Bewältigung ihrer unbestritten schwierigen Lebenserfahrungen angemessen zu begleiten. Wünschenswert wäre es, in Zukunft die Sichtweisen von Kindern unterschiedlichen Alters vermehrt in die Hilfeplanung einzubeziehen (Prangenberg 2003, 78, 327).

Fallbeispiel VI: Frau Meilgen

> „... na, als ich nachher begriffen hab und dachte bloß, oh Gott, du musst hier irgendwie raus, das gibt's ja gar nicht, ne, du kannst ja nie jemanden erzählen was in deiner Familie wirklich passiert ist, ja." (Prangenberg 2003, 195)

Die folgende Fallgeschichte entstammt einer Befragung aus dem Jahr 1998[13]. Zum damaligen Zeitpunkt war Ines Meilgen 30 Jahre alt, verheiratet und hatte eine fünfjährige Tochter. Sie lebte mit ihrer Familie in einer Großstadt und ging dem Beruf der Kinderkrankenschwester nach.

Bis zu ihrem zwölften Lebensjahr lebte Ines in einer Familie, die als 'normal' zu bezeichnen war. Gemeinsam mit ihrer um siebzehn Jahre älteren Schwester, die eine geistige Behinderung starker Ausprägung aufwies, lebte sie bei ihrer Mutter und ihrem Vater in einer kleinen Wohnung (in einer Großstadt). Aufgrund der Enge der elterlichen Wohnung schlief Ines als Kind zumeist in der nahegelegenen Wohnung der Großmutter und verbrachte dort auch einen Großteil ihrer Freizeit. Ihr Vater war nicht mit der Mutter verheiratet, der erste Mann ihrer Mutter war bereits verstorben. Zu ihrer Schwester entwickelte Ines ein normales Verhältnis, die geistige Behinderung spielte im Alltag von Ines und ihren Freundinnen keine überragende Rolle.

Mit zunehmendem Alter registrierte Ines Unterschiede in ihrem Familienalltag im Vergleich zu den Familien ihrer Freundinnen und Schulkameradinnen. Sie musste beispielsweise in regelmäßigen Abständen zu Gesprächen ins Jugendamt. Gespräche, die zwar nicht lästig waren, ihr aber schon als Kind seltsam vorkamen. So wurde die Entscheidung über die Teilnahme an einer Klassenfahrt auch

---

[13] Prangenberg, Magnus (2003): Zur Lebenssituation von Kindern deren Eltern als geistig behindert gelten. Eine Exploration der lebens- und Entwicklungsrealität anhand biografischer Interviews und Erörterung der internationalen Fachliteratur. Bremen, Univ. Diss.

durch das Jugendamt getroffen. Mit zunehmendem Alter zeigten sich weitere Auffälligkeiten in ihrem Familienleben. Ines wurde etwa durch ihre Familie angehalten, in den Gesprächen mit dem Jugendamt die Tatsache, dass ihr Vater mit in der gemeinsamen Wohnung wohnte, zu leugnen. Zunehmend deutete ihre Großmutter Sachverhalte an, mit denen sie nichts anfangen konnte.

Diese Andeutungen der Großmutter lösten sich schließlich, als Frau Meilgen 12 Jahre alt war. Damals fand ein Gespräch mit der Jugendamtsmitarbeiterin statt, welches sie noch als erwachsene Frau als Schock beschreibt. Die Jugendamtsmitarbeiterin informierte sie darüber, dass Ines' ältere Schwester nicht ihre Schwester sei, sondern ihre Mutter. Die Person, die sie bis dahin als ihre Mutter gesehen hatte, sei ihre Großmutter. Auf die natürliche Frage, wer denn ihr Vater sei, erfuhr sie, dass der Mann, den sie als Vater sähe, tatsächlich ihr leiblicher Vater sei. Diese Information beruhigte Ines kaum, lebte dieser doch mit ihrer Großmutter (bis dahin Mutter) zusammen. Auch erfuhr sie, dass ihre Mutter die Tochter des ersten verstorbenen Mannes war.

Dieser Schock, die Gewissheit, zwölf Jahre lang mit einer verschobenen Familienstruktur aufgewachsen zu sein, blieb für Ines viele Jahre bestehen, wurde zum lebensbegleitenden Thema. Als Folge flüchtete sie sich in eine Traumwelt. Sie suchte die Nähe zur Lieblingstante, träumte von ihr als ihrer eigentlichen Mutter. Gleichzeitig belastete sie die Frage nach einer eigenen geistigen Behinderung. Quasi als Gegenbeweis erbrachte Ines für sich und ihre Umwelt besonders gute Schulleistungen. Niemand in ihrem Umfeld sollte den Verdacht schöpfen, sie könne von ihrer geistig behinderten Mutter abstammen. Nur mühsam konnte sie sich in fortschreitendem Jugendalter, mit Beginn der Ausbildung, Freundinnen und engen Freunden anvertrauen. Dabei erfuhr sie positive Reaktionen auf ihre Lebensgeschichte. Die Feststellungen ihrer Freunde, sie habe eine eigene Persönlichkeit, werde wegen dieser gemocht, bestärkten sie.

Ein Teil der Problematik bestand auch darin, dass Ines nicht umfassend über ihre Herkunft aufgeklärt wurde. Erst mit sechzehn Jahren wurde sie durch ihre Lieblingstante in die komplette Familiengeschichte eingeweiht. Bis dahin suchte die Familie immer wieder Ausflüchte, wenn es darum ging, ihr das Handeln der Familie und weitere Unstimmigkeiten in der Familiengeschichte zu erläutern.

Immer wieder musste Ines Informationen erfragen. Häufig fiel sie mit diesen Widersprüchen in der Schule oder bei Freunden auf. Erschwerend kam hinzu, dass der Vater und zugleich Lebensgefährte der Großmutter mit dieser zusammenblieb und auch heute noch zusammenlebt. Täglich begegnete sie ihrem Vater, der, wie sie später aus der Akte erfahren sollte, ihre Mutter betrunken missbraucht hatte. In ihrer Jugendzeit steigerte sich die Wut gegen den Vater, sie konnte ihn kaum ertragen. Der Umgang mit der Missbrauchstat überlagerte die Kindheit und Jugend von Ines als zentrales Thema.

Ein weiterer Bruch in der Familiengeschichte zeigte sich in den zeitgleichen Schwangerschaften von Großmutter und Mutter von Frau Meilgen. Beide Frauen erwarteten zur selben Zeit Kinder vom Lebensgefährten der Großmutter. Da Großmutter und Mutter von Ines von ein und demselben Mann ein Kind erwarteten, drängten die Behörden auf die Adoption beider Kinder und gingen juristisch gegen den Vater vor. Während der Sohn der Großmutter direkt nach der Geburt adoptiert wurde, blieb Ines nur aufgrund des beherzten und resoluten Einschreitens der Urgroßmutter in der Familie.

Frau Meilgen hat in Folge der Kenntnis über die eigene Herkunft kein Verhältnis zu ihrer Mutter im Sinne einer Mutter-Tochter Beziehung aufgebaut. Sie betont, dass sie diese nie als Mutter gesehen hat. Zudem scheint die Realisierung der Mutterschaft durch die Mutter selber auf Grund der Schwere der geistigen Behinderung fraglich. So nennt Frau Meilgen ihre Großmutter weiterhin Mutter und geht noch weiter; lernt sie Menschen kennen, bietet sie diesen nur die verschobene Familiengeschichte an. Frau Meilgen betont dabei den pragmatischen Charakter der Tabuisierung ihrer eigenen Familiengeschichte. Sie möchte keine fremden Personen mit der Familienstruktur konfrontieren, da diese zu kompliziert ist. Nur nähere Bekannte und wenige Freunde wurden und werden partiell in die wahre Geschichte eingeweiht. Aber auch hier bleibt die Thematik des Missbrauchs der Mutter durch den Vater ein Tabuthema.

Mit achtzehn Jahren strebte Frau Meilgen schließlich einen schnellen Auszug von zu Hause an. Sie wollte nur weg, der verworrenen Situation ihrer Kindheit entkommen. Dennoch blieb sie in engem Kontakt zur Familie. Nach Erhalt des Realschulabschlusses, den sie mit großem Eifer anstrebte und den sie als Beweis für ihre 'nicht behinderte Entwicklung' verstand, erlernte sie den Beruf der Kinderkrankenschwester, den sie heute noch ausübt. Sie heiratete und bekam eine Tochter. Die Behinderung ihrer Mutter bleibt trotz der 'Normalisierung' ihrer Lebensverhältnisse ein lebensbegleitendes Thema. Die Reaktion ihres Mannes auf ihre Lebensgeschichte galt als Prüfung für die weitere Partnerschaft. Bis zur Geburt ihrer Tochter blieb aber auch die Angst vor einer Behinderung der Tochter. Wie weit diese Angst vor dem Nichtverstehen der Familienstruktur auch heute noch reicht, zeigt sich in der Tatsache, dass Frau Meilgens Tochter, die sie im Alter von 25 Jahren zur Welt brachte, ebenfalls mit der falschen Familiengeschichte aufwächst. Frau Meilgen betont zwar, dass ihre Tochter die Wahrheit kennen lernen soll, aber eben erst, wenn sie alt genug dafür ist.

Mit ihrer Mutter verbindet sie heute ein freundschaftliches Verhältnis, aber noch immer hat diese den Platz als Mutter nicht einnehmen dürfen. Frau Meilgen besucht sie gelegentlich in dem Wohnheim, in dem sie lebt, schätzt die Arbeit in der WfB. Die Entwicklung, die ihre Mutter dort macht, freut Frau Meilgen und lässt rückblickend bei ihr Zweifel an der Förderung ihrer Mutter durch die Familie aufkommen.

Markante Aspekte der geschilderten Lebenssituation

- Tabuisierung der Lebensgeschichte durch die Familie als Belastung
- gesteigertes Engagement des Kindes (z.B. in der Schule) als Beweis einer 'normalen' Entwicklung
- unsensibles Verhalten von behördlicher Seite, bei gleichzeitig mangelhafter Unterstützung
- Entwicklung einer defensiven Strategie im Umgang mit der eigenen Lebensgeschichte gegenüber Dritten
- positive Annahme und Bestärkung der eigenen Person durch Freunde, Verwandte und den Lebenspartner als Unterstützung in der Bewältigung der Lebensgeschichte
- Missbrauch der Mutter als Lebensrealität der Tochter
- Angst des Kindes vor einer eigenen geistigen Behinderung und vor einer geistigen Behinderung des eigenen Kindes
- fehlende Entwicklung eines 'typischen' Mutter-Tochter Verhältnisses
- Wahl eines helfenden Berufes

MAGNUS PRANGENBERG

Erwachsene Kinder von Menschen mit einer geistigen Behinderung

1 Einleitung

Die beiden folgenden Fallbeispiele entstammen einer Erhebung zur Lebenssituation erwachsener Kinder geistig behinderter Eltern[14]. Die befragten Frauen berichten rückblickend über ihre Kindheit, ihre Jugend und ihr Erwachsenenleben. Sie ermöglichen somit einen Einblick in Familienleben aus Sicht direkt Betroffener.

Dabei interessiert insbesondere, wie die beiden Frauen zu gänzlich unterschiedlichen Bewertungen ihrer Kindheit und der Lebenssituation kommen, Tochter einer Mutter mit einer geistigen Behinderung zu sein. Auf einen ersten Blick ähneln sich die Rahmenbedingungen: Beide Interviewpartnerinnen, Frau Barlage und Frau Engels, sind gemeinsam mit ihren Müttern bei den Großeltern bzw. der Großmutter aufgewachsen, während die Väter, die als nicht behindert gelten, sich der Verantwortung entzogen haben. Beide Familien lebten in dörflichen Strukturen Bayerns, beide Frauen sind ungefähr gleich alt. Beide absolvierten die Volksschule und wurden kaufmännische Angestellte. Auch in der Gegenwart gibt es Ähnlichkeiten. Beide Frauen haben engen Kontakt zu ihren Müttern und kümmern sich um sie, wenn auch in unterschiedlichem Maße. Sowohl Frau Barlage als auch Frau Engels sind oder waren verheiratet und haben jeweils mindestens ein Kind bekommen. Beide Mütter weisen zusätzlich zu einer geistigen Behinderung auch psychiatrische Auffälligkeiten auf. Immer wieder kommt es zu aggressivem Verhalten der Mütter gegen Personen in ihrem Umfeld, auch gegen

---

[14] Prangenberg 2003

die eigenen Kinder, das als zusätzliche Belastung im Alltag der Töchter wirkt.

Das Resümee der beiden Frauen könnte jedoch kaum unterschiedlicher sein. Frau Barlage erkennt die Belastungen in ihrem Leben, kommt aber zu einer positiv gestimmten Einschätzung und hat eine Haltung entwickelt, sich den Herausforderungen zu stellen. Anders äußert sich Frau Engels. Sie leidet sichtlich unter ihrer Lebensgeschichte, fühlt sich an ihre Grenzen gebracht und kann sich nur mühsam von den Belastungen ihrer Vergangenheit lösen.

Der Wert des Vergleichs dieser beiden Biografien liegt in der Möglichkeit, einen ersten vorsichtigen Blick auf Faktoren und Bedingungen zu werfen, die eine positive Verarbeitung belastender Erfahrungen ermöglichen oder aber diese Belastungen als solche spürbar machen und verstärken. Die Theorie der Resilienz wird hier mit Lebenserfahrungen gefüllt (vgl. Beitrag „Risiko- und Schutzfaktoren im Leben der Kinder von Eltern mit geistiger Behinderung", ab S. 161 in diesem Band).

2 Kindheitserinnerungen

Betrachtet man die Lebensgeschichten von Frau Barlage und von Frau Engels, so fallen zuerst weitere Gemeinsamkeiten ins Auge. Beide Frauen berichteten, dass sie ohne Vater aufwachsen mussten. Die Schwangerschaften ihrer Mütter folgten einer Realität im Umgang nicht behinderter Männer mit Frauen mit geistiger Behinderung, einem Missbrauch. Während Frau Engels ihren Vater kennt, ein Nachbar, der, wie sie sagt, die Situation ausnutzte, sich dann aber jeglicher Verantwortung entzog, hat Frau Barlage ihren Vater niemals kennen gelernt. Aber auch sie berichtet, dass es sich um einen Missbrauch gehandelt haben muss. Frau Barlage hat hier in ihrem Leben einen klaren Schnitt vollzogen. Wollte sie als Jugendliche noch ihren Vater kennen lernen, so hat sie sich von dieser Suche entfernt und dieses Thema nach eigener Aussage abgeschlossen.

Beide Mütter blieben mit der Verantwortung für ihre Kinder dennoch nicht alleine, denn in beiden Fällen übernahmen die Großeltern bzw. die Großmutter die Verantwortung für ihre Enkelkinder. Frau Barlage und Frau Engels konnten somit bei ihren Müttern bleiben. Wichtig bleibt an dieser Stelle zu erwähnen, dass dieses

Engagement der Herkunftsfamilien ohne institutionelle Unterstützung stattfand.

Sowohl für Frau Barlage als auch für Frau Engels entwickelten sich in der Kindheit die Großeltern zu ihren Bezugspersonen. Die Mütter waren von ihrer Rolle als Mutter entbunden. Im Fall von Frau Engels war der Großvater die emotionale Bezugsperson, die Großmutter hingegen war maßgeblich für die Versorgung und Erziehung ihrer Enkelin verantwortlich. Im Fall von Frau Barlage hatte die Großmutter die Verantwortung alleine, da der Großvater bereits verstorben war. Weitere Mitglieder der Großfamilie unterstützten die Großmutter. Deutliche Unterschiede lagen allerdings in der Handhabung dieser Verantwortung.

Beide Mütter hatten feste Aufgaben im Familienalltag. Daneben konnte die Mutter von Frau Barlage durch ihre Mitarbeit in einer Gaststätte – die Familie galt als arm – auch zum Lebensunterhalt ihrer Familie beitragen. Die Mutter von Frau Engels blieb hingegen zu Hause und musste die Großmutter bei der Hausarbeit unterstützen.

In einer rückblickenden Einschätzung ihrer Kindheitserlebnisse ziehen Frau Barlage und Frau Engels ein sehr unterschiedliches Fazit. Beide Frauen betonen die Belastungen im Alltag, so litt Frau Barlage sehr unter den aggressiven Ausbrüchen ihrer Mutter, die zu einem zentralen Punkt im Alltag der Tochter zu werden drohten. Dieser negativen Erfahrung kann Frau Barlage aber die positive Erfahrung über das Aufwachsen in einer Großfamilie entgegenstellen. Durch diese Familie, wie später noch erläutert wird, erfuhr sie ein Familienleben, in dem nur wenige Elemente einer 'normalen' Familie fehlten. Frau Engels hat es hingegen schwer, in ihren Kindheitserinnerungen auch positive Elemente zu finden. Sie berichtet von einer sehr negativ geprägten Kindheit, die durch die Ablehnung ihrer Person durch den eigenen Vater, durch die Großmutter und das nachbarschaftliche Umfeld bestimmt war. Zwar hatte sie zu ihrem Großvater ein positives Verhältnis, aber Streitigkeiten in der Familie sowie ungewisse Zukunftsperspektiven überschatteten diese Beziehung.

> **Frau Engels:** „... Na. Außer einem glücklicheren Familienleben in der Kindheit, aber ansonsten, .. hab ich eigentlich nichts vermisst." (Prangenberg 2003, 221)

3 Die Rolle der Mütter – 'ewige Kinder'

Beide Mütter hatten im Familienalltag keine zentrale oder tragende Funktion. Sie waren zudem ihrer Rolle als Mutter entmündigt. Dabei zeigten beide Mütter Kompetenzen im Familienalltag und den Willen, sich um ihre Kinder zu kümmern. Sowohl die Mutter von Frau Barlage als auch die Mutter von Frau Engels versuchten auf ihre Art, Zuneigung zu ihren Töchtern zu zeigen. Die Mutter von Frau Engels versuchte dies durch eine hohe Aufmerksamkeit und materielle Zuwendungen. Das Ausdrücken von Zuneigung oder gar Zärtlichkeiten waren ihr durch die Großmutter untersagt worden. Wie weit diese Entmündigung ging, zeigt sich besonders drastisch im Alltag der Familie Engels. Zwar konnte die Mutter Kleinkinder versorgen, um ihre eigene Tochter durfte sie sich aber nicht kümmern.

> **Frau Engels:** „-Sie hat mich halt nur nicht-sie hat mich nicht wickeln dürfen, sie hat mich nicht füttern dürfen, des hat-des ist ihr halt alles aus den Händen 'nommen worden."
>
> **Interviewer:** „Hat sie es versucht?"
>
> **Frau Engels:** „Ja, scho'. Und wobei ich sagen muss, äh .. dass dann die Kinder, die nach mir kommen sein, also von ihrer Schwester, die hat sie wohl versorgen dürfen, bloß mich nicht .. Weil die, die andern Kinder die-die hat's wickeln dürfen, füttern dürfen und-und alles, aber an mich haben's nicht dranlassen und ich weiß nicht warum .. Ich hab das halt bloß immer später dann gehört ..." (Prangenberg 2003, 180)

Frau Engels resümiert, dass die Großmutter die Mutter wohl gerne als Haushaltshilfe gesehen hat, ihr mehr aber auch nicht zugestehen wollte. Aber auch im Alltag der Familie Barlage hatte die Mutter einen festen Platz im Alltagsgeschehen, ohne für die Versorgung, Pflege oder Erziehung ihrer Tochter verantwortlich zu sein. Die Zuständigkeit für die Sorge für Frau Barlage lag in anderen Händen. Frau Barlage charakterisiert die Stellung ihrer Mutter in der Familie treffend als 'ewiges Kind' der Großmutter, ein Verhältnis zur Mutter, das sie später selber pflegte.

Die Entmündigung der Mutter nimmt Frau Engels auch den Respekt vor ihrer Mutter. Sie sieht ihre Mutter nicht als emotionale Bezugsperson. Wie, so formuliert sie treffend, solle sie zu einer Person Vertrauen aufbauen, die nur von anderen bevormundet wird? Auch für Frau Barlage erfüllte die Mutter niemals die Funktion einer Mutter. So nennt sie ihre Mutter nur bei ihrem Spitznamen. Auf die Frage, welchen Stellenwert ihre Mutter für sie hatte, weiß sie keine passende Antwort.

4 Die Familie als Netzwerk

Ein gravierender Unterschied zwischen den Lebensgeschichten von Frau Barlage und Frau Engels zeigt sich in dem familiären Netzwerk (vgl. Beitrag „Unterstützungsnetzwerke von Eltern mit Lernschwierigkeiten unter Einbezug der Sicht einer betroffenen Mutter", ab S. 253 in diesem Band). Die Familie von Frau Barlage – die Großmutter, ihre fünf Kinder und zwei Enkel – präsentiert sich als perfektes Netzwerk, welches zu jedem Zeitpunkt den Bedürfnissen der Großmutter, der Mutter und Frau Barlage adäquat zu begegnen scheint. Dabei ist die Großmutter das Oberhaupt der Familie. Mit Strenge regiert sie die Familie und sorgt dafür, dass die einzelnen Aufgaben und Zuständigkeiten zwischen den Familienmitgliedern klar verteilt sind, eine Verteilung, die auch nach Auszug der einzelnen Familienmitgliedern Bestand hat. So wissen alle Familienmitglieder, was zu tun ist, wenn die Mutter ihren 'Ausraster' hat. Frau Barlage findet für ihre unterschiedlichen Bedürfnisse bis auf wenige Ausnahmen entsprechend unterschiedliche Ansprechpartner.

> **Interviewer:** „Wer hat diese typische Mutterrolle übernommen?"
>
> **Frau Barlage:** „Mei Großmutter, die hat äh muss sagen, wir ham a alle auf die Oma gehört, weil die war streng zu uns, aber doch wieder lieb und die Großmutter hat ähm vier Kinder g'habt, oder fünf sogar und eben ähm .. den S., der wohnt jetzt a in R.-Dorf, des ist a Enkel und mich .. also das war a Wahnsinnsleistung und die hat kein Mann g'habt, ihr Mann war im Krieg eben gefallen und ich muss die Frau heut bewundern, weil .. vom Finanziellen her, wie's des geschafft hat, die ist Putzen gangen, alles – mir warn a viel auf uns selber gestellt, aber .. mir irgendwie Geborgenheit haben mir von der Oma scho' kriegt und des war a wie unser Mutter .. und mir ham'se dann a .. also mir ham ihr im Alter eigentlich scho' zurückgegeben, was sie uns als Kinder gegeben hat, einfach die Liebe und die Geborgenheit, mir ham uns immer um sie gekümmert." (Prangenberg 2003, 212)

Zudem zeigt sich dieses Netzwerk als flexibel, kann auf Veränderungen reagieren. Dies wird schließlich nach dem Tod der Großmutter deutlich. Längst haben andere Familienmitglieder und Frau Barlage ihre Aufgaben übernommen. Frau Barlage wuchs in dieses Netzwerk hinein und somit früh in die Vorstellung, Aufgaben übernehmen zu müssen – Aufgaben in der Verantwortung für ihre Mutter. Diese Zukunft brauchte sie nicht zu verängstigen, da sie sich sicher sein konnte, niemals mit dieser Herausforderung alleine zu bleiben, sondern sich auch auf andere Familienmitglieder verlassen zu können.

Aber es gab auch einige wenige Schwachstellen in diesem Netzwerk. Für die Rolle der Mutter war aus Frau Barlages Sicht ihre Großmutter zu alt. Insbesondere in der Jugendzeit war sie keine adäquate Ansprechpartnerin für Frau Barlage, sie blieb mit vielen Fragen allein. Gleichzeitig war die Großmutter aber Respektsperson und somit Bezugsperson für Frau Barlage. Die Strenge der Großmutter betrachtet Frau Barlage heute als notwendig und richtig. Unter den schwierigen Bedingungen unter denen die Familie litt, war es dringend notwendig, eine klare Linie in der Organisation des Familienalltages zu finden. Sie selber erfuhr so auch immer einen klaren Handlungsrahmen und Orientierung. Frau Barlage resümiert abschließend, dass sie durch dieses Netzwerk Familie erleben konnte.

In der Familie von Frau Engels war ebenfalls die Großmutter das Familienoberhaupt. Aber hier ist es schwierig, ein funktionierendes Netzwerk zu erkennen. Die Großmutter 'regierte' auch hier mit Strenge, aber diese deutete Frau Engels damals als Ablehnung ihrer Person und der ihrer Mutter. Insbesondere die Geringschätzung der Mutter durch die Großmutter ist Frau Engels in schmerzhafter Erinnerung. Die daraus resultierenden Streitigkeiten prägten den Alltag und sind zentrales Argument in der negativen Bewertung der Kindheit. Die Strenge der Großmutter diente, anders als in der Familie Barlage, dem Zwecke der Funktionalisierung der Familienmitglieder. Die Aufgabenverteilung im Alltag war ganz und gar auf die Großmutter ausgerichtet. Somit war sie Garant für die Funktionstüchtigkeit der Familie. Für Frau Engels bedeutete dies insbesondere als Jugendliche die Angst, was passieren würde, wenn die Großmutter diese Aufgaben nicht mehr wahrnehmen könnte. Diese Angst beinhaltete auch die Vorstellung, dass niemand an Stelle der Großmutter die Anforderungen der Familie und insbesondere die

Versorgung der Mutter übernehmen konnte. Eine Angst, die sich später bewahrheiten sollte.

> **Frau Engels:** „... Ja, so war das eigentlich immer. Wie i' a Kind war, da war sie immer krank, die Oma, dann hast a' immer Angst gehabt, dass's stirbt, weil was tust du dann, wenn die Oma stirbt(?) ... Fast jeden zweiten Tag ist dann der Arzt dort gewesen und dann hast dir immer denkt, hoffentlich wird's bloß so alt, dass-dass ich heirat' dass dann des nimmer ist und ... na ja. Aber so-so richtig unbeschwert .. das könnt i' net sagen ..." (Prangenberg 2003, 221)

Neben der Großmutter, die die Organisation des Familienalltages und somit auch die Erziehung von Frau Engels bestimmte, war der Großvater der eigentliche emotionale Bezugspunkt in der Kindheit für Frau Engels.

5 Beginnende Schulzeit: Realisierung der Behinderung

Eine wichtige Thematik während der Schulzeit ist die Realisierung der Behinderung der Mütter. Die Schilderungen beider Töchter über ihre Erlebnisse deuten an, dass eine verstärkte Realisierung der Behinderung und eine Auseinandersetzung mit dieser seit dem Beginn der Schulzeit stattgefunden hat.

Für beide Töchter wurde durch den beginnenden Schulbesuch der soziale Aktionsradius erweitert und somit die Vergleichbarkeit mit anderen Formen von Familienleben ermöglicht. Beide Kinder sahen, wie andere Familien funktionierten, welche Unterschiede im Alltag bestanden. Somit bezog sich der Vergleich mit den anderen Familien auch nicht so sehr auf die Behinderung der Mutter, sondern auch und vor allem auf die allgemeine Lebens- und Familiensituation. So bekundete Frau Barlage ihren Neid auf wohlhabendere Familien, Frau Engels betonte vor allem die Sehnsucht nach einer friedlicheren Familie ohne Streit.

Die verstärkte Realisierung der geistigen Behinderung der Mütter in dieser Zeitphase darf nicht als ein plötzliches Ereignis verstanden werden. Beide Frauen äußerten in den Befragungen vielmehr, dass sie die Behinderung durch ein Hineinwachsen wahrgenommen hatten und sich langsam Kenntnisse über die Einschränkungen der Mütter aneigneten. Beide Mütter gelten als geistig behindert, mit weitreichenden Folgen für das alltägliche Leben. Sie verfügen beispielsweise über keine Kenntnisse in den

Kulturtechniken. Für Frau Barlage muss ergänzt werden, dass sie neben den Kenntnissen über diese Defizite mit der Zeit auch Handlungsmuster erfahren hat, diesen Einschränkungen zu begegnen. Heute verfügen beide Frauen über umfassende Kenntnisse über die Behinderungen ihrer Mütter.

Von besonderer Bedeutung sind auch die psychiatrischen Auffälligkeiten der Mütter. Beide Frauen erwähnen die Aggressivität ihrer Mütter, wobei insbesondere Frau Barlage sehr unter den schizophrenen Ausbrüchen ihrer Mutter litt. Dabei zeigt sich auch für beide Kinder, dass ihnen im Kindesalter nicht immer Erklärungen für das Verhalten ihrer Mütter zur Verfügung standen. Frau Engels deutete die Ausbrüche ihrer Mutter als Streitereien mit der Großmutter, und auch Frau Barlage deutete die Beleidigungen während der Phasen als persönliche Angriffe gegen sich und vor allem gegen die Großmutter.

> **Frau Barlage:** „...war ja ich diejenige, die die Einweisung veranlasst und da hat sie eine wahnsinnige Wut, weil sie weiß ja was des heißt für sie C.-Stadt und ähm das is a wenn immer so Phasen warn, da hat da scho' immer gesagt kannst mich ja nach C.-Stadt einweisen und – also wirklich brutal .. und dann kam eben die Polizei rein, der Arzt und dann durft er ihr die Spritze reinjagen .. mit Polizei und dann – da beschimpft sie einen, weil sie hat ja Wut auf einen und sie weiß ja ich bin diejenige die jetzt diese Einweisung veranlasst, also mit mit Hure, mit allem also möglich äh .. des unterste Milieu und des ist wirklich da könnt man heulen des ist demütigend und dann der Anblick, da da wird's abtransportiert wirklich wie ein Stück Vieh .. äh neigeschnallt und und weg und ähm sowas vergisst man einfach net ..." (Prangenberg 2003, 208)

Neben den Verletzungen, die Frau Barlage in diesen Situationen erfuhr, zeigt sich auch ihre Sorge um den Umgang anderer mit ihrer Mutter. Das 'Abtransportieren' der Mutter, das sie mit einem Viehtransport vergleicht, beschämt Frau Barlage zutiefst. Eine Scham, die bis ins Jugendalter bestehen bleibt und sich erst mit zunehmender Übernahme der Verantwortung für ihre Mutter durch Frau Barlage selbst löste.

Beide Kinder zeigten schließlich eine ähnliche persönliche Strategie im Umgang mit der Behinderung der Mutter. Beide Töchter zogen sich in eine, wie sie schildern, Traumwelt zurück, in der sie von einer anderen, besseren Familie träumten. Hierbei wird deutlich, dass dabei die Motivation, sich ein anderes Leben zu wünschen, nicht nur aus der Tatsache der Behinderung der Mutter entsprang. Auch andere Rahmenbedingungen, wie familiäre Streitereien in der Familie von Frau Engels oder aber die ärmlichen Lebensbedingungen in der Familie von Frau Barlage waren hier ursächlich. Die Behinderung der Mutter hingegen veranlasste die Töchter zu einem defensiven Umgang mit der eigenen Herkunft. Deutlich wird in den weiteren Schilderungen von Frau Barlage, dass diese eine solche Strategie nicht hätte anwenden müssen, da sie mit ihrer Lebensgeschichte im gesamten Dorf bekannt und akzeptiert war. Frau Engels hingegen leitete aus diesem Verschweigen der eigenen Herkunftsgeschichte eine zurückhaltende und defensive Lebenshaltung in allen Lebensbereichen ab. Diese Zurückhaltung speiste sich vor allem aus Angst und aus konkreten Ablehnungserfahrungen, von denen Frau Engels zu berichten weiß:

> **Frau Engels:** „Du hast dir halt nie im Ort was erlauben dürfen, oder so immer irgendwie kuschen müssen, weil- was willst denn du, du bist im Straßengraben gezeugt worden und du hast a (h) depperte Mutter und du bist ja überhaupts nicht wert und so und des .. also das hat mir scho' als Kind weh'tan muss i' sagen ..." (Prangenberg 2003, 222)

Wurde ihre Familiensituation dennoch bekannt, schämte sich Frau Engels und zog sich zurück. In der Schule hingegen suchte sie die Flucht nach vorne. Über besonders gute Schulleistungen wollte sie vermeiden, negativ aufzufallen. In der Familie selber wurde Frau Engels vermittelt, dass sie neben der Versorgung ihrer geistig behinderten Mutter eine zusätzliche Last für die Großmutter darstellte – eine Erfahrung, die den Beginn einer Reihe zahlreicher Ablehnungen ihrer Person durch andere darstellen sollte.

Frau Barlage hingegen genoss in der gesamten dörflichen Gemeinschaft Anerkennung. Sie war bekannt und vermutete sogar, dass sie aufgrund ihres Lebensschicksals eine besondere Behandlung – Aufmerksamkeit und Zuwendung – erhielt.

> **Frau Barlage:** „...und bin eigentlich .. überall beliebt und ich bin a – mich kennt a jeder (...) und drum hab ich nie Nachteile eben wegen meiner kranken Mutter gehabt, ich glaub vielleicht sogar Vorteile vielleicht ham manche Leute sogar irgendwie Mitleid mit mir gehabt ham's, mir aber net gesagt und äh eben durch mei Art, ich bin offen, kann auf Leut' zugehn, helf' a gern irgendwo und äh .. weiß net .. also Nachteile hab ich auf keinen Fall gehabt .. in der Gesellschaft jetzt." (Prangenberg 2003, 213)

Dabei beruht diese Zuneigung der dörflichen Gesellschaft auf Gegenseitigkeit. Frau Barlage war immer ein offener Mensch, der die Zuneigungen der Menschen hervorgerufen hat. Sie war bereits als Kind, wie auch später als erwachsene Frau, ein respektiertes Mitglied der dörflichen Gemeinschaft. Auch innerhalb der Familie zeigt sie sich als unkompliziert und 'pflegeleicht'. Als 'easy child' hat sie ihre Versorgung und Erziehung durch die Großmutter und sonstige Verwandte erleichtert. Ein 'Charakterzug' der Familie – die familiäre Haltung im Umgang mit der Mutter und mit Problemen – scheint auch auf die Verarbeitung belastender Erfahrungen positiv zu wirken. Frau Barlage erlernt die familiäre 'Strategie des Machens.' Probleme manifestieren sich in der Familie nicht als Last, sondern werden von einem funktionierenden Netzwerk aufgenommen, das sich des jeweiligen Problems annimmt. Eine Haltung, die Frau Barlage für die eigenständige Lösung aktueller und späterer Krisen stärkte.

6 Das Jugendalter: Kompetenzerwerb und Fluchtgedanken

Die Jugendphase wird von Frau Barlage als die schwierigste Zeit beschrieben. Zu der Auseinandersetzung mit der eigenen Person kam die angespannte Situation zu Hause. Die psychotischen Phasen der Mutter bestimmten weiterhin den Alltag und belasteten zunehmend das Wohlbefinden der Tochter. Auch für Frau Engels bleibt die Jugendphase eine Zeit, die sie mit negativen Erinnerungen verknüpft. Die Streitigkeiten zwischen der Großmutter und der Mutter blieben bestehen, immer noch waren die ungewissen Zukunftsaussichten für Frau Engels eine Belastung.

Für beide Töchter bedeutet diese Phase aber auch einen Wandel. Frau Barlage wächst zunehmend in die Verantwortung für ihre Mutter hinein. Hilfreich ist für sie, dass sie nun die Besonderheiten der Mutter als Behinderung und die psychiatrischen Auffälligkeiten als Erkrankung erkennen kann und nicht mehr, wie als Kind, als Streit zwischen Großmutter und Mutter oder als persönliche Angriffe. Dennoch, das 'Wüten' der Mutter bleibt verletzend. Doch Frau Barlage erwirbt die nötigen Kompetenzen, um auf diese Situationen zu reagieren, übernimmt auch die Einweisungen der Mutter. Diese Übernahme von immer mehr Verantwortung geht bis ins Erwachsenenalter schrittweise vor sich und macht die Tochter zur wichtigsten Bezugsperson der Mutter. Deutlich zeigt sich im Handeln Frau Barlages, dass sie die familiäre 'Strategie des Machens' längst verinnerlicht hat. Sie flüchtet nicht vor den Belastungen des Alltages, sondern stellt sich ihnen. Allerdings kommt auch in dieser Zeit die Mutter nicht aus ihrer Rolle des 'ewigen Kindes' heraus, Frau Barlage übernimmt durch ihr Handeln die Entscheidungsgewalt über ihre Mutter. Durch das Engagement für ihre Mutter erwirbt Frau Barlage früh eine ausgeprägte soziale Reife, so zumindest deutet sie rückblickend die Entwicklung ihrer Persönlichkeit.

Die wichtigste Entwicklung aus Sicht von Frau Barlage ist, neben dem Erwerb von Kompetenzen im Umgang mit ihrer Mutter, die Stärkung ihrer Persönlichkeit. Durch ihr Umfeld in der Dorfgemeinschaft erfährt sie, dass sie überall gemocht wird und trotz ihrer Lebensgeschichte akzeptiert ist. Deutlich begreift sie, dass sie eine von der familiären Situation unabhängige Person ist.

> **Frau Barlage:** „Ich hab ja gesagt, als Kind hab ich mich für das Familienklischee geniert, hoffentlich weiß keiner und und irgendwann .. als Siebzehnjährige – man entwickelt sich ja – ich war dann einfach dazu gestanden, also ich hab mich nimmer geniert, weil ich bin ja andrer Mensch, ich hab a andre Persönlichkeit und man lebt ja dann a andres Leben irgendwo und..." (Prangenberg 2003, 213)

Sie erfährt, wie schon in der Kindheit, Sympathie und Unterstützung. Zu Hilfe kommt ihr dabei ihr Wesenszug als offene Person.

Für Frau Engels bedeutete die Erweiterung des Freundeskreises ebenfalls eine Entwicklung neuer Strategien im Umgang mit ihrer Lebensgeschichte, aber eben auch neue Gefahren. Frau Engels beginnt, eine neue vorsichtige Offenheit mit ihrer Lebensgeschichte als Tochter einer Mutter mit geistiger Behinderung zu pflegen. Einige wenige Freunde, die sie in der Jugend kennen lernt, werden in diese Lebensgeschichte eingeweiht. Gleichzeitig ist diese neue Offenheit auch immer mit der Gefahr verbunden, dass sie wegen ihrer Herkunft abgelehnt wird – so zumindest ist die Vorstellung von Frau Engels. Als Folge wählt sie genau aus, wem sie die Lebensgeschichte anvertraut und wem nicht. Aber auch der Besuch der Freunde bei sich zu Hause ist mit der Angst verbunden, die Mutter könne etwas falsch machen und die Freunde abschrecken. Zunehmend tritt Frau Engels in dieser Zeit auch eine Art Beweisführung an, um zu zeigen, dass sie nicht behindert ist, sich deutlich von ihrer

Mutter unterscheidet. Sie bemüht sich in der Schule über alle Maßen und zeigt bewusst gute Leistungen.

> **Frau Engels:** „Ich wollt es irgendwie immer net wahrhaben ... Und i- also als Kind hab i' a' nie gesagt, dass mei' Mama jetzt geistig behindert ist, also des-des stand überhaupts net zur Debatte ... Irgendwie hab i' mi' net damit abfinden können, (leise) weiß a net ... Man hat sich a' in der Schul' dann immer am meisten angestrengt, dass man a bloß- also gute Noten hat, .. damit a niemand sagen kann du bist a' blöd oder so, des-des hat man halt so drin als Kind und ja also- ... I' hab a' geackert und gelernt und g'tan bloß, dass meine Zeugnisse dann super ausgefallen sein." (Prangenberg 2003, 224)

Über diese Schulerfolge erfährt sie so auch erstmals Zuwendung und Anerkennung von Erwachsenen. Die guten Schulleistungen eröffnen ihr aber noch eine weitere Chance. Frau Engels versucht über die guten Leistungen einen Bildungsweg einzuschlagen, der sie von ihrer Familie räumlich entfernt. Ein Traum, der aufgrund der finanziell angespannten Situation platzte; der Neuanfang konnte nicht stattfinden.

7 Das Erwachsenenalter: Rollentausch

Das Leben der beiden Töchter als erwachsene Frauen verläuft unter gegensätzlichen Vorzeichen. Die einzige Gemeinsamkeit scheint in der Übernahme der Verantwortung für die eigene Mutter zu liegen.

Frau Engels strebte, nachdem eine Distanzierung von der Familie über den Bildungsweg gescheitert war, einen weiteren Versuch an, ein eigenes Leben aufzubauen. Die Heirat und die Geburt einer Tochter bedeuteten für sie eine neue Chance. Doch der Tod des Großvaters und der sinkende Lebenswille der Großmutter ließen die Ängste der Jugendzeit wahr werden. War die Großmutter vor Frau Engels` Hochzeit gescheitert, eine vertragliche Vereinbarung mit ihrem Schwiegersohn durchzusetzen, in der dieser sich gemeinsam mit Frau Engels verpflichten sollte, die Mutter eines Tages aufzunehmen, schaffte sie nun Tatsachen. Die Großmutter setzte die Mutter mit gepackten Koffern auf die Straße und verkündete ihrer Enkelin telefonisch, dass diese sich um ihre Mutter zu kümmern habe. Frau Engels nahm ihre Mutter zu Hause auf. Doch die Versorgung der Mutter wurde zunehmend zur Belastung für die junge Familie.

> **Frau Engels:** „Aber bei uns ist dann a' net 'gangen, .. weil dann hat sie immer mit Selbstmord gedroht und dann ist sie mir davongelaufen, dann hat sie mich geschlagen, dann ist sie auf meinen Mann los'gangen und als- es war einfach kein Zusammenleben möglich – hat's alles Fenster rausgeschmissen." (Prangenberg 2003, 226)

Nur mit Mühen konnte sich Frau Engels schließlich gegen diese Situation durchsetzen und fand für ihre Mutter zuerst einen Klinikplatz, dann eine Wohnmöglichkeit in einem Wohnheim für Menschen mit Behinderungen.

Auch Frau Barlage nahm ihre Mutter zu Hause auf. Als die Großmutter starb, versuchte die Mutter anfangs noch, alleine zu wohnen, war aber sichtlich mit den Aufgaben des Alltags überfordert. Auch der Umzug in eine betreute Wohnform, die Frau Barlage für ihre Mutter als optimal ansah, war wegen der Ablehnung dieser Idee durch die Mutter nicht durchsetzbar. Daraufhin entschloss sich Frau Barlage gemeinsam mit ihrem Mann, ihre Mutter aufzunehmen. Diesen Schritt verbuchte Frau Barlage als einen Gewinn für ihr Leben. Ohne ihre Mutter, so die Überzeugung, hätte sie niemals mit ihrem Mann ein Haus gebaut. Die Mutter erhielt in diesem Haus einen eigenen Wohnbereich, konnte aber am Familienleben ihrer Tochter teilnehmen und musste dort auch Aufgaben im Haushalt übernehmen. Die Einbindung der Mutter gelang dabei gut, wobei sie hier niemals die Rolle einer Mutter oder Großmutter übernahm, sondern vielmehr, wie es Frau Barlage ausdrückte, zum dritten Kind in der Familie wurde.

> **Frau Barlage:** „...mei Mutti die ist halt da, aber net so wie ne Mutter, .. weil sie lebt jetzt zwar da bei uns, ich mag sie unheimlich gern, sie ist a gut und macht, hilft mer, aber nicht wie ne Mutter, die ist halt – des ist halt – i muss sagen, wir haben zwei Kinder – mir sagen, das ist unser drittes Kind (leises Lachen) und sie fragt mich auch a immer – also sie will halt immer mei O.K. wenn irgendwas ist, wobei ich ihr gegenüber net den Eindruck hab, dass i da dominant bin oder ich lass sie einfach so wie sie meint, aber sie ist halt, des steckt in ihr drin, durch die Oma 'fragen darf ich' und da wendet sich sie halt jetzt an mich..." (Prangenberg 2003, 442)

Die Behinderung der Mutter bezeichnet Frau Barlage indes als lebensbegleitendes Thema. So stand bereits die Familiengründung von Frau Barlage unter der Angst, ob die Behinderung zu vererben sei, die Mutter fehlte in all ihren Funktionen, den beiden inzwischen geborenen Kindern fehlte wiederum die Oma, die Planung des eigenen Familienlebens musste immer unter Berücksichtigung der mütterlichen Bedürfnisse stattfinden. Frau Barlage resümiert, dass sie ständig die fehlenden Funktionen ihrer Mutter zu kompensieren habe, der Rollentausch zwischen Tochter und Mutter ist perfekt.

Auch das Leben von Frau Engels ist beständig auf das Leben ihrer Mutter ausgerichtet. Sie empfindet ein Gefühl der Verpflichtung, sich um die Mutter kümmern zu müssen, und wird so zur wichtigsten Bezugsperson für diese. Der Versuch, sich von ihrer Mutter zu lösen, misslingt. Auch aufgrund fehlender Unterstützung durch ihre Verwandtschaft, die Kirche und weitere öffentliche Institutionen kann sie vorerst ihr Leben kaum neu einrichten. Einen deutlichen Vorteil sieht Frau Engels allerdings in einem Wandel ihrer eigenen Einstellung zur Behinderung ihrer Mutter und in der Haltung zur Hilfsbedürftigkeit von Menschen. Das Umfeld muss nun ihre Lebensgeschichte akzeptieren, die Annahme der Mutter wird zum Prüfstein für neue Beziehungen. Gleichzeitig pflegt sie einen selbstbewussten Umgang mit der eigenen Lebensgeschichte in der Öffentlichkeit.

> **Frau Engels:** „... Pff ... Also, so 'nen genauen Zeitpunkt kann ich jetzt nicht sagen. Es ist eigentlich – dass ich zu ihr gestanden bin, das ist eigentlich schon gekommen, wie ich sie dann nehmen hab müssen. Solang' sie bei der Oma war, hab i' mi' auch nicht damit auseinander gesetzt. Aber wie i' dann so heut auf Morgen damit konfrontiert 'worden bin, dann bin ich schon voll zu ihr gestanden. Und hab das auch überall, mh .. gesagt oder ... und hab mi' dann a nimmer geschämt zu sagen, das ist mei' Mama .. Oder mei' Mama ist geistig behindert und aus fertig."
> (Prangenberg 2003, 226)

8 Die aktuelle Lebenssituation als erwachsenes Kind

Frau Engels hat sich in ihrem Leben eingerichtet. Die Äußerungen dazu in dem Interview klingen erstmals zuversichtlich. Sie hat einen neuen Lebensgefährten gefunden, fühlt sich in der Region und in der Stadt, in der sie lebt, wohl und empfindet ihren Beruf als eine angenehme und zufriedenstellende Komponente in ihrem Leben. Gleichzeitig aber deutet sie an, dass sich die ängstlichen Grundzüge aus ihrer Kindheit verfestigt hätten. Sie habe immer wieder Angst, Rückschläge erleiden zu müssen. Diese Haltung hat sie, auch in ihrer Rolle als Mutter gegenüber ihrer Tochter, immer wieder eingeschränkt. Zu ihrer Mutter pflegt sie weiterhin Kontakt, wobei dieser Kontakt belastende Züge enthält. Frau Engels leidet unter der Entwicklung ihrer Mutter in dem Heim, sieht, dass sie 'abbaut'. Sie resümiert, dass sie sich auch heute nicht von den Belastungen und Erlebnissen ihrer Vergangenheit lösen kann und stellt fest, kein schönes Leben gehabt zu haben. Dabei fällt aus der heutigen Sicht die Bewertung ihrer Kindheit differenziert aus. Frau Engels befindet, wegen der familiären Situation, den Streitigkeiten in der Familie, der Persönlichkeit der Großmutter, eine traurige Kindheit erlebt zu haben, nicht aber wegen der Behinderung ihrer Mutter. In diesem Zusammenhang nimmt sie auch Stellung zur Diskussion über die Elternschaft von Menschen mit einer geistigen Behinderung. Frau Engels lehnt sowohl aus der eigenen Erfahrung heraus als auch aus der Beobachtung, dass Menschen mit einer geistigen Behinderung den Aufgaben einer Elternschaft nicht gewachsen sein können, eine Elternschaft von Menschen mit geistiger Behinderung ab. Frau Engels wünschte nach dem geführten Interview keinen weiteren Kontakt.

Frau Barlage hingegen äußerte sich erneut bei einem persönlichen Besuch knapp sieben Jahre nach dem Interview. Immer noch versprühte sie eine optimistische Haltung, ohne dabei die Probleme und Sorgen um ihre Mutter zu vergessen. Die Mutter wohnt seit einiger Zeit in einem Wohnheim, genau in der Einrichtung, die sich Frau Barlage schon viele Jahre zuvor für ihre Mutter gewünscht hatte. Deutlich spricht sie aus, dass die Belastungen zu groß geworden seien, da die Mutter aufgrund einer Verschlechterung ihres Zustandes immer mehr Aufmerksamkeit gebraucht hätte. Ein Aufwand, den das berufstätige Ehepaar so nicht leisten konnte. Aber auch diesen Schritt empfindet Frau Barlage nicht als eine Niederlage. Vielmehr sieht sie den Auszug ihrer Mutter als logische Konsequenz der Entwicklung ihrer Mutter. Sie kann so auch weiterhin den Kontakt zu ihrer Mutter halten, wohnt sie doch weiterhin in der selben Gemeinde. Noch einmal wurde in diesem Gespräch deutlich, dass die geistige Behinderung der Mutter ein lebensbegleitendes Thema, eine lebenslange Aufgabe geworden ist. Eine Aufgabe, bei der Frau Barlage niemals allein gelassen wird, denn immer noch funktioniert das familiäre und dörfliche Netzwerk. Aber auch sie lehnt schließlich die Elternschaft von Menschen mit einer geistigen

Behinderung ab. Dabei bringt Frau Barlage deutlich zum Ausdruck, dass ihre Mutter niemals in der Lage gewesen sei, die Rolle als Mutter zu erfüllen.

Die Ablehnung der Elternschaft durch beide Töchter muss auch vor dem Hintergrund gesehen werden, dass beide Mütter die Rolle einer Mutter nie eingenommen haben bzw. einnehmen durften. Der Beweis, ob die Mütter in der Lage gewesen wären, ihre Kinder zu versorgen, bleibt aus. Somit verwundert auch die Charakterisierung der Tochter-Mutter Beziehung durch Frau Engels und Frau Barlage kaum. Beide haben ihre Mütter niemals als Mutter gesehen. Frau Engels spricht von ihr zwar als ihrer Mutter, macht aber deutlich, dass es undenkbar war, sie als Bezugsperson zu akzeptieren. Frau Barlage nennt ihre Mutter nur bei ihrem Kosenamen:

> **Frau Barlage:** „Ich seh sie ja net als Mutter .. ich hab sie ja noch nie als Mutter irgendwie – vielleicht hab ich des net gelernt sie als Mutter zu sehn, ich weiß es net, aber ich hab sie noch nie irgendwie so als Mutter gesehen .. und ähm sie lebt bei uns und ich praktisch, ich bin jetzt ihr Anlaufstelle, sie braucht ja immer irgendjemand und ähm .. ich sag ja immer sie ist unser drittes Kind, ich seh sie mehr so also net wie nen Freund." (Prangenberg 2003, 181)

9 Schluss: Vom Risiko, das keines sein muss

Die subjektive Verarbeitung äußerlich ähnlicher Lebensverläufe könnte kaum unterschiedlicher sein. Deutlich sind die Belastungen in den Lebensgeschichten von Frau Barlage und Frau Engels zu erkennen. Doch insbesondere Frau Barlage zeigt mit ihrer Lebensgeschichte, dass ein Kind von Eltern mit einer geistigen Behinderung nicht zwangsläufig einem Entwicklungsrisiko und einer Beeinträchtigung seines Wohlbefindens ausgesetzt sein muss, eine Annahme, die viele Jahrzehnte Bestand hatte. Die pauschale Ablehnung von Elternschaften von Menschen mit geistiger Behinderung unter Berufung auf das Kindeswohl ist somit nicht zulässig. Gleichzeitig dürfen aber solche Risiken auch nicht negiert werden. Frau Engels Erfahrungen zeigen, dass trotz einer gewissen familiären Unterstützung diese Lebenssituation zur Belastung werden kann.

Dabei gilt es, einen Blick auf die Ursachen der Belastungen zu werfen. Nur selten ist die geistige Behinderung der Mutter ein Problem im Alltag, schon eher ihre psychiatrischen Auffälligkeiten.

Noch mehr sind es die Rahmenbedingungen, wie die sozioökonomische Situation der Familien, die Diskriminierungen durch das Umfeld und die Überforderung des betreuenden familiären Umfeldes, die Belastungen erzeugen und aufzeigen, inwiefern diese Familien Unterstützung benötigt hätten.

Vergleicht man die Erzählungen der beiden Interviewpartnerinnen, so offenbart dieser Vergleich Faktoren, die das Leben der Kinder erleichtert oder erschwert haben. Diese Schutz- bzw. Risikofaktoren haben sich wesentlich auf den Umgang mit und die Verarbeitung von belastenden Momenten im Leben der Kinder ausgewirkt. Ich fasse an dieser Stelle abschließend die zentralen Faktoren zusammen.

Bereits 'in der Person der Kinder' zeichnen sich Verhaltensweisen, Charakterzüge oder Handlungsmuster ab, die dabei helfen, das 'Leben zu meistern'. Frau Barlage präsentiert sich als ein 'easy child', ein Kind, das ein gewinnendes Wesen zeigt und somit positive Aufmerksamkeit auf sich zieht und Hilfe und Zustimmung erhält. Deutlich äußert sie, eher Mitgefühl und Solidarität in ihrem dörflichen Umfeld erfahren zu haben, als Ablehnung und Diskriminierung.

Anders Frau Engels: Sowohl ihr Vater, als auch die Großmutter als Familienoberhaupt, aber auch die Nachbarn haben Frau Engels mit ihrer Lebensgeschichte abgelehnt bzw. ihr dieses Gefühl vermittelt. Frau Engels hat nur selten im Leben erfahren, mit ihrer Lebensgeschichte bedingungslos akzeptiert zu werden. In der Folge entwickelte sie einen ängstlichen und zurückhaltenden Charakter. Ihr gelingt es nur schwer, positive Elemente in ihrem Leben zu entdecken, sie bewertet einen Großteil der Geschehnisse als negativ und reagiert damit grundsätzlich anders als Frau Barlage.

Ein wesentlicher risikomildernder Faktor 'im direkten Umfeld der Kinder ist in dem Vorhandensein einer beständigen nicht behinderten Bezugsperson zu sehen, die das Kind in seiner Persönlichkeit positiv bejahend annimmt. Deutlich ist zu erkennen, dass die Großmutter von Frau Barlage eine solche Bezugsperson darstellte. Zwar war sie auf Grund ihres Alters nicht immer die richtige Ansprechpartnerin für ihre Enkelin, doch durch das Aufstellen von Regeln und Grenzen (für die gesamte Familie) hat Frau Barlage eine klare Erziehung, Orientierung und ein Zusammengehörigkeitsgefühl erfahren. Vorgaben hat auch Frau Engels bekommen, wobei die Strenge der Großmutter als Zwang und Entmündigung der Mutter erfahren wurde. Gleichzeitig hat sie sich als unerwünscht und als Last erlebt, nicht nur durch die Großmutter, sondern auch durch das nähere (durch den Vater und weitere Familienmitglieder) und weitere Umfeld (durch die Nachbarschaft). Dabei zeigt insbesondere die Lebensgeschichte von Frau Barlage, dass eine positive Annahme der Person durch das Umfeld durchaus möglich ist. Sie konnte Ansprechpartner finden und war in ihrer Art in der Familie und der Dorfgemeinschaft angenommen. Hier zeigt sich die große Bedeutung eines funktionierenden Netzwerkes um Eltern und Kinder (vgl. Beitrag „Unterstützungsnetzwerke von Eltern mit Lernschwierigkeiten unter Einbezug der Sicht einer betroffenen Mutter", ab S. 253 in diesem Band).

Auch innerfamiliär scheint in der Familie von Frau Barlage ein beständiges kompensatorisches Netzwerk zu wirken, das es ermöglicht, auf die Bedürfnisse der einzelnen Personen einzugehen und sich dabei verändernden Bedingungen flexibel anzupassen, zum Beispiel nach dem Tod des Familienoberhaupts. Frau Engels hingegen blieb mit ihrer Verantwortung für ihre Mutter nach dem Rückzug der Großmutter allein und war von einem Tag auf den anderen für ihre Mutter zuständig. Im Gegensatz dazu konnte Frau Barlage schrittweise eine Zukunftsperspektive in der Verantwortung für ihre Mutter entwickeln und sicher sein, mit diesen Belastungen nicht alleine zu sein.

Ein weiterer Faktor, der sich für Frau Barlage förderlich auf die Verarbeitung belastender Momente ausgewirkt haben dürfte, ist das Verbalisieren der familiären Situation und die Offenheit im Umgang mit Problemen. Es gab auch für Frau Barlage Momente in der Kindheit und der Jugend, in denen sie sich in eine Traumwelt flüchten musste, sich ein anderes Leben wünschte. Aber im Gegensatz zur Familie von Frau Engels, in der eine Tabuisierung von Problemen vorherrschte, wurde in der Familie von Frau Barlage eine 'Tradition des Machens' begründet, Problemen wurde konstruktiv begegnet. In dieses Klima wuchs Frau Barlage hinein. So übernahm sie die Verantwortung für ihre Mutter in familiärer Tradition ohne Zwang und ohne dabei alleine zu bleiben.

Fallbeispiel VII: Frau Daublebsky

„Oder auch, dass ich jetzt zum Beispiel kein richtiges Kind, ich mein das hört sich jetzt voll doof an, aber .. dass ich halt kein richtiges Kind von einer Familie bin..." (Prangenberg 2003, 155)

Claudia Daublebsky ist Tochter einer Mutter mit geistiger Behinderung, der Vater gilt als nicht behindert. Die Mutter wohnt heute in einem Wohnheim für Menschen mit einer Behinderung und arbeitet in einer WfB. Ihren Vater hingegen sieht Frau Daublebsky nur selten, er hat eine neue Familie gegründet. Zum Zeitpunkt des Interviews im Jahre 1998[15] war Frau Daublebsky 19 Jahre alt und befand sich in der Ausbildung zur Heilerziehungspflegerin.

Frau Daublebsky weiß nicht, wie es zur Beziehung zwischen ihren Eltern gekommen ist, ihre Mutter erzählte ihr einmal, dass sie den Vater geliebt hat. Die Großeltern mütterlicherseits lehnten allerdings den Vater ab und versuchten, die Beziehung zu unterbinden. Schließlich trennten sich die Eltern. In den ersten Lebensjahren lebte Claudia mit ihrer Mutter bei den Großeltern, die aber noch während ihrer Kindergartenzeit verstarben. Claudia erinnert sich, dass die Mutter dann die alltäglichen Aufgaben meisterte, sie kaufte ein und kochte. Im Haushalt lebte noch ein Bruder der Mutter, der aufgrund seines Alkoholkonsums für Mutter und Tochter mehr Belastung als Unterstützung war. Claudia begann mit etwa fünf Jahren festzustellen, dass ihre Mutter 'anders' war. Kinder und Jugendliche machten sich über Claudias Mutter lustig, später durfte Claudia eine Freundin in der Nachbarschaft nicht zu Hause besuchen. Die Mutter der Freundin verbot diesen Kontakt mit Hinweis auf die Behinderung der Mutter. Claudia schämte sich als Kind gelegentlich für ihre Mutter, erzählte aus Angst vor negativen Reaktionen in der Schule erst später, dass ihre Mutter eine Behinderung habe. Heimlich wünschte sie sich auch eine nicht behinderte Mutter. Zunehmend stellte Claudia fest, dass sie ihrer Mutter in vielen Dingen überlegen

[15] Prangenberg 2003

war, was sie auch gerne ausnutzte. Sie lehnte sich gegen ihre Mutter auf, nutzte ihre Schwächen aus und entzog sich zunehmend deren Erziehungsbemühungen.

Claudia wurde mit sechs Jahren in eine Pflegefamilie gegeben. Diese Maßnahme war die Reaktion des Jugendamtes auf eine unzureichende Förderung Claudias durch ihre Mutter und auf Erziehungsschwierigkeiten, so zumindest mutmaßt Frau Daublebsky. Im Alter von acht Jahren erfolgte ein erneuter Wechsel in eine andere Pflegefamilie, da die erste Familie ihren Wohnort veränderte. Zu diesem Zeitpunkt zog die Mutter in ein Wohnheim für Menschen mit einer geistigen Behinderung. Die jeweiligen Wechsel in andere Familien hat Frau Daublebsky als schmerzhaften Prozess in Erinnerung. Die zweite Pflegefamilie bezeichnet Claudia schließlich als ihre eigentliche Familie. Insbesondere zum Pflegevater und zu einer drei Jahre älteren Pflegeschwester hatte Claudia einen engen Kontakt, den sie heute noch sucht. Zur Pflegemutter hatte Claudia ein angespanntes Verhältnis. Die Pflegefamilie band die leibliche Mutter in das Familienleben ein, so wurde diese auf Ausflüge mitgenommen, ein fester Wochentag wurde für gegenseitige Besuche von Claudia und ihrer Mutter freigehalten. Die Pflegeeltern unterstützten somit Claudias Kontakt zu ihrer Mutter. Auch in Zeiten, in denen Claudias Interesse an ihrer Mutter nachließ, ermutigten die Pflegeeltern sie beständig, den Kontakt aufrechtzuerhalten.

Frau Daublebsky sieht rückblickend die Tatsache, in einer Pflegefamilie aufgewachsen zu sein, als einen Vorteil. So hat sie ein Familienleben erfahren, wenn sie auch betont, dass sie sich nie als Kind einer richtigen Familie gesehen habe. Das Leben in einer Pflegefamilie bedeutete für sie auch, dass sie dem Umfeld ihrer Kindheit habe entfliehen können – der Stadtteil, in dem sie mit ihrer Mutter lebte, hat in der Stadt einen äußerst negativen Ruf. Aber auch die Förderung durch die Pflegefamilie sieht Frau Daublebsky rückblickend als eine große Chance. Ihre Äußerungen zielen daraufhin, dass ihre Mutter sie in ihrer Entwicklung nicht ausreichend hätte unterstützen können.

Die Schule schloss Claudia mit dem Realschulabschluss ab. Anschließend begann sie eine Ausbildung zur Heilerziehungspflegerin. Den Zusammenhang zwischen dem Beruf und der Behinderung ihrer Mutter weist Frau Daublebsky nicht von sich, sie betont, auf Grund ihrer Lebensgeschichte ein Mensch mit besonderer Aufmerksamkeit gegenüber hilfsbedürftigen Menschen geworden zu sein.

Das Verhältnis zu ihrer Mutter beschreibt Frau Daublebsky als gut. Zwar hat sie seit Beginn der Ausbildung keinen regelmäßigen Kontakt, dennoch telefonieren beide und unternehmen gelegentlich etwas. Frau Daublebsky nimmt wahr, dass ihre Mutter sich um sie sorgt, sie liebt, dennoch fällt es ihr schwer, ihre Mutter als solche zu sehen. Sie fühlt sich ihr überlegen, ihre Mutter erfüllt in vielen Bereichen nicht die Aufgaben eines Elternteils. So kann sie die Mutter kaum um Rat fragen, wenn sie Probleme hat. Eine andere Bezeichnung für ihre Mutter hat sie aber nicht gefunden.

Markante Aspekte der geschilderten Lebenssituation

- positive Annahme der Persönlichkeit durch nahestehende Personen
- Erfahrung von Diskriminierung in der näheren Umgebung
- offener Umgang mit der Lebensgeschichte nach Thematisierung der Lebenssituation in der Pflegefamilie
- Bedauern, nicht als 'richtiges' Kind einer Familie aufgewachsen zu sein
- Fehlen eines 'typischen' Mutter-Tochter Verhältnisses
- Wahl eines helfenden Berufes
- Angst des Kindes vor einer eigenen geistigen Behinderung
- Bedauern über brüchige Kindheitsdokumentation

URSULA PIXA-KETTNER, BERNHARD SAUER

Elterliche Kompetenzen und die Feststellung von Unterstützungsbedürfnissen in Familien mit geistig behinderten Eltern

1 Einleitung

Die Sorge für ein Kind zu tragen, bedeutet die Übernahme von umfassender Verantwortung für das Leben eines Menschen. Die Wahrnehmung dieser Aufgabe ist zunächst ein Privileg der Eltern. Im Zusammenhang mit der Elternschaft von Menschen mit geistiger Behinderung stellt sich die Frage, inwiefern diese die erforderlichen Kompetenzen besitzen, um die elterliche Sorge verantwortlich zum Wohl des Kindes auszuüben.

Der vorliegende Artikel möchte den Begriff des Kindeswohles beleuchten und auf diesem Hintergrund die Frage stellen, welche elterlichen Kompetenzen erforderlich sind, um dem Kindeswohl gerecht zu werden. Ein Überblick über die Fachliteratur geht der Frage nach, wie die elterlichen Kompetenzen von Menschen mit geistiger Behinderung beurteilt werden und worin evtl. Unterschiede zur Elternschaft nicht behinderter Menschen liegen. Im Anschluss wird das *Parent Assessment Manual* von Susan McGaw als Instrument zur Erhebung elterlicher Kompetenzen und Unterstützungsbedürfnisse dargestellt und diskutiert.

2 Zu den Begriffen des 'Kindeswohls' und der 'elterlichen Kompetenzen'

Der Begriff 'Kindeswohl' ist unter juristischem Aspekt ein unbestimmter Rechtsbegriff, der im Familienrecht, insbesondere bei Sorgerechtsentscheidungen, die Instanz zur Abwägung widerstreitender Interessen darstellt. Das Kindeswohl wird so in richterlichen Entscheidungen zum verbindlichen Maßstab und Bezugspunkt, von

dem aus die zahlreichen Einzelfaktoren abzuwägen und zu beurteilen sind. Dettenborn bezeichnet den Begriff 'Kindeswohl' aus wissenschaftstheoretischer Perspektive als *„definitorische Katastrophe"* (Dettenborn 2001, 46f). Als Ursachen hierfür benennt er unter anderem folgende Aspekte:
- Das Kindeswohl werde als Orientierungs- und Entscheidungsmaßstab kindschaftsrechtlichen Handelns genutzt, doch sei in keinem rechtlichen Regelwerk gesagt, was letztlich darunter zu verstehen sei.
- Weiterhin handele es sich beim Kindeswohl zwar um einen Rechtsbegriff, doch sei dieser allein unter rechtlichen Aspekten nicht zu fassen. Zu seiner angemessenen Interpretation sei der interdisziplinäre Bezug notwendig, wobei jede Disziplin, sei es die Psychologie, die Pädagogik oder die Rechtswissenschaft, in der Verwendung des Begriffs die eigenen Fachkompetenzen überschreite.
- Schließlich handele es sich beim 'Kindeswohl' auch nicht um einen empirischen Begriff, der beobachtbare Fakten benennt, sondern um ein theoretisches Konstrukt. Da zu seiner rechtspraktischen Nutzung jedoch empirische, nachvollziehbare Kriterien erforderlich seien, würden diese *„ohne differenzierte Theorie dem Alltagsverständnis entnommen mit all ihrer Widersprüchlichkeit"* (ebd., 47).

Trotz aller beschriebenen Mängel und Nachteile findet der Begriff 'Kindeswohl' flächendeckend im Familien- und Kindschaftsrecht Anwendung. Zwar ist der Begriff schwer fassbar, doch scheint seine Funktion in der Rechtspraxis unverzichtbar. *„Er hat jenes Maß an Erklärungswert, Nachvollziehbarkeit und Appellfunktion sowie jene Stufe an Verallgemeinerung, die eine integrierende Wirkung gestattet"* (ebd., 48).

Obgleich die deutschen Gesetze keine abschließende Begriffsbestimmung zum Kindeswohl vornehmen, enthalten sie doch inhaltliche Aussagen zu dessen Gehalt. So ist das Kindeswohl in den im Grundgesetz definierten Grundrechten verankert, etwa in der Unantastbarkeit der menschlichen Würde (Art. 1 GG), im Recht auf freie Entfaltung der Persönlichkeit sowie im Recht auf Leben und körperliche Unversehrtheit (Art. 2 GG). Im Art. 6 GG wird die Elternverantwortung aufgezeigt: *„Pflege und Erziehung der Kinder* *sind das natürliche Recht der Eltern und die zuvörderst ihnen obliegende Pflicht. Über ihre Betätigung wacht die staatliche Gemeinschaft."* Was hier zunächst als Elternrecht beschrieben wird, zielt doch auf das Kindeswohl, dessen Schutz durch die Eltern zu gewährleisten ist. Das Bundesverfassungsgericht führt dieses Elternrecht auf den Gedanken zurück, dass *„in aller Regel Eltern das Wohl des Kindes mehr am Herzen liegt als irgendeiner anderen Person oder Institution"* (BVerfGE 59, 360, 376; vgl. Wiesner 2005).

Auch im BGB werden Aussagen zum Kindeswohl gemacht, indem die Inhalte der elterlichen Sorge beschrieben werden. So bezieht sich die elterliche Sorge auf Person und Vermögen des Kindes, sie beinhaltet Pflege, Erziehung, Beaufsichtigung und Aufenthaltsbestimmung, ist gewaltfrei, einvernehmlich und unter Berücksichtigung der wachsenden Bedürfnisse des Kindes auszuüben (§§ 1626, 1631 BGB). Explizit wird ausgeführt, dass der Umgang des Kindes mit beiden Eltern zum Wohl des Kindes gehört (§ 1626 BGB) und das Familiengericht Maßnahmen zu ergreifen hat, wenn das körperliche, geistige oder seelische Wohl des Kindes gefährdet ist (§ 1666 BGB). Auch im SGB VIII (KJHG) werden Kinderrechte formuliert, die der Gewährleistung des Kindeswohls dienen: *„Jeder junge Mensch hat ein Recht auf Förderung seiner Entwicklung und auf Erziehung zu einer eigenverantwortlichen und gemeinschaftsfähigen Persönlichkeit"* (§ 1 SGBVIII) (vgl. Beitrag „Rechtliche Fragen im Zusammenhang der Elternschaft von Menschen mit geistiger Behinderung", ab S. 91 in diesem Band).

Ein wichtiges Dokument, aus dem kindliche Bedürfnisse hervorgehen, ist die Konvention über die Rechte des Kindes (UN-Kinderkonvention), die 1990 auch von Deutschland ratifiziert wurde und inzwischen in 191 Ländern weltweit Gültigkeit hat. Auch hier bildet ausdrücklich das Kindeswohl den Ausgangspunkt, von dem her sich verbindliche Rechte für jedes Kind ableiten. Diese Rechte sind gleichermaßen Postulate zur Sicherstellung grundlegender kindlicher Bedürfnisse und betreffen die Bereiche der physischen und medizinischen Sicherheit und Versorgung, der emotionalen Zuwendung und Anerkennung, der entwicklungsgemäßen Förderung, der Erschließung der Umwelt, der Bildung, der Selbstbestimmung und Selbstverwirklichung, aber auch des Schutzes vor Gewalt, Missbrauch und Vernachlässigung. Auch die UN-Kinderkonvention führt aus, dass die Betreuung der Kinder, wenn möglich, durch die Eltern zu erfolgen hat. Anders als im Grundgesetz wird diese Forderung jedoch aus der Perspektive des Kindes formuliert, dessen Recht es ist, *„soweit möglich... seine Eltern zu kennen und durch sie betreut zu werden"* (UN-Kinderkonvention Art. 7). Dieser Aspekt sollte in der Gesamtwürdigung des Kindeswohls Beachtung finden und verdient gerade im Hinblick auf den Umgang mit den Kindern geistig behinderter Eltern besondere Beachtung.

Durch das Deutsche Jugendinstitut wurde ein *„Einordnungsschema zur 'Erfüllung kindlicher Bedürfnisse'"* entwickelt, das Mitarbeitern des Allgemeinen Sozialen Dienstes (ASD) Kriterien zur Beurteilung der Kindeswohlgefährdung an die Hand geben soll. Darin wird unterschieden in:

> „**Physiologische Bedürfnisse**: Schlaf, Essen, Trinken, Wach- und Ruherhythmus, Körperpflege, Gesundheitsfürsorge, Körperkontakt
>
> **Schutz und Sicherheit**: Aufsicht, wetterangemessene Kleidung, Schutz vor Krankheiten, Schutz vor Bedrohungen innerhalb und außerhalb des Hauses
>
> **Soziale Bindungen**: konstante Bezugsperson(en), einfühlendes Verständnis, Zuwendung, emotionale Verlässlichkeit, Zugehörigkeit zu sozialen Gruppen
>
> **Wertschätzung**: Respekt vor der physischen, psychischen und sexuellen Unversehrtheit, Respekt vor der Person und ihrer Individualität, Anerkennung der (altersabhängigen) Eigenständigkeit
>
> **Soziale, kognitive, emotionale und ethische Erfahrungen**: altersentsprechende Anregungen, Spiel und Leistungen, Vermittlung von Werten und Normen, Gestaltung sozialer Beziehungen, Umwelterfahrungen, Förderung von Motivation, Sprachanregung, Grenzsetzung" (Bewertungsschema des DJI, Verweis aus Werner 2005)

Auf einer Skala von 'deutlich unzureichend' bis 'sehr gut' soll für jeden dieser Punkte die Qualität der gegenwärtigen Betreuung beurteilt werden, um eine eventuelle Gefährdung des Kindeswohls zu erkennen.

Das Schema ist hilfreich, indem es einer Überprüfung grundsätzlich zugängliche Kriterien zur Feststellung des Kindeswohls formuliert. Subjektive Aspekte aus der Sicht des Kindes, wie etwa sein Wohlbefinden oder sein geäußerter Wille, werden hingegen nicht ausreichend berücksichtigt. Zudem entbindet auch das Schema nicht von der Aufgabe, eine Einschätzung zu treffen, welche Faktoren für das Wohl des einzelnen Kindes Priorität haben. Denn worin die Gewährleistung des Kindeswohls konkret besteht, kann je nach persönlicher Situation sehr unterschiedlich aussehen.

Dettenborn schlägt daher vor, „unter familienrechtspsychologischem Aspekt als Kindeswohl die für die Persönlichkeitsentwicklung eines Kindes oder Jugendlichen günstige Relation zwischen seiner Bedürfnislage und seinen Lebensbedingungen zu verstehen" (Dettenborn 2001, 49). Der Vorteil dieser Definition liegt darin, „dass das Kindeswohl nicht als konstante Größe und als imaginäres Fixum gesucht wird, sondern als flexibles Attribut jeweils spezifischer und veränderlicher Konstellation von personalen und sozialen Schutz- und Risikofaktoren aufgefasst wird" (Dettenborn 2001, 50). Somit muss nach diesem Verständnis die individuelle Feststellung des Kindeswohls in der konkreten Fallkonstellation erfolgen, in jedem Einzelfall ist eine neuerliche Interpretation erforderlich.

Zusammenfassend lässt sich sagen: Es lassen sich kindliche Grundbedürfnisse beschreiben. Dennoch ergibt die Auseinandersetzung mit dem Begriff des Kindeswohls, dass eine erschöpfende und allgemein verbindliche Aufzählung von Kriterien zu seiner Überprüfung nicht möglich ist. Zu unterschiedlich sind die individuellen Bedürfnislagen und Lebenssituationen der einzelnen Kinder. Im Zusammenhang mit der Elternschaft von Menschen mit geistiger Behinderung bedeutet dies, dass die Frage nach dem Kindeswohl in den Kontext der jeweiligen kindlichen Lebensbedingungen zu stellen ist.

Ähnlich wie der Begriff des Kindeswohls kann auch über die korrespondierenden elterlichen Kompetenzen nur auf recht allgemeiner Ebene Konsens hergestellt werden. Bei Sparenberg (2001, 112) heißt es u.a. unter Verweis auf Hurrelmann:

„Dazu gehören neben Versorgung und Pflege, Sicherheit und Schutz, emotionaler Zuwendung und kognitiver Anregung die Bewältigung von Sozialisationsprozessen und Identitätsbildung der Kinder als Hauptaufgabe elterlicher Erziehungsarbeit".

Ähnlich benennen Pachter und Dumont-Mathieu (2004, 89) unter Verweis auf LeVine (1977) drei universelle Ziele im Zusammenhang mit dem Elternsein bzw. elterlichem Verhalten[16]:

„(i) ensuring the physical survival and health of the child

(ii) providing an environment for successful progression through the developmental stages into adulthood to assure self-maintenance in maturity; and

(iii) teaching/ modelling normative cultural and societal values."

Pachter und Dumont-Mathieu weisen zugleich darauf hin, dass zwar über die Universalität dieser Ziele vermutlich breiter Konsens herstellbar wäre, nicht jedoch darüber, was es konkret bedeutet, diese Ziele zu erfüllen. Hier sehen sie in Anlehnung an LeVine das Elternsein als adaptiven Prozess an, der von dem spezifischen Kontext abhängt, in dem die Familie lebt. Hierunter fallen kulturelle ebenso wie Faktoren des sozialen Status.

Daraus ergibt sich, dass eine Beurteilung elterlicher Kompetenzen nicht unabhängig von der jeweiligen kulturellen bzw. sozialen Gruppe, ihren Normen und Wertvorstellungen und der konkreten Lebenssituation erfolgen kann – ein Grundsatz, der bei der Beurteilung elterlicher Kompetenzen von Menschen mit geistiger Behinderung nicht immer beherzigt wurde, wie im Folgenden ausgeführt wird.

3 Elterliche Kompetenzen von Menschen mit geistiger Behinderung – Sichtung der Fachliteratur

Die Frage, inwieweit Menschen mit geistiger Behinderung in der Lage sind, ihre elterlichen Aufgaben zum Wohl der Kinder zu erfüllen, wurde in der Vergangenheit konträr diskutiert. Während einzelne Studien keinen Grund darin sahen, geistig behinderten Menschen Heirat und Elternschaft zu verwehren (z.B. Floor et. al. 1975), so war die überwiegend eingenommene Sichtweise doch pessimistisch (z.B. Accardo & Whitman 1990). Schilling et al. un-

---

[16] Der englische Begriff *parenting* ist nicht wörtlich übersetzbar, da das Deutsche kein Verb zum Substantiv Eltern kennt. *Parenting* beinhaltet je nach Kontext sowohl das Elternsein als auch elterliches Verhalten.

tersuchten Studien zur elterlichen Kompetenz geistig behinderter Menschen aus den Jahren 1947 bis 1978. Demnach kamen acht von neun Studien zu dem Schluss, dass geistig behinderte Eltern den elterlichen Anforderungen nicht gewachsen seien (Schilling et al. 1982).

Dowdney und Skuse erklären diese gegensätzlichen Einschätzungen mit unterschiedlichen Kriterien der einzelnen Studien zur Definition und Beurteilung elterlicher Kompetenzen (vgl. 2.3). So bemessen manche Autoren die Fähigkeit zur Elternschaft daran, ob der Nachwuchs angemessen physisch versorgt wird. Andere erheben die Inanspruchnahme von Hilfsangeboten zum Kriterium. Wieder andere bewerten die elterlichen Kompetenzen auf Grundlage der beobachteten kindlichen Entwicklung, etwa im körperlichen, kognitiven oder sozialen Bereich. Im Umkehrschluss werden Entwicklungsverzögerungen dann als Zeichen elterlicher Inkompetenz bewertet (vgl. Dowdney & Skuse 1993, 27).

Ein nahe liegendes Kriterium für die Beurteilung elterlicher Kompetenzen schien häufig der 'Intelligenzquotient' zu sein. Die *„International Statistical Classification of Diseases and Related Health Problems"* 10 (ICD-10) der World Health Organisation (WHO) unterscheidet im Bereich Intelligenzminderung zwischen leichter (F70, IQ 50-69), mittelgradiger (F71, IQ 35-49), schwerer (F72, IQ 20-34) und schwerster Intelligenzminderung (F73, IQ < 20). Shaw und Wright kamen bereits 1960 in einer Untersuchung von 197 Paaren mit geistiger Behinderung zu dem Schluss, dass es keine Korrelation zwischen dem IQ und den elterlichen Fähigkeiten gibt, solange der IQ nicht unter etwa 55 Punkte fällt (Shaw & Wright 1960, 274). Hinsichtlich dieser Einschätzung bestand weitgehendes Einvernehmen (vgl. Budd & Greenspan 1984). Die Studie von Shaw und Wright kam zu dem Ergebnis, dass von 15 Familien, in denen der IQ eines Elternteils unter 50 lag, nur zwei zufrieden stellend für das Aufwachsen der Kinder sorgen konnten. Außerdem wurde festgestellt, dass auch die Personen mit einem IQ über 50 in Schwierigkeiten bei der Kindererziehung gerieten, wenn der Rahmen der Verantwortung zu groß wurde, etwa weil mehr als zwei Kinder zu versorgen waren. Stabilisierend wirkte sich hingegen aus, wenn nur ein Elternteil intellektuell eingeschränkt war.

Folgt man dem aktuellen Konzept der *International Classification of Functioning, Disability and Health (ICF)* der

WHO (2001) ist allerdings nicht länger von einem linearen Verursachungsmodell von Behinderung durch Schädigung bzw. Funktionsstörung auszugehen, sondern von einem biopsychosozialen Ansatz (vgl. Seidel 2003, 241). Bereits die Definition der *American Association on Mental Deficiency* (AAMD) von geistiger Behinderung von 1993 beschränkte sich nicht auf die Bewertung des IQs, sondern bezog das sog. Anpassungsverhalten (*adaptive skills*) ein. Dieses bezieht sich etwa auf die Bereiche Kommunikation, Selbstversorgung, soziale Fähigkeiten, gesellschaftliche Teilhabe, Selbststeuerung, Gesundheit und Sicherheit, Arbeit (vgl. Pixa-Kettner et al. 1996, 5-8). Zumindest im Bereich der leichten bis mittelgradigen Intelligenzminderung scheint das Anpassungsverhalten mehr Einfluss auf das die elterlichen Fähigkeiten zu besitzen als der konkrete IQ (Rosenberg & McTate 1982).

Schließlich wird in einer neueren Veröffentlichung von McConnell et al. ein direkter Zusammenhang zwischen Behinderung und elterlichen Fähigkeiten grundsätzlich verneint:

„It is well established that most parents with a disability will not abuse or neglect their children. Disability per se, whether psychiatric, intellectual, physical or sensory disability, is a poor predictor of parenting" (McConnell et al. 2000, ii).

Dowdney und Skuse unterscheiden drei Kategorien, nach denen Studien die Qualität elterlicher Kompetenzen beurteilen:
a. Die erste Gruppe bewertet elterliches Verhalten anhand allgemeiner und globaler Definitionen
b. Die zweite Gruppe schließt aus dem Vorhandensein von Misshandlung und Vernachlässigung auf die elterlichen Fähigkeiten
c. Die dritte Gruppe nimmt die Beobachtung einzelner Faktoren elterlichen Verhaltens zur Grundlage der Bewertung

Studien mit globalen Definitionen von elterlichen Kompetenzen

Die Studien bewerten etwa die Qualität der physischen und medizinischen Versorgung, der Beaufsichtigung, der emotionalen Zuwendung oder der Notwendigkeit behördlicher Interventionen. Ein Problem dieser Studien ist die häufig nicht begründete Auswahl der Kriterien. Auch der Maßstab für die Anwendung der Kriterien wird oft nicht festgelegt. So kommt etwa eine Studie zu dem Ergebnis, dass von zwanzig behinderten Frauen 80% ihre Kinder adäquat versorgen (Brandon 1957), worin diese adäquate Versorgung besteht, wird jedoch nicht spezifiziert. Auch in Studien mit pessimistischem Ergebnis, denen zufolge die Mehrheit der behinderten Eltern ihre Kinder nur ungenügend versorgt (Scally 1973), fehlt die Beschreibung des Maßstabes. In einer Befragung von Robinson wird das erzieherische Verhalten geistig behinderter Mütter mit dem einer Kontrollgruppe von Müttern mit Schulabschluss verglichen. Im Ergebnis wird der Erziehungsstil der ersten Gruppe im höheren Maß als behütend, kontrollierend und bestrafend bewertet (vgl. Dowdney & Skuse 1993, 28).

Elterliche Kompetenzen und Misshandlung/ Vernachlässigung

Verschiedene Autoren zweifeln elterliche Fähigkeiten geistig behinderter Menschen an, weil sie eine erhöhte Gefahr für Kindesvernachlässigung und Misshandlung sehen (vgl. auch Beiträge „Zur Geschichte der internationalen Fachdiskussion über Elternschaft von Menschen mit einer geistigen Behinderung", ab S. 25 und „Risiko- und Schutzfaktoren im Leben der Kinder von Eltern mit geistiger Behinderung", ab S. 161 in diesem Band). Grundlage dieser Annahme sind Untersuchungen, die unter den Kindern geistig behinderter Menschen im erhöhten Maß Missbrauchserfahrungen dokumentieren (Seagull & Scheurer 1986). Auch häufige Fremdplatzierungen der Kinder geistig behinderter Eltern nach Missbrauch und Vernachlässigung werden als Indizien für unzureichende elterliche Fähigkeiten gewertet (Accardo & Whitman 1990). Auf umgekehrtem Weg stellen Studien über missbrauchte Kinder fest, dass deren Eltern häufig geistig behindert sind oder zumindest einen sehr niedrigen IQ aufweisen (Schilling et al. 1982). Dowdney und Skuse problematisieren bei diesen Untersuchungen deren unrepräsentative Datengrundlage. So basieren Studien, die den Missbrauch durch geistig behinderte Eltern dokumentieren, zumeist auf Fällen, in denen Familien aufgrund von kindlichen Entwicklungsverzögerungen oder familiären Schwierigkeiten bereits bei Behörden oder Maßnahmeträgern in Erscheinung getreten sind. Auch die Tatsache, dass die Eltern missbrauchter Kinder in statistisch signifikanter Höhe niedrige intellektuelle Fähigkeiten zeigen, lässt keinen direkten Schluss auf das quantitative Vorkommen von Missbrauch durch geistig behinderte Eltern im Allgemeinen zu. In beiden Fällen werden Familien, in denen kein Missbrauch stattfindet, nicht ausreichend berücksichtigt (vgl. Dowdney & Skuse 1993, 30-32).

Elterliche Kompetenzen als Summe praktischer Fertigkeiten

Einen anderen Zugang stellen Studien dar, in denen nicht das Vorliegen negativen Verhaltens (wie Missbrauch) untersucht wird, sondern das Vorhandensein positiver Verhaltensweisen. Einzelne *Studien zu Einzelaspekten elterlichen Handelns* befassen sich mit der Interaktion zwischen geistig behinderten Müttern und deren Kindern im Spielverhalten (Feldmann et al. 1986). Der Erziehungsstil der behinderten Mütter wird als weniger engagiert und sensibel, jedoch im höheren Maß als restriktiv und bestrafend beschrieben. Obwohl diese Eigenschaften in der Elternschaftsliteratur allgemein negativ bewertet werden, stellen Feldmann et al. in den untersuchten Fällen keine negativen Auswirkungen auf die kindliche Entwicklung fest (vgl. Dowdney & Skuse 1993, 29). In dem Konzept von McGaw spielt die Beurteilung elterlicher Kompetenzen anhand praktischer und sozialer Fertigkeiten eine wichtige Rolle (vgl. McGaw 1995, 53-56, ausführlicher unter Punkt 4).

Kindliche Entwicklung als Kriterium elterlicher Kompetenzen

Als Ergänzung zu den drei Kategorien von Dowdney und Skuse lässt sich die Bewertung der *kindlichen Entwicklung* als indirektes Kriterium für die Beurteilung elterlicher Kompetenzen benennen. Die noch immer weit verbreitete Ansicht, dass Menschen mit geistiger Behinderung mit hoher Wahrscheinlichkeit Kinder mit geistiger Behinderung zur Welt bringen, bezeichnen Llewellyn et al. als einen der 'Mythen über Eltern mit geistiger Behinderung' (Llewellyn et al. 1995, 15; vgl. Beitrag „Zur Geschichte der internationalen Fachdiskussion über Elternschaft von Menschen mit einer geistigen Behinderung" ab S. 25 in diesem Band). Inzwischen besteht weithin Übereinstimmung darin, *„dass die Kinder geistig behinderter Eltern i.d.R. über durchschnittliche intellektuelle Fähigkeiten verfügen, dass erblich bedingte geistige Behinderungen bei ihnen zumin-*

dest nicht wesentlich häufiger auftreten als in der übrigen Bevölkerung, bzw. dass im Laufe der Entwicklung auftretende Beeinträchtigungen mit unzureichenden Umgebungsbedingungen zusammenhängen" (Pixa-Kettner et al. 1996, 4). Es werden jedoch immer wieder Entwicklungsverzögerungen beobachtet. Diese betreffen die motorische und psychosoziale, vor allem jedoch die sprachliche Entwicklung (Mørch et al. 1997). McGaw berichtet, dass sprachliche Entwicklungsverzögerungen häufig im Alter von etwa 12 Monaten auftreten. Da sprachliche und geistige Entwicklung eines Kindes stark miteinander zusammenhängen, treten in der Folge Defizite in den kognitiven Fähigkeiten auf (McGaw 1995, 54f). Als Ursache für die Entwicklungsverzögerungen werden häufig mangelnde Förderung und unzureichende Stimulierung der Kinder durch die behinderten Eltern genannt (vgl. Reed & Reed 1965). *„Die meisten Studien stellen aufgrund ihrer Beobachtungen negative Entwicklungsprognosen für Kinder geistig behinderter Eltern auf und neigen dazu, diesen die elterlichen Kompetenzen abzusprechen"* (Prangenberg 1999, 77). McGaw warnt jedoch aufgrund eines Mangels an Langzeitstudien, die Entwicklungsverzögerungen fraglos ins fortgeschrittene Kindes- und Jugendalter zu projizieren (vgl. Prangenberg 1999, 88). Pixa-Kettner et al. (1996) berichten in ihrer Studie über die Lebenssituation geistig behinderter Eltern, dass sozialisationsbedingte Entwicklungsverzögerungen bei entsprechender Förderung wieder ausgeglichen werden können, und Booth und Booth (1998a) bestreiten nach retrospektiven Betrachtungen von Kindheitsverläufen der Kinder geistig behinderter Eltern einen Kausalzusammenhang zwischen elterlicher Behinderung und kindlicher Entwicklung: *„Yet this study has shown that not all children are victims of their situation and many demonstrate considerable adaptability in coping with lives filled with difficulty."* (Booth & Booth 1998a, 205).

Insgesamt ist die Beurteilung der elterlichen Kompetenzen anhand der kindlichen Entwicklung als problematisch anzusehen, denn dann müsste allen, auch nichtbehinderten Eltern, deren Kinder Entwicklungsprobleme aufweisen, die elterlichen Kompetenzen abgesprochen werden.

Elterliche Kompetenzen und (psycho)soziale Belastungen

Weitere Faktoren, die in der Beurteilung elterlicher Kompetenzen geistig behinderter Menschen zu berücksichtigen sind, sind *soziale und psychosoziale Belastungen*. So stellt die Behinderung zumeist nicht die einzige erschwerende Bedingung für die Herausbildung elterlicher Kompetenzen dar. Elterliche Kompetenzen werden stark beeinflusst von äußeren Faktoren wie Einkommen, Qualität der Wohnung und der Wohngegend ebenso wie von psychosozialen Faktoren, unter denen die soziale Isolation am gründlichsten untersucht wurde (vgl. Llewellyn et al. 1999 und Beitrag „Unterstützungsnetzwerke von Eltern mit Lernschwierigkeiten unter Einbezug der Sicht einer betroffenen Mutter", ab S. 253 in diesem Band). Dabei besteht ein enger Zusammenhang dieser Faktoren, denn in verschiedenen internationalen Untersuchungen wurde festgestellt, dass Eltern mit geistiger Behinderung kaum eigene Wohnungen oder Häuser besitzen und besonders häufig umziehen. Ein solch transitorischer Lebensstil stellt für die Entwicklung eines unterstützenden sozialen Netzwerkes ein zusätzliches Hindernis dar (vgl. McGaw 2004). Zweifellos ist dieser transitorische Lebensstil nicht immer freiwillig gewählt. In Deutschland führt z.B. der Mangel an flächendeckenden Unterstützungsangeboten dazu, dass manche Frauen bzw. Paare mit geistiger Behinderung bereits in der Schwangerschaft umziehen müssen, da sie in ihrer Heimatregion nicht gemeinsam oder überhaupt nicht betreut werden können (vgl. Bargfrede & Pixa-Kettner 2001). Geistig behinderte Eltern sind oft selbst unter Schwierigkeiten aufgewachsen, ihre Familien sind Armut und Entbehrung ausgesetzt. *„Parents with learning difficulties are generally relegated to living in conditions and under pressures that foster child care problems and make it hard for anyone to be a good parent"* (Booth & Booth 1998a, 56). In der Bewertung ihrer elterlichen Kompetenzen darf also nicht der Bevölkerungsdurchschnitt als Maßstab herangezogen werden, die Orientierung muss vielmehr an einer ähnlich belasteten Gruppe erfolgen (vgl. Pixa-Kettner 2002, 2). Auch das gesellschaftliche und persönliche Umfeld stellt eine zusätzliche Erschwernis für Eltern mit geistiger Behinderung dar, sich elterliche Kompetenzen zuzutrauen bzw. diese zu entwickeln. *„Während andere werdende Eltern häufig auf Freude und Ermutigung treffen, gilt ihr Elternsein in der Öffent-*

lichkeit noch immer als Tabu, und auch in ihrer persönlichen Umgebung scheinen sie mit ihrem Wunsch nach Kindern überwiegend – zumindest anfänglich – auf Ablehnung zu stoßen" (Pixa-Kettner et al. 1995, 198).

Intuitive elterliche Kompetenzen

Eine Sonderstellung innerhalb der elterlichen Kompetenzen nehmen die sog. intuitiven elterlichen Kompetenzen ein. Im Zuge der Säuglingsforschung, die in den letzten Jahrzehnten durch verbesserte technische Möglichkeiten (Verhaltensmikroanalysen) eine Vielzahl neuer und z. T. überraschender Ergebnisse hervorgebracht hat, konnte nicht nur gezeigt werden, dass Säuglinge über erstaunliche integrative und kommunikative Fähigkeiten verfügen, sondern es wurde auch nachgewiesen, dass Eltern sich intuitiv an die Bedürfnisse und den Entwicklungsstand ihres Babys anpassen (vgl. Papousek 1994, 1997, 2000, 2001). Insbesondere im vorsprachlichen Alter reagieren Eltern intuitiv auf die Signale des Säuglings, unterstützen seine noch unreifen Regulationsprozesse und bemühen sich um das Herstellen einer Kommunikationssituation. Da diese elterlichen Reaktionen in Bruchteilen von Sekunden (200 – 600 Millisekunden) ablaufen und sich die Eltern dessen nicht bewusst sind, kann es sich nicht um geplante, absichtliche Anpassungen handeln. Vielmehr scheint es sich bei diesen Verhaltensweisen um psychobiologische Prädispositionen zu handeln, die allerdings durch ungünstige Bedingungen auf Seiten des Kindes oder der Eltern gestört oder blockiert sein können. Für eine genuine Prädisposition spricht auch, dass intuitive elterliche Kompetenzen weder von der Kultur, noch vom Geschlecht, vom Intellekt oder vom Bildungsgrad einer Person abhängig zu sein scheinen. Offenbar sind bereits vierjährige Kinder in der Lage, sich auf diese spezielle Art mit einem Säugling oder Kleinkind zu verständigen (Szagun 2000, 203). Es gibt keine Hinweise darauf, dass Menschen mit geistiger Behinderung über diese intuitiven Fähigkeiten nicht verfügen. Interessanterweise führt Papousek (1997) besonders intellektuelle Mütter, die 'zu viel lesen' und sich nicht auf ihre Intuition verlassen mögen, als Gruppe an, deren intuitive elterliche Kompetenzen besonders störanfällig sind.

Auf der anderen Seite ist nicht zu übersehen, dass bei vielen Eltern mit geistiger Behinderung Bedingungen vorliegen, die für Blockaden intuitiver Fähigkeiten im Sinne Papouseks anfällig machen: Viele haben ein niedriges Selbstwertgefühl und ein sehr geringes Selbstvertrauen, gerade auch bezüglich ihrer Fähigkeiten als Eltern (vgl. McGaw & Sturmey 1994). Dies wird oftmals noch verstärkt durch Einmischung von außen. Ungünstige Sozialisationserfahrungen und akute psychosoziale Erschwernisse – seien es Familienstreitigkeiten, Probleme in der Partnerschaft oder finanzielle Nöte – und die anhaltende Sorge um einen evtl. Entzug des Sorgerechts und die Wegnahme des Kindes können weitere Hindernisse für die Entfaltung intuitiver elterlicher Kompetenzen darstellen.

Sofern die intuitiven elterlichen Kompetenzen nicht blockiert sind, sorgen sie insbesondere in den ersten Lebensmonaten für eine optimale Anpassung des elterlichen Verhaltens an die Bedürfnisse und den Entwicklungsstand des Kindes und bilden damit eine wichtige Grundlage für eine gelungene Eltern-Kind-Beziehung und für den Aufbau einer sicheren Bindung.

In verschiedenen Untersuchungen (z.B. Pixa-Kettner et al. 1996; Pixa-Kettner 1998; Brenner & Walter 1999) und langjährigen praktischen Erfahrungen (vgl. Ghattas 2001) zeigte sich, dass ein großer Teil der Mütter mit geistiger Behinderung zu positiven Eltern-Kind-Interaktionen in der Lage war, wobei besonders hervorzuheben ist: Die Gegenwart des Kindes ist unabdingbar erforderlich, um intuitive elterliche Reaktionen auszulösen. Dies spricht gegen verbreitete Tendenzen, bereits vor der Geburt eines Kindes Prognosen darüber abgeben zu wollen, ob eine behinderte Frau wohl in der Lage sein werde, eine Beziehung zu ihrem Kind herzustellen oder nicht.

Zwischenbilanz

Zusammenfassend lässt sich an dieser Stelle festhalten: In der Vergangenheit wurde die Elternschaft geistig behinderter Menschen zumeist negativ eingeschätzt. Globale Beurteilungen sprachen ihnen erforderliche Kompetenzen zur Sorge für ihre Kinder ab, ohne dabei Kriterien und Maßstäbe klar zu definieren. Des Weiteren gab es eine Konzentration der Forschung auf Missbrauch und Vernachlässigung durch geistig behinderte Eltern. Die Aussagekraft dieser Studien ist begrenzt, da ihnen in der Regel eine breite und repräsentative Datengrundlage fehlt. In den letzten Jahren setzt sich in der Fachliteratur eine positivere Sichtweise durch. Elterliche Kompetenzen werden Menschen mit geistiger Behinderung nicht mehr generell abgesprochen. Elternschaft wird vielmehr als Prozess betrachtet, auf den verschiedene Faktoren einwirken. Der Intelligenzquotient scheint erst dann einschränkende Auswirkung auf die elterlichen Kompetenzen zu haben, wenn er unter einen Wert von ca. 55 fällt. Von höherer Bedeutung sind die *adaptive skills*, also die Anpassungsfähigkeiten bzw. die lebenspraktischen Fertigkeiten der Eltern. Aufschlüsse über die elterlichen Kompetenzen ergeben sich aus Untersuchungen zu Einzelaspekten im Erziehungsverhalten geistig behinderter Eltern. Die sog. intuitiven elterlichen Kompetenzen der ersten Lebensmonate können nach derzeitigem Kenntnisstand i.d.R. als gegeben vorausgesetzt werden. Allerdings lässt sich ein insgesamt restriktiverer Erziehungsstil beobachten. Auch die kindliche Entwicklung kann Rückschlüsse auf elterliche Kompetenzen zulassen. Es wird immer wieder beschrieben, dass Kinder geistig behinderter Eltern im Frühkindalter Entwicklungsverzögerungen aufzeigen, die vor allem die sprachliche, und darüber evtl. auch die kognitive Entwicklung betreffen; über deren langfristige Folgen bestehen kontroverse Auffassungen. Mittlerweile besteht ein gewisser Konsens, dass die Frage nach den elterlichen Kompetenzen von Eltern mit geistiger Behinderung den sozialen und gesellschaftlichen Kontext nicht außer Acht lassen darf, in dem das Familienleben stattfindet. Manche Schwierigkeiten von Familien mit geistig behinderten Eltern sind nicht primär durch die Behinderung, sondern vielmehr durch ungünstige Lebensbedingungen in Vergangenheit und Gegenwart bedingt.

Alles in allem zeigen die verschiedenen Arbeiten auch, dass die Vorstellungen über elterliche Kompetenzen dort, wo sie überhaupt konkretisiert werden, noch recht weit auseinander liegen. Im Folgenden soll ein Modell zur Erfassung elterlicher Kompetenzen vorgestellt werden, in dem immerhin einige der oben beschriebenen Faktoren, die elterliches Verhalten beeinflussen, berücksichtigt werden.

4 Erfassung elterlicher Kompetenzen: The Parental Skills Model (McGaw & Sturmey 1993-95) und das Parent Assessment Manual (McGaw u.a. 1998)

Eine Erfahrung bei der professionellen Unterstützung von Eltern mit geistiger Behinderung ist, dass es immer wieder zu Differenzen zwischen Eltern/teilen und Fachkräften darüber kommt, in welchen Bereichen, von wem und in welcher Art die Unterstützung geleistet werden soll. Diese Konflikte können ihrerseits Ursache von Misserfolgen sein. McGaw plädiert aus diesem Grund für ein ausführliches '*parenting assessment*', also eine systematische Erhebung sowohl der elterlichen Fähigkeiten als auch der elterlichen Unterstützungsbedürfnisse:

> "Parenting assessments appear critical to capturing the range of ability, as well as the specific needs of parents with ID[17], and their children. However, very few standardized assessments exist for this purpose and there are differences between researchers and service providers as to the preferred approach." (2004, 225)

Das von Sue McGaw u.a. (1998) entwickelte „*Parent Assessment Manual*" (PAM) ist u. W. international das umfassendste und am detailliertesten ausgearbeitete Instrumentarium für diesen Bereich. Susan McGaw ist Begründerin des „*Special Parenting Service*" (SPS) in Cornwall, England, einer Einrichtung, die seit ca. 1987 ambulante Betreuungsangebote für Eltern(teile) mit geistiger Behinderung bereitstellt und nach eigenen Angaben in einem Zeitraum von 10 Jahren mit annähernd 1000 Fällen entsprechender Elternschaften zu tun hatte (McGaw 2004). Das PAM basiert auf dem von McGaw & Sturmey (1994) entwickelten „*Parents Skills Model*" (PSM), das zunächst kurz vorgestellt werden soll (vgl. Pixa-Kettner 1999).

---

[17] ID steht für 'intellectual disability'.

Das Parents Skills Model

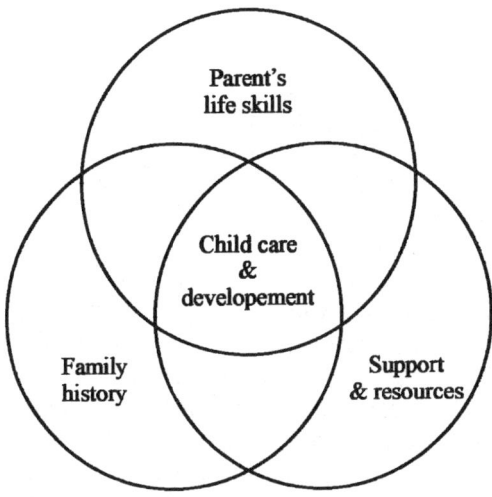

Abb. 1: The Parental Skills Model (McGaw & Sturmey 1994, 39)

Die Abbildung soll verdeutlichen, dass die dargestellten Bereiche nicht unabhängig voneinander sind, sondern sich wechselseitig beeinflussen.

Mit *'Parent's life skills'* sind allgemeine Lebensfertigkeiten der Eltern gemeint, die nicht unmittelbar mit der Versorgung des Kindes zusammenhängen wie Beherrschung der Kulturtechniken, Sprache und soziale Fähigkeiten, aber auch Haushaltsführung, Mobilität o.ä. In einer neueren Version bezieht McGaw in diese Dimension auch die kognitiven Funktionen ein und wählt die Bezeichnung *'intellectual functioning and independent living skills'* (McGaw 2004, 226).

'Family history' meint den familiären Hintergrund und die Kindheit der Eltern. Hieraus erschließt sich z.B., inwiefern die Eltern, als sie selbst Kinder waren, angemessenes Elternverhalten erfahren haben und ggf. auf diese Erfahrungen zurückgreifen können.

'Parental support and resources' beschreibt, zu welchen Unterstützungsangeboten – professionellen wie nicht-professionellen – die Eltern Zugang haben.

In ihrem gemeinsamen Überschneidungsfeld befinden sich *'Child Care'* und *'Child Development'*. Mit *'Child Care und Child*

Development (Skills)' sind diejenigen Fähigkeiten und Fertigkeiten gemeint, die im engeren Sinn für die Versorgung und Betreuung eines Kindes, einschließlich einer entwicklungsförderlichen Erziehung notwendig sind. Dabei ist es durchaus denkbar, dass Eltern mit relativ geringen praktischen Kompetenzen z.B. durch zuverlässige Ansprechpartner im persönlichen oder professionellen Umfeld im Bereich '*Child Care/ Child Development*' gute Ergebnisse zeigen, während andere Eltern mit vergleichsweise höheren Kompetenzen z.b. durch soziale Isolation oder andere Probleme bei der Erziehung ihrer Kinder scheitern.

Nach McGaw ist das Elternsein eine komplexe und subjektive Angelegenheit. Es gibt sehr unterschiedliche und individuelle Stile, ein Kind zu erziehen, nicht einen einzigen, richtigen Weg. Das „*Parent Assessment Manual*" (PAM) versucht, das zu erfassen, was McGaw „*good enough parenting*" nennt, also sinngemäß etwa die Minimal- (nicht Ideal-)Anforderungen an elterlichen Kompetenzen, die für die gedeihliche Entwicklung eines Kindes notwendig sind. Hierfür teilt sie das breite Spektrum elterlicher Verhaltensweisen entsprechend ihrem Modell in verschiedene Bereiche auf (s.u.), die auf testbare bzw. beobachtbare Komponenten heruntergebrochen werden. Das PAM hat keine psychometrischen Eigenschaften, d.h. es liefert keine Normen, anhand derer angemessenes und nicht-angemessenes Elternverhalten auf Basis statistischer Erhebungen klassifiziert werden könnte. „*Instead, the assessment offers a functional and systematic approach to assessment of families*" (McGaw 1998, 10). Die Autorin räumt durchaus ein, dass auch bei dieser Beurteilung des elterlichen Verhaltens subjektive Maßstäbe einfließen, die allerdings durch beigefügte Beurteilungskriterien relativiert werden. Zusammenfassend betont McGaw, dass das PAM die klinische Beurteilung eines jeden Einzelfalles keineswegs ersetzen kann und soll, dass es aber durch seine quantifizierten und detaillierten Erhebungsergebnisse hierfür wichtige Hilfestellung gibt. Einige Aspekte des PAM wurden in empirischen Pilotstudien untersucht, unter anderem erfolgte eine Validierung der in Zusammenarbeit mit Experten erstellten Auswertungskriterien, die im Anweisungsheft des Manuals zusammengestellt sind (vgl. McGaw u.a. 1998, Instruction Book, 37).

Der Aufbau des PAM:

Das PAM ist in drei Hauptabschnitte ('sections') unterteilt:

Der **erste Abschnitt** umfasst folgende vorbereitende Erhebungen:

Initial Screening Tool: Dieser vier Seiten umfassende Erhebungsbogen soll von einer Person ausgefüllt werden, die die Familie gut kennt. Hier werden mit einer groben Skalierung (*0 = criterion reached, 1 = low priority, 2 = medium priority, 3 = high priority*) die wesentlichen Bereiche elterlicher Kompetenzen überblicksartig eingeschätzt.

Beispiel:

1. Child feeding
0 No concerns abaout child's feeding
1 Occasional concerns about the quality of food/feeding
2 Day-to-day feeding is of poor quality and/or erratic
3 Requires immediate attention. Child's weight or health is affected. Referred to healt professionals e.g. dietician, paediatrican.

Die erhobenen 34 Kompetenzbereiche entsprechen denen des Abschnitts 2 und sind im Anhang am Ende dieses Kapitels aufgeführt. Die Ergebnisse dieses Screenings sollen den Fachkräften Struktur und Anleitung für das weitere Vorgehen liefern. Außerdem lässt sich anhand der vergebenen Punktwerte (*scores*) im Vergleich zwischen Familien erkennen, wo der größte Handlungsbedarf besteht.

"I need help..."Form: Dieser Bogen ist parallel zum 'Initial Screening Tool' aufgebaut und wird von den Eltern beantwortet. Er besteht aus einfachen Feststellungen, die den Satz „I need help" ergänzen und die den Eltern vorgelesen werden.

Beispiel:

1. Child feeding
To give my child healthy meals and make sure that he/she eats them.

Parent Questionnaire: Dieser Erhebungsbogen soll für Vater und Mutter getrennt erhoben werden. Es geht hierbei um den Bereich 'familiy history' mit einigen Erweiterungen gemäß dem PSM (s. o.). Er umfasst Erfahrungen, die die Eltern als Kind, als Partner/in und als Elternteil gemacht haben. Die Erhebung erfolgt als halbstrukturiertes Interview, das jeweils angepasst werden kann. Vorgesehen sind Bereiche wie: Herkunftsfamilie(n), Anzahl und Dauer des jeweiligen Verbleibs, Kindheits-, Schul- und Jugenderfahrungen, Missbrauch und Misshandlungen, Partnerbeziehung, Schwangerschafts- und Geburtserfahrung, augenblickliche Situation und Zukunftspläne.

Planner: In diesen Bogen werden die Ergebnisse des 'Initial Screening-' und des 'I need help...'-Bogens eingetragen. Die Fachkraft ist aufgefordert, Vergleiche zwischen den beiden Erhebungen zu ziehen und insbesondere Diskrepanzen in den Einschätzungen des Hilfebedarfs zu beachten, wobei sowohl Fehleinschätzungen der Eltern als auch der Fachkraft in Betracht zu ziehen sind. Falls Diskrepanzen im Gespräch nicht zu klären sind, sollten in diesen Bereichen weitere Erhebungen im zweiten Abschnitt erfolgen. Insgesamt soll der 'Planner' zur übersichtlichen Darstellung des gesamten Vorgehens dienen.

Abschnitt 1 wird schließlich ergänzt um eine *Equipment List*, die festhält, ob in der Familie alle für die Grundversorgung von Säuglingen und kleinen Kindern erforderlichen Gegenstände vorhanden sind.

Das Kernstück des PAM ist der **Abschnitt 2**, der insgesamt der vertieften Erfassung der unter 1 nur grob erhobenen Kompetenzen dient. 34 Bereiche elterlicher Kompetenzen, unterteilt in ein *Child Profile* (10 Bereiche) und ein *Parent Profile* (24 Bereiche) sind vorgesehen (die vollständige Liste befindet sich im Anhang am Ende dieses Kapitels). Dies ist etwas missverständlich, da unter *Child Profile* nicht die Kinder untersucht werden, sondern diejenigen elterlichen Kompetenzen erhoben werden, die sich direkt auf den Umgang mit dem Kind beziehen, während unter *Parent Profile* die Kompetenzen erhoben werden, die im PSM 'Parent's Life Skills' genannt werden, also allgemeine Fähigkeiten der Eltern, die aber für die Bewältigung eines Lebens mit Kindern hohe Relevanz haben.

Die Erhebung erfolgt mit Hilfe von Arbeitsblättern (*worksheets*). Diese sind komplex aufgebaut, denn sie unterscheiden die Erhebung
a) von Wissen und Verständnis (p*arents' knowledge and understanding*)

b) von Fertigkeiten (*skills*)
c) von der Umsetzung der Fertigkeiten in regelmäßige Praxis (*practice*)

Für jeden dieser drei Bereiche stehen spezielle Erfassungsmethoden zur Verfügung.

zu a) <u>*Parents' Knowledge and Understanding*</u>: Dieser Bereich wird mit Hilfe von Cartoons erhoben, auf denen in karikierender Form meist problematische Situationen dargestellt sind. Dazu werden nach einheitlichem Schema 3 Fragen gestellt. Die erste Frage dient der Klärung der dargestellten Situation und wird nicht mit Punkten bewertet. Die zweite und dritte Frage erfordert von den Eltern, Gründe zu benennen, warum es zu der Situation gekommen ist, was und ggf. wie etwas zu tun wäre. Die Antworten werden mit Punkten für '*good knowledge*', '*adequate knowledge*' und '*poor knowledge*' gewertet. Kriterien für die Bewertung und Beispiele finden sich im Anweisungsheft des Manuals.

Beispiel:[18]

5. Parental Responsiveness

"*Parent understands importance of holding a child to develop bonding and responds to different cries*
A. *What is happening in this picture?*
B. *What should the parent do?*
C. *Why is it important to attend to the child?*"

Abb. 2: : McGaw u.a. (1998) [Worksheets Child, 17-19]

---

[18] Die Auswertungskriterien zu B und C finden sich im Anhang am Ende dieses Kapitels.

zu b) *Skills:* Dieser Bereich wird entweder durch Beobachtung oder durch Fragen und Aufgaben aus dem beigefügten *Parent Booklet* abgeprüft. Zu jedem der 34 Kompetenzbereiche sind mehrere direkt beobachtbare Einzelfertigkeiten aufgelistet, die z. T. noch Unterpunkte enthalten, wobei ggf. nach Altersgruppen der Kinder unterschieden wird.

Beispiel: 18. Washing

1. Parent washes family's clothes regularly.
2. Parent can operate a washing-mashine.
3. Parent uses a clothes basket for dirty washing.
4. Parent dries clothes thoroughly.
5. Parent can operate a tumble dryer.
6. Parent irons crumpled clothes.
7. Parent puts clothes away.

Für einige der Kompetenzen, bei denen die Fertigkeit schwer zu beobachten ist, kann das o. g. *Parent Booklet* eingesetzt werden. Auch hier werden Aufgaben und Fragen, die den Eltern vorgelesen werden, meist in Cartoons gekleidet.

Beispiel:

24. Safety in the Kitchen, Skill 3: Chip pans are used carefully
"What would you do if you had a chip pan fire?"

Abb. 3: McGaw et al. (1998) [Parent Booklet, 21]

> "*Answer:* a) *turn oven off,*
> b) *put damp tea towel/lid over pan,*
> c) *call fire brigade if fire out of control,*
> d) *get children out*
> *Adequate skill:* a) b) c) d)
> *Poor Skill:* Not all correct"

(McGaw et al. 1998 [Instruction Book 32-33])

zu c) <u>Practice</u>: Diese Spalte ist vorgesehen, weil es nach McGaw Hinweise aus der Forschung gibt, dass die Aufrechterhaltung und Generalisierung von Fertigkeiten von hoher Wichtigkeit für die Qualität der Kindesversorgung sind. Offenbar sind angemessenes Wissen und das Vorhandensein einer Fertigkeit nicht immer ein Garant dafür, dass dieses Verhalten auch in der für das Kind erforderlichen Regelmäßigkeit praktiziert wird (z.B. ist es denkbar, dass Eltern zwar über die erforderlichen Fertigkeiten zum Kochen oder Saubermachen verfügen, dies aber nicht regelmäßig tun – ein Phänomen, das nicht auf Eltern mit geistiger Behinderung beschränkt sein dürfte!). Diese Spalte ist sinnvollerweise nur für Fertigkeiten auszufüllen, die als Routineaufgaben anzusehen sind. Im ersten Schritt soll mit den Eltern eine einvernehmliche Einigung darüber erzielt werden, wie oft das Praktizieren dieser Fertigkeit wünschenswert ist, in der zweiten Spalte ist – möglichst über eine gewissen Zeitraum beobachtet – einzutragen, ob die beobachtete Häufigkeit als *'good'*,*' adequate'* oder *'poor'* zu beurteilen ist.

Wenn alle drei Bereiche des Arbeitsblattes ausgefüllt wurden, erfolgt am Ende jeder einzelnen abgefragten Fertigkeit eine Einschätzung, die die Ergebnisse der Bereiche *'Skills'* und *'Practice'* in einem *'priority rating'* zusammenfasst. Die Fachkraft muss nun mit einem gewissen eigenen Ermessensspielraum eintragen, ob die Eltern bei dieser Fertigkeit das Kriterium adäquaten Elternverhaltens erfüllen oder ob Unterstützung erforderlich ist, wobei unterschieden werden soll in *'low'*, *'medium'* oder *'high priority'*.

Zum Schluss des Abschnitts 2 findet sich ein zusammenfassender Bogen (*Summary*), in den die Vielzahl der Einzelerhebungen eingetragen werden, um einem Überblick zu erhalten.

Um keinen falschen Eindruck entstehen zu lassen, soll hier daran erinnert werden, dass in der Regel bei keiner Familie alle Erhebungen gemacht werden. Wie bereits erwähnt, dienen das *'Initial Screening'* und der *'I need help...'*-Bogen dazu, die Bereiche auszuwählen, in denen weitere Informationen erforderlich sind, um den Eltern entsprechende Unterstützung zu geben.

Der **dritte Abschnitt** (*PAM Profiles*) fasst die vorangegangenen Erhebungen insofern noch weiter zusammen, als nur noch die Ergebnisse des *'priority ratings'* benutzt werden. In diesen Bogen werden, für jedes Item der 34 Kompetenzbereiche jeweils getrennt, die mit der Mutter und mit dem Vater erhobenen Werte eingetragen, so dass leichter erkennbar wird, in welchen Bereichen besondere Dringlichkeit der Unterstützung besteht, weil bei beiden Eltern hohe Priorität für die Teilnahme an einem Programm festgestellt wurde. Risikoerfassung und Programmplanung werden dadurch, so McGaw, leichter möglich.

Schlussfolgerungen für die Intervention

Für das Erreichen des Kriteriums *adequate* (oder *good enough) parenting* ist nach Sue McGaw erforderlich, das Augenmerk auf alle drei von ihr unterschiedenen Bereiche zu richten, auf *'Parents' Knowledge and Understanding'*, auf *'Skills'* und auf *'Practice'*. Die Kenntnisse (also den ersten Bereich*)* hält sie für fundamental. Wenn Eltern hier Lücken aufweisen, sieht sie – auch wenn die Eltern in anderen Bereichen gute Fertigkeiten zeigen – die Gefahr, dass diese nicht konsistent über einen längeren Zeitraum realisiert und nicht auf andere Situationen hin generalisiert werden. Sie plädiert deshalb im Falle von Lücken im Bereich der Kenntnisse dringend für ein grundlegendes Lehrprogramm („*basic teaching programme*").

Kenntnisse setzen sich nicht automatisch in Fertigkeiten (*skills*) um, da sich *'Skills'* aus vielen einzelnen Komponenten zusammensetzen. Oftmals sind Aufgaben hinsichtlich ihrer Skill-Komponenten nicht unabhängig voneinander und eine bestimmte Aufgabe kann von Eltern fordern, dass sie auf verschiedene Funktionsbereiche und Fertigkeiten zugreifen. Im PAM ist dies insofern berücksichtigt, als auf dem Arbeitsblatt, dort wo die *'Skills'* erfasst werden, Hinweise auf korrespondierende Fertigkeiten und Funktionen gegeben werden (z.B. ist für einige Haushaltsroutinen Zeitverständnis erforderlich).

Bewertung und Möglichkeiten der Übertragung auf deutsche Verhältnisse

Mit dem PAM liegt ein umfangreiches informelles Verfahren vor, das sich der Aufgabe stellt, die hochkomplexen Fähigkeiten und Fertigkeiten, die im Zusammenhang mit elterlichen Kompetenzen eine Rolle spielen, zu erfassen. Bemerkenswert ist, dass die Selbsteinschätzung der Eltern sowie deren beobachtbares Verhalten zum Ausgangspunkt für Beurteilungen gemacht wird und keine Schätzskalen verwendet werden. Es findet also eine Operationalisierung von elterlichen Kompetenzen, ein Herunterbrechen auf testbare bzw. beobachtbare Verhaltensweisen statt. Dies scheint gerade angesichts der besonderen Vorurteilsbelastung, die gegenüber den elterlichen Kompetenzen von Menschen mit geistiger Behinderung besteht, ein bedeutender Vorteil.

Sicher kann man zu Recht einwenden, dass bei einem solchen Vorgehen Aspekte elterlicher Kompetenzen, die sich nicht auf der Ebene der unmittelbaren Beobachtung abbilden lassen, z.B. emotionale, die Beziehungsebene betreffende Faktoren, übersehen werden. Bedenkt man jedoch, dass es sich um ein anwendungsorientiertes Verfahren handelt, die Ergebnisse also ggf. in ein praktisches Unterstützungsprogramm für die Eltern münden sollen, erscheint diese Schwerpunktsetzung durchaus sinnvoll. Auch die Hilfestellungen, die den Eltern angeboten werden können, beziehen sich ganz konkret auf ihr Alltagsverhalten.

Sollten tiefergehende, emotionale Probleme vorliegen, die evtl. in dem *Parent Questionnaire* zur Sprache kommen, müsste ggf. psychotherapeutische Unterstützung angeboten werden. Es ist allerdings davon auszugehen, dass ein großer Teil der Probleme, die dazu führen, dass Eltern mit geistiger Behinderung ihre Kinder weggenommen werden, auf der Verhaltensebene der elterlichen Kompetenzen liegen, seltener auf der emotionalen.

Auf den ersten Blick ist das PAM ein sehr aufwendiges Verfahren. Bedenkt man jedoch, wie oft, aus Hilflosigkeit oder fehlender Information über die tatsächlichen Erfordernisse einer Familie, unzureichende, an den tatsächlichen Bedürfnissen der Familie vorbei gehende Hilfe geleistet wird oder die Unterstützung vorzeitig abgebrochen wird, relativiert sich der Aufwand. Selbst ohne die quantifizierende Auswertung fordert alleine schon die Auswahl der zur Frage stehenden Kompetenzbereiche und die Durchführung der dazu gehörenden Einzelbeobachtungen und Aufgaben eine äußerst gründliche Beschäftigung mit der Mutter und/ oder dem Vater und eine Genauigkeit der Beobachtung, die im professionellen Alltag sonst oftmals nicht erreicht wird.

Kritisch könnte man ferner anmerken, dass nicht immer genau angegeben wird, wie mit den vielen erhobenen Daten umgegangen werden soll, z.B. wie die in Abschnitt 1 erhobenen Informationen des *'Parent Questionnaire'* im weiteren Verlauf der Erhebung und der Programmplanung berücksichtigt werden. Andererseits würde dies ein informelles Verfahren vermutlich überlasten und, wie McGaw betont, das Verfahren soll das Urteil der klinisch erfahrenen Fachkraft keineswegs ersetzen, sondern ihr Hilfestellung geben. Insofern stellt das PAM auch kein reines, auf einzelne Fertigkeiten fixiertes Verfahren dar, wie es in stärker lerntheoretisch angelegten Modellen der Fall ist (vgl. Pixa-Kettner 1999). Vielmehr ist es ein komplexes und kombiniertes Verfahren, das gemäß dem dahinter stehenden Modell des PSM erfolgreiches Elternsein als das Resultat verschiedener Komponenten sieht, auf die ggf. mit jeweils unterschiedlichen Mitteln einzuwirken ist.

5 Abschließende Bemerkungen

Eingangs wurden die Schwierigkeiten geschildert, die Begriffe des Kindeswohls und der elterlichen Kompetenzen definitorisch zu fassen. Anhand der Darstellung einiger sehr allgemeiner Bestimmungsversuche wurde deutlich, dass es sich bei beiden Begriffen um relative Größen handelt, deren Bedeutung sich erst im jeweiligen kulturellen, gesellschaftlichen und psychosozialen Kontext erschließt.

Dies bedeutet einerseits, dass die Normen und Wertvorstellungen hinsichtlich dessen, wie elterliche Kompetenzen in konkretes Verhalten umgesetzt werden, differieren. Zum anderen bedeutet es – und dies ist für die elterlichen Kompetenzen von Menschen mit geistiger Behinderung von besonderer Bedeutung – dass die Verwirklichung elterlicher Kompetenzen nicht einfach als ein individuelles Merkmal der Eltern betrachtet werden kann, sondern *„Competence may more properly be seen as a distributed feature of parents' social network rather than as an individual attribute"*

(Booth & Booth 1998a, 206). Damit findet einmal mehr die oben aufgeführte Sichtweise der ICF Bestätigung, wonach es keine einfachen, linearen Zusammenhänge zwischen Körperfunktionen bzw. –strukturen und einem Gesundheitsproblem/ einer Behinderung gibt, sondern vielmehr eine wechselseitige Abhängigkeit zwischen den verschiedenen Faktoren, zu denen auch Umweltfaktoren zählen. Dies kann allerdings nicht heißen, dass bei der Unterstützung von Eltern mit geistiger Behinderung auf eine genaue Untersuchung der jeweils vorliegenden Gesamtsituation verzichtet werden sollte. Vor diesem Hintergrund wurde mit der Erstellung des PAM ein wichtiger Schritt vollzogen. Elterliche Kompetenzen wurden konkretisiert, indem Kompetenzbereiche mit jeweils dazu gehörigen 'skills' festgelegt und operationalisiert wurden, um einigermaßen intersubjektiv erfassbar zu sein. Damit sind die Kriterien, die einer Beurteilung zugrunde liegen, transparent gemacht und können in Frage gestellt bzw. abgeändert werden, wenn sie als nicht zutreffend erscheinen. Dies könnte durchaus bei einigen Punkten erforderlich sein, falls das Verfahren auf deutsche Verhältnisse übertragen werden würde.

Gleichzeitig sieht das Erfassungsinstrument, wie dargestellt, im Verlauf der ausführlichen Erhebung auch Elemente vor, die außerhalb der Person liegende Faktoren berücksichtigt, so dass potentiell erforderliche Veränderungen in der Umwelt sichtbar gemacht werden können, was in der Praxis angesichts der hohen Konzentration auf die zu unterstützenden Personen selbst leicht vergessen werden kann.

Selbst wenn Fachkräfte nach Durchsicht des Verfahrens zu dem Ergebnis kommen sollten, dass sie nicht danach vorgehen wollen, vielleicht weil ihnen ein teilweise testähnliches Arbeiten mit den behinderten Eltern unangemessen erscheint, kann die Beschäftigung mit diesem Verfahren u. E. zahlreiche Anregungen für eine Auseinandersetzung mit der Frage der Minimalanforderungen an elterliche Kompetenzen oder auch angemessener Unterstützungsziele geben. Vergleichbare deutschsprachige Materialien sind zur Zeit leider nicht verfügbar.

Anhang

1. Liste der elterlichen Kompetenzen (Skills Index Child & Parent)

Child Profile
1. Feeding
2. Healthcare general
3. Healthcare Hygiene
4. Healthcare Warmth
5. Parental Responsiveness
6. Stimulation Visual
7. Stimulation Motor
8. Stimulation Language
9. Guidance and Control
10. Responsibility and Independence

Parent Profile
11. Household Routines
12. Time Telling
13. Telephone Skills
14. Travel Skills
15. Budgeting
16. Shopping
17. Cooking
18. Washing
19. Hygiene in the Kitchen
20. Hygiene in the Living Room
21. Hygiene in the Bedroom
22. Hygiene in the Bathroom
23. General Safety
24. Safety in the Kitchen
25. Safety in Living Areas
26. Safety in Bedrooms
27. Safety in the Bathroom
28. Safety outside the Home
29. Safety – Abuse
30. Healthcare Mental
31. Healthcare Physical
32. Healthcare Self-Care
33. Relationships
34. Support & Ressources

2. Beispiel Parental Responsiveness

A. What is happening in this picture?
B. What should the parent do?

Knowledge	Criteria	Example Responses
Good	Response indicates that the parent should respond to the child's emotional and physical needs.	• Pick child up and comfort them • Need to spend time with child to calm him down • Find out why he's crying e. g. nappy changing • Check not in pain or discomfort
Adequate	Response makes some indication that the child needs their attention but does not elaborate.	• Think of child's needs (unspecified) • Pick child up (only) • Find out what child wants (unspecified)
Poor	Response doesn't acknowledge the child's need but instead focuses on the parents frustration	• Put the child to bed • Get someone to check that the child is not neglected • Contact someone else • Switch off • Leave the room for 10 mins to calm down

C. Why is it important to attend to the child?

Knowledge	Criteria	Example Responses
Good	Response indicates **two or more** reasons why it is important	• Children need to bond with their parents • Children need to be touched • They need to know you love them • To develop properly
Adequate	Response indicates **one** reason why it is important	• Children can't fend for themselves • Babies need comfort and security • Could be something wrong
Poor	Response indicates no understanding of the child's needs	• Going to make himself worse – get hysterical • Because that's what parents do • Stop them crying

Fallbeispiel VIII: Frau Reinke

„Ja (Lachen) hab jeden Erziehungsstil durchgemacht (...). Ich weiß nicht antiauto-Demo, boah nee. Weiß ich nicht .. irgendwo hab ich da auch keine richtige Erziehung sag ich da einfach mal. Hab ich nicht, ich hab immer meinen eigenen Kopf durchgesetzt .. Hab ich gesagt, nee das ist jetzt richtig und nicht was die sagen .. ich hatte schon früher meinen eigenen Kopf ... deswegen .. weiß ich nicht, irgendwann weiß man wirklich nicht mehr weiter auf wen man hören soll und so .. weil wirklich jeder Mensch hat 'n andren Erziehungsstil." (Prangenberg 2003, 173)

Melanie Reinke ist gemeinsam mit ihrer Mutter in einem Wohnprojekt für Mütter mit einer geistigen Behinderung und ihren Kindern aufgewachsen. Die folgenden Schilderungen zu ihrer Lebensgeschichte entstammen einem Interview, welches 1998 geführt wurde (vgl. Prangenberg 2003). Frau Reinke, damals neunzehn Jahre alt, machte zum Zeitpunkt des Interviews eine Ausbildung zur Erzieherin und bewohnte eine eigene Wohnung. Sie war weder verheiratet, noch lebte sie in einer festen Partnerschaft, sie hatte keine Kinder.

Ihren Vater kennt Frau Reinke nicht. Sie weiß zwar um die Geschichte, wie sich Vater und Mutter kennen lernten, betrachtet diese aber als eine Tabugeschichte, die sie keinem Fremden anvertraut. Melanies Mutter lebte vor der Geburt ihrer Tochter in ihrer Herkunftsfamilie, bei ihrer Schwester. Doch mit der Geburt sah sich die Familie diesen Anforderungen nicht mehr gewachsen, und die Mutter zog mit Melanie in ein Heim für allein erziehende Mütter. Der Kontakt zur Familie brach allmählich ab. Das Heim, so erinnert Frau Reinke sich, bot sowohl von den baulichen Gegebenheiten als auch von der personellen Struktur kaum eine akzeptable Heimat für Mutter und Tochter. Deutlich wird, dass die erzieherischen und versorgenden Aufgaben in dieser Zeit eindeutig beim Betreuungspersonal lagen und nicht bei der Mutter. Diese war von den Aufgaben ihrer Mutterrolle entbunden. Insofern bewertet Frau Reinke rückblickend die Beziehung zu ihrer Mutter als positiv, musste diese selten die – aus der Sicht Frau Reinkes – negativ gestimmten Seiten der

Erziehungsaufgaben erfüllen. Die Mutter konnte in der Versorgung ihrer Tochter nicht an ihre Grenzen kommen. Diese Aufgaben musste ein Personal erfüllen, das durch Schichtdienst häufig wechselte und zudem unterschiedliche Vorstellungen über Erziehungsfragen zeigte. Für Melanie bedeutete dies, dass sie in dieser Zeit keine klaren Vorgaben erfuhr, ein Beziehungsaufbau zum Betreuungspersonal und eine Orientierung nur schwerlich möglich waren.

Die Lebensbedingungen änderten sich, als Mutter und Tochter, Melanie war zu diesem Zeitpunkt etwa 11 Jahre alt, in eine kleine Wohneinrichtung zogen, in der sie dann mit zwei anderen Müttern mit geistiger Behinderung und ihren Kindern wohnten. In diesem Haus wusste das Betreuungspersonal besser auf die Bedürfnisse von Müttern und Kindern einzugehen und die Wohn- und Personalverhältnisse wurden überschaubarer. Dennoch blieb es auch in diesem Heim dabei, dass der Hauptteil der Versorgungs- und Erziehungsaufgaben durch das betreuende Personal wahrgenommen wurde und dies auch in den teilweise schwierigen Phasen des Erwachsenwerdens. Insofern kam Melanie auch zu einer positiven Einschätzung der Beziehung zu ihrer Mutter. Sie war überwiegend für die positiv besetzten Momente im Leben zuständig.

Die Behinderung der Mutter spielte für Frau Reinke zu keinem Zeitpunkt eine Rolle. Sie wuchs in die Tatsache hinein, dass die Mutter nicht alles kann. Besonders deutlich wurde dies, als Melanie in die Schule kam und schließlich der Mutter in vielen Dingen überlegen war. Auch im häuslichen Alltag empfindet Frau Reinke es rückblickend als normal, dass die Mutter Hilfen erhielt, schließlich leistete sie diese auch gerne selbst, so etwa beim Lesen oder Schreiben. Die Benennung der Behinderung ihrer Mutter gelingt Frau Reinke über das Beschreiben von Defiziten, insbesondere im kognitiven Bereich. Die Tatsache der Überlegenheit über ihre Mutter nutzte sie hingegen nie aus. Der Prozess der Realisierung der Behinderung lässt sich nur begrenzt als abgeschlossene Phase beschreiben. Vielmehr wuchs sie 'hinein', lernte die Behinderung kennen, realisierte das Anderssein der Mutter nach eigenen Aussagen erst mit etwa acht Jahren und begann im Alter von dreizehn Jahren konkreter nachzufragen.

Einen problematischen Aspekt benennt Frau Reinke in Bezug auf die Behinderung ihrer Mutter. Sie äußert die Besorgnis, dass eine Orientierung am Bildungsniveau ihrer Mutter und der anderen

Bewohner hätte kritisch verlaufen können, da ihr die notwendige Förderung hätte fehlen können. Die eigene Schulzeit beschreibt Frau Reinke selbst als unspektakulär und problemlos. Dieser Selbstwahrnehmung steht die Tatsache entgegen, dass sie immer wieder erhebliche Probleme hatte, insbesondere in der Grundschulzeit. Dabei wurde sie in keiner besonderen Weise gefördert, sondern erfuhr regelpädagogische Maßnahmen und Unterstützung. Eine Unterstützung durch die Mutter konnte nicht stattfinden.

Eine wichtige Rolle hat für Melanie immer wieder ihr enger Freundeskreis gespielt, der sie durch die Akzeptanz ihrer Person, ihres Lebensumfeldes im Heim und ihrer Mutter als Person annahm und stärkte. Außerhalb dieser Gruppe hingegen hielt Melanie an einer defensiven Strategie fest, d.h. es wurden keine Fremden in die Familiengeschichte eingeweiht. Sie erzählte niemandem, dass ihre Mutter eine geistige Behinderung hat. Bekannt war in ihrem weiteren Umfeld – bei Freunden, in der Schule – hingegen nur, dass sie in einem Heim lebte. In dieser Strategie spiegelt sich Frau Reinkes Selbstbild wieder. Sie präsentiert sich nicht als Tochter einer Mutter mit geistiger Behinderung, sondern versteht sich als Heimkind. Zu vermuten ist, dass dieses Bild, Heimkind zu sein, die einzige gesellschaftlich akzeptierte und definierte Rolle war, die ihr zur Verfügung stand.

Frau Reinke hat im Alter von neunzehn Jahren das Wohnheim verlassen, während ihre Mutter weiter in dem Heim lebt und in einer WfB arbeitet. Sie selber bewertet diesen Auszugsprozess als 'brutal', da sie nicht von sich aus die Initiative ergriffen hat, ihr Zuhause zu verlassen. Vielmehr initiierten die Betreuer des Jugendamtes den Auszug Frau Reinkes. Nach mühsamer Überzeugungsarbeit durch das betreuende Umfeld willigte Frau Reinke schließlich ein, eine eigene Wohnung zu beziehen und erhielt in diesem Schritt auch eine Begleitung. Sie gesteht inzwischen ein, dass trotz der Trauer über die Trennung von ihrer Familie auch positive Aspekte darin liegen, eine eigene Wohnung zu haben. Die abnehmende Häufigkeit der Besuche bei ihrer Mutter zeigen, dass Frau Reinke den Ablösungsprozess zunehmend meistert.

Nach Abschluss der Realschule, die Melanie mit dem Hauptschulabschluss verließ, begann sie eine Ausbildung als Kinderpflegerin. An der Berufsfachschule holte sie ihren Realschulabschluss nach und lernt nun den Beruf der Erzieherin, wobei sie hier insbesondere der heimpädagogische Zweig interessiert, ein Milieu, das sie kennen gelernt hat und als ihr Zuhause begreift. Frau Reinke präsentiert sich als eine erwachsene Frau, die ein normales Leben erfahren hat.

Markante Aspekte der geschilderten Lebenssituation

- Tabuisierung der Beziehung zwischen Mutter und Vater
- Erfahrung der Überlegenheit über die Mutter mit Eintritt in die Schule
- positive Annahme und Bestärkung der eigenen Person durch Freunde und das betreuende Umfeld als Unterstützung in der Bewältigung der Lebensgeschichte
- Entwicklung einer defensiven Strategie im Umgang mit der eigenen Lebensgeschichte gegenüber Dritten
- Besorgnis des Kindes bezüglich einer unzureichenden Förderung durch ein 'behindertes' Umfeld
- aktive Suche nach einer akzeptierten gesellschaftlichen Rolle
- Entwicklung einer positiv gestimmten Haltung zur Behinderung der Mutter
- Betonung eines 'typischen' Mutter-Tochter Verhältnisses
- Wahl eines helfenden Berufes

PETRA SCHNEIDER

„Bin ich auch froh, wenn ich so Hilfe habe." –
Unterstützungsnetzwerke von Eltern mit
Lernschwierigkeiten[19] unter Einbezug der Sicht einer
betroffenen Mutter

1 Einleitung

Elternschaft findet heute in einem Netz vielfältiger Unterstützungsleistungen statt. Alle Eltern, ob mit oder ohne Lernschwierigkeiten, benötigen und erhalten i.d.R. Unterstützung im Umgang mit ihren Kindern. Diese wird geleistet von den Großeltern, FreundInnen, NachbarInnen und anderen. Auch professionelle Einrichtungen (wie zum Beispiel Kindergärten, Schulen, Tagesmütter oder auch das ‚Ikea-Kinderparadies') übernehmen einen großen Teil der Unterstützung. Der vorliegende Artikel beschäftigt sich mit der Unterstützungssituation von Eltern mit Lernschwierigkeiten und speziell mit ihren Unterstützungsnetzwerken.

Studien zum Thema Elternschaft von Menschen mit Lernschwierigkeiten haben sich bis in die 90er Jahre hinein wenig mit der Unterstützungssituation der Eltern beschäftigt. Das Forschungsinte-

---

[19] Im folgenden Artikel wird abweichend von den bisherigen Kapiteln der Begriff 'Eltern mit Lernschwierigkeiten' benutzt. Mit dem Begriff schließe ich mich den Wünschen vieler betroffener Menschen an, die nicht mehr als 'geistig behindert' bezeichnet werden möchten (vgl. Netzwerk People First 2004a; „WIR VERTRETEN UNS SELBST!" *o.J.*). 'Menschen mit Lernschwierigkeiten' ist ein Begriff, den Menschen, die bislang als 'geistig behindert' bezeichnet wurden, für sich selbst gewählt haben. Er stammt aus der Selbstbestimmungsbewegung von Menschen mit Lernschwierigkeiten. In der englischen Fachliteratur findet der Begriff 'People with Learning Difficulties' bereits wesentlich mehr Beachtung. So wird er auch in einem Teil der grundlegenden Literatur zur Unterstützungssituation verwendet (vgl. Llewellyn 2002, Booth & Booth 1994; 1998; 1999).

resse richtete sich eher auf Aspekte wie Vererbbarkeit von Behinderungen, Fruchtbarkeit, Kindesmisshandlungen und Missbrauch oder auf elterliche Kompetenzen und deren Training. Der soziale Hintergrund und die Angemessenheit der Unterstützung waren dagegen selten Gegenstand der Betrachtung. So gab es in der Literatur bisher zwar eine Reihe von Vermutungen über die soziale Unterstützung der Eltern, aber wenig empirische Daten.[20] Vor allen Dingen fand die Rolle der Partner, die außerfamiliäre Unterstützung und die Sichtweise der Eltern selbst wenig Berücksichtigung (vgl. Llewellyn 1995, 349).

Die meisten Untersuchungen zur Unterstützungssituation von Eltern mit Lernschwierigkeiten stammen aus dem englischsprachigen Raum. Allen voran sind hier Gwynnyth Llewellyn und ihre MitarbeiterInnen zu nennen, die bereits mehrere australische Studien zu diesem Bereich veröffentlicht haben (vgl. Llewellyn u.a. 2002; 1999; 1995). Auch Booth und Booth (1994) sammelten in ihren Untersuchungen Aussagen der Eltern mit Lernschwierigkeiten zu ihrer Unterstützungssituation. Eine isländische Studie beschäftigte sich vor allem mit den Veränderungen der Lebenssituation und den verbesserten Möglichkeiten für eine Mutterschaft in den letzten 50 Jahren (vgl. Sigurjónsdóttir, Traustadóttir 2000). Hinweise zur Unterstützungssituation in Deutschland lassen sich in der deutschen Studie von Pixa-Kettner, Bargfrede und Blanken (1996) finden.

2 Soziale Netzwerke und soziale Unterstützung

Alltagssprachlich ist der Netzwerkbegriff heute eine Metapher für soziale Beziehungen bzw. Verflechtungen und Verbindungen zwischen Menschen (vgl. Beck 1994, 253). Badura (1981, 25) beschreibt das persönliche soziale Netzwerk eines Menschen als „das Beziehungsgeflecht eines einzelnen mit Menschen seiner sozialen Umgebung". Als Grundlage dieser Beziehungen gelten informelle Kontakte in Familie, Freundeskreis, Nachbarschaft oder zu ArbeitskollegInnen (vgl. Schiller 1987, 92). Auch formelle Unterstützung im Rahmen professioneller Angebote und Einrichtungen, kann zum sozialen Netzwerk zählen. Im Zusammenhang mit Menschen mit

---

[20] Llewellyn (1995, 349) erwähnt frühere Studien von Tucker und Johnson (1989); Zetlin, Weisner and Gallimore (1985).

Lernschwierigkeiten wird die Bedeutung professioneller Beziehungen betont. Von Ferber (1983, 256) schreibt, zu ihren Netzwerken gehörten „notwendigerweise Angehörige von sozialen und pädagogischen Berufen, aber auch von Institutionen der sozialen Verwaltung".

Die Qualität des sozialen Netzwerks ist nicht von seiner Größe abhängig. Niehaus (1993, 33) gibt zu bedenken: „Ob zehn im Gegensatz zu fünf Netzwerkmitgliedern eine qualitative Steigerung sozialer Ressourcen bedeuten, ist ohne die Betrachtung situativer und funktionaler Aspekte nicht erkennbar."

Soziale Unterstützung und gegenseitige alltägliche Hilfe gelten heute als wichtige gesundheitserhaltende und gesundheitsförderliche Potentiale sozialer Netzwerke (vgl. Nestmann 1991, 308). Jedoch können sehr engmaschige Netzwerke auch zu starker sozialer Kontrolle führen.

Obwohl sich unter dem Begriff 'Soziale Unterstützung' zunächst jeder etwas vorstellen kann, lässt er sich bei genauerer Betrachtung schwer umgrenzen (vgl. Klusmann 1989, 18). Schiller definiert 'Social Support' als „...den Grad der sozialen Bedürfnisbefriedigung eines Individuums durch signifikant andere Mitglieder seines sozialen Netzwerkes." Unter 'soziale Bedürfnisse' fasst er universelle, für alle Menschen gültige Grundbedürfnisse, wie z.B. nach physischer und psychischer Sicherheit, Information, emotionalen Beziehungen und Selbstverwirklichung (vgl. Schiller 1987, 103). Soziale Unterstützung kann sich auf zwei Ebenen auswirken, als Geborgenheitsgefühl und der Gewissheit sozialen Rückhalts in Notfällen sowie auf der Ebene empirisch beobachtbarer Handlungen, die als unterstützend erlebt werden (vgl. Klusmann 1989, 24). Die am häufigsten genannten Leistungen von sozialer Unterstützung sind praktische Hilfen (z.B. Unterstützung im Haushalt, materielle Unterstützung), Rat und Information, emotionale Unterstützung (z.B. Liebe, Zuneigung, Empathie), bewertungsbezogene Unterstützung (z.B. Achtung, Bestätigung, Wertschätzung) sowie soziales Beisammensein (Gefühle von Zugehörigkeit und Rückhalt) (vgl. Hollstein 2001, 32ff.).

Soziale Unterstützung hat nicht immer nur einen positiven Effekt. Jede erbrachte Leistung, die mit Erwartungen und Gegenerwartungen verbunden ist, kann potentielle Stresselemente beinhalten. Dazu zählen z.B. Gefühle der Abhängigkeit, unerwünschte

Einmischung oder Kontrolle (vgl. Klusmann 1989, 37). Welche Handlungen als unterstützend betrachtet werden, hängt von der Wahrnehmung des Individuums ab. „Ob Handlungen eines Gegenübers, z.B. ein Augenzwinkern, ein Körperkontakt, eine tröstende, ermutigende oder schmeichelhafte Äußerung, tatsächlich als emotionale Zuwendung oder soziale Anerkennung wirken, hängt deshalb letztlich davon ab, wie sie vom Adressaten gedeutet und ob sie auch als solche akzeptiert werden." (Badura et al. 1987, 21). Schiller (1987, 108) beschreibt, soziale Unterstützung sei kein „statisches Moment der Umwelt", sondern auch abhängig von der Kompetenz und den Bemühungen des Individuums zur Aktualisierung und Mobilisierung von Hilfe. Je nach dem, welche Erfahrungen das Individuum bisher gemacht hat, ist es mehr oder weniger erfolgreich, sich aktiv Unterstützung zu suchen.

Zusammenfassend lässt sich sagen, soziale Beziehungen können sich positiv auf das allgemeine Wohlbefinden auswirken und haben positive Auswirkungen in der Stressbewältigung. Ob Eltern mit Lernschwierigkeiten auch auf solche Beziehungen zurückgreifen können, soll im Folgenden dargestellt werden.

3 Aussagen zur Lebens- und Unterstützungssituation von Eltern mit Lernschwierigkeiten aus der Fachliteratur

Adäquate soziale Unterstützung ist ein wichtiger Schutzfaktor gegen eine Überforderung der Eltern. Ein gutes Unterstützungssystem ist in vielen Fällen in der Lage, fehlende elterliche Kompetenzen zu kompensieren (vgl. Beitrag „Elterliche Kompetenzen und die Feststellung von Unterstützungsbedürfnissen in Familien mit geistig behinderten Eltern", ab S. 219 in diesem Band). Die Angemessenheit der bereitstehenden Unterstützung ist also eine bedeutende Voraussetzung für das kindliche Wohlergehen, unabhängig vom Wissensstand und den Fähigkeiten der Eltern. Laut Booth und Booth unterscheiden sich Familien, in denen die Kinder bleiben konnten, im Vergleich zu solchen, aus denen die Kinder herausgenommen wurden, durch die Anwesenheit mindestens eines weiteren Erwachsenen. Dieser war in der Lage, über die individuellen Ressourcen der Eltern hinaus, Unterstützung zu gewährleisten. Meistens wurde diese Rolle von informellen Kontaktpersonen eingenommen (vgl. Booth & Booth 1998a; 1994, 20).

Für Eltern mit Lernschwierigkeiten ist informelle Unterstützung jedoch selten vorhanden. In den meisten Publikationen zu diesem Thema wird deutlich hervorgehoben, dass viele Eltern schon in ihrer Herkunftsfamilie wenig Unterstützung erfahren haben (vgl. u.a. Pixa-Kettner et al. 1996; Booth & Booth 1994). Nach Llewellyn et al. (2002, 17) gehören Eltern mit Lernschwierigkeiten wahrscheinlich zu den am stärksten isolierten Eltern in der Gesellschaft. Kontakte zu anderen Eltern mit Lernschwierigkeiten werden dadurch erschwert, dass es diese in ihrem Umfeld selten gibt und sie in Gruppen von nicht behinderten Eltern häufig überfordert bzw. ausgegrenzt werden.

Neben den alltäglichen Lebenserschwernissen wie unzureichendem Einkommen, Bildungsnachteilen, Beziehungsschwierigkeiten und mangelnden sozialen Fähigkeiten, denen auch andere Eltern mit vergleichbarem sozioökonomischen Status gegenüberstehen können, kommen bei Eltern mit Lernschwierigkeiten mangelnde Ressourcen und fehlende soziale Unterstützung als ein Hauptfaktor für Probleme in der Kindeserziehung dazu (vgl. Booth & Booth 1994, 12). Auch professionelle Unterstützung ist für viele Eltern mit Lernschwierigkeiten nur schwer erhältlich. Vorurteile, Diskriminierungen und mangelnde Ausbildung der MitarbeiterInnen im Umgang mit Menschen mit Lernschwierigkeiten führen häufig zu deren Ausschluss von allgemeinen Diensten wie Beratungen zur Familienplanung, Geburtsvorbereitungskursen, Elternbildung, freiwilligen Elterngruppen, usw. Viele Eltern haben bereits negative Erfahrungen mit öffentlichen Einrichtungen und Institutionen gesammelt, was die Hemmschwelle, solche Angebote zu nutzen, zusätzlich erhöht. Mangelnde Schreib- und Lesefähigkeiten der Eltern können die Isolation noch verstärken, indem sie den Zugang zu Service-Einrichtungen und zu Informationen über ihre Rechte und Ansprüche erschweren. Spezielle Angebote für diese Zielgruppe sind trotz positiver Entwicklungen noch viel zu selten und befinden sich zumeist nicht in Wohnortnähe, so dass mit dem Umzug das gesamte persönliche Umfeld der Eltern und damit auch potentielle informelle Unterstützung wegfallen würde (vgl. Pixa-Kettner & Bargfrede 2004, 80 und Beitrag „Unterstützungsmöglichkeiten für Eltern mit geistiger Behinderung in Deutschland", ab S. 283 in diesem Band).

Booth und Booth berichten darüber hinaus, dass professionelle Unterstützung häufig wenig koordiniert sei. Familien mit professioneller Unterstützung hätten oft mehrere MitarbeiterInnen gleichzeitig, die alle Zeit beanspruchen, Ratschläge geben und in das Familienleben eingreifen. Professionelle Unterstützung sei oft mit einem hohen Preis verbunden: *„Service workers and professionals occupied an ambivalent status in the lives of the parents. They were a valued source of support for some. For others they brought little but heartache and trouble. Mostly they were seen as a mixed blessing."* (Booth & Booth 1994, 54). Professionelle Unterstützung, die von den Eltern als nicht hilfreich gesehen wird, ist u.a. geprägt durch Bevormundung, überhöhte Standards, mangelnde Kontinuität und eine negative Einstellung gegenüber den Eltern (ebenda). Als Konsequenz lehnen die Eltern Unterstützungsangebote häufig ab oder suchen sie erst gar nicht, was ihnen wiederum als mangelnde Mitarbeit oder Unfähigkeit angelastet werden kann (vgl. Booth & Booth 1994, 20).

Gibt es keine adäquate professionelle Unterstützung, sind die Eltern auf die Unterstützung ihrer Herkunftsfamilien angewiesen. „Leben die Eltern in ihren Herkunftsfamilien, so erhalten sie bzw. ihre Herkunftsfamilie i.d.R. keinerlei Unterstützung durch aufsuchende Hilfen." (Pixa-Kettner u.a. 1996, 71). In der Folge führt das dazu, dass sie ihre informellen Netzwerke überbelasten. Brechen diese in Folge der Überbelastung zusammen, können auch professionelle Systeme überfordert sein. (vgl. Booth & Booth 1994). Auch die Unterstützung durch informelle Kontakte wird nicht immer positiv bewertet. Trotzdem wird sie professioneller Unterstützung oft vorgezogen. Nach Zetlin u.a. (1985; vgl. Booth & Booth 1994, 20) bieten informelle Netzwerke eine Reihe von Vorteilen. Sie seien lokal, familiär, zuverlässig, die Hilfe sei nicht stigmatisierend, nicht aufdringlich und basiere auf Standards, die den Erfahrungen ihrer kulturellen und sozialen Klassen entsprächen.

Ausgehend von der Arbeit von Tucker und Johnson haben Booth und Booth (1994; 1999) ein Modell entwickelt, welches Elternschaft und soziale Unterstützung in einen Zusammenhang stellt mit den umweltbedingten Belastungen, denen die Eltern ausgesetzt sind. Umweltbedingte Belastungen, verursacht durch Armut, schlechte Wohnverhältnisse, Krankheit, persönliche Krisen etc., haben neben direkten Auswirkungen auf die elterlichen Fähigkeiten auch einen Einfluss darauf, wie das Unterstützungssystem die elterlichen Kompetenzen wahrnimmt. Deren Wahrnehmung wiederum hat einen direkten Effekt auf die Art und den Grad der sozialen Unterstützung, die eine Familie erhält. Solche Unterstützung kann variieren zwischen kompetenzfördernder Unterstützung und kompetenzhemmender Unterstützung. Kompetenzfördernde Unterstützung lässt den Eltern ein Gefühl der Kontrolle. Sie ermutigt sie, ihre Probleme selbst zu lösen. Sie stärkt und fördert ihre Fähigkeiten und ihr Selbstwertgefühl. Dagegen basiert kompetenzhemmende Unterstützung auf der Annahme, Eltern seien nicht fähig, alleine zurechtzukommen. Sie ist tendenziell eher demotivierend, krisenorientiert und geht nicht auf die elterlichen Sichtweisen und Bedürfnisse ein.

Alle diese Faktoren beeinflussen den aktuellen Grad der elterlichen Kompetenz, was sich wiederum darauf auswirkt, wie die Eltern vom Unterstützungssystem wahrgenommen werden (vgl. Booth & Booth 1994; 1999). Die AutorInnen fassen ihr Konzept mit den einfachen Worten zusammen: „*Give people better lives and they'll become better parents*" (Booth & Booth 1998b, 5).

Llewellyn u.a. (1999a) haben herausgefunden, dass die Merkmale der Unterstützungsnetzwerke sehr von den häuslichen Lebensumständen der Mütter abhängig sind. In einer Studie konnten drei grundlegende Netzwerktypen identifiziert werden, die im Zusammenhang mit den mütterlichen Wohnformen standen:
- **TYP 1:** Mütter, die im elterlichen[21] Haushalt lebten
- **TYP 2:** Mütter, die mit ihrem Kind/ ihren Kindern alleine lebten
- **TYP 3:** Mütter, die mit einem Partner lebten

Mütter, die im Haushalt der Eltern lebten, hatten vorrangig stabile, auf die lokale Familie zentrierte Unterstützung und häufigen Kontakt mit ihren Unterstützungspersonen. Professionelle Kontakte wurden von den Müttern dieses Unterstützungstyps als distanzierter bewertet. Mütter dieses Haushaltstyps formulierten häufig den Wunsch nach mehr Unabhängigkeit.

---

[21] Im Original steht 'parent/parent figure's household' (vgl. Llewellyn et al 1999, 14). Zur besseren Lesbarkeit schreibe ich im folgenden nur 'elterlichen Haushalt'.

Mütter, die mit ihren Kindern alleine lebten, waren nach Llewellyn et al. sozial am stärksten isoliert. Sie hatten nur einen geringen Anteil an informeller Unterstützung. Im Allgemeinen hatten sie familiäre Beziehungen, die räumlich weiter verstreut waren und somit seltener praktische Hilfen, wie z.b. Babysitterdienste, leisten konnten. Die Unterstützung war häufig abhängig von professionellen Dienstleistungen. Deren Nachteile lagen darin, dass sie keine konstante Unterstützung bieten konnten und andererseits die Gefahr einer zu großen inneren Abhängigkeit mit sich brachten.

Diejenigen, die mit ihren Partnern lebten, hatten nach Llewellyn (vgl.2002, 32) einen hohen Anteil an familiären Beziehungen[22], die jedoch räumlich weit verstreut lebten. Ihr Unterstützungsnetzwerk umfasste sowohl informelle als auch formelle Beziehungen und war im Vergleich zu den anderen Gruppen am heterogensten. Diese Paare hatten ein größeres Einkommen und mehr Kinder als die anderen Mütter.

4 Eigene Studie

In den Jahren 2003/2004 habe ich im Rahmen meiner Diplomarbeit (Schneider 2005) vier Mütter zu ihrer Unterstützungssituation befragt. Insbesondere ging es in den Interviews um die aktuelle Lebens- und Unterstützungssituation der Mütter, um die Merkmale ihrer Unterstützungsnetzwerke und um die Zufriedenheit der Mütter mit ihrer Unterstützungssituation.

Methodische Grundlage für das im Folgenden dargestellte Interview mit Frau Schröder[23] waren das problemzentrierte Interview (vgl. Witzel 1982, Friebertshäuser 1997) sowie ein von Llewellyn u.a. speziell für dieses Thema entwickelter Leitfaden (vgl. *Support Interview Guide* 2000). Die Auswertung beruhte auf den Methoden der qualitativen Inhaltsanalyse (vgl. Mayring 1995, 2003; Schmidt 1997) und den Ausführungen von Witzel (1996). Bei dem Gespräch

---

[22] In diesen Familien wurden auch die Familienangehörigen des Partners zum Unterstützungsnetzwerk der Mutter dazugezählt. Somit machten die Familienangehörigen in diesen Netzwerken einen großen Anteil aus. (vgl. Llewellyn 2002, 32)

[23] Alle Namen wurden aus Datenschutzgründen verändert. Zitate aus dem Interview, die nicht mit einer Quellenangabe versehen sind, stammen aus unveröffentlichtem Interviewmaterial im Rahmen meiner Diplomarbeit.

waren auch die beiden Kinder Frau Schröders, ihr Ehemann und, auf ihren Wunsch hin, eine Betreuerin anwesend.

Die Lebenssituation von Frau Schröder

Frau Schröder ist zur Zeit des Interviews 37 Jahre alt. Sie hat zwei Kinder, für die sie das alleinige Sorgerecht hat. Pascal ist 9 Jahre alt, Benjamin 8 Jahre. Beide Kinder besuchen reguläre Grundschulen. Benjamin wurde ein Jahr zuvor in eine Ganztagsschule eingeschult. Pascal besucht die dritte Klasse einer anderen Grundschule. Die Kinder haben beide Frühförderung erhalten, Pascal bekommt bis heute Psychomotorik-Förderung. Über den leiblichen Vater der Kinder wurde im Gespräch wenig bekannt. So ist nicht klar geworden, ob die Eltern je zusammengelebt haben und ob er ebenfalls als behindert gilt. Dass die Paarbeziehung problematisch gewesen sein könnte, lässt sich aufgrund der Schilderungen lediglich vermuten. Es besteht jedoch bis heute Kontakt zum Vater und seiner Herkunftsfamilie.

Die Eltern von Frau Schröder starben, als die Kinder noch sehr klein waren. Nach dem Tod ihres Vaters wohnte Frau Schröder mit den Kindern alleine und wurde stundenweise durch eine Einrichtung der Sozialpädagogischen Familienhilfe unterstützt. Zu der Zeit war Benjamin tagsüber bei einer Tagesmutter und Pascal im Kindergarten, während Frau Schröder arbeiten ging. Vor ca. vier Jahren lernte sie Herrn Schröder (zur Zeit des Interviews 34 Jahre alt) kennen, der zur damaligen Zeit in einer betreuten Wohngemeinschaft lebte. Herr und Frau Schröder sind seit ca. 2 ½ Jahren verheiratet und leben mit den Kindern in einer gemeinsamen Wohnung.

Familie Schröder wohnt in einer 3-Zimmer-Wohnung in einem Mehrfamilienhaus. Das Haus liegt im Randbezirk einer mittelgroßen Stadt, mit guter Anbindung an den öffentlichen Nahverkehr und einem kleinen Einkaufszentrum in unmittelbarer Nachbarschaft. In dem Haus, in dem die Familie lebt, gibt es noch die Außenwohngruppe einer Behinderteneinrichtung und das Büro der Familienbetreuerin, in dem u.a. auch die Hausaufgabenbetreuung der Kinder stattfindet. Ihre Wohnung ist nach meinen Maßstäben gemütlich eingerichtet und wirkt sehr gepflegt.

Frau Schröder arbeitet halbtags in einer WfbM und ist dort zur Zeit in der Lampenproduktion tätig. Besonders scheint ihr zu gefallen, dass sie in der Werkstatt auch regelmäßig eine Sportgruppe besuchen kann, um sich fit zu halten. Darüber hinaus besucht sie dort auch einen Tanzkurs und singt im Chor mit. Herr Schröder arbeitet ganztags in der Gärtnereigruppe der Werkstatt.

Die Kinder fahren morgens mit dem Bus zur Schule. Nachmittags wird Pascal meistens von der Familienbetreuerin abgeholt und macht anschließend mit dieser seine Hausaufgaben. Benjamin wird von Frau Schröder am Bus abgeholt. Für seine Hausaufgabenbetreuung ist Frau Schröder anschließend selbst zuständig. Sie wird darin von der Familienbetreuerin unterstützt. Andere Termine, z.B. Fußballtraining, werden durch Herrn Schröder begleitet. Den Haushalt und die Versorgung der Kinder zu Hause bewältigen Frau und Herr Schröder gemeinsam. In ihrer Freizeit unternimmt die Familie Ausflüge, z.B. auf den nahegelegenen Spielplatz.

Merkmale der Unterstützung bzw. der Netzwerke

Zusammensetzung und Größe des Netzwerks

Frau Schröder berichtet im Interview insgesamt mindestens von 13 Personen, die zu ihrem Unterstützungsnetzwerk zählen. Davon lassen sich vier den professionellen Kontakten zuordnen (ca.31%), drei gehören zur Kategorie 'Freunde' (ca. 23%), eine Person zu den Nachbarn (ca. 7%), vier zur Familie (ca. 31%) und eine lebt im Haushalt (ca. 7%). Das familiäre Netzwerk setzt sich aus den Familien beider Partner zusammen.

Die Zusammensetzung entspricht in etwa den Ergebnissen von Llewellyn et al. (1999a, 14; 2002, 22). Sie ermittelten durchschnittlich 8,1 unterstützende Beziehungen, variierend von 2 bis 16. Davon stellten Familienmitglieder mit 47% die größte Gruppe dar. Innerhalb dieser Gruppe bezogen sich die häufigsten Nennungen auf 'Eltern der Mutter', 'Geschwister, Schwager, Schwägerin' und 'Partner'. Als zweitgrößte Gruppe wurden 'Dienstleistungsanbieter' (26,4%) identifiziert. Mit 21,6% folgten die Gruppe der FreundInnen. Nachbarn stellten mit nur 5% einen geringen Anteil dar. Auffallend ist, dass 27% der Mütter weder Freunde noch Nachbarn als unterstützende Beziehungen nennen konnten (Llewellyn u.a. 2002,

22). Das ist bei Frau Schröder nicht der Fall, jedoch konnte auch in meiner Untersuchung eine der vier Mütter keine Freundin benennen (vgl. Schneider 2005).

Kontaktfrequenz

Die Familienunterstützerin kommt in der Woche jeden Tag, zur Mitarbeiterin des betreuten Wohnens gibt es keine genauen Informationen. Die Familie scheint in unregelmäßigen Abständen Besuch von Familienmitgliedern, Nachbarn und Freunden zu bekommen.

Räumliche Entfernung von den Unterstützungspersonen

Herr Schröder wohnt im gemeinsamen Haushalt. Die Familienunterstützerin hat ein Büro im Wohnhaus der Familie und ist regelmäßig in deren Wohnung. Die nähere Verwandtschaft lebt in anderen Stadtteilen derselben Stadt.

Gegenseitigkeit von Unterstützung

Frau Schröder erhält zwar einen hohen Anteil formeller Unterstützung, erfährt jedoch auch viel gegenseitige Unterstützung in ihrer Partnerschaft. Herr und Frau Schröder scheinen sich in ihren Fähigkeiten und Interessen gut zu ergänzen. Auch Pascal scheint mit seinen neun Jahren zeitweise bereits Unterstützungsaufgaben für seine Mutter zu übernehmen. So hat er zumindest im Interview häufiger für seine Mutter geantwortet, was die Familienunterstützerin einmal zu der Aussage verleitete: *„Pascal managt das mal eben."* (Schneider 2005, 58)

Nach Llewellyn et al. (1999a, 21) beschreiben Mütter, die einen hohen Anteil formeller Unterstützung aufweisen, ihre Unterstützung seltener als gegenseitig[24]. Andere Mütter meiner Studie erwähnten gegenseitige Hilfen im Rahmen von moralischer Unterstützung, Lohnarbeit oder ehrenamtlichen Tätigkeiten.

Unterstützung durch den Partner

Als wichtigste Unterstützungsperson ist Herr Schröder zu nennen, der alle Aufgaben des Alltags gemeinsam mit seiner Frau bewältigt und im Gespräch den Eindruck vermittelt, dass er in der Familie mindestens so engagiert ist wie ein leiblicher Vater es sein könnte. Seine Unterstützung umfasst alle Bereiche. Auf die Frage, an wen sich Frau Schröder wenden könne, wenn sie emotionale Unterstützung brauche, antwortet Pascal mit „*Papa*", was sie selbst anschließend bestätigt. Pixa-Kettner et al.(1996, 69) kommen zu der Einschätzung, dass Paare die Herausforderungen des Alltags insgesamt besser bewältigen können als allein lebende Elternteile. Sie leben deutlich häufiger mit ihren Kindern in einer eigenen Wohnung. Nach Llewellyn (1995, 356f.) hat die Unterstützung für und durch die (Ehe-) Partner die zentralste Bedeutung. Sie ermittelte eine bevorzugte Reihenfolge in der Unterstützungssuche. Dabei standen erwartungsgemäß die Partner an der ersten Stelle, gefolgt von den Familienmitgliedern und professionellen Personen. Diese Reihenfolge wurde beeinflusst durch die Art der gesuchten Unterstützung, die Dringlichkeit und das Vertrauen in die potentiell Unterstützenden. Die Unterstützung durch die Partner bestand hauptsächlich aus praktischer und moralischer Unterstützung sowie aus Unterstützung ihrer Sichtweisen und Wünsche. Sie war häufig gegenseitig.

---

[24] Die Bedeutung der Gegenseitigkeit ist wohl unumstritten: „Das Bewußtsein, für andere da zu sein und ihnen helfen zu können, stärkt das Selbstwertgefühl und die Selbstachtung jedes Menschen." (Bundesvereinigung Lebenshilfe 2001, 304) Gegenseitige Hilfen bedrohen das eigene Selbstwertgefühl nicht so wie das ständige Angewiesensein auf professionelle HelferInnen (ebd.).

Unterstützung durch Familienmitglieder

Llewellyn (2002, 29) kommt zu dem Ergebnis, dass Familienmitglieder im Unterstützungsnetzwerk eine große Rolle spielen. Mütter mit einer größeren Zahl von Familienmitgliedern in ihrem Unterstützungsnetzwerk hätten generell nähere und länger andauernde Beziehungen und häufiger Kontakt. Familiäre Beziehungen böten oft mehrere Formen der Unterstützung. Allerdings sei diese Unterstützung nicht für alle erhältlich (vgl. Llewellyn 1995, 358). Der Vorteil familiärer Hilfen wird von Pixa-Kettner u.a. (1996, 153) darin gesehen, dass sie im Rahmen der Normalität bleiben, da auch nicht behinderte Eltern die großmütterlichen Dienste gerne in Anspruch nehmen. Aber auch auf die Nachteile wird hingewiesen, wie z.B. die Abhängigkeit von der Familie oder die Belastung der Angehörigen. Auch Frau Schröders Eltern haben zu deren Lebzeiten für sie scheinbar eine große Rolle gespielt, nähere Aussagen wurden jedoch nicht dazu gemacht. Die Mutter von Herrn Schröder wird von ihm als wichtige Person angegeben, was Frau Schröder nach kurzem Zögern bestätigt. Diese passe in dringenden Fällen schon mal auf die Kinder auf.

Die Geschwister und die weitere Familie wurden bei Llewellyn innerhalb der Gruppe der Familienmitglieder als zweitgrößte Gruppe genannt (vgl. Llewellyn u.a. 2002). Diese scheinen zumindest in der praktischen Unterstützung der Familie Schröder keine Rolle zu spielen. Frau und Herr Schröder berichten zwar beide von Besuchen ihrer Geschwister, die allerdings selten seien und nicht als Unterstützung wahrgenommen werden. Frau Schröder erklärt dies mit der Aussage, sie hätten wenig Zeit. Dies kann dahingehend interpretiert werden, dass die Geschwister als wichtig empfunden werden und dass deren Unterstützung als Familienangehörige – wenn sie denn stattfinden würde – als selbstverständlich empfunden würde.

Unterstützung durch den Vater der Kinder

Pascal und Benjamin werden sonntags abwechselnd alle 14 Tage vom leiblichen Vater abgeholt. Frau und Herr Schröder sehen darin aber keine Unterstützung, da er immer nur ein Kind abholt, und es deshalb für sie keine Entlastung sei. Diese Regelung sei lediglich dazu da, den Kontakt zum leiblichen Vater nicht ganz abbrechen zu lassen.

Professionelle Unterstützung

Frau Schröder und ihre Familie erhalten einen hohen Anteil an professioneller Unterstützung. Professionelle UnterstützerInnen wurden bei Llewellyn et al. (2002, 30) als zweitgrößte Gruppe der unterstützenden Beziehungen ermittelt. Llewellyn et al. (ebd.) beschreiben die Beziehungen zu professionellen UnterstützerInnen im Vergleich zu den Beziehungen zu Familienmitgliedern als kurzlebig und unregelmäßig. Diese Aussage lässt sich durch Frau Schröder nicht bestätigen. Die professionelle Unterstützung wird seit fünf Jahren durch zwei ambulante Dienste der Behindertenhilfe geleistet. Die beim Gespräch anwesende Familienunterstützerin betreut die Familie seit ca. drei Jahren mit 15 Stunden pro Woche. Sie ist für die Belange der Kinder zuständig und kommt wochentags jeden Nachmittag, was Herrn Schröder zu der scherzhaften Bemerkung veranlasste: *„Du kannst hier auch gleich einziehen"*. Die Familienbetreuerin leistet sowohl praktische Unterstützung für die Belange der Kinder, wie z.B. Hausaufgabenhilfe, Fahrten mit dem Auto, Taschengeldeinteilung, Einkäufe für die Kinder, Begleitung zu Elternabenden, Kontakt zur Schule, als auch emotionale Unterstützung für alle Familienmitglieder. Vor allem ist die Familienunterstützerin gemeinsam mit der Mitarbeiterin des Betreuten Wohnens auch primäre Quelle von Rat und Informationen. Dieses ist nach Aussagen von Llewellyn et al. (2002) die bedeutendste Rolle professioneller UnterstützerInnen.

Auf einer wöchentlichen Familienbesprechung können alle Probleme angesprochen werden:

> **Betreuerin:** Kommt ja alles auf den Tisch. Da besprechen wir...
> **Frau Schröder:** Genau.
> **Betreuerin:** was nicht funktioniert, was repariert werden muss,
> **Frau Schröder:** Ja.
> **Betreuerin:** oder wie Ihr miteinander umgeht, oder wie Ihr mit den Kindern klarkommt, wie Ihr Euch fühlt.
> **Pascal:** Hm.
> **Betreuerin:** Wie die Kinder sich fühlen."

Die Mitarbeiterin des Betreuten Wohnens ist für alles zuständig, was mit den Belangen von Herrn und Frau Schröder zu tun hat. Sie übernimmt die Verwaltung des Geldes und begleitet sie bei wichtigen Terminen. Herr Schröder meint dazu:

> „... guckt immer nach dem rechten und zusammen abrechnen und so wenn wir was einkaufen und so solche Sachen. So Arzttermine und solche Sachen auch, ne."

Entgegen den Ergebnissen bei Llewellyn (2002) sieht Frau Schröder es als unproblematisch, ihre professionellen UnterstützerInnen um Unterstützung zu bitten bzw. welche zu erhalten. Unterstützung bei der Bewältigung von Wegen, z.B. zur Arbeit, erhält die Familie auch durch Fahrdienste der Einrichtungsträger. Finanzielle Unterstützung wird durch Jugendamt und Sozialamt geleistet. Frau Schröder erwähnt während des Interviews noch andere Einrichtungen, durch die sie früher Unterstützung erhalten hat, z.B. eine Einrichtung der sozialpädagogischen Familienhilfe und ein Frauenhaus.

<u>Informelle Unterstützung außerhalb der Familie</u>

Auf die Frage nach FreundInnen reagiert Pascal spontan: *„Mama hat nicht so viele Freunde, oder?"* (Schneider 2005, 59). Frau Schröder wirkt bei der Nennung von FreundInnen unsicher. Kontakte zu anderen bestehen aus gelegentlichen Telefonaten und seltenen Verabredungen. Zu dem Kontakt zwischen seiner Frau und einer Freundin sagt Herr Schröder: *„Also haben wir letzte Zeit oder ganz * schon schon weniger. Manchmal ruft sie hier an oder so. Und wir. Aber * selten."*

Nach kurzem Nachdenken wird eine Freundin genannt, mit der Frau Schröder gemeinsam Veranstaltungen besucht hat. Sie kann sich jedoch nicht erinnern, in welchem Jahr das war. Es entsteht der Eindruck, dass Familie Schröder relativ häufig Besuch bekommt. Diese Personen werden jedoch eher als Bekannte und nicht als FreundInnen angesehen und ihr Kontakt wird nicht als unterstützend wahrgenommen. Gemeinsame Aktivitäten scheinen eher im Rahmen der Kleinfamilie stattzufinden. Praktische Unterstützung erhalten sie durch einen Nachbarn, der im selben Haus lebt.

„**Herr Schröder:** ‚Der kommt, gut, er hilft auch manchmal, wenn wir weg geh'n wollen oder hier, wir müssen zum Elternabend oder so, dann passt er auch schon mal auf oder so'."

Auf die Nachfrage, ob Frau Schröder sich mehr Kontakte wünscht, äußert sie:

„Mehr Freunde und mehr Nachbarn wär'n ganz gut. Noch mehr Freunde. Und für meine Kinder genau so." (Schneider 2005, 61)

Llewellyn et al. (1995, 358; 1999a, 14, 2002, 17f.) kommen zu dem Ergebnis, dass ein Großteil der Eltern keine Freunde oder Nachbarn hatte, die sie um Unterstützung bitten konnten. Ein Viertel der Mütter konnte gar keine solche Beziehung benennen. Wenn sie genannt wurden, dann meistens im Rahmen von Freizeitaktivitäten (ebd.. 2002, 30). Zum Vergleich: Das Deutsche Jugendinstitut hat Familien mit und ohne Kinder zu ihrem Unterstützungs-, Kontakt-, und Geselligkeitsnetz befragt. Demnach konnten weniger als 1% keine solchen Netzwerkpersonen nennen (vgl. Huwiler 1995, 59). Llewellyn (2002, 17) folgert aus ihren Untersuchungen, dass Mütter mit Lernschwierigkeiten zwar nicht in einem sozialen Vakuum leben, aber sozial wenig integriert sind.

Kontakte der Kinder zu Gleichaltrigen bestehen außerhalb der Schule kaum. Sie beschränken sich auf Treffen im Sportverein oder auf dem Spielplatz. Die Betreuerin erklärt, dass neben der Schule kaum Zeit dafür bleibe und durch den Umzug der Familie noch keine weiteren Nachbarschaftskontakte aufgebaut werden konnten, zumal die Schulen der Kinder nicht in unmittelbarer Nähe liegen und somit die MitschülerInnen alle weiter weg wohnen.

Kontakte zu anderen Eltern

Frau Schröder hat während der Unterstützung durch die Sozialpädagogische Familienhilfe regelmäßig eine Mütter-Gruppe besucht: *„Auch immer zur MÜTTERgruppe gewesen. Und da war auch ganz gut gewesen"*. Diese Gruppe musste sie allerdings aufgeben, nachdem sie ihre Erwerbstätigkeit wieder aufgenommen hat.

In Bezug auf die Eltern von MitschülerInnen berichtet Frau Schröder von zwei Müttern, die sie kenne. Ein Kontakt scheint aber nicht zu bestehen, was von der Betreuerin auch durch Umzug und geographischer Entfernung erklärt wird. Frau Schröder geht alleine oder mit Begleitung der Familienbetreuerin zu den Elternabenden der Schulen. Zu Veranstaltungen anderer Einrichtungen, z.B. der Psychomotorik, gehen Frau und Herr Schröder zusammen. Herr Schröder berichtet auch von einem Kontakt aufgrund eines Streits zwischen den Kindern in der Nachbarschaft. Diesen Streit habe er zusammen mit einer anderen Mutter geschlichtet:

> „Ab und zu mal ne kleine Schwierigkeit gewesen und so. Aber da haben von beiden Seiten Schuld gehabt. Von beiden Seiten, ne? Da war ich hier mit Christians Mutter mit// mitgewesen, weil die da was Schwierigkeit gehabt und da bin ich auch mitgegangen und so und dann mussten wir das erst mal klären und so, ne."

Auch die anderen Mütter meiner Untersuchung hatten selten Kontakt zu anderen Eltern. Kontakte zu benachbarten Familien oder Eltern von Schulfreunden oder anderen Müttern mit Lernschwierigkeiten sind selten und nie tiefgehend. Somit erhalten die Mütter kaum Möglichkeiten, fehlende eigene Erfahrungen und Fertigkeiten durch die Orientierung an anderen Eltern zu ersetzen (vgl. Pixa-Kettner et al. 1996, 70) oder sich in Gesprächen auszutauschen.

Zufriedenheit mit der Unterstützung

Herr und Frau Schröder sind sich bewusst darüber, dass sie Unterstützung brauchen:

> „Herr Schröder: ‚Ich sach mal * ich sach mal, ich find es gut, das auch hilft und so. Find ich gut. Wenn wir keine Hilfe brauchen würden dann brauchen wir auch keine [Name der Betreuerin] oder [lacht]. Das das schon schon ne Erleichterung ist'."

Auch Frau Schröder bekräftigt: *„Bin ich auch froh, wenn ich so Hilfe habe"* (Schneider 2005, 60). Und zur Form der Unterstützung sagt sie: *„Ja. Ganz * ganz ganz gut so. Ich find das ganz gut so."*

Bevor sie in der heutigen Form unterstützt wurde, bekam sie Unterstützung durch einen anderen Träger, allerdings in geringerem Umfang, was ihr heute nicht mehr als ausreichend erscheint. Im Vergleich mit ihrer Situation früher, sagt sie heute:

„Hab ich auch immer gemerkt, dass es schwierig * gab Schwierigkeiten, so schwierig gewesen für mich, allein gewohnt habe mit Kindern die waren erst ganz klein erst gewesen. Das hab ich auch geSCHAFFT mit Kindern. Aber das war für mich auch anstrengend, wo die'n bisschen größer waren und alles." (Schneider 2005, 60)

Auf die Frage, ob es manchmal Auseinandersetzungen zwischen ihnen und ihren Betreuerinnen gäbe, antwortet Herr Schröder etwas zögerlich: *„Eigentlich nich' so"*, während Frau Schröder mit *„Ne, gar nicht. Überhaupt nicht"* ein eindeutigeres Statement abgibt (Schneider 2005, 61).

Die meisten Mütter meiner Untersuchung berichteten, mit ihrer Unterstützung zufrieden zu sein. Kritik wurde vor allem von den Müttern geäußert, die bereits mehrere Unterstützungsmodelle kennen gelernt haben und dadurch Vergleiche anstellen konnten. Ausbleibende Kritik kann zum einen darauf beruhen, dass unterstützende Dienste sehr gut auf die Bedürfnisse abgestimmt sind. Es sollte allerdings auch berücksichtigt werden, dass die Anwesenheit von Unterstützungspersonen und die unvertraute Interviewsituation die Aussagen beeinflussen können.

Abschließende Anmerkungen zum Interview

Frau Schröder scheint sich in ihrer derzeitigen Unterstützungssituation sehr wohl zu fühlen. Ihr Partner bietet ihr neben praktischer Unterstützung, nach meinen Beobachtungen im Rahmen des Interviews, auch Bestätigung und Rückhalt. Sie kann auf ein vielseitiges informelles und professionelles Unterstützungsnetzwerk zurückgreifen, wobei die praktische Unterstützung wohl hauptsächlich durch den Partner und die professionellen Helferinnen geleistet wird. Die MitarbeiterInnen der ambulanten Dienste scheinen Frau Schröder und ihrer Familie kompetenzfördernde Unterstützung zu bieten, die als sehr positiv wahrgenommen wird. Die Unterstützung durch die Betreuerinnen scheint auf Hilfe zur Selbsthilfe ausgerichtet, z.B. durch das gemeinsame Lösen von Problemen im Rahmen der Familienbesprechung. Die beiden Dienste scheinen gut zusammenzuarbeiten. Es lassen sich meines Erachtens auch Hinweise auf Konfliktpunkte mit den professionellen UnterstützerInnen finden, die in einem so engen Unterstützungsverhältnis wohl kaum zu vermeiden sind. Herrn Schröders zögerliche Antwort auf meine diesbezügliche Frage lässt vermuten, dass es zumindest zwischen ihm und der Familienunterstützerin hin und wieder zu Kompetenzstreitigkeiten kommt, wie es z.B. bei der Absprache der Fall war, ob die Kinder beim Interview dabei sein dürfen oder nicht. Herr Schröder wollte dies zunächst nicht, den Kindern war es durch die Betreuerin jedoch bereits versprochen worden. Ob eine solche Einzelsituation repräsentativ für die Unterstützung insgesamt ist, muss dahingestellt bleiben.

Bemerkenswert ist der Wunsch der Familie nach mehr Kontakten. Da ihre Kontakte zu anderen Personen besonders im Vergleich zu anderen Müttern meiner Studie gar nicht so selten schienen, wäre es interessant gewesen zu erfahren, welche Motive hinter dem Wunsch nach weiteren FreundInnen stehen.

Die Unterstützungssituation von Frau Schröder stellt in meiner Untersuchung ein positives Beispiel dar, da sie auf verschiedene Formen der Unterstützung zurückgreifen kann. Nur eine weitere Mutter hatte die Möglichkeit, verschiedene Unterstützungsangebote kennen zu lernen und zu kombinieren. Eine andere Mutter wurde vor die Wahl gestellt, entweder mit ihrer Tochter in ihrer Herkunftsfamilie zu leben oder ohne ihre Tochter auszuziehen. Ein selbständiges Leben in einer eigenen Wohnung hätte also den Verzicht auf das Zusammenleben mit der Tochter zur Folge gehabt. Die vierte Mutter schien von der Unterstützung durch ihre Herkunftsfamilie abhängig zu sein und sah keine Alternative. Allerdings äußerte sie sich darüber nicht unzufrieden. Möglicherweise würde diese Mutter den Aussagen der Mütter aus der isländischen Studie zustimmen, die zum überwiegenden Teil glauben, ohne den Schutz und die Assistenz ihrer Familie hätten sie kaum eine Chance, ihre Kinder zu behalten und ein Familienleben in der Gemeinschaft führen zu können (vgl. Sigurjónsdóttir & Traustadóttir 2000, 269).

5 Schlussfolgerungen und Perspektiven

Die Aussagen zur Unterstützungssituation von Eltern mit Lernschwierigkeiten in der Fachliteratur fanden sich im Wesentlichen auch in meiner Untersuchung bestätigt. Aus den Ergebnissen der vorgestellten Studien ergeben sich die anschließenden Folgerungen, wonach eine günstige Unterstützungssituation durch folgende Faktoren gekennzeichnet ist:

- Berücksichtigung der individuellen Lebensumstände der Eltern
- Berücksichtigung der Sichtweise und Wünsche der Eltern (im Sinne einer kompetenzfördernden Unterstützung)
- Schaffung vielfältiger Unterstützungsangebote
- Angemessene Unterstützung auch für Eltern, die in ihren Herkunftsfamilien leben
- Informiertes Fachpersonal als Quelle von Rat und Informationen
- Schaffung und Förderung informeller Netzwerke

Funktionierende soziale Netzwerke sind wesentlich für das Gelingen der Elternschaft und die Lebensqualität der Familien. Professionelle Dienstleister sollten es sich zur Aufgabe machen, stabile, langfristige Unterstützungsnetzwerke zu fördern, indem sie Möglichkeiten bieten, unterstützende Beziehungen zu Nachbarn, Freunden und der weiteren Familie zu entwickeln und zu etablieren. Der Zugang zu öffentlichen Ressourcen, wie zu allgemeinen Dienstleistungen, Veranstaltungen zur Elternbildung, Sportvereinen oder Selbsthilfegruppen muss verbessert werden. Durch die Nutzung allgemein üblicher Dienste und Einrichtungen kann die Identität der Eltern als Mitglieder der Gemeinschaft bekräftigt werden.

Die beste Form der Unterstützung ist es, wenn fomelle und informelle Unterstützungsquellen zusammenarbeiten: *„What worked best for the mothers in this study was when the mothers got help, both from their extended family and the service system. The mothers said that their families gave them the most important support to keep their children."* (Sigurjónsdóttir &Traustadóttir 2000, 254)

Einigkeit besteht aufgrund der Forschungsergebnisse auch über die Sinnhaftigkeit der Etablierung und Förderung von Kontakten zu anderen Eltern. Llewellyn (2003, 15) hält die Initiierung von 'Peersupport'-Elterngruppen und die Vermittlung von sozialen Fähigkeiten für die Entwicklung tragfähiger Freundschaften für angemessene Interventionsmaßnahmen professioneller Dienste. Einen gelungenen Ansatz zur Etablierung einer Elterngruppe im Sinne eines 'Peer-Support'-Ansatzes findet man zum Beispiel in Großbritannien (vgl. Booth & Booth 1998b). Erfahrungen in deutschsprachigen Projekten gibt es in Bremen (vgl. Beitrag „Unterstützungsmöglichkeiten für Eltern mit geistiger Behinderung in Deutschland" ab S. 283 in diesem Band). Auch das Konzept der persönlichen

Zukunftsplanung ist hier zu nennen. Dessen zentrales Ziel ist es, im Zusammenhang von Planungs- und Veränderungsprozessen bereits vorhandene soziale Netzwerke auszubauen, zu festigen oder neue Netzwerke zu initiieren (vgl. Doose 2004).

Darüber hinaus stellt Llewellyn (1995, 361) die Forderung, das traditionelle Konzept von Familie allgemein zu hinterfragen. *„Families can no longer be examined from an 'ideal' family, single point of reference. Families have to be understood as they are, and as they perceive themselves to be."* Die deutliche Präsenz anderer Personen im Leben von Eltern mit Lernschwierigkeiten erfordere die Berücksichtigung von kollektiveren und gemeinschaftlicheren Aspekten von Elternschaft (ebd.). Auch Sparenberg (2001, 112f.) hält es in Zeiten steigender Ansprüche an die Kindererziehung und –versorgung nicht für wesentlich, dass Eltern alle Aufgaben selbst übernehmen können, sondern dass sie sich für ihr Kind zuständig fühlen. Elterliche Kompetenzen konstituieren sich dann weniger als individuelles Attribut der Eltern, sondern im gesamten ökologischen Lebenskontext der Familie (vgl. auch Kapitel „Elterliche Kompetenzen und die Feststellung von Unterstützungsbedürfnissen in Familien mit geistig behinderten Eltern" ab S. 219 in diesem Band).

Menschen mit Lernschwierigkeiten haben grundsätzlich das Recht, Kinder zu bekommen, mit ihnen zu leben und sie verantwortlich zu erziehen. Um dieses Selbstverständnis in der gesellschaftlichen Meinung stärker zu etablieren, wird noch viel Lobbyarbeit notwendig sein, wie sie z.B. vom 'Netzwerk People First Deutschland e.V.' geleistet wird. In ihrem Grundsatzprogramm fordert das Netzwerk u.a. neben dem Recht, Kinder zu haben: *„Menschen mit Lernschwierigkeiten müssen Unterstützung bekommen können, wenn sie Hilfe bei der Erziehung ihrer Kinder brauchen"* (Netzwerk People First Deutschland e.V. 2004b, 10). Eine Mutter mit Lernschwierigkeiten schreibt in einem selbst verfassten Artikel: *„Ich würde mir wünschen, dass man in Zukunft mit den Eltern mit Lernschwierigkeiten gemeinsam nach Lösungen sucht und die Eltern auch ernst nimmt. Denn Eltern hängen an ihren Kindern, egal, ob sie behindert sind oder nicht"* (Groß 2002, 13).

Um Veränderungen für die Situation von Eltern mit Lernschwierigkeiten zu ermöglichen, sind grundsätzliche gesellschaftliche Veränderungen notwendig, die in den Ansätzen 'Inklusion' und

'Community-Care'[25] vereint sind. Menschen mit Lernschwierigkeiten müssen, möglichst selbstbestimmt, mit allen Rechten und Pflichten in dieser Gesellschaft leben können und akzeptiert sein. Dazu muss jeder Mensch die Unterstützung und Hilfe erhalten, die er für die Teilhabe am gesellschaftlichen Leben benötigt (vgl. Niehoff 2002, 4). Adäquate Unterstützung des familiären Netzwerkes, gemeindeintegrierte Wohnmöglichkeiten und Dienstleistungen sind erste Schritte, um Netzwerkkontakte zu fördern. Auf institutioneller Ebene stellt Niehoff (2002, 5) die Forderung:

> „Wenn Behindertenverbände und in ihr tätige Professionelle sich dem Leitziel Inklusion verschreiben, so dürfen ihre Zielgruppen nicht mehr fast ausschließlich Menschen mit Behinderung sein, sondern auch allgemein zugängliche gesellschaftliche Institutionen."

Die Bedeutung von Netzwerkbeziehungen wurde in diesem Kapitel immer wieder hervorgehoben. Dabei wurde auf die besondere Bedeutung von informellen Netzwerken hingewiesen. Dies darf jedoch nicht im Sinne 'informeller statt professioneller Unterstützung zu Einsparungszwecken' missverstanden werden. Informelle Unterstützung ist nicht immer erhältlich und auch nicht immer positiv und kompetenzfördernd. Eltern mit Lernschwierigkeiten (und andere Eltern auch) sollten in jedem Fall Wahlmöglichkeiten haben, wie und durch wen sie unterstützt werden möchten. Diese Unterstützung ist den jeweiligen individuellen Lebensumständen und Bedürfnissen anzupassen. Dabei sollte Netzwerkförderung zwar ein Teil der professionellen Arbeit sein, aber informelle Netzwerke sollten professionelle Arbeit nie generell ersetzen müssen.

---

[25] „'Community Care' bedeutet, dass Menschen mit geistiger Behinderung in der örtlichen Gesellschaft leben, wohnen, arbeiten und sich erholen und dabei auch von der örtlichen Gesellschaft unterstützt werden." (Niehoff, 2002, 5)

Fallbeispiel IX: Frau Rohloff

„Alles Geschriebene kann nicht das wiedergeben, was wir durchgemacht haben."

Im April 2004 wandte sich Frau Rohloff an die Autorin bezüglich einer Beratung, da ihre Tochter Silvia sich zu diesem Zeitpunkt gemeinsam mit der Enkelin dem Zugriff des Jugendamts entziehen wollte. Die Autorin interviewte Frau Rohloff und ihre Tochter im Winter 2004/2005.

Silvia Rohloff gilt als geistig behindert. Sie hat die allgemeine Förderschule besucht und kann nur in Ansätzen lesen und schreiben. Vom Gericht wurde für sie eine Betreuung für die Aufgabenkreise Finanzen, Wohnungsangelegenheiten und Vertretung vor Behörden angeordnet. Silvias Lebensgefährte gilt ebenfalls als geistig behindert. Auch für ihn wurde vom Gericht eine Betreuung bestellt. Das Paar arbeitete in einer Werkstatt für behinderte Menschen (WfbM). Ein ambulanter Dienst der Eingliederungshilfe unterstützte das Paar in ihrer gemeinsamen Wohnung. Frau Rohloff half ihrer Tochter und deren Lebenspartner ebenfalls im Rahmen ihrer Möglichkeiten. Sie ist jedoch beruflich als Stationsschwester eines Krankenhauses eingebunden und wohnt zudem in einer Kleinstadt 70 km vom Wohnort Silvias entfernt.

Im Sommer 2003 wurde Silvias Tochter Lilly geboren. Silvia bezeichnet Lilly als Wunschkind, räumt aber ein, dass ihre Familie nicht begeistert über ihre Schwangerschaft gewesen sei. Silvia stellte mit Hilfe ihrer Betreuerin im Jugendamt einen Antrag auf Hilfe zur Erziehung. Seit Lillys Geburt wurde für die junge Familie Sozialpädagogische Familienhilfe (SPFH) im zeitlichen Umfang von drei Einsätzen pro Woche bewilligt. Bis zum 10. Lebenstag von Lilly kam außerdem täglich eine Hebamme. Silvia berichtet, dass sie von Anfang an über die vielen unterschiedlichen Beratungen verwirrt war. Zur Zeit der Geburt ihres Kindes wurde die Familie von mindestens acht unterschiedlichen Personen professionell unterstützt. Zusätzlich besuchte Silvia mit Lilly einmal in der Woche eine Müttergruppe unter Anleitung der SPFH. Silvia beschreibt diese Zeit:

> „Jeder hat was and'res gesagt. Meine Betreuerin hat's mir so gesagt und die Betreuerin von Lilly hat's mir so gesagt. Und dann hab' ich Mutti gefragt und dann hab' ich gemacht, was Mutti gesagt hat. Ich hab' mir gedacht, Mutti hat mich auch groß gekriegt, dann wird sie's schon wissen."

Frau Rohloff gibt zu bedenken, dass noch weitere Familienmitglieder Silvia mit ihren Lebensweisheiten zusätzlich verwirrt haben.

Nach wenigen Wochen war die Stimmung zwischen Silvia, ihrem Lebensgefährten und ihren Helferinnen gespannt. Silvia berichtet über die Gründe, die aus ihrer Sicht zu den Konflikten geführt haben:

- die Unordnung in ihrer Wohnung: „Ich sollte Lilly nicht schreien lassen, aber meine Wohnung sollte immer sauber sein, das hab' ich nicht geschafft."
- zu laute Musik und zu viel Fernsehen: „Ja, stimmt schon, wir ham oft Fernseher angehabt, das sollt'n wir nich."
- Ausflüge von Silvia und ihrem Freund, die sich manchmal zu weit in die Abendstunden ausdehnten: „Die war ja noch klein, da hat se immer im Kinderwagen geschlafen."

Konkret gab es weitere Anlässe, die zu heftigen Konflikten geführt haben. Z.B. waren Silvia und ihr Mann eines Nachts mit ihrer fiebernden Tochter im Krankenhaus unweit der Familienwohnung. Dies wurde von der Familienhelferin heftig kritisiert.

> „Die (Familienhelferinnen) ham gesagt, das wäre nicht gut, nicht nötig gewesen, aber ich wusste ja nicht, was die Kleine hatte."

Silvia räumt ein, dass die Helferinnen teilweise mit ihrer Kritik Recht gehabt haben, dass sie sich aber durch diese nicht unterstützt gefühlt habe. Nach drei Monaten verabredete das Jugendamt einen Hausbesuch. Silvia empfand dies als 'schnüffeln'. Die Unordnung der Wohnung sei von der Mitarbeiterin des Jugendamts moniert worden. Im Februar 2004 bekamen Silvia und ihr Freund eine Einladung vom Jugendamt. Sie wurden gebeten, Lilly mitzubringen. Im Jugendamt trafen sie ihre gerichtlich bestellten Betreuerinnen und zwei Mitarbeiterinnen der SPFH. Ihnen wurde mitgeteilt, man habe für Lilly eine Pflegemutter gefunden, die das 7 Monate alte Mädchen in Kürze abholen würde.

„Ich war so geschockt, erst mal hab' ich geheult, dann hab' ich erst mal gesagt, ich muss auf's Klo, da hab' ich Mutti mit Handy angerufen, dass ich nich weiß, was ich jetz' machen soll."

Frau Rohloff befand sich zu diesem Zeitpunkt im Dienst. Ihre Kolleginnen organisierten für sie sofort eine Ablösung und 45 Minuten später kam sie im Jugendamt an. Sie traf Silvia und ihren Lebensgefährten in Tränen aufgelöst. Die Pflegemutter wollte gerade mit Lilly aufbrechen. Frau Rohloff selbst bat unter Tränen, Lilly mitnehmen zu dürfen. Sie würde sofort Urlaub nehmen und sich um Silvia und Lilly kümmern. Auf dieses Angebot wollte das Jugendamt auf keinen Fall eingehen. Der Einwand von Frau Rohloff, dass es für die Herausnahme Lillys aus der Familie keinen Grund und auch keinen Gerichtsbeschluss gäbe, wurde nicht beachtet. Das Wohl des Kindes Lilly sei bei ihrer Mutter Silvia gefährdet, deshalb könne das Jugendamt eine Inobhutnahme vornehmen. Als Grund wurden die schon erwähnten Vorwürfe der Familienhelferinnen, aber auch ein roter Fleck am Rücken von Lilly genannt. Man sei im Jugendamt zu der Überzeugung gelangt, dass Silvia zu grob mit ihrer Tochter umgehe und dies die Ursache für den dunklen Fleck sei. Frau Rohloff versicherte, dass es sich bei diesem Fleck um ein Blutschwämmchen handele, das an manchen Tagen dunkel würde. Dies wurde nicht geglaubt.

Silvia Rohloff wurde für den folgenden Tag zum Jugendamt bestellt. Sie sollte Kleidung und das Spielzeug von Lilly übergeben. Frau Rohloff begleitete ihre Tochter zum Jugendamt. Ein von ihr zwischenzeitlich zu Rate gezogener Rechtsanwalt hatte auf die Notwendigkeit eines gerichtlichen Beschlusses hingewiesen und ihr den Rat gegeben, sich von Silvia für die Vertretung im Jugendamt bevollmächtigen zu lassen. Frau Rohloff beschrieb es als besonders perfide, dass im Jugendamt ausgefüllte Adoptionspapiere bereit gelegen hatten, die Silvia unterschreiben sollte. Silvia wäre allein nicht in der Lage gewesen, die Tragweite dieser Dokumente zu verstehen. Auch gab es immer noch keinen Beschluss vom Gericht, der die Herausnahme Lillys aus ihrer Familie legalisiert hätte. Frau Rohloff beschwerte sich beim Jugendamtsleiter. Dieser sagte jedoch, er würde seinen Kolleginnen vertrauen und er sei davon überzeugt, dass alles seine Richtigkeit habe. Den noch ausstehenden Gerichtsbeschluss würde man ihr faxen, sobald er im Jugendamt eingetroffen sei. Frau Rohloff hatte dann nicht mehr den Mut, auf eine Herausgabe Lillys zu bestehen. Dies empfindet sie noch heute als Fehler. Silvia meint über diesen Tag, es sei der schlimmste Tag ihres Lebens gewesen.

> „Meine Betreuerin hat mir dann noch Geld außer der Reihe gegeben, damit ich mich ein bisschen trösten kann."

Am nächsten Tag wurde Silvia telefonisch darüber informiert, dass sie Lilly im Jugendamt abholen könne. Das Gericht habe keine akute Kindeswohlgefährdung festgestellt. Der Anwalt von Frau Rohloff hatte mit dem zuständigen Richter telefoniert und ihm die Situation aus Sicht der Familie geschildert. Vermutlich hatte das Gericht aus diesem Grund von einem vorläufigen Entzug des Aufenthaltsbestimmungsrechts Abstand genommen, obwohl das Jugendamt auf die Dringlichkeit einer Trennung des Kindes von den Eltern hingewiesen hatte. Als Frau Rohloff und Silvia das Kind abholten, wurde ihnen gesagt, ein Antrag auf Sorgerechtsentzug sei gestellt, die Rückkehr von Lilly zu ihrer Mutter sei nur vorübergehend. Von nun an besuchte Frau Rohloff ihre Tochter und deren Familie täglich nach der Arbeit, um sie im Haushalt zu unterstützen. Die Sozialpädagogische Familienhilfe kam weiterhin dreimal pro Woche.

Ende März kam es zu einer Anhörung im Gericht. Das Jugendamt befürwortete einen Entzug der elterlichen Sorge und eine Unterbringung des Kindes in einer Pflegefamilie. Die zuständige Mitarbeiterin trug vor, Silvia und ihr Lebensgefährte sähen zu viel fern und hörten zu laut Musik. Silvia sei nicht dazu in der Lage, ihr Kind angemessen zu versorgen und zu erziehen. Dem Kind würde ein geregelter Tagesablauf vorenthalten. Silvia war nicht in der Lage, sich zu den Vorwürfen zu äußern. Frau Rohloff wurde als Vertreterin ihrer Tochter angehört. Sie räumte ein, dass Silvia Hilfe brauche, sie könne aber nicht nachvollziehen, warum man ihr die Tochter wegnehmen wolle.

Zwei Tage später kam der Beschluss des Familiengerichtes: Das Amtsgericht erteilte Silvia die Auflage, sich eine Mutter-Kind-Einrichtung zu suchen, wo sie gemeinsam mit dem Kind leben solle. Das Jugendamt solle dabei behilflich sein. Frau Rohloff und Silvia sahen sich daraufhin mehrere Einrichtungen der Jugendhilfe an, in denen junge Mütter gemeinsam mit ihren Kindern unterstützt werden. Silvia hätte sofort in eine Einrichtung ziehen können, es fehlte lediglich die Kostenübernahme des Jugendamts. In einem Telefongespräch erfuhr Frau Rohloff, das Jugendamt sei nicht gewillt, sich an den Beschluss des Gerichtes zu halten und verweigere deshalb die Kostenübernahme. In den folgenden Wochen konnte Frau Rohloff die Mitarbeiterin im Jugendamt nicht mehr erreichen. Daraufhin holte sie Silvia und Lilly zu sich nach Hause.

Die darauf folgenden Wochen gestalteten sich dramatisch. Frau Rohloff bekam an jedem Samstag einen Brief vom Jugendamt mit der Aufforderung, ihre Tochter und ihre Enkeltochter zum Jugendamt zu bringen. Auf Anraten des Anwalts ignoriert Frau Rohloff diese Briefe. Daraufhin wurde Silvia auf ihrem Handy von den Familienhelferinnen der SPFH angerufen. Diese und auch die gerichtlich bestellte Betreuerin forderten Silvia eindringlich auf, zum Jugendamt zu kommen. Daraufhin begaben sich Frau Rohloff und Silvia gemeinsam mit ihrem Anwalt, aber vorsichtshalber ohne Lilly zum Jugendamt. Der Anwalt erinnerte an den Gerichtsbeschluss. Die Mitarbeiterin im Jugendamt erklärte, dass das Amt den Aufenthalt von Silvia und Lilly in einem Mutter-Kind-Heim nicht finanzieren würde und dass Silvia die Tochter so schnell wie möglich dem Jugendamt übergeben solle. Daraufhin brach der Anwalt das Gespräch ab.

Frau Rohloff und Silvia nahmen inzwischen Kontakt zu einem Mutter-Kind-Projekt auf, in dem Eltern mit geistiger Behinderung leben und gemeinsam mir ihren Kindern unterstützt und gefördert werden. Dieses Wohnprojekt befindet sich in der Nähe von Frau Rohloffs Wohnort. Von den Mitarbeitern des Wohnprojekts wurde Silvia erstmalig umfassend beraten. Silvia fand diese Wohneinrichtung sehr schön und ihre Mutter stellte für sie die erforderlichen Aufnahmeanträge. Im Projekt wurde für Silvia und Lilly eine kleine Wohnung vorbereitet. Silvia sollte umgehend aufgenommen werden, jedoch verweigerte das Jugendamt weiterhin die Kostenzusage.

Ende April kam ein alarmierender Anruf vom Rechtsanwalt: Das Jugendamt habe beim Amtsgericht einen Beschluss erwirkt, der besagt, dass Lilly sofort dem Jugendamt zu übergeben sei. Er habe sofortige Beschwerde beim Landgericht eingereicht. Die Mitarbeiterin des Jugendamts rief kurz darauf ebenfalls an und drohte mit der Polizei, wenn Silvia ihre Tochter nicht freiwillig in die Stadt zum Jugendamt brächte. Kurzentschlossen wurde Silvia mit ihrer Tochter bei Verwandten versteckt. Zwei Wochen durften Mutter und Tochter die Wohnung nicht verlassen. War sie mit ihrer Tochter allein in der Wohnung, so schloss sich Silvia ein. Dann kam, nach zwei Wochen, ein vorläufiger Beschluss vom Landgericht:

> „Es wird nicht verkannt, dass Bedenken bestehen, ob die Mutter auch mit dauerhafter fremder Hilfe in der Lage sein wird, Lilly weiterhin in ihrem Haushalt zu pflegen und zu betreuen. (...) Die jetzt von der Mutter angebotene Übersiedlung in eine ‚rund um die Uhr' betreute Wohneinrichtung ist geeignet, eine akute Kindeswohlgefährung Lillys auszuschließen" (Landgericht X. vom 28.04.2003).

Silvia musste mit Lilly in eine Einrichtung der Jugendhilfe übersiedeln; das Jugendamt konnte sich der Finanzierung nicht länger verweigern. Die Entscheidung über die elterliche Sorge wurde verschoben. Warum der Richter die Unterbringung Silvias in die Jugendhilfeeinrichtung, nicht aber in dem Projekt für Eltern mit geistiger Behinderung angeordnet hat, wissen weder Frau Rohloff noch Silvia. Möglicherweise kannte der Richter diese Einrichtung nicht. Silvia wäre lieber in die Einrichtung für Eltern mit geistiger Behinderung gegangen, da sie dort beispielsweise eine eigene Wohnung bekommen hätte. Inzwischen gefällt es ihr im Mutter-Kind-Heim. Sie hat ein eigenes Zimmer und eine kleine Schlafkammer für Lilly. Mit den anderen Frauen und Mädchen versteht sie sich gut. Am Wochenende besucht sie oft gemeinsam mit Lilly ihren Lebensgefährten. In der Woche arbeitet sie halbtags in der Werkstatt für behinderte Menschen (WfbM) und Lilly besucht die hauseigene Kindertagesstätte. Frau Rohloff ist besonders froh, dass zwischen ihr und den Erzieherinnen im Mutter-Kind-Heim ein intensiver Kontakt besteht. Sie telefonieren mindestens einmal in der Woche miteinander. Silvia wünscht sich für die Zukunft, dass Lilly für immer bei ihr bleiben und dass sie irgendwann wieder mit ihrem Lebensgefährten wohnen darf, am liebsten in der Nähe ihrer Mutter.

Im Januar bekam Silvia per Beschluss die elterliche Sorge über ihre Tochter im vollen Umfang zurück. Zwar hatte ein Gutachten Silvia

„...unzureichende Fähigkeiten von Risikoeinschätzung, Zukunftsplanung und vom Erfassen komplexer Sachverhalte" bescheinigt, aber „... sollte die Kindesmutter z.B. wegen Überschätzung ihrer Fähigkeiten das Aufenthaltsbestimmungsrecht nachteilig nicht im Sinne des Kindes ausüben, ist durch die familiäre und durch die professionelle Unterstützung gewährleistet, dass durch eine kurzfristig herbeigeführte gerichtliche Entscheidung eine Kindeswohlgefährdung abgewendet wird" (Landgericht X. vom 16.1.2005).

Abschließend sagt Frau Rohloff: *„Alles Geschriebene kann nicht das wiedergeben, was wir durchgemacht haben!"*

Markante Aspekte der geschilderten Lebenssituation

- fehlende Aufklärung der Eltern über ihre grundlegenden Rechte und Pflichten
- grobe Missachtung der Rechtslage durch das Jugendamt
- Anlegen von überhöhten Maßstäben
- entmündigende Eingriffe seitens der Fachkräfte in den Alltag der Familie
- fehlende Kommunikation der sozialen Dienste mit der Herkunftsfamilie
- keine den Bedürfnissen der Familie angemessene Hilfe
- von außen vorgegebene Trennung der Eltern (da keine gemeinsame stationäre Unterstützung für Paare angeboten wird)
- Einflussnahme einer großen Anzahl Professioneller auf private Angelegenheiten der Familie

STEFANIE BARGFREDE

Unterstützungsmöglichkeiten für Eltern mit geistiger Behinderung in Deutschland

1 Einleitung

Der Verlauf von Elternschaften geistig behinderter Menschen ist sowohl von persönlichkeitsspezifischen Faktoren als auch stark von äußeren Bedingungen abhängig. Die Qualität einer Elternschaft geistig behinderter Menschen kann nicht allein an den Fähigkeiten und Kompetenzen der Eltern gemessen werden, sondern hängt auch ab von der Qualität und der Bereitstellung angemessener Unterstützungsangebote (vgl. Beitrag „Unterstützungsnetzwerke von Eltern mit Lernschwierigkeiten unter Einbezug der Sicht einer betroffenen Mutter", ab S. 253 in diesem Band). Häufig noch werden Elternschaften geistig behinderter Menschen von überforderten Herkunftsfamilien oder von Fachkräften ohne ein spezialisiertes Unterstützungsangebot betreut.

Es ist aber auch eine erfreuliche andere Entwicklung zu sehen: In den vergangenen Jahren sind mehrere neue stationäre Wohnprojekte sowie einige Ambulante Dienste und verschiedene Initiativen für Eltern mit geistiger Behinderung und ihre Kinder entstanden. Die Betreuungssituation in Deutschland hat sich verbessert; die Sensibilität gegenüber den Bedürfnissen geistig behinderter Eltern und ihrer Kinder ist gewachsen. Es ist festzustellen, dass sich inzwischen immer mehr Fachkräfte zutrauen, die notwendige Unterstützung für geistig behinderte Eltern und ihre Kinder zu leisten.[26] So gibt es weitaus weniger 'Müttertourismus' als noch vor einigen Jahren, d.h. Fachkräfte sind heute eher bereit, den von ihnen unterstützten Personen im Falle einer Elternschaft innerhalb ihrer eige-

---

[26] Vgl. U. Pixa-Kettner, unveröffentlichter Vortrag auf dem Koll. Symposium am 3.5.2002 in Oldenburg

nen Einrichtungen ein Leben mit Kind zu ermöglichen, anstatt andernorts nach Unterbringungsmöglichkeiten zu suchen.

2 Zur Situation in den letzten 20 Jahren

Ein erster Überblick über die angebotenen Unterstützungsmöglichkeiten für geistig behinderte Eltern wurde im Winter 1998/1999 im Rahmen einer *„Expertise über Beratung und Begleitung von Eltern mit Behinderungen"* in Zusammenarbeit der Arbeiterwohlfahrt Bremen mit der Universität Bremen erstellt. Die Finanzierung der Expertise wurde vom Bundesministerium für Gesundheit und von der Arbeiterwohlfahrt Bremen ermöglicht und gibt einen Überblick über alle bis dahin bekannten Einrichtungen bzw. Projekte in der Bundesrepublik Deutschland, die Eltern mit geistigen und/ oder psychischen Beeinträchtigungen beraten und begleiten. Ihre konzeptionellen Überlegungen, ihre Erfahrungen sowie ihre praktische Arbeitsweise werden in der Expertise dargestellt.

Neben vier Einrichtungen, die ausschließlich psychisch kranke Eltern unterstützen, werden insgesamt sieben Einrichtungen innerhalb Deutschlands vorgestellt, die als stationäre Einrichtung (2) oder als Ambulante Dienste (2) zu diesem Zeitpunkt entweder ausschließlich geistig behinderte Eltern begleiteten, oder Unterstützung für geistig behinderte und/oder psychisch kranke Eltern anboten (insgesamt 3, alles stationäre Angebote).[27]

3 Unterstützungsmöglichkeiten für Eltern mit geistiger Behinderung in der Bundesrepublik

Aktuell sind in der Bundesrepublik Deutschland insgesamt 20 ambulante oder stationäre Einrichtungen bzw. Projekte bekannt, die Eltern mit geistigen Beeinträchtigungen unterstützen und größten-

---

[27] Dass es in diesen Jahren bereits einige (wenige) weitere Anbieter von Unterstützungsmöglichkeiten für geistig behinderte Eltern und ihre Kinder gab, erfuhren die UntersucherInnen erst Jahre später.

teils entsprechende Konzeptionen erarbeitet haben[28]. 17 dieser Einrichtungen (Stand: 1/2005) organisieren sich im Rahmen einer Bundesarbeitsgemeinschaft 'Begleitete Elternschaft' (BAG). Ein Überblick über die aktuellen Unterstützungsmöglichkeiten soll im Folgenden anhand der Unterlagen dieser BAG gegeben werden. Die drei Einrichtungen, die nicht an der BAG beteiligt sind (die Einrichtungen in Trier, Reutlingen und Bonn), werden mit berücksichtigt, soweit dies anhand der herausgegebenen Informationen möglich ist.

Die Bundesarbeitsgemeinschaft 'Begleitete Elternschaft' (BAG)

Die BAG wurde im Jahr 2002 auf meine Initiative hin gegründet. Aus langjährigen Erfahrungen hatte ich die Schwierigkeiten und Hindernisse bei der Umsetzung eines Unterstützungsangebotes für Eltern mit geistigen Beeinträchtigungen kennen gelernt und wusste um die Besonderheiten bei der Begleitung dieser Eltern. Durch den überregionalen Zusammenschluss von Einrichtungen erhoffte ich mir eine Interessengemeinschaft, die es leichter haben würde, das Thema in die Öffentlichkeit zu bringen und angemessene Umsetzungsangebote zu entwickeln.

An der Gründung der BAG hatten sich zunächst MitarbeiterInnen aus anfangs insgesamt 13 Einrichtungen (bzw. Projekten) in Deutschland beteiligt, die sich besonders mit der Thematik 'Eltern mit geistiger Behinderung' befassten. Dies waren nicht nur Einrichtungen, die hauptsächlich mit geistig behinderten Eltern und deren Kinder arbeiten, sondern auch Einrichtungen, die z.B. im Rahmen ihres *Betreuten Wohnens* mehrere geistig behinderte Eltern und ihre Kinder unterstützen. Für die Universität Bremen nimmt Frau Professor Ursula Pixa-Kettner an der Arbeitsgemeinschaft teil.

In den vergangenen zwei Jahren haben fünf weitere Einrichtungen sowie die Arbeitsgemeinschaft 'Brandenburger Familienpro-

---

[28] Der Verfasserin sind viele weitere Einrichtungen in Deutschland bekannt, die (auch) jeweils 1-2 Familien mit geistig behinderten Eltern(teilen) unterstützen. Da es sich hier für die Einrichtungen i.d.R. um 'einmalige Fälle' handelt und die Einrichtungen nicht wie in Brandenburg zusammengeschlossen sind, nehmen sie nicht an der BAG teil.

jekte'[29] den Wunsch nach einer Mitarbeit geäußert, so dass die BAG im Jahr 2005 ihre Arbeit mit 20 beteiligten sozialen Einrichtungen bzw. Interessensverbänden fortsetzt. Auf ihrer Satzung gebenden Sitzung im Jahr 2004 hat sich die Arbeitsgemeinschaft einen festen Rahmen geschaffen. In der bereits verabschiedeten Geschäftsordnung sind ihre Ziele und Aufgaben beschrieben. Zunächst ist gedacht an:

- Die Verbesserung der Kooperation der vorhandenen Einrichtungen und Dienste mit dem Ziel einer trägerübergreifenden Vernetzung
- Bestandsaufnahme und Dokumentation des aktuellen Versorgungsangebotes
- Bestandsaufnahme und Dokumentation des aktuellen Bedarfs
- Beitrag zur Schaffung von wohnortnahen und bedarfsgerechten Angeboten
- Verbindung von Praxis und Wissenschaft
- Weiterentwicklung von Konzepten für die unterschiedlichen Angebote
- Öffentlichkeitsarbeit
- Verbesserung der Förderung gesetzlicher Grundlagen für Begleitete Elternschaft

(Geschäftsordnung für die Bundesarbeitsgemeinschaft für Begleitete Elternschaft 2004, 2).

Geplant ist eine gemeinsame Homepage, außerdem sollen Workshops und Fachtagungen zum Thema durchgeführt werden. Die BAG trifft sich zweimal im Jahr an wechselnden Orten, jeweils in einer am Arbeitskreis teilnehmenden Einrichtung.

Im Folgenden werden die Konzepte der Einrichtungen, soweit sie vorliegen bzw. durch mündliche Berichte oder persönliche Besuche bekannt sind, in ihren Gemeinsamkeiten und Unterschieden vorgestellt.

---

[29] Die Arbeitsgemeinschaft 'Brandenburger Familienprojekte' ist unter der Leitung von Annette Vlasak ein Zusammenschluss von insgesamt 8 (Stand:2004) verschiedenen Einrichtungen in Brandenburg, die Eltern mit geistiger Behinderung unterstützen. Die meisten Projekte unterstützen 1-2 Familien. Es erfolgt eine enge, als positiv beschriebene Zusammenarbeit mit dem Landesjugendamt Brandenburg. Die AG trifft sich zweimal im Jahr.

Gesamtüberblick über die Einrichtungen

Von den 20 uns bekannten Einrichtungen in der BRD, die (auch) geistig behinderte Eltern unterstützen, bieten 12 ambulante und fünf stationäre Unterstützung an. Drei Einrichtungen leisten die Betreuungen geistig behinderter Eltern mit ihren Kindern in Form von individuellen Lösungen, auch im stationären Bereich.

Ort	Einrichtung, Träger	Ambulant	Stationär
Berlin	Familienprojekt, Lebenshilfe	X	
Bielefeld	Haus Deckertstraße, Bethel		X
Bonn	Die Kate	X	
Braunschweig	Ambulanter Dienst, Lebenshilfe	X	
Bremen	Unterstützte Elternschaft, Lebenshilfe	X	
Celle	Ambulant Betreutes Wohnen, Lebenshilfe	X	
Dortmund	Mobile	X	
Frankfurt	Ambulante Familienhilfe, Lebenshilfe	X	
Frankfurt	Internationaler Bund Behindertenhilfe	X	
Friesack	Familienprojekt, Arbeiterwohlfahrt	X	X
Friesoythe	Ambulante Wohnbetreuung	X	
Groß-Bieberau	Niederramstätter Diakonie	X	
Hamburg	Tandem, Evangelische Stiftung Alsterdorf		X
Kassel	ASB Gesellschaft für Soziale Einrichtungen	X	
Kiel	Marie-Christian-Heime		X
Köln	Diakonie Michaelshoven	X	X
Reutlingen	Wohngruppenverbund Gustav-Werner-Stiftung	X	
Stetten	Familienpflege	X	X
Trier	Annastift Wohnheim		X
Wesel	St.-Josef-Haus		X

Tab. 1: Überblick über Einrichtungen mit Unterstützungsangebot für geistig behinderte Eltern (Stand: 1/2005)

Zur chronologischen Entstehung der einzelnen Einrichtungen

Das St. Josef-Haus in Wesel, das Annastift in Trier und die Marie-Christian-Heime in Kiel legen seit den 80er Jahren einen besonderen Schwerpunkt auf die Begleitung und Unterstützung geistig behinderter (und/ oder psychisch kranker) Eltern und ihrer Kinder. Auch der Ambulante Dienst der Lebenshilfe Braunschweig arbeitet bereits seit ca. 20 Jahren mit geistig behinderten Eltern. Das 'Familienprojekt' der Lebenshilfe für geistig behinderte Menschen in Berlin ist seit 1991 tätig und die Lebenshilfe Frankfurt/M. installierte 1993 eine erste Jugendhilfemaßnahme in Form einer Sozialpädagogischen Familienhilfe zur Unterstützung einer Familie mit einem Säugling (Konzeption 2004, 1). Ähnlich verhält es sich bei der ASB Gesellschaft für Soziale Einrichtungen in Kassel und dem Projekt 'Die Kate' in Bonn, die von ersten Unterstützungen seit Mitte der 90er Jahre berichten (Konzeption ASB Kassel 2003, 5; Homepage der 'Kate' in Bonn 2004). Die meisten anderen Einrichtungen beschäftigen sich erst relativ kurze Zeit mit diesem Aufgabenbereich, zumindest explizit. Einzelne Betreuungen kamen natürlich auch vorher schon vor; so berichtet das Diakoniewerk Michaelshoven, Köln, ebenfalls von Erfahrungen in diesem Bereich seit den 80er Jahren (Konzept 2003, 9). Das 'Haus Deckertstrasse' in den von Bodelschwinghschen Anstalten Bethel bei Bielefeld und das 'Familienprojekt' der Arbeiterwohlfahrt in Friesack, Kreis Brandenburg, beides ausschließlich Einrichtungen für geistig behinderte Eltern, wie auch das Wohnprojekt 'Tandem' der Evangelischen Stiftung Alsterdorf in Hamburg (für geistig behinderte und/oder psychisch kranke Eltern) wurden 1998 gegründet. In den vergangenen 5 Jahren entstanden die anderen Einrichtungen bzw. Schwerpunktsetzungen für geistig behinderte Eltern, z.B. die des Internationalen Bundes Behindertenhilfe Frankfurt/M., der Diakonie Stetten, der Nieder-Ramstädter Diakonie, der Einrichtung 'Mobile' in Dortmund sowie der Aufbau der 'Unterstützen Elternschaft' der Lebenshilfe Bremen[30].

80er Jahre
Marie-Christian-Heime, Kiel
Annastift Wohnheim Trier
St. Josef-Haus, Wesel
Ambulanter Dienst der Lebenshilfe Braunschweig
Diakoniewerk Michaelshoven
Wohngruppenverbund, Reutlingen
90er Jahre
Familienprojekt, Lebenshilfe Berlin
Ambulante Familienhilfe, Lebenshilfe Frankfurt/M.
ASB Gesellschaft für Soziale Einrichtungen, Kassel
Die Kate, Bonn
Haus Deckertstrasse, Bielefeld
Familienprojekt, Friesack
Tandem, Hamburg
Betreutes Wohnen, Celle
ab 2000
Internationaler Bund Behindertenhilfe, Frankfurt/M.
Familienpflege, Stetten
Nieder-Ramstädter Diakonie, Groß-Bieberau
Mobile, Dortmund
Unterstützte Elternschaft, Bremen
Ambulante Wohnbetreuung, Friesoythe

Tab. 2: Chronologische Entstehung der Einrichtungen

---

[30] In Bremen musste nach zweijähriger Tätigkeit der 'Ambulante Dienst zur Förderung von geistig behinderten Eltern und ihren Kindern' der Arbeiterwohlfahrt Bremen im Sommer 2003 seine Tätigkeit aufgrund von behördeninternen Schwierigkeiten einstellen.

Ziele und Aufnahmebedingungen

Alle Einrichtungen verfolgen dasselbe Ziel: Sie wollen den behinderten Eltern durch Unterstützung die Möglichkeit geben, mit ihren Kindern zusammenzuleben. Die Versorgungs- und Erziehungskompetenzen der Eltern sollen gefördert, gestärkt und gegebenenfalls auch kompensiert werden, um eine Fremdunterbringung der Kinder zu verhindern. Allgemeine Zielsetzung ist die Entwicklung einer Perspektive ohne bzw. mit möglichst wenig Betreuung. Wenn ein Zusammenleben von Eltern und Kind auf Dauer nicht möglich ist, soll für Eltern und Kind eine getrennte Lebensperspektive erarbeitet und begleitet werden.

Für alle Einrichtungen gilt: Die Bereitschaft zur Zusammenarbeit der Eltern mit dem Fachpersonal, die Einsicht der Eltern in die Notwendigkeit einer aktiven Umsetzung der Hilfeplanung, eine emotionale Bindungsfähigkeit der Eltern und ein Mindestmaß an Selbst- und Kindesversorgung muss gegeben sein. Zudem muss eine akute Gefährdung für Leib und Leben des Kindes ausgeschlossen werden können, um ein Betreuungsverhältnis eingehen zu können. Unterstützte Elternschaft für geistig behinderte Menschen findet ihre Grenzen, wenn die Bereitschaft zur Mitarbeit auch längerfristig nicht erreicht werden kann, wenn keine Verständigung möglich ist und wenn die Eltern auch nicht in der Lage sind, Verantwortung für ihre Kinder zu tragen und das Kindeswohl zu sichern.

Als besondere Ausschlusskriterien nennen die Marie-Christian-Heime in Kiel und das Diakoniewerk Michaelshoven in Köln Mütter/ Eltern mit einer akuten Suchtproblematik oder mit einer akuten psychischen Erkrankung (Konzeption Michaelshoven 2003, 29; Konzeption Marie-Christian-Heime 2004, 5).

Aufnahme und Unterstützung der Väter/ Partner

Väter bzw. Partner werden nach Möglichkeit in eine Begleitung mit einbezogen. Ihre Aufnahme in den Wohngemeinschaften ist nur in

Ausnahmefällen möglich[31]. Bei einer Unterstützung im eigenen Wohnraum werden die Väter, soweit sie präsent sind, immer mit berücksichtigt.

Räumliche Ausstattung

In den stationären Einrichtungen haben die Familien unterschiedliche Wohnmöglichkeiten; meist stehen ihnen eigene Zweizimmerwohnungen bzw. Appartements zur Verfügung. Im Haus Deckertstrasse in Bethel bei Bielefeld und im Familienhaus der Marie-Christian-Heime in Kiel hat jede Mutter mit Kind 1-1,5 Zimmer zur Verfügung, daneben teilen sich in der Regel zwei bis drei Mütter eine Küche sowie ein Bad, der Gemeinschaftsraum und das vorhandene Spielzimmer werden von allen Müttern benutzt. Zum 'Familienhaus' der Marie-Christian-Heime in Kiel gehört zusätzlich ein großer eigener Kinderbereich zu deren Förderung und Betreuung. In den anderen Einrichtungen sind meist separate Spielzimmer für die Kinder vorhanden.

Die ambulant begleiteten Eltern bewohnen eigene Wohnungen, die sie in der Regel selber anmieten.

Das Personal

Das Familienprojekt der Lebenshilfe Berlin arbeitet seit jeher ausschließlich mit SozialpädagogInnen. In allen anderen Einrichtungen sind multidisziplinäre Mitarbeiterteams, zusammengesetzt aus BehindertenpädagogInnen, SozialpädagogInnen, HeilpädagogInnen und ErzieherInnen, z.T. auch Kinderkrankenschwestern, tätig. Obwohl sich alle beschriebenen Einrichtungen darin einig sind, dass jede Unterstützungs- und Begleitungsform eine gründliche pädagogische Fachkenntnis der MitarbeiterInnen voraussetzt, wird aufgrund behörden- oder trägerbedingter Sparmaßnahmen zunehmend,

---

[31] So lässt allein schon das begrenzte Raumangebot (wie z.B. in den Marie-Christian-Heimen in Kiel) eine Aufnahme der Väter nicht zu; oftmals scheitert deren (Mit-)Aufnahme aber auch an der fehlenden Eingruppierung zum Personenkreis der geistig behinderten Menschen, womit die Finanzierung des Platzes nicht gesichert ist.

wenn auch prozentual immer noch gering, fachlich nicht ausgebildetes Personal wie StudentInnen oder Hauswirtschaftskräfte beschäftigt. Der Großteil der eingesetzten MitarbeiterInnen soll aber auch zukünftig berufliche Qualifikationsmaßnahmen wahrnehmen. In allen beteiligten Einrichtungen gibt es daher Supervisions- und Weiterbildungsangebote für die beschäftigten MitarbeiterInnen. Fast immer wird im Hinblick auf die Kinder großer Wert darauf gelegt, dass sich für diese auch männliche Ansprechpersonen im Team befinden. Einige Einrichtungen, so z.B. die Marie-Christian-Heime in Kiel, die Nieder-Ramstädter Diakonie sowie die Lebenshilfe Einrichtungen Celle und Bremen betonen in ihren Konzeptionen neben der beruflichen Qualifizierung weitere persönliche Anforderungen an die MitarbeiterInnen: Die Bereitschaft zu flexiblen Arbeitszeiten, Lebenserfahrung, hohe Professionalität in der Assistenz behinderter Menschen, Engagement und Verantwortungsbereitschaft, aber auch psychische Stabilität und ein hohes Maß an Konfliktbereitschaft (Konzept der Lebenshilfe Bremen 2004, 11; Konzept der Marie-Christian-Heime 2004, 11; Konzept der Nieder-Ramstädter Diakonie 2004, 5; Konzept der Lebenshilfe Celle 2002, 3).

In der Regel wird nach dem Bezugsbetreuungskonzept gearbeitet, d.h. jede Familie wird von einem festen Betreuungsteam, bestehend aus jeweils zwei MitarbeiterInnen, unterstützt.[32] Neben der damit verbundenen Vertretung in Krankheits- und Urlaubszeiten entlastet dies die UnterstützerInnen von der alleinigen Verantwortung und dem ständigen Hin- und Hergerissensein zwischen der Verantwortung der Mutter/ den Eltern gegenüber und der Sorge um das Kind. Das oft breite Aufgabenspektrum der Hilfe kann unter den beiden MitarbeiterInnen aufgeteilt werden und ein gegenseitiges Korrektiv ist gegeben. Im Konzept des Familienprojekts der Lebenshilfe Berlin wird dieser Aspekt folgendermaßen beschrieben:

> „Die Arbeit im Zweierteam ermöglicht ferner eine bessere Abgrenzung und die Einhaltung der professionellen Distanz zum Familiensystem. Da die Arbeit innerhalb des familialen Lebensraumes stattfindet, unterliegen die MitarbeiterInnen infolge der großen Nähe und Dichte verstärkt der Gefahr, in den Sog der Familiendynamik zu geraten, wodurch die

---

[32] Dies bedeutet nicht den gleichzeitigen Einsatz der HelferInnen, sondern ein Aufteilen der in den Hilfeplänen festgelegten Stunden.

Hilfe nicht zum Tragen käme. Im Zweierteam kann die Handlungsfähigkeit durch gegenseitige Kontrolle und Unterstützung erhalten werden" (Konzept des Familienprojekts 2001, 14).

Rechtliche Grundlagen

Als maßgebliche rechtliche Grundlagen für die Unterstützung geistig behinderter Eltern gelten in allen Einrichtungen (vgl. auch Beitrag „Rechtliche Fragen im Zusammenhang der Elternschaft von Menschen mit geistiger Behinderung", ab S. 91 in diesem Band):
- Art. 6 des Grundgesetzes: Recht auf Elternschaft
- Art. 3,3 des Grundgesetzes: Benachteiligungsverbot behinderter Menschen
- § 1666 BGB: Maßnahmen des Kinderschutzes
- § 1666a BGB: Priorität von öffentlichen Hilfen vor der Trennung von Eltern und Kind
- Eingliederungshilfe gemäß §§ 53,54 ff. SGB XII
- Hilfen zur Erziehung gemäß §§ 27 ff. SGB VIII

Die Finanzierung

Nicht nur in den sowohl ambulant als auch stationär tätigen Einrichtungen, sondern auch bei den Kostenträgern scheint es endlich (fast) überall anerkannt zu sein, dass nicht nur die behinderten Eltern, sondern auch deren Kinder eine besondere Zuwendung und Förderung benötigen. Trotz vielfacher Widerstände haben doch mittlerweile alle stationären Einrichtungen eigene Leistungsvereinbarungen und Kostensätze für die Betreuung und Förderung der Kinder durch die zuständigen Kostenträger erhalten. Anders bei den ambulant tätigen Diensten: Nur einige wenige ambulante Dienste haben bisher Leistungs-/Entgeltvereinbarungen mit den Jugendämtern abgeschlossen; eine bestehende Leistungs-/Entgeltvereinbarung gar im Rahmen von Wiedereingliederung zum Thema Elternschaft ist bisher nur aus Berlin bekannt. In den anderen Bundesländern wird die Hilfe im Rahmen des BSHG meist als eine 'Besondere Form des Betreuten Einzelwohnens' bezeichnet und finanziert.

Aufgrund der bisher ausstehenden Vereinbarungen wird die Unterstützung der Familien mit geistig behinderten Eltern im ambulanten Bereich in der Regel aufgrund von Einzelfallentscheidungen finanziert, wobei fast immer Leistungen des Jugendhilfeträgers (Hilfen zur Erziehung) und Leistungen des Sozialhilfeträgers (Eingliederungshilfe) miteinander kombiniert werden.

Methodisches Vorgehen

Die Einrichtungen für unterstützte Elternschaft arbeiten nach einem systemischen ganzheitlichen Ansatz, der die Gesamtfamilie mit ihren inneren und äußeren Beziehungen und Strukturen wahrnimmt. Beziehungsstrukturen, Sozialisationsbedingungen und wirtschaftliche Verhältnisse werden im Zusammenhang betrachtet. Einzelfallhilfe, Familienberatung und familienübergreifende, gemeinwesenorientierte Angebote sowie zunehmend auch Gruppenarbeit werden nebeneinander oder sich ergänzend eingesetzt. Die Einrichtungen möchten den Eltern und ihren Kindern begleitend, beratend und unterstützend zur Seite stehen. Einig sind sich alle Einrichtungen: Die Beziehung zum Kind soll gefördert und die Eltern sollen stabilisiert werden. Auch das methodische Vorgehen ist im Großen und Ganzen überall gleich: Erklären, Vormachen, Gemeinsames Tun und Gespräche sind Hauptbestandteile der Arbeit mit den Eltern. Auch bei der Versorgung und Unterstützung der Kinder sind sich die Einrichtungen einig: Nicht nur die behinderten Mütter bzw. Eltern leben unter besonderen Bedingungen und brauchen spezielle Aufmerksamkeit und Begleitung, sondern auch deren Kinder. So sind in fast allen Teams MitarbeiterInnen vorhanden, denen die besondere Aufgabe unterliegt, eigene Hilfeplanungen für die Kinder zu erstellen, Perspektiven zu erarbeiten und spezielle Förderung anzubieten.

Einige Einrichtungen haben neben dem üblichen und allgemein angewandten methodischen Vorgehen besondere Schwerpunktsetzungen in ihrer pädagogischen Arbeit mit den Familien erarbeitet: Die MitarbeiterInnen des Familienprojekts der Arbeiterwohlfahrt in Friesack berichteten auf einem Treffen der BAG[33] von ihren Erfahrungen mit dem Einsatz des 'Video-Home-Trainings (V-H-T)'. Die-

---

[33] Mündlicher Vortrag der Leiterin des Familienprojekts in Friesack; Treffen der Bundesarbeitsgemeinschaft in Celle am 05. März 2004

ses basiert auf einem 1986 in den Niederlanden entwickelten Konzept zur Unterstützung von Familien mit Erziehungs- und Kommunikationsschwierigkeiten. In Deutschland wird das Training seit 1990 zunehmend innerhalb der Sozialpädagogischen Familienhilfe bei der Arbeit mit Familien eingesetzt und von Jugendämtern finanziert. Die Erfahrungen in der Arbeit mit geistig behinderten Eltern sind noch neu. Das 'V-H-T' basiert auf den Aspekten der Kommunikations- und Verhaltenstherapie, der Sozial-Kognitiven Lerntheorie, auf Aspekten der Gesprächsführung sowie der System- und der Entwicklungstheorie.

„Die Grundhaltung des Video-Home-Trainigs ist, Eltern in ihrer Erziehungskompetenz und in ihrem Selbstwertgefühl zu stärken, die dadurch (wieder) eigene konstruktive Lösungswege entwickeln und durch das Beherrschen der Basiskommunikation für ihre Kinder zum Modell für einen befriedigenden Umgang miteinander werden" (SPIN 2004).

Zur praktischen Umsetzung: Einmal wöchentlich werden über den Zeitraum von insgesamt 3-6 Wochen Videoaufnahmen von realen Situationen aus dem Familienalltag gemacht. Aus den Aufnahmen werden von dem/der TrainerIn solche ausgewählt, die positive Kontakte zwischen Eltern und Kindern zeigen. D.h., in der Regel werden die Aufnahmen auf gelungene Kommunikationsmuster untersucht und den Eltern in Ausschnitten auf ermutigende und aktivierende Weise präsentiert. Im Rahmen der gemeinsamen Rückschau haben die Eltern die Möglichkeit, bestimmte Alltagssituationen (z.B. Spielen mit den Kindern oder gemeinsame Mahlzeiten) in kurzen Videosequenzen anhand konkreter, praktischer Beispiele mit Hilfe von gezielten Fragen und gegebenenfalls häufigeren Wiederholungen zu reflektieren. Die Vortragende betonte die positiven Einsatzmöglichkeiten des 'Video-Home-Trainings' in der Arbeit mit geistig behinderten Eltern, denen das Lernen auf abstrakterer Ebene oftmals schwer falle. Als Nachteil des 'V-H-T' nannte sie die mit insgesamt 24 Monaten lange dauernde Ausbildungszeit zur TrainerIn mit entsprechenden finanziellen Aufwendungen.

Über ihren Einsatz des 'Positive-Parenting-Programs' (Triple-P-Projekt) berichteten die Mitarbeiterinnen des Wohnprojekts Tandem in Hamburg, ebenfalls während einer Sitzung der BAG[34]. Das 'Triple-P-Projekt' wurde an der Universität Queensland in Australien entwickelt und Ende der 90er Jahre in Deutschland eingeführt. Auch hier sind die Erfahrungen mit dem Einsatz bei geistig behinderten Eltern noch neu. Das Projekt ist ursprünglich gedacht für Eltern,

> „ ... die Schwierigkeiten mit quengelnden, ungehorsamen, aufsässigen oder aggressiven Kindern haben" (Elternschule Kannerschlass 2004).

Das Projekt will Eltern durch gezieltes Training dabei helfen, eine gute Beziehung zu ihrem Kind aufzubauen und es bei seiner Entwicklung zu unterstützen. Als wesentlichstes Ziel wird, wie beim 'Video-Home-Training', auch hier die Stärkung der Erziehungskompetenz der Eltern genannt. Erreicht werden soll dies anhand von vier Gruppensitzungen zu den Themen

- Positive Erziehung
- Förderung der kindlichen Entwicklung
- Umgang mit Problemverhalten
- Vorausplanung

Die Eltern erlernen systematisch Strategien, wie sie auf das Verhalten ihres Kindes reagieren können und eine gute Beziehung zu ihm aufbauen, um es bei seiner Entwicklung zu unterstützen. Mit Hilfe einer Heilerzieherpflegerschule in Hamburg werden die Inhalte des 'Triple-P-Projekts' derzeit so modifiziert, dass sie für Eltern mit einer geistigen Behinderung anwendbar sind. Die Erprobung erfolgt in der Einrichtung 'Tandem'. Der erste Eindruck der Mitarbeiterinnen ist durchaus positiv.

Die Marie-Christian-Heime in Kiel, das Familienprojekt der Lebenshilfe Berlin wie auch das Mitarbeiterteam des Diakoniewerk Michaelshoven in Köln legen besonderen Wert auf regelmäßige klientenzentrierte Beratungsgespräche zwischen der Mutter/ den Eltern und den zuständigen Fachkräften. Diese Gespräche finden jeweils in einem möglichst störungsfreien Setting außerhalb des Alltagsgeschehens statt. Eine für beide Seiten geltende Verbind-

---

[34] Mündlicher Vortrag der Mitarbeiterinnen des Wohnprojekts 'Tandem' am 1. Oktober 2004 in Hamburg

lichkeit der Gespräche soll eine Regelmäßigkeit und einen auf Dauer angelegten kontinuierlichen Beratungsprozess garantieren.

„Die Elterngespräche bieten Raum für alle familienrelevanten Themen. Im Zentrum stehen Fragen der Erziehungs- und Paarberatung, sowie Fragen der Alltagsbewältigung" (Konzeption Lebenshilfe Berlin 2000, 11).

Die 'Unterstützte Elternschaft' der Lebenshilfe Bremen orientiert sich bei der Unterstützung geistig behinderter Eltern an der Arbeits- / Herangehensweise der Psychologin Susan McGaw[35] sowie der Australierin Gwynneth Lellewellyn. Die MitarbeiterInnen legen zu Beginn der Tätigkeit in der Familie einen ihrer Arbeitsschwerpunkte auf die Erfassung der elterlichen Fähigkeiten und Unterstützungsbedarfe sowie des sozialen Netzwerkes (vgl. auch Beitrag „Elterliche Kompetenzen und die Feststellung von Unterstützungsbedürfnissen in Familien mit geistig behinderten Eltern", ab S. 219 in diesem Band). Ein aus dem Englischen übersetztes Eltern-Erstinterview[36] dient als Hilfestellung bei der Einschätzung des Unterstützungsbedarfs. Daneben hat die Verfasserin als Leiterin der 'Unterstützten Elternschaft' der Lebenshilfe Bremen im vergangenen Jahr begonnen, mit den von der Lebenshilfe unterstützten Eltern in einer Elterngruppe zu arbeiten. Diese Elterngruppe trifft sich einmal monatlich und bearbeitet u.a. gemeinsam Erziehungsthe-

---

[35] Susan McGaw ist die Begründerin des Special Parenting Service (SPS), einer ambulanten Einrichtung für Eltern mit geistiger Behinderung in Cornwall, England. Ihre Herangehensweise bei der Arbeit mit Eltern mit geistiger Behinderung konnten die Mitarbeiterinnen des Forschungsprojektes „Zur Lebenssituation geistig behinderter Menschen mit Kindern in der BRD" an der Universität Bremen bei einem Besuch im März 1994 kennen lernen (vgl. Abschlussbericht: „Dann waren sie sauer auf mich ...", 202ff.).

[36] Die Vorlage für das Eltern-Erst-Interview stammt aus dem „Family Support and Services Projekt" von Gwynneth Llewellyn, University of Sydney 1995 (vgl. bisher unveröffentlichtes Konzept der Lebenshilfe Bremen, 14ff.).

men.[37] Bei der Einrichtung dieser Gruppe stand folgende Überlegung im Vordergrund:

„Mit der Einrichtung von Elterngruppen und Fortbildungskursen nach der Konzeption von (professionell begleiteten) Selbsthilfegruppen und dem Angebot von Fortbildungsmöglichkeiten in Kursform zu den Themen Schwangerschaft, Geburtsvorbereitung, Elternschaft, Kindesversorgung und –erziehung sollen Möglichkeiten zum Knüpfen sozialer Kontakte und zum Kennenlernen von Menschen geschaffen werden, die sich in der gleichen Situation befinden. Die bereits vielfach bestehende Gefahr der Isolation beeinträchtigter Menschen kann sich durch die Geburt eines Kindes noch verstärken. In sog. Elterngruppen können sie die Stärke einer Gemeinschaft empfinden, in der sie eher den Mut zur Darstellung ihrer Vorstellungen, Bedürfnisse und Probleme aufbringen und Hilfe und Beratung erhalten können. Die Betroffenen können so eher ihre Klientenrolle verlassen und erhalten die Möglichkeit zur Bildung eines Netzwerkes untereinander." (Unveröff. Konzept der Lebenshilfe Bremen 2004, 10)

4 Schlussbemerkungen

Zusammenfassend lässt sich feststellen, dass sich in den vergangenen Jahren die Diskussion um das Thema 'Geistig behinderte Menschen als Eltern' auch in der Bundesrepublik Deutschland weiterentwickelt hat. Es sind neue Einrichtungen entstanden und einige haben begonnen, detailliertere Konzepte zu erarbeiten und dabei ihr methodisches Vorgehen zu überarbeiten. Mit der Gründung der BAG besteht die Möglichkeit, die Interessen dieser Gruppe von Menschen bundesweit zu artikulieren. Auch Initiativen wie die Arbeitsgemeinschaft 'Brandenburger Familienprojekte' bieten als Zusammenschluss von Einrichtungen die Möglichkeit, als Verbund vernetzt zu arbeiten und gemeinsam aufzutreten.

---

[37] Diese Elterngruppe basiert wiederum auf der Idee von Susan McGaw (vgl. Fußnote 11) und der dänischen Psychologin Jytte Faureholm. Seit 1986 arbeitete sie an der Sociale Hojskole in Esbjerg, Dänemark, wo sie die Idee von Elterngruppen mit geistig behinderten Menschen entwickelte. Im Sommer 1994 erhielten die Mitarbeiterinnen des Forschungsprojekts Gelegenheit, an einer der von Frau Faureholm initiierten Elterngruppen teilzunehmen.

Von einer ausreichenden Versorgungssituation in der Bundesrepublik sind wir trotz der oben beschriebenen erfreulichen Weiterentwicklung noch weit entfernt. Gerade stationäre Einrichtungen mit einer 'Rund-um-die-Uhr-Betreuung' gibt es nach wie vor zu wenige. Immer noch müssen viele Eltern ihr soziales Umfeld verlassen, wenn sie eine umfassende Unterstützung benötigen, denn bei ambulanter Unterstützung wird in der Regel nur eine geringe Wochenstundenzahl bewilligt. Hinzu kommt, dass die meisten Mütter mit intensivem Unterstützungsbedarf den Vater ihres Kindes zurücklassen müssen, da seine Aufnahme in den wenigen verfügbaren stationären Einrichtungen nur selten möglich ist. Dennoch müssen diese Mütter angesichts der wenigen verfügbaren Plätze froh sein, überhaupt einen solchen erhalten zu haben. Es widerspricht den Grundsätzen des Sozialstaates und verstößt klar gegen das Benachteiligungsverbot von Menschen mit Behinderungen, wenn z.B. minderjährige oder psychisch kranke Mütter mit ihren Kindern in den meisten Städten die Möglichkeit erhalten, mit ihren Kindern in einer stationären Einrichtung zusammenzuleben, dies den geistig behinderten Müttern/ Eltern aber vorenthalten wird.

Entgegen der heutigen Praxis sollten in allen Bundesländern bedarfsgerechte Angebote der Familienbegleitung flächendeckend geschaffen werden. Trennungen der Kinder von ihren Eltern aufgrund fehlender Unterstützungsangebote sollte es nicht mehr geben. Noch immer steht eher die unterstellte Inkompetenz der Menschen mit Behinderung im Vordergrund als die Entwicklung und Förderung ihrer Fähigkeiten. In der raren deutschsprachigen Fachliteratur finden sich noch zu wenige Hinweise auf positivere Entwicklungen. Englischsprachige Literatur ist für das Fachpersonal und die Angehörigen kaum erreichbar. Vielleicht lassen sich mehr Fachkräfte, Angehörige und Sozialdienste für die Förderung und Unterstützung geistig behinderter Menschen in ihrer Elternrolle gewinnen, wenn künftig mehr und besser ausgearbeitete methodische Konzepte zur Verfügung stehen.

Fallbeispiel X: Frau Dietrich und Herr Dietrich

„Wann können wir endlich sicher sein, dass wir es behalten dürfen?"

Herr und Frau Dietrich sind Mitte 20. Beide werden als geistig behindert bezeichnet. Frau Dietrich ist zudem psychisch erkrankt. Über den Schulbesuch/-abschluss der beiden ist nichts bekannt.

Frau Dietrich ist in einem von Alkoholproblemen geprägten Umfeld aufgewachsen und hat in ihrem Elternhaus sexuelle Missbrauchserfahrungen machen müssen. Als junge Erwachsene wandte sie sich von ihrer Herkunftsfamilie ab und zog in eine einige hundert Kilometer entfernte Stadt. Hier lernte sie einen jungen Mann kennen, der ebenfalls als geistig behindert gilt und in einer Wohngemeinschaft für Menschen mit geistiger Behinderung lebt. Schnell wurde für die dortigen BetreuerInnen deutlich, dass auch Frau Dietrich der Unterstützung bedurfte. Sie zog zu ihrem Freund in die Wohngemeinschaft. Kurze Zeit später wurde sie schwanger. Die zuständigen Betreuungspersonen machten sich Sorgen um die Zukunft der werdenden Familie. Vor allem das in der Vergangenheit auto- und fremdaggressive Verhalten der jungen Frau ließ sie zweifeln, ob Frau Dietrich in Zukunft in der Lage sein würde, ihre Affekte zu kontrollieren und die Verantwortung für die Versorgung und Erziehung eines Kindes zu tragen. Die Vertreter des eingeschalteten Jugendamtes teilten diese großen Bedenken und erwogen die sofortige Fremdplatzierung des Kindes nach seiner Geburt. Allerdings wurde ihnen bald klar, dass dies nicht so einfach möglich ist, denn – rechtlich gesehen – kann in das vom Grundgesetz geschützte Elternrecht nur bei einer tatsächlichen, nicht aber bei einer vermuteten Kindeswohlgefährdung eingegriffen werden. Daher würde sich das Jugendamt bei einem solchen Vorgehen auf extrem dünnem Eis bewegen. Zudem war nicht auszuschließen, dass Frau Dietrich bei einer zwangsweisen Kindeswegnahme erneut schwanger werden würde, und das Jugendamt wieder vor dem gleichen Problem stünde. Trotz größter Bedenken schien es deshalb keinen anderen Weg zu geben, als die sich gründende Familie zu begleiten.

Zum Zeitpunkt dieser Einsicht blieben bis zur Geburt des Kindes noch voraussichtlich zwei Monate Zeit.

Ein Dienst, der sich u.a. auf die Unterstützung geistig beeinträchtigter Eltern spezialisiert hat, wurde eingeschaltet, eine externe Wohnung gesucht und von dem jungen Paar bezogen.

Das Jugendamt zögerte noch, die große Stundenanzahl, die als Unterstützungsbedarf errechnet wurde, als Auftrag an den ausgesuchten Dienst zu vergeben. Zu hoch würden die Kosten für die ambulante Unterstützung sein, hieß es, und eine stationäre Unterbringung der werdenden Mutter wurde erwogen. Ein entsprechender Platz konnte jedoch nicht gefunden werden. Deshalb wollte das Jugendamt die Geburt des Kindes abwarten und sehen, ob der Sozialdienst des Geburtskrankenhauses ein Zusammenleben von Mutter/Eltern und Kind (evtl. mit intensiver Unterstützung) befürworten würde. Eine Kontaktaufnahme/-anbahnung und Unterstützung vor der Geburt durch den o.g. Dienst wurde durch die ausstehende Kostenzusicherung verhindert. Eine Vorbereitung auf die Elternschaft fand nicht statt.

Nach der Geburt des Kindes beobachtete der Sozialdienst des Krankenhauses die Eltern über mehrere Tage und kam zu der Einschätzung, dass ein Zusammenleben mit dem Kind bei intensiver Unterstützung möglich sein müsste. Da die Kostenzusage des Jugendamtes immer noch fehlte, wurde Frau Dietrich nicht aus dem Krankenhaus entlassen, zu unsicher zeigten sich die Eltern im Umgang mit dem Kind.

Die psychische Belastung war in dieser Situation für Herrn und Frau Dietrich sehr groß: Beide Elternteile wussten, dass das Jugendamt eine Fremdunterbringung des Kindes aus finanziellen Gründen nach wie vor favorisierte. Immer noch wussten sie nicht, ob sie ihr Kind würden behalten dürfen. Endlich kam der ersehnte Unterstützungsauftrag und die Familie durfte zusammen nach Hause. Vier Wochen lang, hieß es, sollte im Sinne eines Clearings der Hilfebedarf der Familie festgestellt werden.

Diese ersten Wochen nach der Entlassung aus dem Krankenhaus waren für Herrn und Frau Dietrich nicht einfach. Das Geld war knapp, es fehlten Papiere, um z.B. das Erziehungsgeld beantragen zu können. Auch die Erledigung anderer Formalitäten stellte eine große Herausforderung dar, wie z.B. die Anmeldung des Kindes und die Sorgerechtserklärung der Mutter vor dem Jugendamt.

Hinzu kamen die Suche nach einem Kinderarzt und das Kennenlernen der drei Mitarbeiterinnen des neu eingeschalteten Dienstes sowie einer Hebamme, die zweimal wöchentlich kam. Die Betreuerinnen des Betreuten Wohnens waren auch fast täglich da. Das alles war viel für die Familie; sie fand schwer zur nötigen Ruhe und zu einem eigenen Rhythmus. Die Frage, ob das Kind bei ihnen bleiben würde oder nicht, war immer noch nicht geklärt. Dies quälte die Eltern weiterhin und gab Anlass zum Streit untereinander.

Trotz dieser Belastungen nahmen die Dietrichs das umfassende Hilfsangebot gerne an. Anfängliche Unsicherheiten im Umgang mit dem Kind begannen sich aufzulösen. 'Typische Mutterinstinkte' waren jetzt sicht- und spürbar. Beide Elternteile begannen, eine Beziehung zum Kind aufzubauen. Das Baby erfuhr in seinen ersten Lebenswochen Zuwendung und Zuneigung.

Gleichzeitig fühlte sich Herr Dietrich jedoch schon drei Wochen nach Geburt des Kindes immer häufiger überfordert und fing an, sich abzusetzen. Eines Abends wurde eine Unterstützungsperson gerufen und mit der Aussage der Eltern konfrontiert, Herr Dietrich habe seinem an diesem Tag unruhigen Kind eine Ohrfeige gegeben. Ein Hämatom am Kopf war sichtbar. Das Kind wurde für einige Tage zur Beobachtung in ein Krankenhaus gebracht; Spätfolgen waren nicht erkennbar. Herr Dietrich zog zurück in seine betreute Wohngemeinschaft. Er kommt alle paar Tage in Begleitung einer Betreuungsperson zu Besuch; seine wiedergewonnene Freiheit gefällt ihm gut. Frau Dietrich konnte mit dieser neuen Situation bereits nach kurzer Zeit ebenfalls gut umgehen.

Auch nach den ersten vier Wochen wurde die hohe Zahl an Unterstützungsstunden zunächst beibehalten. Die Trennung des Kindes von seiner Mutter wurde nicht weiter erwogen, da eine positive Mutter-Kind-Beziehung zu erkennen war. Der hohe Unterstützungsbedarf Frau Dietrichs bei der Versorgung des Kindes (sie kann z.B. die Uhr nicht lesen und vergaß, dem Kind sein Fläschchen zu geben) wurde vom Jugendamt zwar kritisch gesehen, führte aber nicht zur Trennung von Mutter und Kind, sondern zu der Einsicht, dass hier in den ersten Lebensmonaten 'hoch investiert' werden muss, um Mutter und Kind beieinander lassen und andererseits weitere Schwangerschaften verhindern zu können.

Das Kind ist jetzt fast ein halbes Jahr alt und, ebenso wie seinen Eltern, geht es ihm gut. Nur die Unsicherheit bleibt, ob das Kind wirklich auf Dauer bei ihnen leben wird.

Markante Aspekte der geschilderten Lebenssituation

- belastende Kindheitserfahrungen
- fehlender Kontakt zur Herkunftsfamilie
- (fast) nur negative Reaktionen des Umfeldes auf die Schwangerschaft
- wenig Zutrauen des Betreuungspersonals in die Fähigkeiten der werdenden Mutter
- keine Finanzierung präventiver Hilfen, zögerliche Bewilligung der erforderlichen Unterstützung, dadurch zusätzliche psychische Belastung der Eltern
- psychische Stresssituation für die Eltern aufgrund der permanenten Gefahr der Kindeswegnahme
- viele verschiedene Personen, von der die Familie unterstützt wird
- vorhandene emotionale Beziehung der Eltern zum Kind

MIRIAM STAUDENMAIER

„Wir hinken immer einen Schritt hintennach..." –
Elternschaft von Menschen mit geistiger Behinderung in
der deutschsprachigen Schweiz und in Deutschland im
Vergleich

1 Einleitung

Die Aussage *„Wir hinken immer einen Schritt hintennach..."* stammt von einer Betreuungsperson, die Eltern mit geistiger Behinderung und deren dreijährige Tochter in einer stationären Einrichtung unterstützt. Sie schildert das Gefühl der involvierten Betreuungspersonen, in der Vorbereitung der Eltern auf die schnelle und stetige Entwicklung des Kindes immer in Verzug zu sein.

Ich werde im vorliegenden Beitrag anhand der Untersuchung zur Unterstützung von Eltern(-teilen) mit leichter und mittlerer geistiger Behinderung in der deutschsprachigen Schweiz sowie der 2003 an der Universität Zürich organisierten Fachtagung 'Elternschaft von Menschen mit geistiger Behinderung' die aktuelle Situation zur Thematik Elternschaft von Menschen mit geistiger Behinderung in der deutschsprachigen Schweiz schildern.

Es ist interessant, die Aussage der Betreuungsperson in diesem Zusammenhang zu betrachten. Die Schweiz ist offensichtlich den Entwicklungen in Deutschland 'einen Schritt hintennach'. Es gibt weder eine Institution, wie die Marie-Christian-Heime in Kiel, die in jahrelanger stationärer Unterstützung von Eltern(-teilen) mit geistiger Behinderung Erfahrungen sammeln konnten, noch ambulante Angebote, die sich ausschließlich der Unterstützung von Eltern(-teilen) mit geistiger Behinderung verpflichtet haben. Abgesehen von Unterschieden in den sozialpolitischen und institutionellen Voraussetzungen, lässt sich dieser Umstand dadurch erklären, dass die Schweiz sehr viel kleiner ist als Deutschland, die Landschaft der Angebote für Menschen mit geistiger Behinderung somit anders beschaffen ist und aufgrund der wenigen Elternschaften ein Bedürfnis nach spezifischen Institutionen oder Angeboten später oder gar nicht besteht. So sind auch die wenigen existierenden Unterstützungsangebote aus Notsituationen entstanden und somit Einzellösungen, die durch die Bereitschaft und den großen Einsatz der beteiligten Fachpersonen möglich wurden. Der Rückstand gegenüber Entwicklungen in Deutschland ist dadurch noch nicht erklärt. Es fehlen auch weitgehend die fachliche Diskussion, Forschungsprojekte und die gesellschaftliche Akzeptanz. Elternschaft von Menschen mit geistiger Behinderung unterliegt in der Schweiz nach wie vor einem gesellschaftlichen und teilweise auch fachlichen Tabu. In der Folge gibt es in der Schweiz bislang keine professionellen Beratungsangebote, die bei Schwangerschaft oder Elternschaft von Menschen mit geistiger Behinderung fachliche Unterstützung anbieten oder eine angemessene Unterstützung vermitteln können.

Allein der Umstand, dass es (unterstützte) Elternschaften von Menschen mit geistiger Behinderung in der Schweiz gibt, rechtfertigt und bedingt, dass diese Thematik in Zukunft zum Auftrag der Sonderpädagogik in Theorie und Praxis gehört. Bestärkt wird diese Forderung durch den Umstand, dass durch die Enttabuisierung der Sexualität von Menschen mit geistiger Behinderung auch Themen wie Verhütung, Kinderwunsch und Elternschaft an Aktualität gewinnen.

In der Schweiz gibt es bereits Ansätze der Auseinandersetzung mit der Thematik Elternschaft von Menschen mit geistiger Behinderung. Auf gesellschaftlicher Ebene wird dieses Thema insofern angesprochen, als dass die 'sichere Verhütungsmethode der Sterilisation' mit einer kommenden Gesetzgebung zur Sterilisation urteilsunfähiger Personen nur noch unter sehr eingegrenzten Voraussetzungen zulässig sein wird. Eltern von Menschen mit geistiger Behinderung äußern in diesem Zusammenhang Ängste, dass vermehrt ungewollte Schwangerschaften auftreten könnten. Die Ängste der Angehörigen sind zu verstehen, wenn man bedenkt, dass fachliche Beratung bezüglich gelebter Sexualität – beispielsweise zu reversiblen Verhütungsmethoden – oder im Falle einer ungewollten Schwangerschaft sehr dünn gesät sind und die Eltern bei einer Elternschaft des geistig behinderten Kindes auf sich gestellt wären. In der öffentlichen Diskussion werden Themenbereiche wie sexualpädagogische Beratung, Kinderwunsch oder professionell unterstützte Elternschaften noch weitgehend außer Acht gelassen. Die mangelnde gesellschaftliche Akzeptanz gegenüber Elternschaft von Menschen mit geistiger Behinderung ist spürbar.

In der sonderpädagogischen Praxis scheint das Interesse des Fachpersonals zwar vorhanden zu sein, von einer Fachdiskussion oder gar Forschung auf universitärer Ebene zur Thematik Elternschaft zu sprechen wäre übertrieben. So sind in der Schweiz kaum Fachartikel erschienen und praktisch keine Forschungsaktivitäten im Gange. Eine Ausnahme stellt ein kurz vor der Fachtagung in Zürich erschienener Artikel in der Vierteljahresschrift für Heilpädagogik und ihre Nebengebiete dar (vgl. Jeltsch-Schudel 2003), wo über die Ergebnisse einer Schweizer Untersuchung zum Thema Elternschaft von Menschen mit einer geistigen Behinderung berichtet wird. Die darin zusammengefasste Diplomarbeit ist denn auch die bisher einzige wissenschaftliche Arbeit zur Thematik in der Schweiz. Zudem wurde über die bereits erwähnte Fachtagung ein Artikel publiziert (vgl. Hoyningen-Süess & Staudenmaier 2004). Ansonsten wird vorwiegend auf Literatur und Forschung aus Deutschland zurückgegriffen, wobei das vor rund 10 Jahren unter der Leitung von Ursula Pixa-Kettner initiierte Forschungsprojekt noch heute als wegweisende Studie zur Lebenssituation geistig behinderter Eltern und ihrer Kinder gilt (vgl. Pixa-Kettner, Bargfrede & Blanken 1996). Eine vergleichbare Studie steht in der Schweiz noch aus.

Aus obigen Ausführungen lässt sich folgern, dass der Zeitpunkt einer, auf fundierten Informationen beruhenden, Auseinandersetzung mit dem Thema in der Schweiz in Gesellschaft, Praxis und Forschung gekommen ist.

Im zweiten Teil gehe ich – um die aktuelle Situation in der Schweiz etwas genauer aufzuzeigen – auf die Ergebnisse der Untersuchung und der Fachtagung ein. Im darauf folgenden dritten Teil werde ich den konkreten Handlungsbedarf in der Schweiz erläutern, um im letzten Teil auf mögliche Vorgehensweisen in der Auseinandersetzung mit der Thematik Elternschaft in der deutschsprachigen Schweiz zu verweisen.

2 Situation in der deutschsprachigen Schweiz: Untersuchung und Fachtagung

Im Rahmen meiner Lizenziatsarbeit am Institut für Sonderpädagogik der Universität Zürich führte ich 2003 eine Untersuchung über die Unterstützung von Eltern(-teilen) mit leichter und mittlerer geistiger Behinderung in der deutschsprachigen Schweiz durch. An einer zeitgleich am Institut für Sonderpädagogik organisierten Fachtagung stand ebenfalls die Thematik Elternschaft von Menschen mit geistiger Behinderung im Zentrum der Referate und Diskussionen.

Die Untersuchung besteht aus qualitativen Interviews mit MitarbeiterInnen in sieben Betreuungssituationen. Es sind hierbei verschiedene Unterstützungsformen von stationärer Betreuung und ambulanter Begleitung vertreten. Da es momentan nur wenig unterstützte Elternschaften in der deutschsprachigen Schweiz gibt, setzt sich die Auswahl der interviewten Personen nicht stichprobenartig zusammen, sondern aus allen der Verfasserin bekannten, damals bestehenden Unterstützungssituationen. Die Interviews wurden gemäss der Methode der Inhaltsanalyse nach Mayring (2003) nach Themenbereichen ausgewertet. Die Ergebnisse geben Aufschluss über die jeweiligen Betreuungssituationen aus Sicht der interviewten Betreuungspersonen und den Umgang der Eltern mit der angebotenen Unterstützung.

Ich verzichte auf eine Darstellung der gesamten Ergebnisse und führe im Folgenden fünf – mir für die momentan vorherrschende Situation in der Schweiz charakteristisch erscheinende – Themenbereiche an. Die aufgeführten Zitate aus den Interviews mit Betreuungspersonen veranschaulichen, welche Problematiken für Eltern(-teile) mit geistiger Behinderung und die Betreuungspersonen bestehen.

(1) Eltern kämpfen gegen Abtreibung, Fremdplatzierung, für ihre Elternschaft

Alle interviewten Personen berichten von negativen Reaktionen des sozialen Umfelds der betreuten Eltern. Bei der Schwangerschaft einer Frau mit geistiger Behinderung stehen offensichtlich zunächst

Lösungsmöglichkeiten wie Abtreibung oder Fremdplatzierung des Kindes im Vordergrund.

> „Sie mussten kämpfen, dass das Kind nicht abgetrieben wurde, nachher mussten sie darum kämpfen, dass sie es behalten durften, nachher, dass sie zusammen wohnen können."

Gegen diese Reaktionen müssen sich Paare oder werdende Mütter zunächst durchsetzen. Doch wie das Zitat zeigt, ist auch dann nicht sicher, dass Eltern und Kind als Familie zusammenwohnen können. Der Vater setzte sich zusammen mit dem Beistand des Kindes dafür ein, dass ein Platz für die ganze Familie gesucht wurde.

> „Ich denke, dass unsere Gesellschaft die Aufgabe hat, für diese Rechte [auf ein Kind] einzustehen. Im Moment, sehe ich, dass die Leute, die sich ein Kind erzwingen, eins haben und damit wird irgendwie umgegangen."

Es liegt nahe, anzunehmen, dass die bestehenden Elternschaften in der Schweiz zustande gekommen sind, indem sich Eltern oder einzelne Mütter ihre Elternschaft durch Auseinandersetzung mit den zuständigen Bezugspersonen und Behörden oder durch die Geheimhaltung der Schwangerschaft erkämpften.

Aus den Aussagen der Betreuungspersonen ergeben sich folgende Thesen:

- Menschen mit geistiger Behinderung werden die elterlichen Kompetenzen von vorneherein abgesprochen.
- Bestehende Elternschaften von Menschen mit geistiger Behinderung wurden gegen gesellschaftliche und professionelle Widerstände erkämpft.

(2) Strukturelle und konzeptionelle Voraussetzungen der Unterstützung in Institutionen

Die Aufnahme einer Familie in ein Wohnheim oder eine sozial- oder heilpädagogische Lebensgemeinschaft wurde in zwei Fällen durch Neueröffnung und Ortswechsel möglich. Bei Anfragen nach Aufnahme der Familien in andere Institutionen wurden strukturelle Unzulänglichkeiten als Hinderungsgrund angeführt.

> „Es war Zufall, dass wir Plätze frei hatten durch den Ortswechsel. Da kam eine Anfrage der Amtsvormundschaft, ob wir Platz hätten für ein junges Paar, das ein Kind erwartet. Dann kamen die beiden schnuppern und wir beschlossen, dass wir das gerne machen würden."

Selbst wenn eine Institution strukturell Platz für Eltern(-teile) mit geistiger Behinderung und deren Kind hat, muss auch die Bereitschaft zur Unterstützung einer Elternschaft da sein.

> „Ja, ich denke,... vor allem wenn das Kind schon da ist, dann ist es für mich eigentlich überhaupt keine Frage mehr. Da muss man eine Form finden die Familie zu betreuen. Alles andere ist wirklich unhaltbar. ... Ich glaube aber nicht, dass unsere Institutionen gerüstet sind für so etwas."

Dass Institutionen nicht gerüstet sind, hängt mit der vorherrschenden negativen gesellschaftlichen Einstellung gegenüber Elternschaften von Menschen mit geistiger Behinderung zusammen. Noch gibt es wenige Institutionen, die sich konzeptionell hiermit auseinandersetzen, wenn nicht dringend Anlass dazu besteht.

- Institutionen sind strukturell und konzeptionell nicht auf die Unterstützung von Eltern(-teilen) mit geistiger Behinderung und deren Kindern vorbereitet.
- Institutionen sind oftmals nicht bereit, Eltern(-teile) mit geistiger Behinderung und deren Kinder aufzunehmen.

(3) Zielsetzung der Unterstützung

Die angestrebten Ziele werden in den untersuchten Unterstützungssituationen gänzlich verschieden beschrieben.

> Zielsetzung ist, dass diese Familie zusammenbleiben kann, dass aber auch in diesem Ganzen das Kind eine Chance hat, möglichst gut gefördert zu werden und trotzdem die Gemeinschaft einer Familie erleben kann.

Pädagogische Zielsetzungen sind auf die Konzeption der Institution, in der die Unterstützung stattfindet, zurückzuführen. So ist das Wohnheim, in dem die Betreuungsperson des obigen Zitates eine

Familie betreut, sonst auf die Betreuung von Menschen mit geistiger Behinderung ausgerichtet.

> „Unser Konzept ist Ergänzung, auf das, was wir denken, sind etwa die hundert Prozent, die das Kind benötigt. Das definiert sich von den Bedürfnissen des Kindes her. Das ist das Wesentliche für uns. Und darum auch nicht auf die geistige Behinderung ausgerichtet, sondern quer durch, das was die Kinder brauchen, muss da sein, und das was die Eltern selber dazutun können, soll man ihnen nicht wegnehmen."

Eine Betreuungsperson nannte auf die Frage nach dem Ziel der Unterstützung die Erfüllung der Wünsche und Forderungen der beteiligten Parteien. Dieses Zitat verdeutlicht die Anforderungen, welche an die Unterstützung von Eltern mit geistiger Behinderung gestellt werden.

> „Von Mutter und Kind ist es klar, dass sie mal selbständig in einer Wohnung leben möchten und das Kind betreuen. Von der Amtsvormundschaft her steht klar das Kindeswohl im Vordergrund. Man muss schauen, dass dem Kind nichts geschieht, respektive, dass es eine gute und gesunde Entwicklung durchläuft. Daher ist es auch in der Betreuung immer ein Gemisch von allem."

Die Betreuungsperson bewegt sich in ihrer Unterstützung stets zwischen der Selbstbestimmung der Eltern oder des Elternteils und dem Wohl des Kindes. Wie nun die verschiedenen Interessen in der alltäglichen Unterstützung gewichtet werden, hängt von der Einstellung der Betreuungsperson ab.

- Die Zielsetzung der Unterstützung hängt vom Hintergrund der jeweiligen Institution ab.
- Die Umsetzung der Zielsetzung hängt von der Einstellung der Betreuungsperson ab.

(4) Fehlende gesellschaftliche Akzeptanz

Sobald ein Kind in die Schule kommt, wird die geistige Behinderung der Eltern oder des Elternteils 'öffentlich'. Das Kind erfährt, wie im untenstehenden Zitat deutlich wird, durch die Reaktion des sozialen Umfeldes, was es bedeutet, 'geistig behinderte' Eltern zu haben.

> „Vorher war das Kind noch in einem geschützten Rahmen, es war in einem Hort und durch das, war das Umfeld relativ klein. Jetzt besucht er die Schule und die Einflüsse sind natürlich grösser und das Verständnis der umliegenden Personen ist nicht gegeben. Sie verstehen das häufig nicht so. Die Akzeptanz ist nicht da."

Die Eltern unterliegen oftmals einer viel größeren Kontrolle als andere Eltern. Das soziale Umfeld sieht ein gewisses Recht, den Eltern Ratschläge zu erteilen oder Kritik an der Erziehung zu üben.

> „Meine Grenzen… was ich als schwierig empfinde, sind die Gespräche mit den Eltern und der Lehrerschaft und der Beiständin. Nicht, dass ich da unbedingt an Grenzen komme, aber das sind für mich ziemliche Herausforderungen, wo ich dann auch wissen muss, wo ich stehe und wie ich mich verhalte."

In obigem Zitat deutet die Begleitperson die Schwierigkeit an, zwischen den Eltern und den Personen des sozialen Umfeldes vermitteln zu müssen, wobei sie betont, dass sie sich der Mutter gegenüber loyal verhält. Sie versucht, ihr die Anliegen der Lehrpersonen zu erklären und diesen gleichzeitig den Standpunkt der Eltern klarzumachen.

Weiter bemerkt die Begleitperson, dass der Einfluss des sozialen Umfelds und vor allem der enge Zusammenhalt der Familie Auswirkungen auf das Sozialverhalten des Kindes zeigen.

> „Dadurch, dass die Familie relativ zurückgezogen lebt, ist das für ihn nicht so einfach. Er ist auf seine Eltern konzentriert. Er sagt auch viel, wenn ich ihn darauf anspreche, dass er doch mal mit Kameraden abmachen könnte, sagt er, nein… Er spielt viel zuhause, alles ist zuhause. Es ist schon auch vorgekommen, dass er abgemacht hat, aber… das ist zum Beispiel auch etwas, das die Lehrerschaft nicht versteht, dass das Familienleben so im Zentrum ist. Das gibt es natürlich auch bei anderen Familien, aber man schaut bei so einer Familie natürlich anders hin. Aber, das Sozialverhalten,… man muss ihm helfen. Man ist sehr bemüht – das ist etwas, das auch in der Begleitung sehr aktuell ist – dass er in den Fussballklub geht und dass er so Kontakt findet zu Kindern."

So ist die Begleitperson in ihrer Unterstützung um Integration des Kindes in sein Umfeld bemüht.

- Die gesellschaftliche Einstellung gegenüber Elternschaften von Menschen mit geistiger Behinderung ist vorwiegend negativ.
- Die gesellschaftliche Stigmatisierung stellt eine ungünstige Voraussetzung für die Elternschaft dar.
- Die vorwiegend negative gesellschaftliche Einstellung erschwert die Integration der Eltern und des Kindes.

(5) Fehlende Informationen und Beratungsmöglichkeiten

Alle befragten Betreuungspersonen äußerten sich dahingehend, dass sie fachspezifische Information und Beratung in ihrer Aufgabe der Unterstützung von Eltern(-teilen) mit geistiger Behinderung vermissen und gerne in Anspruch nehmen würden.

„Wir wollten eine Fachberatung. Ich habe mich ziemlich darum gekümmert und wollte etwas spezifisch für diese Frage. Das gibt es nicht. ..."

Ich hatte den Eindruck, dass die Betreuungspersonen diesen Umstand durch Eigeninitiative und Engagement kompensieren. Dennoch scheint dies nicht die ideale Lösung, da so eine mögliche Überforderung der Betreuungspersonen viel früher einsetzen muss.

„Die Grenze liegt dort, wo ich das Gefühl habe, ich weiss nicht wie das läuft, wo ich mir Wissen einholen muss. Und... sonst, denke ich, ist es keine andere Herausforderung... von der Selbstreflexion her oder der Art der Beziehungsgestaltung. Das sind Themen, die sonst im Beruf auch vorkommen. Das Gefühl der Überforderung kann vielleicht früher kommen, weil alles total neu ist und man auch vom Austausch her nicht auf dasselbe zurückgreifen kann."

Ein Austausch der in Unterstützung von Eltern(-teilen) mit geistiger Behinderung involvierten Betreuungspersonen scheint mir sehr sinnvoll. Dies könnte im Rahmen der Vernetzung von Fachpersonen, die mit der Thematik etwas zu tun haben, passieren.

- Den Betreuungspersonen fehlt es an Möglichkeiten zu fachlichem Austausch sowie an Zugang zu fachspezifischer Information und Beratung.

In diesem Sinne konnte die bereits erwähnte Fachtagung etwas zum Austausch und der Vernetzung von Fachpersonen beitragen. Diese fand – als erste Tagung, die sich ausschliesslich mit der Thematik Elternschaft von Menschen mit geistiger Behinderung in der deutschsprachigen Schweiz befasste – im September 2003 am Institut für Sonderpädagogik der Universität Zürich statt. Es fanden sich rund 40 Personen aus verschiedenen Bereichen der Praxis und Forschung zu Referaten und Diskussionen ein. Viele der Fachleute waren und sind in ihrem Tätigkeitsbereich schon mehrfach mit der Problematik der Unterstützung von Elternschaft von Menschen mit geistiger Behinderung konfrontiert worden. Ich greife im Folgenden einige wichtige Bereiche heraus (vgl. Hoyningen-Süess & Staudenmaier 2004).

Zunächst wurde es begrüsst, dass die 'Elternschaft von Menschen mit geistiger Behinderung' auf einer Tagung für Fachleute thematisiert wurde. Viele Teilnehmerinnen und Teilnehmer waren erstaunt, dass die Anzahl der Elternschaften aus Erfahrungsberichten der beteiligten Personen um einiges höher zu sein scheint als angenommen.

Ein großes Anliegen der Tagungsteilnehmerinnen und -teilnehmer scheint eine Grundsatzdebatte über das Recht von Menschen mit geistiger Behinderung auf Elternschaft zu sein. Es wurde explizit betont, dass die Elternschaft bei geistiger Behinderung zwar einerseits Mut brauche, gesellschaftliche Normen zu durchbrechen, dabei aber der Sinn für die gesellschaftliche Realität nicht verloren gehen dürfe.

Die *Akzeptanz* für Eltern mit geistiger Behinderung in der Gesellschaft erachten die Tagungsteilnehmerinnen und -teilnehmer als gering. Daraus ergibt sich die Forderung nach gezielter und aktiver Öffentlichkeitsarbeit, welche zur Sensibilisierung der Gesellschaft und dem Abbau von Tabus beitragen soll.

Im Zusammenhang mit *Institutionen* wird konstatiert, dass es in der Verantwortung der einzelnen Institutionen liegt, sich mit der Thematik Elternschaft von Menschen mit geistiger Behinderung auseinanderzusetzen. Im Falle einer Schwangerschaft kann dann von einer gezielten Vorbereitung der Elternschaft gesprochen werden. Zudem wird gefordert, dass sexualpädagogische Konzepte erarbeitet werden müssen, die neben der Sexualität und der Partnerschaft auch den Kinderwunsch und die Elternschaft thematisieren.

Die Elternschaft von Menschen mit einer geistigen Behinderung bedingt meist umfangreiche *Unterstützungsangebote*. Es wird erwähnt, dass bisher pragmatische Lösungen für Einzelfälle erarbeitet wurden und die Grundsatzdiskussionen anhand der Einzelfälle geführt werden, was einen grossen Kräfteeinsatz aller Beteiligten bis hin zu einer Überforderung bedeute. Eine grundlegende Auseinandersetzung könnte von der Evaluation bestehender Angebote ausgehen, zudem auf eine Bedarfsabklärung zurückgreifen, mit dem Vorteil, dass im Einzelfall nicht immer alles neu erfunden werden müsse. Es müssten bestehende Angebote geöffnet oder neue Angebote geschaffen werden, welche den bestehenden Anforderungen genügen sollen.

Zur *Forschung* wird bemerkt, dass es einerseits gut sei zu wissen, dass Untersuchungen vorhanden sind, auf die zurückgegriffen werden könne. Andererseits wird bedauert, dass es nur wenig Forschung im deutschsprachigen Raum gibt und praktisch keine in der Schweiz.

Viele Teilnehmerinnen und Teilnehmer geben an, dass die Haltung der *Fachpersonen* gegenüber der Elternschaft bei geistiger Behinderung entscheidend sei. Durch eine positive Einstellung wird Elternschaft von Menschen mit geistiger Behinderung und ihre Unterstützung erst möglich. Die Haltungen sind laut einer Aussage sehr unterschiedlich, Informationsstand und Problembewusstsein sind noch nicht hinreichend gegeben. Daher scheint die Auseinandersetzung mit bestehenden Wert- und Normvorstellungen und das Finden einer eigenen Haltung gegenüber der Thematik zentral.

Aus vielen Antworten ist ersichtlich, dass den Teilnehmerinnen und Teilnehmern die *Vernetzung* der Fachpersonen ein wichtiges Anliegen ist.

3 Handlungsbedarf auf gesellschaftlicher, institutioneller und professioneller Ebene

Zusammenfassend ergibt sich aus den Ergebnissen der Untersuchung und der Fachtagung Handlungsbedarf in der deutschsprachigen Schweiz. Ich stelle diesen im Folgenden auf drei Ebenen dar, welche von Pixa-Kettner in ihrem Referat an der Fachtagung in Zürich bereits eingeführt wurden (vgl. Pixa-Kettner 2003). Die Übernahme der Einteilung in gesellschaftliche, institutionelle und professionelle Ebene ermöglicht einen Vergleich mit der im Referat beschriebenen Situation in Deutschland.

Gesellschaftliche Ebene

Durch gezielte und aktive Öffentlichkeitsarbeit sollte Elternschaft von Menschen mit geistiger Behinderung in Gesellschaft und Sozialpolitik thematisiert werden. Damit kann eine Sensibilisierung der Gesellschaft und die Enttabuisierung der Thematik erreicht werden. Eine größere Akzeptanz unterstützter Elternschaft in der Gesellschaft vereinfacht die Integration von Eltern(-teilen) mit geistiger Behinderung und deren Kindern ins alltägliche Leben und verbessert damit ihr soziales Netzwerk.

Institutionelle Ebene

Bis jetzt sind Institutionen in der Schweiz strukturell und konzeptionell nicht auf Unterstützung von Eltern(-teilen) mit geistiger Behinderung und deren Kinder vorbereitet. Es liegt in der Verantwortung der Institutionen, sich mit der Thematik Elternschaft von Menschen mit geistiger Behinderung auseinanderzusetzen.

In einem sexualpädagogischen Leitbild oder Konzept können Haltung und konzeptuelle Überlegungen zu Partnerschaft, Sexualität, Kinderwunsch und Elternschaft festgelegt werden. So wird erreicht, dass Menschen mit geistiger Behinderung mit Kinderwunsch ernst genommen werden und sich eine Elternschaft nicht gegen die Forderung nach Abtreibung oder Fremdplatzierung erkämpfen müssen.

Ideal wäre eine Öffnung bestehender Angebote für die Unterstützung von Eltern mit geistiger Behinderung wie auch die Einrichtung neuer Unterstützungsangebote. Diese müssen individuell an die jeweilige Elternschaft angepasst werden können, flexibel konzipiert und regional organisiert sein.

Die Forschung in der Schweiz sollte, unter Einbezug von bestehenden internationalen Untersuchungen, verstärkt werden. Wichtig wären zunächst Untersuchungen zur genauen Anzahl bestehender Elternschaften in der Schweiz, eine Bedarfsabklärung und die Evaluation bestehender Unterstützungsangebote. Es sollte sowohl zur

Situation der Eltern(-teile) mit geistiger Behinderung wie auch zur Situation der Kinder geistig behinderter Eltern geforscht werden. Der Einbezug der Eltern und Kinder ist hierbei zentral. Unerlässlich ist die Koordination verschiedener Forschungsansätze im In- und Ausland.

Professionelle Ebene

Für Fachpersonen ist die Auseinandersetzung mit den eigenen Wert- und Normvorstellungen, sowie die Reflexion der Haltung gegenüber der Thematik Elternschaft von Menschen mit geistiger Behinderung von grosser Bedeutung. Durch Förderung der Grundsatzdiskussion sowie der spezifischen fachlichen Diskussionen können ein größeres Problembewusstsein und ein höherer Wissensstand entwickelt werden. Der Zugang zu fachspezifischer Information und Beratung muss gewährleistet sein. Zudem ist der Aufbau eines Netzwerks für betroffene Eltern, Angehörige und Fachpersonen aus Praxis und Forschung und Behörden wichtig.

4 Ausblick und Schluss

„Wir hinken immer einen Schritt hintennach...". Die Aussage verweist auf Defizite der professionellen Unterstützung von Eltern (-teilen) mit geistiger Behinderung und deren Kinder. Die Situation steht in der Schweiz nicht zum Besten. Man kann der aktuellen Situation aber durchaus auch eine positive Seite abgewinnen. In der Schweiz besteht die Chance, von den bereits durchlaufenen Entwicklungen und Erfahrungen in Deutschland zu profitieren. Wir stehen am Anfang der Auseinandersetzung mit der Thematik Elternschaft von Menschen mit geistiger Behinderung auf gesellschaftlicher, institutioneller und professioneller Ebene.

Ausgehend vom Ertrag meiner Lizenziatsarbeit erachte ich die Einrichtung einer zentralen Koordinations- und Beratungsstelle in der deutschsprachigen Schweiz als sinnvoll. Die Stelle ist als Zentrum zur Koordination der Aktivitäten bezüglich der Thematik zu verstehen. Sie kann durch die Bildung eines Netzwerks die Zusammenarbeit zwischen verschiedenen involvierten Fachpersonen fördern. Zielgruppen sind demnach Fachpersonen, aber auch betroffene Kinder, Eltern(-teile) und Eltern von Menschen mit geistiger

Behinderung. Zudem ist durch ein Angebot an Institutionen und Organisationen wie auch durch Öffentlichkeitsarbeit und sozialpolitische Aktivitäten, eine Änderung der gesellschaftlichen Einstellungen anzustreben.

Eine Koordinations- und Beratungsstelle hat meiner Ansicht nach den Vorteil, dass sie den Institutionen und den unterstützten Elternschaften fachliche Informationen und Beratung anbieten kann, so dass die individuelle Situation einer Elternschaft vor Ort beurteilt und eine sinnvolle Unterstützungsmöglichkeit gefunden werden kann, ohne dass die Eltern oder der Elternteil aus einem bestehenden sozialen Netz gerissen werden müssen. Somit kann die fachliche Kompetenz und angepasste konzeptuelle Abstützung in die Unterstützungssituation eingebracht werden, was die Bereitschaft der bestehenden Institutionen, eine Elternschaft zu unterstützen, meines Erachtens erhöhen sollte. Diese Vorgehensweise steht im Gegensatz zur gegenwärtigen Strategie, bei der die Eltern in eine Institution 'verpflanzt' werden müssen, die Platz für eine unterstützte Elternschaft hat und Bereitschaft zur Unterstützung zeigt.

Innerhalb der gesellschaftlichen Minderheit der Menschen mit geistiger Behinderung sind nur wenige mit einer Elternschaft konfrontiert. Allerdings sind angegliederte Themen wie Sexualität, Partnerschaft, Sterilisation, Verhütung oder Kinderwunsch im Geistigbehindertenbereich sehr aktuell und betreffen alle Menschen mit geistiger Behinderung. Eine Koordinations- und Beratungsstelle kann auf gesellschaftlicher, institutioneller und professioneller Ebene für die Thematik Elternschaft von Menschen mit geistiger Behinderung sensibilisieren, Forschung initiieren und Fachberatung zur Thematik Elternschaft, aber auch zu den zuvor angesprochenen angegliederten Themenbereichen anbieten. Durch diese Ausweitung des Gebietes kann eine gewisse Prävention stattfinden, verantwortungsvolle Elternschaften gefördert und adäquate Unterstützung von Elternschaften von Menschen mit geistiger Behinderung angestrebt werden.

Abschliessend möchte ich anmerken, dass eine solche Stelle das Auffangen der Problematik Elternschaft von Menschen mit geistiger Behinderung in der deutschsprachigen Schweiz auf einer breiten Basis ermöglichen könnte, so dass wir nicht mehr 'immer einen Schritt hintennach hinken' werden.

Anhang

Literaturverzeichnis

Accardo, P.J. & Whitman, B.Y. (1990): *Children of mentally retarded parents.* American Journal of Disease of Children, Vol. 144, pp. 69-70.

Achilles, I. (1990): *„Was macht ihr Sohn denn da?" Geistige Behinderung und Sexualität.* München: Piper.

AG Gynäkologische Endoskopie e.V. Online in Internet: URL: http://www.agendoskopie.de/xoops/html/modules/tutorials/index.php?op=printpage&tid (Stand 26.11.2003), S. 1-3.

Arbinger, R. (1996): *Entwicklungspsychologie des Jugendalters.* Landau: Verlag Empirische Pädagogik.

AWO Bremen & Universität Bremen (Hg.) (1999): *Expertise über „Beratung und Begleitung von Eltern mit Behinderungen".* Bremen: Unv. Forschungsbericht.

Baden, R. (1993): *Kinderwunsch und Elternschaft.* Geistige Behinderung 2/1993; S. 162.

Badura, B. (1981): *Soziale Unterstützung und chronische Krankheit. Zum Stand sozialepidemiologischer Forschung.* Frankfurt a.M.: Suhrkamp.

Badura, B., Kaufhold, G., Lehmann, H., Pfaff, H., Schott, T. & Waltz, M. (1987): *Leben mit dem Herzinfarkt. Eine sozialepidemiologische Studie.* Berlin, Heidelberg: Springer.

Bakken, J., Miltenberger R.G. & Schauss, S. (1993): *Teaching parents with mental retardation: Knowledge versus skills.* American Journal on Mental Retardation, Vol. 97/4, pp. 405-417.

Bargfrede, S. & Pixa-Kettner, U. (2001): *Krisen und Krisenintervention in bezug auf Kinderwunsch, Schwangerschaft und Elternschaft.* In: Wüllenweber, E. & Theunissen, G. (Hg.): *Handbuch Krisenintervention. Hilfen für Menschen mit geistiger Behinderung. Theorie, Praxis, Vernetzung.* Stuttgart: Kohlhammer, S. 278 – 294.

Bargfrede, S. (1989): *Schwangerschaft und Elternschaft von Menschen mit einer geistigen Behinderung – Bedingungen, Möglichkeiten und Grenzen.* Bremen: Unv. Diplomarbeit.

Bargfrede, S., Blanken, I. & Pixa-Kettner, U. (1996): *Wie weit geht die Selbstbestimmung beim Wunsch nach einem eigenen Kind?* In: Bundesvereinigung Lebenshilfe für geistig Behinderte e.V.: *Selbstbestimmung.* Kongreßbeiträge. Dokumentation des Kongresses „Ich weiß doch selbst, was ich will!" Menschen mit geistiger Behinderung auf dem Weg zu mehr Selbstbestimmung vom 27. September bis zum 1. Oktober 1994 in Duisburg. Marburg: Lebenshilfe-Verlag, S. 219 – 235.

Basener, D. (1987): *„Mir macht das heute noch zu schaffen."* Lebenshilfe Zeitung, Nr. 6, S. 12.

Basener, D. (1993): *„Bin ich selbst auch behindert, oder bin ich es nicht?"* In: Bundesvereinigung Lebenshilfe für Geistig Behinderte e.V.: *Geistig behinderte Eltern und ihre Kinder – Lebenssituation und Lebensperspektiven.* Marburg a.d.L.: Lebenshilfe Verlag, S. 15-19.

Bass, M.S. (1963): *Marriage, parenthood and prevention of pregnancy.* American Journal on Mental Deficiency, Vol. 68, pp. 318-333.

Beck, I. (1994): *Neuorientierung in der Organisation pädagogisch-sozialer Dienstleistungen für behinderte Menschen: Zielperspektiven und Bewertungsfragen.* Frankfurt a.M., Bern: Lang.

Behi, R. & Edwards-Behi, E. (1987): *Sexuality and Mental Handicap.* Nursing Times, October 18, Vol. 83, No. 43, pp. 50-53.

Bergmann, H. (1995): *Das Familienprojekt der Lebenshilfe Berlin – eine Form ambulanter Betreuung geistig behinderter Eltern.* In: Pixa-Kettner, U., Bargfrede, S. & Blanken, I. (Hg.): *Elternschaft von Menschen mit geistiger Behinderung – Dokumentation einer Fachtagung.* Bremen: Universität Bremen, S. 75-87.

Betheler Arbeitstexte (1996): *Kinderwunsch und Elternschaft von Menschen mit einer geistigen Behinderung. Eine Orientierungshilfe.* Von-Bodelschwinghsche Anstalten Bethel. Bielefeld.

BMFSFJ (Bundesministerium für Familie, Senioren, Frauen und Jugend) (Hg.): *LIVE Leben und Interessen vertreten – Frauen mit Behinderung*, Forschungsvorhaben 03.09.2001, Ergebnisse, (Hg.). Online in Internet: URL: http://www.bmfsfj.de/Politikbereiche/gleichstellung,did=4388,render =renderPrint.html (Stand 15.01.2004), S. 1-3.

BMGS (Bundesministerium für Gesundheit und Soziale Sicherung) (Hg.): *Gesundheitsreform II, Neue Zuzahlungs- und Finanzierungsregelungen ab 2004.* Online in Internet: URL: http://www.bmgs.bund.de/deu/gra/spi/ 4553.cfm (Stand 08.03.2004), S. 1-4.

Booth, T. & Booth, W. (1993): *Parenting with Learning Difficulties: Lessons for Practioners.* British Journal of Social Work, 23, pp. 459-480.

Booth, T. & Booth, W. (1994): *Parental adequacy, parental failure and parents with learning difficulties.* Health and Social Care in the Community, 2, pp. 161-172.

Booth, T. & Booth, W. (1994): *Parenting Under Pressure: Mothers and Fathers with Learning Difficulties.* Buckingham: Open University Press.

Booth, T. & Booth, W. (1995): *Unto us a child is born: The trials and rewards of parenthood for people with learning difficulties.* Australia & NZ Journal of Developmental Disabilities, Vol. 20, No. 1, 1995, pp. 25-39.

Booth, T. & Booth, W. (1998a): *Growing up with parents who have learning difficulties.* London, New York: Routledge

Booth, T. & Booth, W. (1998b): *Advocacy for Parents with Learning Difficulties. Developing advocacy support.* Brighton: Pavilion.

Booth, T. & Booth, W. (1999): *Parents Together: action research and advocacy support for parents with learning difficulties.* Health and Social Care in the Community 7 (6), S. 464–474. Und Online in Internet: URL: http://www.supported-parenting.com/practicepoints/HSC.pdf (Stand: 11.11.03).

Borgelt, R. (1999): *Das Kind im Deliktrecht. Zur Bedeutung der individuellen Reife für persönliche Haftung und Mitverschulden.* Frankfurt: Peter Lang Verlag.

Bothe, S. (1993): *„Die Frauen hatten mit der Gestaltung ihres Alltags Schwierigkeiten...".* In: Bundesvereinigung Lebenshilfe für Geistig Behinderte e.V.: *Geistig behinderte Eltern und ihre Kinder: Lebenssituationen und Lebensperspektiven.* Marburg: Lebenshilfe-Verlag, S 27-30.

Brandon, M.W.G. (1957): *The intellectual and social status of children of mental defectives.* Journal of Mental Science, Vol. 103, pp. 710-738.

Brekenkamp, M. (2002): *„Ämter nahmen ihnen vor fünf Jahren die Kinder weg – Sind diese Eltern zu dumm für ihre zwei Kinder?".* Online in Internet: URL: http://www.vaeter-aktuell.de/english/Pflegefamilie_20020227.htm (Stand 16.11.2005)

Brenner, M. & Walter, J. (1999): *Zur Lebenssituation von Eltern mit geistiger Behinderung und ihren Kindern.* In: Wilken E. & Vahsen F. (Hg.): *Sonderpädagogik und Soziale Arbeit. Rehabilitation und soziale Integration als gemeinsame Aufgabe.* Neuwied: Luchterhand, S. 223-241.

Budd, K.S. & Greenspan, S. (1984): *Mentally retarded mothers.* In: Blechmann, E.A. (Ed.): *Behaviour modification with women.* New York: Guilford Press, pp. 477-506.

Bundesvereinigung Lebenshilfe für geistig Behinderte (1993): *Geistig behinderte Eltern und ihre Kinder: Lebenssituationen und Lebensperspektiven.* Marburg: Lebenshilfe-Verlag.

Bundesvereinigung Lebenshilfe für Menschen mit geistiger Behinderung e.V., Bundeszentrale (1999): *Vorläufige Stellungnahme zum Entwurf eines Zusatzprotokolls zum Übereinkommen über Menschenrechte und Biomedizin des Europarates über die Transplantation von Organen und Geweben menschlichen Ursprungs.* Marburg. Online in Internet: URL: http://www.lebenshilfe.de/recht/Ethik/transpl.htm (Stand 21.11.2003), S. 1-7.

Bundesvereinigung Lebenshilfe für Menschen mit Geistiger Behinderung e.V. (Hg.) (2001): *LEWO II. Lebensqualität in Wohnstätten für erwachsene Menschen mit geistiger Behinderung. Ein Instrument für fachliches Qualitätsmanagement.* Marburg a.d.L.: Lebenshilfe-Verlag, 2. Auflage.

Bundesvereinigung Lebenshilfe für Menschen mit Geistiger Behinderung e.V. (Hg.) (2002): *Sexualpädagogische Materialien für die Arbeit mit geistig behinderten Menschen.* Weinheim und Basel: Beltz Verlag.

Bundeszentrale für Gesundheitliche Aufklärung (BZgA) (Hg.) (2001): *Rahmencurriculum Sexualpädagogische Kompetenz,* Band 18. Köln: BZgA.

Bundeszentrale für gesundheitliche Aufklärung (Hg.) (2003a): *BZgA Sexualaufklärung Pressemitteilungen Pille und Kondom: Bevorzugte Verhütungsmittel.* Online in Internet: URL: http//:www.sexualaufklaerung. de/daten/4_3042.htm (Stand 29.03.2004), S. 1-2.

Bundeszentrale für gesundheitliche Aufklärung (BZgA) (Hg.) (2003b): *Verhütungsverhalten Erwachsener, Ergebnisse der repräsentativen Befragung 2003.* Köln.

Bundeszentrale für gesundheitliche Aufklärung (Hg.) (2004): *BZgA Sexualaufklärung Medien Printmedien Sichergehn – Verhütung für sie und ihn.* Online in Internet: URL: http://www.sexualaufklaerung.de/daten/4_408 10_03.php?docid=015 (Stand 29.03.2004), S.1-3.

Bürgerliches Gesetzbuch (1996). München: C.H. Beck.

Bürgerliches Gesetzbuch (2001). München: Deutscher Taschenbuchverlag, 49. überarbeitete Auflage.

Craft, A. & Craft, M. (1981): *Sexuality and Mental Handicap: A Review.* British Journal of Psychiatry, (1181) 139, pp. 494-505.

Dau, D.H., Düwell, F.J., Haines, H. (Hg.) (2002): *LPK – SGB IX: Rehabilitation und Teilhabe behinderter Menschen – Lehr- und Praxiskommentar (LPK – SGB IX).* Baden-Baden: Nomos.

Deinert, H. & Hövel T. (2003): *Betreuungsrechtslexikon: Betreuerstatistik, Anträge und Genehmigungen von Sterilisationsmaßnahmen (§ 1905 BGB).* Online in Internet: URL: http://www.ruhr-uni-bochum.de/zme/Lexikon/ zahlen.htm (Stand 11.11.2003).

Deinert, H. (2004): *Betreuungszahlen Bundesgebiet: Genehmigte Sterilisationen (§ 1905 BGB).* Online in Internet: URL: http:www.home.t-online.de/home/Horst-Deinert/zahlen7.html (Stand 10.01.2004).

Dettenborn, H. (2001): *Kindeswohl und Kindeswille. Psychologische und rechtliche Aspekte.* München : E. Reinhardt.

Deutsche Gesellschaft für Gynäkologie und Geburtshilfe (2004): *AWMF online – Leitlinien Gynaekologie + Geburtshilfe / Empfaengnisverhuetung.* Online in Internet: URL: http://www.uni-duesseldorf.de/AWMF/ll/gyn-e001.htm (Stand 31.03.2004).

Deutsches Institut für medizinische Dokumentation und Information (DIMDI) (2004): *ICF. Internationale Klassifikation der Funktionsfähigkeit, Behinderung und Gesundheit (final draft).* Online in Internet: URL: http://www.dimdi.de/dynamic/de/index.html (Stand: 29.3.2005).

Die Kate (2004). Online in Internet: URL: http://www.diekate.de (Stand 2004).

Diederichsen, U. (1980): *Die Neuregelung des Rechts der elterlichen Sorge.* NJW 1980, S. 1.

Dittli, D. & Furrer, H. (1994): *Freundschaft-Liebe-Sexualität. Grundlagen und Praxisbeispiele für die Arbeit mit geistig behinderten Frauen und Männern.* Luzern, Edition SZH.

Doose, Stefan (2004): *„I want my dream!" Persönliche Zukunftsplanung. Neue Perspektiven und Methoden einer individuellen Hilfeplanung mit Menschen mit Behinderungen.* 8. überarb. und erweiterte Neuauflage. Online in Internet: URL: http://www.bidok.uibk.ac.at/library/doose-zukunftsplanung.html (Zugriff: 09.02.2005).

Dowdney, L. & Skuse, D. (1993): *Parenting Provided by Adults with Mental Retardation.* Journal of Child Psychology and Psychiatry, Vol. 34 (1), pp. 25-47.

Dröge, M. (1997): *Die Zwangsbetreuung.* Hamburg: Verlag Dr. Kovac.

Dulige, Annika; Böddeling, Helmut (2003): Sterilisation von Menschen mit Behinderung – die rechtlichen Hintergründe. Hamburg. Online in Internet: URL: http://www.kanzlei-rueter.de/info14.htm (Stand 26.11.2003), S. 1-7.

Eckert, J. (1990): *Wenn Kinder Schaden anrichten. Die Pflicht zur Beaufsichtigung von Minderjährigen und Behinderten in Elternhaus, Schule, Heim und Kindergarten.* München: Dt. Taschenbuch Verlag.

Edgerton, R.B. (1999): *Foreword.* Journal of Intellectual und Developmental Disability, Vol. 24, No. 1, pp. 1-2.

Elternschule Kannerschlass (2004): Online in Internet: URL: http://www.eltereschuolekannerschlass.de (Stand November 2004).

Endriss, R. (1995): *Die Betreuung geistig behinderter Mütter (und Väter) innerhalb eines Wohnheims und Erfahrungen mit Trennungsbegleitung.* In: Pixa-Kettner, U., Bargfrede, S. & Blanken, I. (Hg): *Elternschaft von Menschen mit geistiger Behinderung – Dokumentation einer Fachtagung.* Bremen: Universität Bremen, S. 58-74.

Erikson, E. (1994): *Identität und Lebenszyklus.* Frankfurt: Suhrkamp, 14. Auflage.

Espe-Sherwindt, M. & Crable S. (1993): *Parents with Mental Retardation: Moving Beyond the Myths.* Topics in Early Childhood Special Education, Vol. 13 (2), pp. 154-174.

Ess, R., Lamesch, A., Sarbach, C., Siegrist, C. & Zedi, M. (2002): *Elternschaft von Menschen mit geistiger Behinderung. Eine empirische Untersuchung in der deutschsprachigen Schweiz.* Unv. Diplomarbeit: Heilpädagogisches Institut der Universität Freiburg (CH).

Faber, B. (2003): *Behinderte Frauen und die (Bio-)Ethik.* In: Bundesministerium für Familie, Senioren, Frauen und Jugend (Hg.): *Einmischen – Mitmischen. Informationsbroschüre für behinderte Mädchen und Frauen.* Bonn: BMfFSFJ, S. 145-150.

Faltermeier, J. (2001): *Verwirkte Elternschaft? Fremdunterbringung – Herkunftseltern – Neue Handlungsansätze.* Münster: Votum-Verlag.

Faureholm, J. (1995): *Elternschaft geistigbehinderter Menschen in Dänemark.* In: Pixa-Kettner, U., Bargfrede, S. & Blanken, I. (Hg.): *Elternschaft von Menschen mit geistiger Behinderung.* Dokumentation einer Fachtagung am 9. und 10. März 1995 an der Universität Bremen. Bremen, S. 88-97.

Feldman, M.A. (1986): *Research on Parenting by Mentally Retarded Persons*. Psychiatric Clinics of North America, Vol. 9 (4), pp. 777-796.

Feldman, M.A., Case, L. & Sparks, B. (1992): *Effectiveness of a child-care training program for parents at-risk for child neglect*.: Canadian Journal of Behavioural Science, Vol. 24 (1), pp. 14-28.

Feldman, M.A., Case, L., Towns, F. & Betel, J. (1985): *Parent Education Project I: Development and Nurturance of Children of Mentally Retarded Parents*. American Journal of Mental Deficiency, Vol. 90 (3), pp. 253-258.

Feldman, M.A., Sparks, B. & Case, L. (1993): *Effectiveness of Home-Based Early Intervention on the Language Development of Children of Mothers With Mental Retardation*. Research in Developmental Disabilities, Vol. 14, pp. 387-408.

Feldmann, M.A., Case, L., Towns, F. et al. (1986): *Parent education project II: increasing stimulation interactions. of developmentally handicapped mothers*. Journal of Applied Behaviour Analysis, Vol. 19, pp 23-37.

Fisher, R.A. (1924): *The elimination of mental defect*. The Eugenics Review, Vol. 16, pp. 114-116.

Floor, L., Baxter, D., Rosen, M. & Zisfein, L: (1975): *A survey of marriages among previously institutionalized retardates*. Mental Retardation, Vol. 13, pp. 891-894.

Frankfurter Rundschau (FR) (1986): *Geistig behinderte Eltern dürfen ihr Kind selbst erziehen*. FR, 13.8.1986, Nr. 195, S. 16.

Frankfurter Rundschau (FR) (2000): *Eines Tages wird Denis seinen Eltern über den Kopf wachsen*. FR, 13.05.2000, S. 29.

Friebertshäuser, B., & Prengel, A. (Hg.) (1997): *Handbuch Qualitative Forschungsmethoden in der Erziehungswissenschaft*. Weinheim und München: Juventa.

Friedrichs, J. (1980): *Methoden empirischer Sozialforschung*. Opladen: Westdeutscher Verlag GmbH.

Fröhlingsdorf, M. (2002): *„Drei mal vier ist elf"*. DER SPIEGEL, 47/2002, S. 76-83.

Fuchs, A. (1995): *Studien zur elterlichen Aufsichtspflicht. Grundlagen und Dogmatik des § 832 BGB*. Bielefeld: Verlag Ernst und Werner Gieseking.

Gamble, C.J. (1959): *What proportion of mental deficiency is preventable by sterilisation?* American Journal of Mental Deficiency, Vol. 57, pp. 123-126.

Gee, R. & Meredith, S. (1987): *Wachsen und Erwachsenwerden*. Ravensburg: Ravensburger Buchverlag Otto Maier.

Geschäftsordnung der Bundesarbeitsgemeinschaft für „Begleitete Elternschaft" (2004).

Ghattas, G. (2001): *Möglichkeiten und Grenzen in der Mutter-Kind-Arbeit am Beispiel des Mutter-Kind-Bereichs der Marie-Christian-Heime e.V.* Bundesvereinigung Lebenshilfe e.V. (Hg.): *Praxismaterial Fachfragen. Elternschaft von Menschen mit geistiger Behinderung*. Dokumentation des Workshops der Bundesvereinigung Lebenshilfe, 5.-6. Dezember 2000. Marburg: Lebenshilfe-Verlag, ohne Paginierung.

Gillberg, C. & Geijer-Karlsson, M. (1983): *Children born to mentally retarded women: a 1-21 year old follow-up study of 41 cases.* Psychological Medicine, 1983, 13, pp. 891-894.

Gloger-Tippelt, G., Gomille, B. & Grimmig, R. (1993): *Der Kinderwunsch aus psychologischer Sicht.* Opladen: Leske & Budrich.

Goffman, E. (1973): *Asyle. Über die soziale Situation psychiatrischer Patienten und anderer Insassen.* Frankfurt a.M.: Edition Suhrkamp.

Goldstein, J., Freud, A., & Solnit, A.J. (1974): *Jenseits des Kindeswohls.* Frankfurt a.M.: Suhrkamp Taschenbuch.

Grimm, B. (1996): *Elternschaft geistigbehinderter Menschen.* In: Walter, J. (Hg.): *Sexualität und geistige Behinderung.* Heidelberg: Winter, Edition Schindele, S. 299-304.

Groß, J. (1999): *Kinderwunsch und Sterilität. Zur Motivation des Kinderwunsches bei Sterilitätspatientinnen.* Giessen: Psychosozial-Verlag.

Groß, P. (2002): *Mutter sein mit Lernschwierigkeiten.* Zusammen, 6/02, S. 12-13.

Grundgesetz (1990). München: C.H. Beck, 26. Auflage.

Grundgesetz (2001). München: Deutscher Taschenbuchverlag München, 36. Auflage.

Grunewald, K. & Linner, B. (1981): *Sexualität und Normalisierung geistig Behinderter (aus: Aktuelle Informationen aus Schweden).* Zur Orientierung, Heft 1/1981, S. 70-77.

Haas, M. (2000): *Lektionen der Liebe. Geistig Behinderte haben ein Recht auf Sexualität. Sollten sie auch Kinder bekommen?* Die ZEIT, Nr. 18, 27.04.2000, S. 34.

Hagen, J. (2002): *Zur Befragung von Menschen mit einer geistigen oder mehrfachen Behinderung.* Geistige Behinderung (41), S. 293-306.

Hähner, U. (1998): *Begleiten von Paaren.* In: Hähner, U., Niehoff, U., Sack, R. & Walther, H. (Hg.): *Vom Betreuer zum Begleiter. Eine Neuorientierung unter dem Paradigma der Selbstbestimmung.* Marburg: Lebenshilfe-Verlag, S. 207-224.

Halperin, S.L. (1945): *A clinico-genetical study of mental defect.* American Journal of Mental Deficiency, Vol. 1, pp. 8-26.

Hayman, R.L. (1990): *Presumptions of Justice: Law, Politics and the Mentally Retarded Parent.* Harvard Law Review, Vol. 103, pp. 1202-1271.

Heber, R. & Garber, H. (1975): *The Milwaukee Project: A Study of the Use of Family Intervention to Prevent Cultural-Familial Mental Retardation.* In: Friedlander, B.Z., Sterritt, G.M. & Kirk, G.E. (Eds.): *Exceptional Infant.*, Vol.. 3. *Assessment and Intervention.* New York: Brunner, Mazel, pp. 399-433.

Klie, T.: *Heidelberger Kommentar zum Betreuungs- und Unterbringungsrecht: HK-BUR:* Ordner I, 36. Ergänzungslieferung, Juni 2003. Heidelberg: Müller.

Heighway, S.M., Kidd-Webster, S. & Snodgrass, P. (1988): *Supporting Parents with Mental Retardation.* Children Today, Nov/Dec 1988, pp. 24-27.

Helfferich, C. (2001): *frauen leben: Eine Studie zu Lebensläufen und Familienplanung*. Im Auftrag der BzgA. Bundeszentrale für gesundheitliche Aufklärung (BZgA) – Abteilung Sexualaufklärung, Verhütung und Familienplanung (Hg.): *Forschung und Praxis der Sexualaufklärung und Familienplanung; Band 19.* Köln: BZgA.

Hellmann, Ulrich, Bundesvereinigung Lebenshilfe: *Genehmigung einer Sterilisation nach § 1905 BGB*. Online in Internet: URL: http://www.lebenshilfe.de/content/stories/printit.cfm?key=674 (Stand 03.02.2004), S. 1-2.

Hellmann, Ulrich, Bundesvereinigung Lebenshilfe: *Keine Genehmigung der Sterilisation bei fehlender Schwangerschaftserwartung*. Online in Internet: URL: http://www.lebenshilfe.de/content/stories/printit.cfm?key=794 (Stand 03.02.2004).

Hilliard, L.T. (1956): *Discussion on community care of the feeble-minded*. Proc. R. soc. Medicine, 1956, pp. 837-841.

Hoffmann, B. (1996): *Sterilisation geistig behinderter Erwachsener*. Baden-Baden: Nomos.

Hofmann, C., Maurer, P. & Rivera, B. (1993): *Versuch, mit geistig behinderten Frauen ins Gespräch zu kommen. Aus einer Studie zu Kontakten und Freizeitverhalten*. Geistige Behinderung (32), S. 99-115.

Hollstein, B. (2001): *Grenzen sozialer Integration. Zur Konzeption informeller Beziehungen und Netzwerke*. Opladen: Leske und Budrich.

Hoyler-Hermann, A. & Walter, J. (Hg.) (1994): *Sexualpädagogische Arbeitshilfe für geistigbehinderte Erwachsene*. Heidelberg: Winter, Edition Schindele, 3. ergänzte Auflage

Hoyningen-Süess, U. & Staudenmaier, M. (2004): *Elternschaft von Menschen mit geistiger Behinderung bedingt angemessene Unterstützungsangebote*. Schweizerische Zeitschrift für Heilpädagogik (SZH), 2/04, S. 45-50.

Huainigg, F.-J. (1999): *O du mein behindertes Österreich. Zur Situation behinderter Menschen*. Klagenfurt: Drava-Verlag.

Huwiler, K. (1995): *Herausforderung Mutterschaft. Eine Studie über das Zusammenspiel von mütterlichem Erleben sozialer Beziehungen und öffentlichen Unterstützungsangeboten im ersten Jahr nach der Geburt*. Bern, Göttingen, Toronto, Seattle: Huber.

Institut inForm der Bundesvereinigung Lebenshilfe für Menschen mit geistiger Behinderung (2004): *Jetzt will ich's wissen. Erwachsenenbildung für Menschen mit geistiger Behinderung. Programm 2004.* Marburg: Eigendruck Bundesvereinigung Lebenshilfe Marburg.

Jeltsch-Schudel, B. (2003): *Elternschaft von Menschen mit geistiger Behinderung in der deutschsprachigen Schweiz*. Vierteljahresschrift für Heilpädagogik und ihre Nachbargebiete (VHN), Jg. 72 (Nr. 3), S. 266-272.

Jugendgerichtsgesetz, JGG Anwendung des Jugendstrafrechts auf Heranwachsende. Online in Internet: URL: http://www.bundesrecht.juris.de/bundesrecht/jgg/_105.html (Stand 08.04.2004).

Jugendrecht. Textausgabe mit ausführlichem Stichwortverzeichnis (1999). München: Deutscher Taschenbuchverlag, 23. überarbeitete Auflage.

Kaminer, R., Jedrysek, E. & Soles, B. (1981): *Intellectually Limited Parents.* Developmental and Behavioral Paediatrics, Vol. 2, No. 2, pp. 39-43.

Kluge, K.-J. & Sparty L. (Hg.) (1977): *„Sollen, können, dürfen Behinderte heiraten?".* Bonn, Bad Godesberg: Rehabilitationsverlag.

Klusmann, D. (1989): *Methoden zur Untersuchung sozialer Unterstützung und persönlicher Netzwerke.* In: Angermeyer, M.C., Klusmann, D. (Hg.): *Soziales Netzwerk: Ein neues Konzept für die Psychiatrie.* Berlin: Springer, S. 17-63.

König, A. (1986): *Normalisierung und Bürgerrechte: Geistig behinderte Erwachsene in der USA.* Frankfurt a.M.: Afra.

Konzept der ASB Gesellschaft für Soziale Einrichtungen Kassel (2003).

Konzept der Lebenshilfe Bremen (2004).

Konzept der Lebenshilfe Celle (2002).

Konzept der Marie-Christian-Heime, Kiel (2004).

Konzept der Nieder-Ramstädter Diakonie (2004).

Konzepte der Lebenshilfe Berlin (2000, 2001, 2004).

Konzeption Diakoniewerk Michaelshoven (2003).

Kunkel, P.-C. (2003): *Kinder- und Jugendhilfe, Lehr- und Praxiskommentar.* Baden-Baden: Nomos Verlagsgesellschaft.

Kunz, D. & Winkler, P. (2001): *Sexualpädagogik und geistige Behinderung.* In: BZgA (Hg.): *Rahmencurriculum Sexualpädagogische Kompetenz.* Köln: BZgA, S. 327-360.

Landgericht Berlin (1988). In: FamRZ 1988, 1308ff.

Laucht, M., Esser, G & Schmidt, M.H. (1999): *Was wird aus Risikokindern? Ergebnisse der Mannheimer Längsschnittstudie im Überblick.* Opp, G., Fingerle, M. & Freytag, A. (Hg.): *Was Kinder stärkt. Erziehung zwischen Risiko und Resilienz.* München, Basel: E. Reinhardt, S. 71 – 93.

Laucht, M. (1999): *Risiko- vs. Schutzfaktor? Kritische Anmerkungen zu einer problematischen Dichotomie.* In: Opp, G., Fingerle, M. & Freytag, A. (Hg.): *Was Kinder stärkt. Erziehung zwischen Risiko und Resilienz.* München, Basel: E. Reinhardt, S. 303-314.

Lebenshilfe-Zeitung (LHZ) (1986): *Ein (fast) ganz normales Familienleben.* LhZ, Nr. 2, S. 3.

Lebenshilfe-Zeitung (LHZ) (1988): *Geistig behinderte Eltern dürfen ihr Kind jetzt doch behalten.* LhZ, Nr. 6, S. 4.

Lebenshilfe-Zeitung (LHZ) (1992): *Sarah ist ein Wunschkind.* LhZ, Nr. 4, S. 12.

Leipziger Kommentar. Strafgesetzbuch (Bearbeiter: Jeschek, H.-H.) (2003). Berlin: Verlag de Gruyter Recht.

Llwellyn, G. & McConnell, D. (2002): *Mothers with learning difficulties and their support networks.* Journal of Intellectual and Disability Research, (46), pp. 17-34.

Llwellyn, G. (1995): *Family Support and Services Project. Faculty of Health Sciences.* Sydney: University of Sydney.

Llwellyn, G. (1995): *Relationships and Social Support: Views of Parents With Mental Retardation/ Intellectual Disability.* Mental Retardation, Vol. 33(6), pp. 349-363.

Llwellyn, G. (2003): *Family Support and Services Project University of Sydney.* Faculty of Health Sciences. School of Occupation & Leisure Sciences. Online in Internet: URL: http://www3.fhs.usyd.edu.au/fssp/index.htm (Stand: 15.08.04).

Llwellyn, G., McConnel, D., Ferronato, L. (2000): *Parents with a disability and the NSW childrens court.* Sydney: University of Sidney, The Family Support & Services Project.

Llwellyn, G., McConnell, D. & Bye, R. (1995): *Parents with Intellectual Disability. Support and Services required by Parents with Intellectual Disability. Report to the Disability Services Sub-Committee, October 1995.* Sydney: University of Sydney.

Llwellyn, G., McConnell, D., Cant, R. & Westbrook, M. (1999): *Support network of mothers with an intellectual disability: An explanatory study.* Journal of Intellectual and Developmental Disability, (24), 1, pp. 7-26.

Mattinson, J. (1970): *Marriage and Mental Handicap.* London: Duckworth.

Mayring, P. (1995): *Qualitative Inhaltsanalyse.* In: Flick, U., von Kardorff, E. & Keupp, H. (Hg.): *Handbuch Qualitative Sozialforschung.* Weinheim: Beltz, S. 209-213.

Mayring, Phillip (2003): *Qualitative Inhaltsanalyse: Grundlagen und Techniken.* Weinheim: Beltz, 8. Auflage.

Maywald, J. (2001): *Zwischen Trauma und Chance. Trennungen von Kindern im Familienkonflikt.* Freiburg im Breisgau: Lambertus-Verlag, 2. Auflage.

McConnell, D., Llewellyn, G. & Ferronato, L. (2000): *Parents with a disability and the NSW Children's Court.* Sydney: University of Sydney.

McGaw, S. & Sturmey, P. (1993): *Identifying the Needs of Parents with Learning Disabilities: A Review.* Child Abuse Review, Vol. 2, pp. 101-117.

McGaw, S. & Sturmey, P. (1994): *Assessing Parents with Learning Disability: The Parental Skills Model.* Child Abuse Review, Vol. 3, pp. 36-51.

McGaw, S. (1994) *„Learning to be mum"* [Videofilm]. London: Arrowhead Production for BBC Television.

McGaw, S. (1995): *Ein Projekt ambulanter Unterstützung geistig behinderter Eltern in Großbritannien: Parenting – not a sprint but a marathon.* In: Pixa-Kettner, U., Bargfrede, S. & Blanken, I. (Hg.): *Elternschaft von Menschen mit geistiger Behinderung – Dokumentation einer Fachtagung.* Bremen: Universität Bremen, S. 51-57.

McGaw, S. (2004): *Parenting Exceptional Children.* In: Hoghugi, M. & Long, N. (Eds.): *Handbook of Parenting. Theory and research for practice.* London: SAGE Publications, pp. 213-236.

McGaw, S., Beckley, K., Connolly, N. & Ball, K. (1998): *Parent Assessment Manual.* Truro/ Cornwall: Trecare NHS Trust.

Mickelson, P. (1949): *Can mentally deficient parents be helped to give their children better care?* American Journal of Mental Deficiency, Vol.. 53, No. 3, 1949, pp. 516-534.

Mørch, W.T., Skår, J. & Andersgård, A.B. (1997): *Mentally retarded persons as parents: Prevalence and the situation of the children.*: Scandinavian Journal of Psychology, Vol. 38, pp. 343-348.

Moshref, P. (1998): *Elternschaft bei Menschen mit geistiger Behinderung – Diskussion der Problematik einschließlich einer Befragung.* Dortmund: Unv. Staatsexamenarbeit.

Müller, G. (1998): *Betreuung und Geschäftsfähigkeit. Schriften zum Deutschen und Europäischen Zivil-, Handels- und Prozessrecht.* Bielefeld: Verlag Ernst und Werner Gieseking.

Nestmann, F. (1991): *Soziale Unterstützung, Alltagshilfe und Selbsthilfe bei der Bewältigung.* In: Flick, U., von Kardorff, E., Keupp, H., von Rosenstiel, L. & Wolff, S. (Hg.): *Handbuch Qualitative Sozialforschung.* München: Psychologie-Verlags-Union, S.308-312.

Netzwerk People First Deutschland e.V. (2004a) Info Heft 11, Mai 2004, Kassel.

Netzwerk People First Deutschland e.V. (2004b): Das Grundsatzprogramm, Kassel. Online in Internet: URL: http://www.peoplefirst.de (Stand 03.03.05).

Netzwerk People First Deutschland e.V. (2005): Online in Internet: URL: http://www.peoplefirst.de (Stand: 16.11.2005)

Neuer-Miebach, T. & Krebs, H. (1987): *Schwangerschaftsverhütung bei Menschen mit geistiger Behinderung – notwendig, möglich, erlaubt?* Marburg a.d.L.: Lebenshilfe-Verlag.

Niederberger, J.M. (1997): *Kinder in Heimen und Pflegefamilien. Fremdplazierung in Geschichte und Gesellschaft.* Bielefeld: Kleine Verlag.

Niehaus, M. (1993): *Behinderung und sozialer Rückhalt. Zur sozialen Unterstützung behinderter Frauen.* Frankfurt a.M., New York: Campus.

Niehoff, U. (2002): *Ausgrenzung verhindern! Inklusion und Teilhabe verwirklichen.* In: Bundesvereinigung Lebenshilfe für Geistig Behinderte Menschen e.V. (Hg.): *Fachdienst der Lebenshilfe. Praxis gestalten – Innovation wagen,* Nr.1/2002. Marburg, S. 1-13.

Oberlack, S., Steuter, U. & Heinze, H. (1997): *Lisa und Dirk. Sie treffen sich, sie lieben sich und dann? Geschichten und Bilder zur Sozial- und Sexualerziehung an Sonderschulen.* Dortmund: Verlag modernes Lernen.

Oberloskamp, H. (Hg.) (1990): *Vormundschaft, Pflegschaft und Vermögenssorge bei Minderjährigen.* München: Verlag C.H.Beck.

Ohland, A. (2002): *Traumziel Vater-Mutter-Kind.* Chrismon, 04/2002, S. 32-38.

Opp, G., Fingerle, M. & Freytag, A. (1999): *Erziehung zwischen Risiko und Resilienz: Neue Perspektiven für die heilpädagogische Forschung und Praxis.* In: Opp, G., Fingerle, M. & Freytag, A. (Hg.): *Was Kinder stärkt. Erziehung zwischen Risiko und Resilienz.* München, Basel: E. Reinhardt, S. 9-22.

Opp, G., Fingerle, M. & Freytag, A. (Hg.) (1999): *Was Kinder stärkt. Erziehung zwischen Risiko und Resilienz.* München, Basel: E. Reinhardt.

Pachter, L.M. & Dumont-Mathieu, T. (2004) *Parenting in Culturally Divergent Settings.* In: Hoghugi, M. & Long, N. (Eds.): *Handbook of Parenting. Theory and research for practice.* London: SAGE Publications, pp. 88-97.
Papousek, M. (1994): *Vom ersten Schrei zum ersten Wort. Anfänge der Sprachentwicklung in der vorsprachlichen Kommunikation.* Bern: Huber.
Papousek, M. (1997): *Frühe Störungen der frühsprachlichen Kommunikation und Eltern-Kind-Beziehung.* Vorlesung während der 47. Lindauer Psychotherapiewochen. [Tonkassetten]. Münsterschwarzach: Auditorium.
Papousek, M. (2000): *Zur Früherkennung und Behandlung von Störungen der Eltern-Kind-Beziehung im Säuglingsalter.* In: Koch-Kneidl, L. & Wiese, J. (Hg.): *Frühkindliche Interaktion und Psychoanalyse.* Göttingen: Vandenhoek & Ruprecht, S. 68-90.
Papousek, M. (2001): *Intuitive elterliche Kompetenzen. Eine Ressource in der präventiven Eltern-Säuglings-Beratung und Psychotherapie.* Frühe Kindheit, 4, (1), S. 4-10.
Paulitz, H. (Hg.) (2000): *Adoption. Positionen, Impulse, Perspektiven.* München: Verlag C.H. Beck.
People First Deutschland. Online in Internet: URL: http://www.peoplefirst.de.
Peterson, S.L., Robinson, E.A. & Littman, I. (1983): *Parent Child Interaction Training for Parents with a History of Mental Retardation.* Applied Research in Mental Retardation, Vol. 4, pp. 329-342.
Pixa-Kettner, U. (1998): *Ein Stück Normalität. Eltern mit geistiger Behinderung. Ergebnisse einer Follow-up-Studie.* Behindertenpädagogik, 37, S. 118-138.
Pixa-Kettner, U. (1999): *Konzepte der Begleitung von Müttern und Vätern mit geistiger Behinderung in der englischsprachigen Fachliteratur.* Psychosozial, 22. Jg., Nr. 77, Heft III, S. 63 – 74.
Pixa-Kettner, U. (2001): *Zur Situation der Kinder geistig beeinträchtigter Eltern.* In: Lebenshilfe Berlin, Familienprojekt (Hg.): *Kinder geistig behinderter Eltern – Familien im Spannungsfeld von Behinderung und Normalität.* Berlin: Unveröff. Manuskript der Fachtagung „Kinder geistig behinderter Eltern der Lebenshilfe Berlin e.V. am 20./21.09.2001 in Berlin, S. 10-17
Pixa-Kettner, U. (2002*): 10 Jahre „Elternschaft von Menschen mit geistiger Behinderung" – Überblick über ein Forschungsprojekt und seine Folgen.* Unveröffentlichter Vortrag auf dem Koll. Symposium am 3.5.2002 in Oldenburg.
Pixa-Kettner, U. (2003): *Hauptreferat bei der Fachtagung „Elternschaft von Menschen mit geistiger Behinderung",* 27.September 2003. Manuskript.
Pixa-Kettner, U., Bargfrede, S. & Blanken, I. (1996*): „Dann waren sie sauer auf mich, daß ich das Kind haben wollte...", Eine Untersuchung zur Lebenssituation geistigbehinderter Menschen mit Kindern in der BRD.* Baden-Baden: Nomos Verlags-Gesellschaft.
Pixa-Kettner, U., Bargfrede, S. & Blanken, I. (Hg.) (1995): *Elternschaft von Menschen mit geistiger Behinderung – Dokumentation einer Fachtagung.* Bremen: Universität Bremen.

Pixa-Kettner, U., Blanken, I. & Bargfrede, S. (1995): *„Elternschaft von Menschen mit geistiger Behinderung. Ergebnisse einer quantitativen und qualitativen empirischen Untersuchung.* Geistige Behinderung, Bd. 33 (3/1995), S. 186-200.

Pixa-Kettner, U. & Bargfrede, S. (2004): *Elternschaft von Menschen mit geistiger Behinderung – ein soziales Problem?* In: Wüllenweber, E. (Hg.): *Soziale Probleme von Menschen mit geistiger Behinderung. Fremdbestimmung, Benachteiligung, Ausgrenzung und soziale Abwertung.* Stuttgart: Kohlhammer, S. 78-88.

Prangenberg, M. (1999): *Zur Lebenssituation von Kindern geistig behinderter Eltern.* Psychosozial, 22 Jg., Nr. 77, Heft III, S. 75-89.

Prangenberg, Magnus (2003): *Zur Lebenssituation von Kindern, deren Eltern als geistig behindert gelten. Eine Exploration der Lebens- und Entwicklungsrealität anhand biografischer Interviews und Erörterung der internationalen Fachliteratur.* Bremen: Univ. Diss., (2002). Und Online in Internet: URL: http://www.elib.suub.uni-bremen.de/publications/dissertations/E-Diss831_prangenberg.pdf

pro familia Deutsche Gesellschaft für Familienplanung, Sexualpädagogik und Sexualberatung e.V. (2001): *Verhütungsmethoden Sterilisation.* Frankfurt a.M., 12. Auflage

Punett, R.C. (1917): *Eliminating Feeblemindedness.* The Journal of Heredity, Vol. 8, pp. 464-465.

Quinke, G. (1998): *Geistig behinderte Mütter – Lebenssituation und Unterstützungsbedarf.* Münster: Unv. Diplomarbeit.

Rechtslexikon-online: Sittenwidrigkeit. Online in Internet: URL: http://www.rechtslexikon-online.de/Sittenwidrigkeit.html (Stand 06.03.05).

Reed, E.W. & Reed, S.C. (1965): *Mental retardation. A family study.* Philadelphia : Saunders.

Rohmann, K. (2004): *Geistig behinderte Menschen als Eltern und die Problematik der Fremdunterbringung ihrer Kinder. Eine empirische Studie.* Bremen: Unv. Diplomarbeit.

Ronai, C.R. (1997): *On Loving and Hating My Mentally Retarded Mother.* Mental Retardation, Vol. 35, No. 6; pp. 417-432.

Rosenberg, S.A. & McTate, G.A. (1982): *Intellectually handicapped mothers: Problems and Prospects.* Children Today, pp. 24-37.

Rüßmann, H. (2003): *Sittenwidrigkeit (§ 138 BGB).* Online in Internet: URL: http://www.ruessmann.jura.uni-sb.de/bvr2002/Vorlesung/sittenwi.htm (Stand 06.03.2005), S. 1-7.

Sanders, D. (2002): *Kinder von Eltern mit geistiger Behinderung.* Erfurt: Unv. Diplomarbeit.

Sanders, D. (2005): Unveröffentlichte Fragebogenstudie zu Eltern mit geistiger Behinderung und ihren Kindern in Thüringer Behinderteneinrichtungen.

Scally, B. (1973): *Marriage and mental handicap: some observations in Northern Ireland.* In: La Cruz, F.F.& LaVeck, G.D. (Eds.): *Human Sexuality and the Mental Retarded.* New York : Brunner/Mazel, pp. 186-194.

Schäfer, E. (1993): *Mutterschaft bei Frauen mit einer geistigen Behinderung – Zur gegenwärtigen Situation in der Bundesrepublik Deutschland*. Mainz: Unv. Diplomarbeit.

Schenk-Danziger, L. (1996): *Entwicklungspsychologie*. Wien: ÖBV Pädagogischer Verlag, 24. Auflage.

Scheuerer-Englisch, H. (2001): *Kinder getrennt und doch gebunden. Die Bindungen von Pflegekindern*. In: Pfad für Kinder, Pflege- und Adoptivfamilien im Landkreis Rottal/Inn e.V. (Hg.): *Dokumentation des Tagesseminars vom 27. Oktober 2001 in Pfarrkirchen*.

Schiller, B. (1987): *Soziale Netzwerke behinderter Menschen. Das Konzept Sozialer Hilfe- und Schutzfaktoren im sonderpädagogischen Kontext*. Frankfurt a.M.: Lang.

Schilling, R.F., Schinke, S.P., Blythe, B.J. & Bath R.P. (1982): *Child maltreatment and mentally retarded parents: Is there a relationship?* Mental retardation, Vol.. 20, pp. 201-209.

Schmidt, C. (1997): *„Am Material": Auswertungstechniken für Leitfadeninterviews*. In: Friebertshäuser, B., & Prengel, A. (Hg.): *Handbuch Qualitative Forschungsmethoden in der Erziehungswissenschaft*. Weinheim und München: Juventa, S. 544-568.

Schmidt, G. & Böcker, F. (1991): *Betreuungsrecht. Eine systematische Einführung aus juristischer und psychiatrischer Sicht.*. München: Verlag Franz Rehm.

Schneider, P. (2005): *„With a little help from my friends...?" Eltern mit Lernschwierigkeiten und ihre Unterstützungsnetzwerke*. Bremen: Unv. Diplomarbeit.

Schoof, T. (1999): *Die Aufsichtspflicht der Eltern über ihre Kinder i.S.d. § 832 Abs. 1 BGB*. Frankfurt a.M.: Lang.

Seagull, E.A. & Scheurer, S.L. (1986): *Neglected and abused children of mentally retarded parents*. Child Abuse and Neglect, Vol. 10, pp. 493-500.

Seidel, M. (2003): *Die Internationale Klassifikation der Funktionsfähigkeit, Behinderung und Gesundheit*. Geistige Behinderung, (42), 3, S. 244-254.

Seipelt-Holtmann, C. (1993): *Behinderte Mütter – gibt es sie wirklich?. Ein Alltag zwischen Diskriminierung, Lebensbejahung und Selbstverständlichkeit*. randschau, 1993, Nr. 5, S. 20-22.

Shaw, C.H. & Wright, C.H. (1960): *The Married Mental Defective. A Follow-Up Study*. The Lancet, Vol. 30, pp. 273-274.

Sheerin, F. (1998): *Parents with learning disabilities: a review of the literature*. Journal of Advanced Nursing, 1998, Vol.. 28(1), pp. 126-133.

Sigurjónsdóttir, H.B., & Traustadóttir, R. (2000): *Motherhood, Family and Community Life*. In: Traustadóttir, R. & Johnson, K. (Eds.): *Women with Intellectual Disabilities. Finding a Place in the World*. London, Philadelphia: Jessica Kingsley, pp. 253-270.

Smentek, G. (Hg.) (1998): *Die leiblichen Eltern im Adoptionsprozess – verändert sich die Adoptionspraxis? Fachleute und betroffene Väter/Mütter berichten*. Idstein: Schulz-Kirchner Verlag.

Soergel, *Bürgerliches Gesetzbuch,* §§ 1741-1921 (1999) (Bearbeiter: Hefermehl, W.). Stuttgart: W. Kohlhammer, 13. Auflage.

Sozialgesetzbuch Achtes Buch – Kinder und Jugendhilfe: SGB VIII, KJHG (2000). In: Schellhorn, W. (Hg.): Neuwied, Kriftel: Luchterhand, 2. Auflage.

Sparenberg, S. (2001): *Geistige Behinderung und elterliche Kompetenz. Eine Einzelfallstudie aus ökologischer Sicht.* Geistige Behinderung, (40), 2, S. 111-124.

Speck, O. (1978): *Zum Thema „Heirat Geistigbehinderter." Begriffsverwirrung – Missverständnisse.* Jugendwohl, Zeitschrift für Kinder- und Jugendhilfe, 57. Jg., S. 35-38.

Speck, O. (1999): *Risiko und Resilienz in der Erziehung – Pädagogische Reflexionen.* In: Opp, G., Fingerle, M. & Freytag, A. (Hg.): *Was Kinder stärkt. Erziehung zwischen Risiko und Resilienz.* München, Basel: E. Reinhardt, S. 353 – 368.

SPIN (2004): Online in Internet: URL: http://www.spindeutschland.de (Stand: 14.11.2004)

Statistisches Bundesamt: *Bevölkerung – Bevölkerung nach Altersgruppen, Familienstand und Religionszugehörigkeit, vom 01.12.2004.* Online in Internet: URL: http://www.destatis.de/basis/d/bevoe/bevoetab2.htm (Stand 07.03.2005).

Statistisches Bundesamt: *Lebenslagen behinderter Menschen, 2003, Pressemitteilung vom 02.12.2004.* Online in Internet: URL: http://www.destatis.de /presse/deutsch/pm2004/p5140085.htm (Stand 03.12.2004).

Statistisches Bundesamt: *Schwerbehinderte 2001, Pressemitteilung vom 19.02.2003.* Online in Internet: URL: http://www.destatis.de /presse/deutsch/pm2003/p0630085.htm (Stand 05.04.2004).

Statistisches Bundesamt: *Schwerbehinderte 2003, Pressemitteilung vom 12.11.2004.* Online in Internet: URL: http://www.destatis.de /presse/deutsch/pm2004/p44780085.htm (Stand 3.12.2004).

Statistisches Bundesamt: *Statistik der Schwerbehinderten Menschen. Arbeitsunterlage* (Online-Version). Online in Internet: URL: http://www. destatis.de/download/d/solei_2001.xls (Stand 03.12.2004).

Staudinger von, J. (1997, 1999, 2000, 2003, 2004): *Kommentar zum Bürgerlichen Gesetzbuch mit Einführungsgesetzen und Nebengesetzen. Viertes Buch. Familienrecht. Dreizehnte Bearbeitung.* (Bearbeiter: Rauscher, Bienwald, Coester & Salgo). Berlin: Sellier – de Gruyter.

Steimer, B. (2000): *Suche nach Liebe und Inszenierung von Ablehnung. Adoptiv- und Pflegekinder in einer neuen Familie.* Freiburg im Breisgau: Lambertus-Verlag.

Stemmler-Schaich, E. & Schultz-Brunn, U. (2001): *Handzettel zum „babybedenkzeitprojekt".* Unv. Materialien.

Sterilisation: Endgültige Entscheidung. Online in Internet: URL: http://www.freenet.de/freenet/fit_und_gesund/sex_liebe/sexualitaet/verhuet ungsmittel/... (Stand: 26.11.2003).

Strafgesetzbuch (2002). München: Deutscher Taschenbuchverlag, 38. Auflage.

Strafgesetzbuch: StGB § 226a. Online in Internet: URL: http://www.gesetze.2me.net/stgb/stgb0351.htm (Stand 09.03.2005).
Strafgesetzbuch: StGB § 228 *Einwilligung.* Online in Internet: URL: http://www.bundesrecht.juris.de/bundesrecht/stgb/_228.html. (Stand 01.03.2005).
Support-Interview-Guide (2000): *Family Support & Services Project, School of Occupation & Leisure Sciences, Faculty of Health Sciences.* Online in Internet: URL: http://www3.fhs.usyd.edu.au/fssp/parents/general/support_interview _guide.htm (Stand: 10.03.05).
Swientek, C. (1982): *„Ich habe mein Kind fortgegeben." Die dunkle Seite der Adoption.* Reinbek bei Hamburg: Rowohlt Taschenbuch Verlag.
Swientek, C. (1986): *Die „abgebende Mutter" im Adoptionsverfahren. Eine Untersuchung zu den sozioökonomischen Bedingungen der Adoptionsfreigabe, zum Vermittlungsprozess und den psychosozialen Verarbeitungsstrategien.* Bielefeld: Kleine Verlag.
Szagun, G. (2000): *Sprachentwicklung beim Kind.* Weinheim und Basel: Beltz, Nachdruck der 6. vollständig überarbeiteten Auflage.
Tymchuk, A.J., Andron, L. & .Rahbar, B. (1988): *Effective Decision-Making/ Problem-Solving Training With Mothers Who Have Mental Retardation.* American Journal on Mental Retardation, Vol. 92, No. 6, pp. 510-616.
Tymchuk, A.J. (1999): *Moving towards integration of services for parents with intellectual disabilities.* Journal of Intellectual and Developmental Disability, Vol. 24, No. 1, pp. 59-74.
Tymchuk, A.J., Hamada, D., Andron, L. & Anderson, S. (1990): *Home Safety Training With Mothers Who Are Mentally Retarded.* Mental Retardation, Vol. 25 (2), pp. 142-149.
Tymchuk, A. (1998): *The Importance of Matching Educational Interventions to Parent Needs in Child Maltreatment. Issues, Methods and Recommendations.* In: Lutzker, J.R. (Eds.): *Handbook of Child Abuse Research and Treatment.* New York: Plenum Press, pp. 421-448.
Umlauff, A. (1993): *„Die Eltern akzeptieren die Pflegefamilie und wissen, daß es ihrem Kind dort gut geht...".* In: Bundesvereinigung Lebenshilfe für Geistig Behinderte e.V.: *Geistig behinderte Eltern und ihre Kinder: Lebenssituationen und Lebensperspektiven.* Marburg: Lebenshilfe-Verlag. S. 44-48.
Vlasak, A. (2002): *Sorgerechtsverfahren und andere gerichtliche Entscheidungen für Eltern mit geistiger Behinderung. Eine Untersuchung in Berlin und Brandenburg.* Berlin: Unv. Diplomarbeit.
Vlasak, A. (2004): *Möglichkeiten und Grenzen des Zusammenlebens von Eltern mit geistiger Behinderung und ihren Kindern in Einrichtungen der Eingliederungshilfe/ Jugendhilfe.* Oranienburg: Unv. Expertise.
von Ferber, C. (1983): *Soziale Netzwerke – ein neuer Name für eine alte Sache?* Geistige Behinderung, 4/83, S. 250-258.
Walf-Kirsch, C. (1997*): Es reicht nicht einfach Mutter zu werden.* „zusammen" – Behinderte und nichtbehinderte Menschen, 17. Jg., Nr. 1, S. 32-34.

Walter, J. & Hoyler-Herrmann, A. (1987): *Erwachsensein und Sexualität in der Lebenswirklichkeit von geistigbehinderten Menschen. Biographische Interviews.* Heidelberg: Winter, Edition Schindele.

Walter, J. (2002a): *Sexuelle Partnerschaft, Kinderwunsch und Elternschaft geistigbehinderter Menschen.* In: Walter, J. (2002b): *Sexualität und geistige Behinderung.* Heidelberg: Winter, Edition Schindele, S. 290-296.

Walter, J. (Hg.) (2002b, 1996): *Sexualität und geistige Behinderung.* Heidelberg: Winter, Edition Schindele.

Wates, M. & Jade, R. (1999): *bigger than the sky. Disabled women on parenting.* London: The Women's Press Ltd.

Wendels, C. (1998): *Mütter ohne Kinder. Wie Frauen die Adoptionsfreigabe erleben.* Freiburg im Breisgau: Lambertus-Verlag.

Werner, A. (2005): *Was brauchen Kinder um sich altersgemäß entwickeln zu können?* In: Kindler, H., Lillig, S., Blüml, H. & Werner, A. (Hg.): *Handbuch „Kindeswohlgefährdung nach § 1666 BGB und Allgemeiner Sozialer Dienst (ASD)".* Online in Internet, URL: http://www.cgi.dji.de/5_asd/ASD-Handbuch/ (Stand: 07.03.2005).

Werner, E. (1999): *Entwicklung zwischen Risiko und Resilienz.* In: Opp, G., Fingerle, M. & Freytag, A. (Hg.): *Was Kinder stärkt. Erziehung zwischen Risiko und Resilienz.* München, Basel: E. Reinhardt, S. 25-36.

Whitman, B.Y. & Accardo, P.J. (Eds.) (1990): *When a Parent is Mentally Retarded.* Baltimore: Brookes.

Wiemann, I. (1991): *Pflege- und Adoptivkinder. Familienbeispiele, Informationen, Konfliktlösungen.* Reinbek bei Hamburg: Rowohlt Taschenbuchverlag.

Wiemann, I. (1999): *Familienbeziehungen. Adoptivfamilie, Pflegefamilie, Herkunftsfamilie. Durchs Netz gefallen – wer fängt mich auf?* In: Pfad für Kinder – Landesverband der Pflege- und Adoptivfamilien in Bayern e.V. (Hg.): *Dokumentation der Fachtagung „Durchs Netz gefallen – wer fängt mich auf? Pflege-, Adoptiv- und Herkunftsfamilien im Beziehungsgeflecht"* vom 25. September 1999 in Bamberg, S. 9-44.

Wiesner, Reinhard (2005): *Zur Mitverantwortung des Allgemeinen Sozialen Dienstes bei der Sicherung des Kindeswohls.* In: Kindler, H., Lillig, S., Blüml, H. & Werner, A. (Hg.): *Handbuch „Kindeswohlgefährdung nach § 1666 BGB und Allgemeiner Sozialer Dienst (ASD)".* Online in Internet: URL: http://www.cgi.dji.de/5_asd/ASD-Handbuch/ (Stand: 07.03.2005).

Wiesner, R., Mörsberger, T., Oberloskamp, H. & Struck, J. (2000): *SGB VIII. Kinder- und Jugendhilfe.* München: C.H.Beck'sche Verlagsbuchhandlung, 2. völlig überarbeitete Auflage.

„Wir vertreten uns selbst!" (Projekt) (o.J.): *„Das brauchen wir, um gleichberechtigt zu sein!" Menschen, die geistig behindert genannt werden, mischen mit.* Herausgegeben vom Netzwerk Artikel 3. Berlin: Lebensnerv.

Witzel, A. (1982): *Verfahren der qualitativen Sozialforschung. Überblick und Alternativen.* Frankfurt a.M., New York: Campus.

Witzel, A. (1996): *Auswertung problemzentrierter Interviews: Grundlagen und Erfahrungen.* In: Strobl, R. & Böttger, A. (Hg.): *Wahre Geschichten? Zur Theorie und Praxis qualitativer Interviews.* Baden-Baden: Nomos, S. 49-76.

Wunder, M. (1997): *Sterilisation ohne Einwilligung.* pro familia Magazin, 4/97, S. 16-18.

Wunder, M. (2003): *Keinen Willen – keine Rechte?* pro familia Magazin, 02/2003, S. 8-11.

Eine Chance, auch ein Wagnis. Ein ungewöhnliches Familienleben. (1990) Die ZEIT, Nr. 4, 19. Januar 1990, S. 66.

Zima, J. (1998): *Sexualität von Menschen mit geistiger Behinderung.* Innsbruck: Unv. Diplomarbeit. Und Online in Internet: URL: http://www.bidok.uibk.ac.at/bib/sexualitaet/zima-sexualitaet.html (Stand: 08.07.2002).

Zinsmeister, J. (2003*): (Sexuelle) Selbstbestimmung, Familienplanung und Elternschaft – die Rechte von Frauen mit der Diagnose einer geistigen Behinderung;* Expertise für das öffentliche Fachgespräch zur gynäkologischen Versorgung von Frauen und Mädchen mit geistigen Behinderungen am 17.10.2003 im Landtag NRW, Düsseldorf.

Adressen, Materialien und Medien

Adressen von Einrichtungen, die Mütter/ Eltern mit geistiger Behinderung begleiten:
Mitgliedseinrichtungen der Bundesarbeitsgemeinschaft Begleitete Elternschaft (nach Postleitzahlen sortiert)

Lebenshilfe Berlin, Familienprojekt
Parchimer Allee 6, 12359 Berlin
Tel.: 030 – 60970011, Herr Abbas Djalilehvand,
abbas.djalilehvand@lebenshilfe-berlin.de

Fachkreis Familienprojekte Brandenburg Berlin
Tschaikowskistraße 62, 13156 Berlin
Tel.: 030 – 480 99 976, Frau Annette Vlasak

AWO- Betreuungsdienste gGmbH, Familienprojekt Friesack
Reppinsche Allee 1, 14662 Friesack
Tel.: 033 235 – 22 980, Fax: 033 235 – 29905, Frau Annika Gantikow,
annika.gantikow@awo-betreuungsdienste.de

Wohnprojekt Tandem
Walter-Becker-Str. 10, 21035 Hamburg
Tel. 040 – 735 09 435, Frau Elfie Ruzanska,
tandem@hamburgstadt.de

Marie-Christian-Heime, Familienhaus
Rönner Weg 75, 24146 Kiel
Tel.: 0431 – 78 01 148, Frau Ulrike Marschall,
familiemarschall@arcor.de

Caritas-Verein Altenoythe, Ambulante Wohnbetreuung
Heinrich v. Oythastr. 1A, 26169 Friesoythe
Tel.: 04491 – 938 866, Fax: 93 87 778, Herr Helmut Strey,
amb-wohnbetr@t-online.de

Lebenshilfe Bremen, Unterstützte Elternschaft
Waller Heerstr. 55, 28217 Bremen
Tel.: 0421 – 38 77 767, Fax: – 38 77 799, Frau Stefanie Bargfrede,
bargfrede@lebenshilfe-bremen.de

Lebenshilfe Celle, Ambulant betreutes Wohnen
Alte Dorfstraße 4, 29227 Celle
Tel.: 051 41 – 997 227, Frau Angelika Hentschel,
ahentschel@lhcelle.de

Eltern-Kind-Einrichtung Bethel
Deckerstr. 9, 33617 Bielefeld
Tel.: 0521 – 144 42 08, Frau Monika Klopp-Kreft,
monika.klopp-kreft@bethel.de

Psychosozialer Dienst, Behindertenhilfe
Remter Weg 58, 33617 Bielefeld
Tel.: 0521 – 14 44 696, Frau Sabine Obermann,
sabine.obermann@bethel.de

MOBILE – Selbstbestimmtes Leben Behinderter e.V.
Steinstraße 9, 44147 Dortmund
Tel. 0231 – 477 32 160, Frau Ulla Riesberg,
abw@mobile-dortmund.de

St. Josefs-Haus Wesel, SKF Wesel e.V.
Am Birkenfeld 14, 46485 Wesel
Tel.: 0281 – 95 23 80, Fax: 95 23 811, Frau Anne Oberdorfer,
skf-ev-wesel@t-online.de

Diakonie Michaelshoven e.V., Wohnprojekt Begleitete Elternschaft
Pfarrer-te Re-Str. 4, 50999 Köln
Tel. 0221 – 2945 – 411 und – 416, Fax. 0221 – 2945 – 417, Frau Jutta Becker,
Frau Petra Grützmann,
begleitete-elternschaft@diakonie-michaelshoven.de,
p.grutzmann@diakonie-michaelshoven.de

Lebenshilfe Frankfurt, Ambulante Familienhilfe
Hohenstaufenstr. 8, 60327 Frankfurt
Tel.: 069 – 7474 – 9921, Frau Petra Unverricht,
spfh@lebenshilfe-ffm.de

Internationaler Bund, Behindertenhilfe Frankfurt
Insterburger Str. 47, 60487 Frankfurt
Tel.: 069 – 79 58 3880, Herr Michael Nippgen,
michael-nippgen@internationaler-bund.de, mnippgen@aol.com

Diakonie Nieder-Ramstädter, Wohnverbund Groß-Bieberau
Friedhofstr. 12, 64401 Groß-Bieberau
Tel.: 06162 – 801 696, Herr Ingo Krenzer,
awg.gross-bieberau.gl@nrd-online.de, ingokrenzer@nrd-online.de

Diakonie Stetten, Familienpflege
Postfach 1240, 71386 Kernen
Tel. 071 51 – 940 2606, und -2135, Fax: – 940-2749, Frau Anneliese Winkler,
Frau Rita Kappes, chess@diakonie-stetten.de

Materialien für die Begleitung von Menschen mit geistiger Behinderung zum Bereich Kinderwunsch und Elternschaft

a) Deutschsprachige Materialien

Bundesvereinigung Lebenshilfe (Hrsg.) (2002): *Sexualpädagogische Materialien für die Arbeit mit geistig behinderten Menschen*. Weinheim und Basel: Beltz Verlag

Dittli, Daniela & Furrer, Heinrich (1996): *Freundschaft – Liebe – Sexualität. Grundlagen und Praxisbeispiele für die Arbeit mit geistig behinderten Frauen und Männern*. Luzern, Edition SZH

Hoyler-Hermann, Annerose & Walter, Joachim (Hrsg.) (1994): *Sexualpädagogische Arbeitshilfe für geistigbehinderte Erwachsene*. Heidelberg: Ed. Schindele, 3., erg. Aufl.

Oberlack, Susanne, Steuter, Ulla & Heinze, Helmut (1997): *Lisa und Dirk. Sie treffen sich, sie lieben sich und dann? Geschichten und Bilder zur Sozial- und Sexualerziehung an Sonderschulen*. Dortmund: Verlag modernes lernen

Pixa-Kettner Ursula & Bargfrede, Stefanie: *„Kinderwunschspiel"*. Erscheint voraussichtlich 2006/7 im „Praxisleitfaden für das Arbeitsfeld Sexualpädagogik – Sexualität und Elternschaft für Menschen mit geistiger Behinderung und Lernbeeinträchtigungen", welcher derzeit im Rahmen eines Projekts des AWO-Bundesverbandes entwickelt und implementiert wird (Projektende 4/2007)

b) Englischsprachige Materialien:

Booth, Tim & Booth, Wendy (1998): *Advocacy for Parents with Learning Difficulties. Developing advocacy support*, Brighton. (Bericht über ein Projekt zur Elternunterstützung, Informationen dazu auch auf der Homepage http://www.supported-parenting.com, s.u.)

McGaw, Susan (1994/5): *I want to be a good parent..., Book 1 (What's it like to be a parent), Book 2 (Children need healthy food), Book 3 (Children need to be clean, healthy and warm), Book 4 (Children need to be safe), Book 5 (Children need love)*. British Institute of Learning Disabilities, Campion House, Green Street, Kidderminster, Worcestershire DY10 1JL

McGaw, Susan, Kerry Beckley, Nicola Connolly & Katherine Ball (1998): *Parent Assessment Manual*. Truro/ Cornwall: Trecare NHS Trust

McGaw, Susan & Smith, Kathryn (1999): *I Want to Be a Good Parent: Parenting Skill Cards: Children need healthy food Set 1*

McGaw, Susan & Tornabene, Anne (2000): *I Want to Be a Good Parent: Parenting Skill Cards: Clean, Healthy and Warm Set 3*

McGaw, Susan & Tornabene, Anne (2000): *I Want to Be a Good Parent: Parenting Skill Cards: What is love? Set 5 (The BILD Parenting Series)*.

McGaw, Susan & Valentine, Debbie (2002): *I Want to Be a Good Parent: Parenting Skill Cards: Children Need to Be Safe Set 4 (The BILD Parenting Series).*
Diese Materialien sind zu beziehen über: British Institute of Learning Disabilities (BILD), Campion House, Green Street, Kidderminster, Worcestershire DY10 1JL, oder (einfacher, soweit lieferbar) über http://www.amazon.de.

Medien

a) Audiovisuelle Medien (chronologisch)

McGaw, Susan (1994) *„Learning to be mum"* (Videofilm, 30 Min.). London: Arrowhead Production for BBC Television, 1 Chiswick Staithe, London W4 3TP, England

„I am Sam" (2001), von Jessie Nelson, mit Sean Penn und Michelle Pfeiffer (Spielfilm 128 Min.), (siehe auch: http://www.ichbinsam.de)

Burgel Langer (2003): *„Wenn behinderte Menschen Eltern werden."* (Radio-Dokumentation, 30 Min.), gesendet im Sender Freies Berlin, Sendereihe „Gott und die Welt", am 09.03.03, 9:00 Uhr

Burgel Langer (2003): *„Als ich schwanger war, haben mich alle ausgelacht."* Sexualität und Beziehung bei geistig behinderten Menschen. (Radio-Dokumentation, 45 Min.), gesendet im DLF am Dienstag, den 2. September 2003, 19:15 Uhr

Tina Soliman (2003): *„Zählt nur die Liebe?"* Geistig behinderte Eltern und ihre Kinder. (Dokumentarfilm, 45 Min.), gesendet im WDR am Mittwoch, den 8. Oktober 2003, 22:30 Uhr (siehe auch: http://www.wdr.de/tv/menschen-hautnah/archiv/2003/10/08.phtml)

Hubert, Anje (2003): *„Jetzt fahren wir übern See."* Mütter und Kinder vom Waldhof. Peter Stockhaus Filmproduktion GmbH/ NDR (Dokumentarfilm, 77 Min.), Vertrieb: Antje Hubert, Tel.: 0431-56 98 68, Email: hubert@uebernsee.de

"Binding Love" (2004), BBC Television (Dokumentarfilm), gesendet auf BBC TWO am Sonntag, den 18. Januar 2004 um 22:00 Uhr (s. auch: http://www.bbc.co.uk/ouch/tvradio/bindinglove/)

„In Sachen Kaminski" (2005), von Stephan Wagner, mit Juliane Köhler und Matthias Brand (Spielfilm, 88 Min.), (siehe auch: http://www.arte-tv.com/de/film/Fernsehfilme-auf-ARTE/908074.html)

„Nicht ohne mein Kind" (2005), gesendet im ZDF im Rahmen der Sendung Menschen – Das Magazin am Sa., 24. September 2005, 17.45 – 18:00 Uhr (siehe auch: http://www.zdf.de/ZDFde/inhalt/0/0,1872,2377952,00.html)

„In Liebe eine Eins" (2005), von Hartmut Griesmayr, mit Anna Loos und Heiner Lauterbach (Fernsehfilm, 90 Min.), gesendet in der ARD am Mittwoch, den 30.11.2005 um 20:15 Uhr (der FilmMittwoch im Ersten).

b) Zeitschriftenartikel und Belletristik:

Der Spiegel (2002): „*Drei mal vier ist elf*", Heft 47, 76-83
Der Spiegel (2005): „*Das bekloppte Leben*", Heft 22, 136-144
Groß, Petra (2002): *Mutter sein mit Lernschwierigkeiten*. In: Zusammen 6/2002, S. 12-13 (einziger Artikel, der von einer Mutter selbst verfasst wurde)
Ohland, Angelika (2002): *Traumziel Vater-Mutter-Kind*. In: Chrismon, 04/2002, S. 32-38
Holt, Kimberley Willis (1999): *Vollmondtage*. Berlin, München: Altberliner Verlag (Kinderbuch)
Weeks, Sarah (2005): *So B. it*. München: Carl Hanser Verlag, (Kinder-/ Jugendbuch)

c) Web-Adressen:

➢ Deutschsprachige Web-Adressen

http://www.familienprojekt.net (leider nicht ganz aktuelle Website der BAG Begleitete Elternschaft)
http://www.coe.int/T/D/Menschenrechtsgerichtshof/Dokumente_auf_Deutsch/ Pressemitteilungen/Urteile_Gro%DFe_Kammer/Deutschland/099%20-%20Kutzner.asp (Urteil des Bundesgerichtshofes für Menschenrechte)
http://www.koeppel-kindschaftsrecht.de/uebersetz-kutzner.htm (Vollständiger Abdruck des Urteils des Bundesgerichtshofes für Menschenrechte, Fall Kutzner)
http://213.133.108.158/asd/index.htm (Kindler, Lillig, Blüml, Werner [Hrsg]: Handbuch Kindeswohlgefährdung nach §1666 BGB und Allgemeiner Sozialer Dienst [ASD])
http://www.fab-kassel.de/hkbf/literatur.html#partnerschaft (Bibliographie des Hessischen Koordinationsbüros für behinderte Frauen, dort eine Rubrik zu behinderten Müttern)
http://www.kompre.de/elternassistenz/index.php (Website von ‚Netzwerk behinderter Frauen Berlin e. V.', die von August 2005 bis Juli 2006 eine Aufklärungskampagne für das Recht auf Elternassistenz durchführen)

➢ Englischsprachige Web-Adressen

http://www.iassid.org (Website der 'International Association for the Scientific Study of Intellectual Disabilities', dort die Untergruppe [SIRG=Special Interest Research Group] parenting)
http://www.supported-parenting.com (Website der englischen Wissenschaftler Booth & Booth zur unterstützten Elternschaft von Menschen mit geistiger Behinderung)
http://www3.fhs.usyd.edu.au/fssp/index.htm (Website der Universität Sydney mit Informationen zu den Forschungsprojekten von Gwynnyth Llewellyn u.a.)

AutorInnenverzeichnis

STEFANIE BARGFREDE, Dipl. Behindertenpädagogin;

geb. 1961; Studium des Lehramts an Sonderschulen und Studium der Diplom-Behindertenpädagogik an den Universitäten Dortmund und Bremen. Wissenschaftliche Mitarbeiterin im Forschungsprojekt 'Elternschaft von Menschen mit geistiger Behinderung' an der Universität Bremen; Leiterin des 'Ambulanten Dienstes zur Förderung geistig behinderter Eltern und ihrer Kinder' der Arbeiterwohlfahrt Bremen; Initiatorin der Bundesarbeitsgemeinschaft 'Begleitete Elternschaft'; Leiterin des Bereichs 'Unterstützte Elternschaft' der Lebenshilfe Bremen; Mutter von zwei Kindern.

Anschrift: Barbarossastr. 20, 28329 Bremen

URSULA ONKEN, Versicherungskauffrau, Diplom-Behindertenpädagogin;

geb. 1941; nach der Familienarbeit Studium der Behindertenpädagogik an der Universität Bremen; von 1993 bis 1995 Mitarbeit im Forschungsprojekt 'Elternschaft von Menschen mit geistiger Behinderung' an der Universität Bremen; zuletzt zehnjährige Tätigkeit in der Betreuung von langzeitarbeitslosen Jugendlichen und Erwachsenen.

URSULA PIXA-KETTNER, Prof. Dr., Dipl.-Psych.;

geb. 1948, Studium der Psychologie in Gießen und Hamburg und der Erziehungswissenschaft (Lehramt für Volks- und Realschulen) in Hamburg, seit 1982 Hochschullehrerin im Lehrgebiet Behindertenpädagogik im Fachbereich Erziehungs- und Bildungswissenschaften an der Universität Bremen mit den fachlichen Schwerpunkten 'Psychologische Aspekte in der Sprachbehindertenpädagogik und Elternschaft von Menschen mit geistiger Behinderung'.

Anschrift: Universität Bremen, Fachbereich 12, Lehrgebiet Behindertenpädagogik, Postfach 330 440, 28334 Bremen, Tel.: 0421-218.2774 (Sekr.: 2195), Fax: 0421-218.4577

Email: pixa@uni-bremen.de

Internet: www.bpaed.uni-bremen.de/staff/pixa.html

MAGNUS PRANGENBERG, Dr. phil., Diplompädagoge, Förderschullehrer;

geb. 1969; Studium der Diplompädagogik (Schwerpunkt Sonder- und Heilpädagogik) und Studium des Lehramts an Sonderschulen (Schwerpunkte Lernbehinderungen und Praktisch Bildbare/ Geistige Behinderungen) an der Johann-Wolfgang-Goethe Universität in Frankfurt am Main; Dissertation über die Lebenssituation von Kindern geistig behinderter Eltern; 2002 Promotion an der Universität Bremen; Förderschullehrer an der Fröbelschule Delmenhorst – Förderschule mit dem Schwerpunkt Lernen.

Kontakt: prangenberg@uni-bremen.de

KADIDJA ROHMANN, Diplom-Pädagogin;

geb. 1974; Studium der Pädagogik (Studienrichtung Behindertenpädagogik) an der Univertität Bremen; Diplomarbeit über die Fremdunterbringung von Kindern geistig behinderter Eltern; Mitarbeiterin im Ambulanten Dienst zur Unterstützung geistig behinderter Eltern und ihrer Kinder der Lebenshilfe Bremen; Mutter von zwei Kindern.

Kontakt: kadidjaroh@gmx.de

DIETKE SANDERS; Diplom-Sozialpädagogin (FH) und Diplom-Pädagogin;

Jg. 1967; Studium der Sozialarbeit/ Sozialpädagogik an der Alice-Salomon-Fachhochschule Berlin; Aufbaustudium Erziehungswissenschaft an der Universität Erfurt. Arbeit und Leben mit Menschen mit geistigen Behinderungen in unterschiedlichen Zusammenhängen. Weitere Tätigkeitsschwerpunkte: Spiel- und Theaterpädagogik, Erwachsenenbildung, Gender und Disability Studies. Seit 2002 wissenschaftliche Mitarbeiterin an der Universität Erfurt, Pädagogik für Menschen mit geistiger Behinderung. Forschungsprojekt: Eltern mit geistiger Behinderung und ihre Kinder in Thüringen.

Kontakt: dietke.sanders@uni-erfurt.de

BERNHARD SAUER, Diplom-Theologe (Univ.), Diplom-Sozialpädagoge (FH);

geb. 1969; Studium der Sozialpädagogik an der Katholischen Stiftungsfachhochschule München und Studium der katholischen Theologie an der Philosophisch-Theologischen Hochschule Benediktbeuern; Leiter eines Wohnheims für Menschen mit geistiger Behinderung der Lebenshilfe Syke in Bassum; Vater von vier Kindern

Kontakt: bernhard@sauer-net.de

PETRA SCHNEIDER, Pharmazeutisch Technische Assistentin, Diplom Pädagogin;

geb. 1969; Studium der Pädagogik (Studienrichtung Behindertenpädagogik) an der Universität Bremen; Diplomarbeit über Eltern mit Lernschwierigkeiten und ihre Unterstützungsnetzwerke, Arbeit in verschiedenen Bereichen mit und für Menschen mit 'Behinderungen', Praktikum beim 'Ambulanten Dienst zur Förderung geistig behinderter Eltern und ihrer Kinder' der Arbeiterwohlfahrt Bremen; Mitarbeiterin im Bereich 'Unterstützte Elternschaft' der Lebenshilfe Bremen; Seit 2005 Mitarbeiterin im 'Büro für Leichte Sprache' der Lebenshilfe Bremen.

Kontakt: petra.schneider@uni-bremen.de

MIRIAM STAUDENMAIER, Lic. phil Sonderpädagogik;

geb. 1977; Studium der Sonderpädagogik und Sozialpädagogik an der Universität Zürich; Lizenziatsarbeit zum Thema Elternschaft von Menschen mit geistiger Behinderung (Untersuchung zur Betreuung von Eltern mit geistiger Behinderung und deren Kinder in der deutschsprachigen Schweiz).

Anschrift: Limmatstrasse 211, 8005 Zürich, Schweiz

ANNETTE VLASAK, Diplom-Sozialpädagogin;

geb. 1964; Studium der Sozialpädagogik an der Katholischen Fachhochschule in Berlin; Diplomarbeit 2001 zu Sorgerechtsverfahren bei Eltern mit geistiger Behinderung; 1998 Gründung und Leitung einer Wohnstätte für geistig behinderte Eltern und ihre Kinder; freiberufliche und ehrenamtliche Beratungen rund um Elternschaft von Menschen mit geistiger Behinderung; Begründerin der 'Landesarbeitsgemeinschaft Brandenburger Familienprojekte'; Mitglied in der 'Bundesarbeitsgemeinschaft Begleitete Elternschaft'; Mutter von fünf Kindern.

Anschrift: Tschaikowskistraße 62, 13156 Berlin

Internet: www.familienprojekt.net